Martin Voth, Hartwig Henze, Michael Howe, Karl Tünte, Roberta Walther

Lernsituationen Einzelhandel

1. Ausbildungsjahr

1. Auflage, korrigierter Nachdruck

Bestellnummer 67861

Bildungsverlag EINS
a Wolters Kluwer business

www.bildungsverlag1.de

Unter dem Dach des Bildungsverlages EINS sind die Verlage Gehlen, Kieser, Stam, Dähmlow, Dümmler, Wolf, Dürr + Kessler, Konkordia und Fortis zusammengeführt.

Bildungsverlag EINS
Sieglarer Straße 2, 53842 Troisdorf

ISBN 978-3-427-**67861**-8

Vorwort

Die *Lernsituationen Einzelhandel* erscheinen in drei Bänden. Der vorliegende erste Band deckt die Lernfelder 1–5 des Rahmenlehrplans für die Ausbildungsberufe Verkäuferin/Verkäufer sowie Kauffrau/Kaufmann im Einzelhandel ab. Er enthält Geschäftsprozesse aus der Praxis des Einzelhandels in pädagogisch aufbereiteter Form. Ganzheitliche Sichtweise, überschaubare Arbeitsaufträge und selbstorganisiertes Lernen zur Förderung der beruflichen Handlungskompetenz waren die Leitlinien bei der Entwicklung der Lernsituationen.

Das dazugehörige *Informationshandbuch Einzelhandel* stellt die Lerninhalte in systematischer Form dar. Wir haben uns bemüht, die Themen möglichst anschaulich darzustellen und die Texte durch Übersichten und Abbildungen aufzulockern.

Beide Bände sind eng aufeinander abgestimmt.

Autoren und Verlag hoffen, dass die Bände
- die berufspraktische Ausrichtung des Unterrichts in Einzelhandelsklassen fördern,
- das selbstständige Lernen der Auszubildenden unterstützen und – nicht zuletzt –
- die Freude am Lernen erhöhen.

Die Erhöhung der Mehrwertsteuer (Umsatzsteuer) zum 1. Januar 2007 wurde im vorliegenden korrigierten Nachdruck bereits durchgehend eingearbeitet.

Autoren und Verlag im Sommer 2006

Inhaltsverzeichnis

Lernfeld 1 Das Einzelhandelsunternehmen repräsentieren

Lernfeld 2 Verkaufsgespräche kundenorientiert führen

Lernfeld 1 Das Einzelhandelsunternehmen repräsentieren

1 Den Ausbildungsbetrieb vorstellen

Erster Schultag in der Berufsschulklasse EU3. In der ersten und zweiten Stunde hatten sich die Schülerinnen und Schüler mit Hilfe eines Steckbriefs gegenseitig vorgestellt, schließlich muss man ja die nächsten zwei oder drei Jahre in dieser Klasse zusammenarbeiten.
Anschließend bildeten jeweils drei bis vier Auszubildende Gruppen, die für die kommenden Wochen die Unterrichtsthemen im Team bearbeiten sollen.
Frau Bennemann, die Klassenlehrerin, leitet nun den nächsten Schritt in der Kennenlernphase ein:

Bennemann: *„Nachdem Sie sich nun persönlich etwas näher kennen gelernt haben, möchte ich, dass wir uns auch die Ausbildungsbetriebe genauer anschauen."*

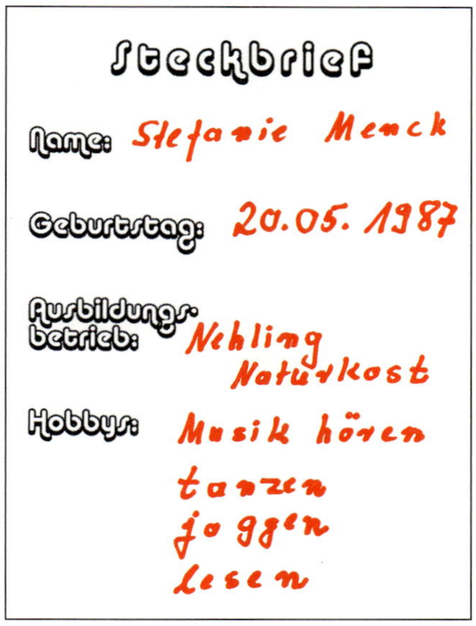

Steckbrief

Name: Stefanie Menck

Geburtstag: 20.05.1987

Ausbildungsbetrieb: Nehling Naturkost

Hobbys: Musik hören
tanzen
joggen
lesen

Stefanie: *„Die kennen wir doch bereits von vorhin. Dirk ist bei Karstadt, Melanie lernt in dem kleinen Textilfachgeschäft Sonnleitner und Marc will bei Aldi Karriere machen."*

Bennemann: *„Natürlich, wir kennen die Namen der Ausbildungsbetriebe und können uns ein wenig darunter vorstellen. Manche haben sicherlich diese Geschäfte schon einmal als Kunde kennen gelernt.*
Nun wollen wir aber mehr über das Unternehmen erfahren, in dem Sie ausgebildet werden. Hülya hat offensichtlich eine spezielle Frage."

Hülya: *„Ja, ich möchte gerne wissen, ob Stefanie einen netten Chef oder eine nette Chefin hat."*

Stefanie: *„Sag ich aber nicht, weil euch das nichts angeht."*

Dirk: *„Mich interessiert, wie viel Umsatz der Naturkostladen am Tag macht."*

Stefanie: *„Das darf ich nicht sagen, weil das ein Betriebsgeheimnis ist."*

Bennemann: *„Jetzt wissen wir immerhin, was nicht in die Vorstellung der Ausbildungsbetriebe hinein gehört. Klara hat eine gute Idee – ich sehe es ihr an."*

Klara: *„Ich denke, wir sollten wissen, wo der Ausbildungsbetrieb genau liegt, auf der grünen Wiese, im Stadtzentrum oder in einer Seitenstraße. Das ist doch sicher wichtig für den Erfolg eines Geschäftes."*

Erkan: *„Mich würde interessieren, wie groß die Ausbildungsbetriebe sind. Unser Baumarkt ist z. B. riesig. Stefanies Naturkostladen würde da bestimmt 10-mal hineinpassen – nehme ich mal an."*

Micha: *„Ich war noch nie in einem Naturkostgeschäft. Was verkauft ihr da eigentlich?"*

Melanie: *„Wie viele Mitarbeiter sind in dem Laden beschäftigt? Wir sind zwar nur ein kleines Textilfachgeschäft, aber wir haben sehr viele Beschäftigte: zwei Vollzeitkräfte, mindestens acht Teilzeitkräfte und mich als Auszubildende. Dann müssen in Erkans Baumarkt ja Hunderte von Mitarbeitern herumlaufen."*

Bennemann: *„Gut, da haben wir ja schon die wichtigsten Gesichtspunkte. Wie bekommen Sie eigentlich die Angaben über Ihren Ausbildungsbetrieb? Wollen Sie heimlich die Verkaufsfläche ausmessen?"*

Gebriela: *„Ich frage einfach meinen Ausbilder. Der sagt mir das bestimmt."*

Bennemann: *„Genau, informieren Sie Ihren Ausbilder über die betrieblichen Daten, die Sie hier in der Schule vorstellen.*
Außerdem bitte ich Sie nachzufragen, ob Ihr Ausbildungsbetrieb über ein Unternehmensleitbild und ein einheitliches Firmenzeichen/Logo verfügt, die Sie hier vorstellen können."

Beispiel für ein Firmenzeichen:

OBI

Arbeitsauftrag

Stellen Sie der Klasse Ihren Ausbildungsbetrieb vor. Gehen Sie dabei mindestens auf die Gesichtspunkte Standort, Größe der Verkaufsfläche, Sortimentsschwerpunkt und Zahl der Mitarbeiter ein. Sofern vorhanden, stellen Sie auch das Unternehmensleitbild und das Firmenzeichen vor.

So sollten Sie vorgehen:

- Informieren Sie Ihren Ausbilder über Ihre Aufgabe und stellen Sie mit ihm die Daten zusammen.
- Beachten Sie die Informationen im Lernfeld 1, Kapitel 1 des Informationsbandes.
- Wenn Ihr Ausbildungsbetrieb über ein Unternehmensleitbild verfügt: Machen Sie deutlich, welche Themen in diesem Leitbild angesprochen werden und von welchen Grundsätzen sich die Mitarbeiter Ihres Ausbildungsbetriebes nach diesem Text leiten lassen.
- Gibt es in Ihrem Ausbildungsbetrieb ein einheitliches Firmenzeichen (Firmenname oder Logo), stellen Sie das Zeichen vor.
- Bereiten Sie die Informationen für eine Präsentation auf. Beachten Sie dazu die Präsentationstechniken im Informationsband.
- Bemühen Sie sich um eine möglichst anschauliche Darstellung.

Aufgabe 1

Betrachten Sie das nachfolgende Unternehmensleitbild einer Drogeriemarkt-Filialkette und vergleichen Sie es mit dem Leitbild des City-Warenhauses Bauer (im Informationsband). Stellen Sie die Gemeinsamkeiten und die Unterschiede dar.

Grundsätze des Unternehmens

Wir sehen als Wirtschaftsgemeinschaft die ständige Herausforderung, ein Unternehmen zu gestalten, durch das wir

- die Konsumbedürfnisse unserer Kunden veredeln,
- den zusammenarbeitenden Menschen Entwicklungsmöglichkeiten bieten und
- als Gemeinschaft vorbildlich in unserem Umfeld wirken wollen.

1. Kundengrundsätze

Wir wollen uns beim Konsumenten – dem Wettbewerb gegenüber – mit allen geeigneten Marketinginstrumenten profilieren, um eine bewusst einkaufende Stammkundschaft zu gewinnen, deren Bedürfnisse wir mit unserem Waren- und Dienstleistungsangebot veredeln.

Sich die Probleme des Konsumenten zu Eigen machen

2. Mitarbeitergrundsätze

Wir wollen allen Mitarbeitern helfen, Umfang und Struktur unseres Unternehmens zu erkennen und jedem die Gewissheit geben, in seiner Aufgabe objektiv wahrgenommen zu werden.

Transparenz und Geradlinigkeit

Wir wollen allen Mitarbeitern die Möglichkeit geben,

- gemeinsam voneinander zu lernen,
- einander als Menschen zu begegnen,
- die Individualität des anderen anzuerkennen, um die Voraussetzungen zu schaffen,
- sich selbst zu erkennen und entwickeln zu wollen und
- sich mit den gestellten Aufgaben verbinden zu können.

Bereitschaft zur Zusammenarbeit in Gruppen

3. Partnergrundsätze

Wir wollen mit unseren Partnern eine langfristige, zuverlässige und faire Zusammenarbeit pflegen, damit für sie erkennbar wird, dass wir ein Partner sind, mit dem sie ihre Zielsetzungen verwirklichen können.

Erkennen seines Wesens

Anerkennen seiner Eigentümlichkeit

Aufgabe 2

Im unten beschriebenen Ausbildungsleitbild der Drogeriemarkt-Kette werden bestimmte Qualifikationen betont, die man bei den Auszubildenden besonders fördern möchte.

a) Halten Sie die Qualifikationen in einer Übersicht nach folgendem Muster fest.

b) Beurteilen Sie, ob die angestrebten Qualifikationen nach Ihrer Meinung durch die genannten Ausbildungsmaßnahmen auch erreicht werden können.

Muster

Säule	Qualifikation
1. „Lernen in der Arbeit“	
2. Schulische Ausbildung	
3. Kultur	

Ausbildung in drei Säulen

Ausbildungskonzept „Lernen in der Arbeit“

- Keine Ausbildung durch Beibringen und Nachahmen, sondern durch individuelle Lernaufgaben, die selbstständig unter realen Arbeitsbedingungen erarbeitet werden müssen;
- Kommt der Auszubildende bei einer Aufgabenstellung allein nicht weiter, hilft ihm der Ausbilder in Zwischengesprächen mit Tipps und führt ihn so zum Ergebnis;
- Es „sollen“/dürfen Fehler gemacht und aus diesen gelernt werden;
- Austausch von Erfahrungen und Hilfestellung unter den Auszubildenden sind ausdrücklich erwünscht.

Schulische Ausbildung

- Enge Kooperation mit Berufsschulen;
- Mitarbeit des Unternehmens in Ausschüssen zur Modernisierung der Drogisten-Ausbildung;
- Engagement der Ausbilder und Ausbilderinnen in Prüfungsausschüssen der Industrie- und Handelskammern.

Kultur

- Theaterworkshops dienen der Persönlichkeitsentwicklung der Auszubildenden, fördern z. B. die Teamfähigkeit und stärken das Selbstbewusstsein.

Aufgabe 3

Nachfolgend sind die Umweltleitlinien einer großen Unternehmensgruppe des Einzelhandels als Textauszug abgebildet.

a) Bilden Sie sinnvolle Textabschnitte.

b) Stellen Sie die Gliederung des Textes in einem Mind-Map dar.

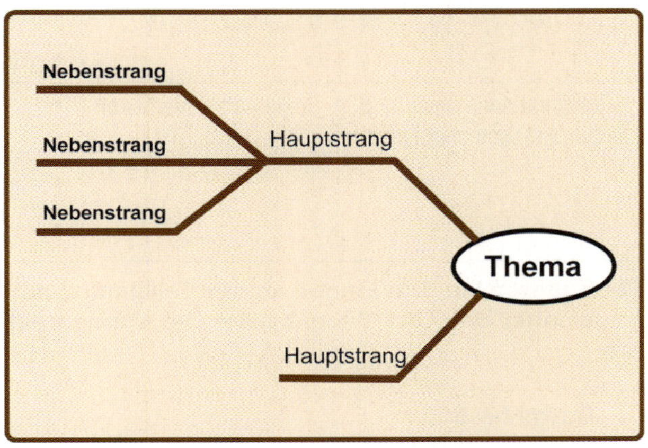

Wir verpflichten uns zur Einhaltung nachfolgender Umweltschutzleitlinien zur kontinuierlichen Verbesserung des betrieblichen Umweltschutzes.

Schadstoffemissionen = Schadstoffausstoß

> Wir binden unsere Mitarbeiter durch Information und Schulung in unsere Umweltpolitik ein. Damit fördern wir ihre Bereitschaft, sich umweltgerecht zu verhalten und durch ihr Vorbild andere von der Notwendigkeit des Umweltschutzes zu überzeugen. Wir informieren unsere Kunden glaubwürdig und kompetent über Umweltschutzmaßnahmen und fördern dadurch ihre Bereitschaft zur aktiven Unterstützung. Wir bevorzugen umweltgerechte Produkte und stellen diese unseren Kunden gegenüber besonders heraus. Im Lebensmittelsortiment fördern wir Produkte aus artgerechter Tierhaltung und kontrolliert ökologischem Anbau. Wir binden unsere Lieferanten und andere Geschäftspartner konsequent in die Verwirklichung unserer Umweltschutzziele ein. Bevorzugt arbeiten wir mit Partnern zusammen, die sich ebenfalls grundsätzlich dem Schutz unserer Umwelt verpflichtet haben. Durch intelligente Logistikkonzepte und moderne Technik reduzieren wir Schadstoffemissionen, Energieverbrauch und Lärmbelästigung auf ein Minimum. Wir vermeiden Abfall und gestalten notwendige Entsorgungsvorgänge umweltgerecht. Wir arbeiten zusammen mit Umwelt- und Verbraucherverbänden sowie mit politischen Institutionen und fördern freiwillige Vereinbarungen zum Schutze der Umwelt. Durch eine gezielte Öffentlichkeitsarbeit verdeutlichen wir unser Umweltengagement und werben somit – auch über die Grenzen unseres Unternehmens hinaus – für den Umweltschutz.

Aufgabe 4

Nehmen Sie an, Sie dürften an der Formulierung eines Leitbildes für Ihren Ausbildungsbetrieb mitwirken. Entwerfen Sie einen Text für ein Unternehmensleitbild nach Ihren Vorstellungen.

Aufgabe 5

Das City-Warenhaus möchte feststellen, ob die Mitarbeiter auch nach den Grundsätzen des Unternehmensleitbildes arbeiten. Ein Marketingunternehmen wird deshalb beauftragt, über Testkäufe festzustellen, wie sich die Mitarbeiter in bestimmten Verkaufssituationen verhalten.
Im Büro des City-Warenhauses werden dazu in einem Beobachtungskatalog Fragen gemeinsam zusammengestellt, auf die die Testkäufer Antworten finden sollen.

Ausschnitt aus dem Beobachtungskatalog		
Leitbildthema: Kundenorientierung		
Teil-Gesichtspunkt	**Untersuchungsziel**	**Fragen**
Kunden „fachkundig beraten“	Warenkenntnisse	• Konnte der Kundenberater Ihre Fragen zum Produkt beantworten? • War er in der Lage, Alternativprodukte vorzulegen und die Produktvorteile verständlich darzustellen?
Kunden „freundlich und höflich gegenübertreten“	Kundenfreundlichkeit	• Hat der Kundenberater bei Ihrem Erscheinen seine Arbeit eingestellt und sich Ihnen zugewandt? • Wurden Sie mit Blickkontakt begrüßt? • Wurden Sie bei Kartenzahlung mit Namen verabschiedet?
„Reklamationen rasch und unbürokratisch erledigen“	Reklamationsverhalten	• • •

Formulieren Sie drei Fragen an den Testkäufer, mit denen festgestellt werden kann, ob sich die Verkaufsmitarbeiter des City-Warenhauses bei Kundenreklamationen gemäß dem Unternehmensleitbild verhalten.

Aufgabe 6

Beschreiben Sie aus Ihrer Erfahrung als Kunde in Einzelhandelsgeschäften jeweils zwei Beispiele für Verhaltensweisen von Verkaufsmitarbeitern, die
a) in besonderer Weise dem Unternehmensleitbild des City-Warenhauses entsprochen,
b) deutlich gegen das Unternehmensleitbild des City-Warenhauses verstoßen hätten.

Aufgabe 7

Entwickeln Sie ein Leitbild für Ihre Klasse.

a) Legen Sie zunächst die Punkte fest, die in dem Leitbild angesprochen werden sollen.
b) Formulieren Sie den Text.
c) Sorgen Sie durch geeignete Maßnahmen dafür, dass sich alle Mitglieder der Klasse mit dem Leitbild identifizieren.

Aufgabe 8

Firmenzeichen (als Firmenname oder Logo) sollen sich in das Bewusstsein der Kunden einprägen. Dies gelingt am besten, wenn das Firmenzeichen aussagekräftig und leicht merkbar ist.

Betrachten Sie unter diesem Gesichtspunkt das Firmenzeichen des City-Warenhauses Bauer.

Mögliche Fragen:

a) Wie ist das Zeichen aufgebaut?
b) Welche Gedankenverbindungen kann der Kunde bei der Betrachtung des Zeichens anstellen?
c) Wie schneidet es im Vergleich zu bekannten Firmenzeichen (Reiseunternehmen TUI und Reifenhersteller Pirelli, siehe rechts) ab?

Aufgabe 9

Vergleichen Sie die Sortimente folgender Einzelhandelsbetriebe und verwenden Sie die Begriffe

- breites – schmales Sortiment
- tiefes – flaches Sortiment

Betrieb 1:
Warenhaus Kaufstadt

Der Betrieb führt alle Warengruppen, die gewöhnlich in einem Warenhaus angeboten werden (Textilien, Lederwaren, Möbel, Kosmetik, Haushaltswaren usw.), darunter auch die Warengruppe Sport/Zweiräder. Fahrräder werden für Kinder und Erwachsene angeboten, vom Tourenrad bis zum sportlicheren Fahrrad sowie Mountainbike. Allerdings ist die Auswahl bei Fahrrädern nicht besonders groß.

Betrieb 2:
Zweirad-Center Breuer

Das Geschäft konzentriert sich vor allem auf den engagierten Radsportler. Es bietet die Warengruppen Räder, Fahrrad-Komponenten (Teile, aus denen sich der erfahrene Radsportler sein Fahrrad zusammenstellt), Fahrrad-Zubehör und Sportbekleidung an. Alle weltweit führenden Marken sind im Sortiment in großer Auswahl vorhanden.

2 Anforderungen an Kundenberater(innen)

Nachdem die Ausbildungsbetriebe in der EU3 vorgestellt worden sind, lautet das heutige Thema: „Anforderungen an Kundenberater(innen)“. Was erwarten Kunden heute von Verkaufsmitarbeitern im Einzelhandel?
Die Schülerinnen und Schüler der Klasse haben ihre Vorstellungen auf Karten zusammengetragen und erläutert. Jessica und Bernd haben nun die Aufgabe, die Stichworte nach folgenden Oberbegriffen zu ordnen:

- Fachwissen
- Selbstbewusstsein
- Erscheinungsbild
- Aufrichtigkeit
- Sympathie

Dies sind die Stichworte, die nach Meinung der Klasse die wichtigsten Anforderungen an Kundenberater(innen) darstellen:

- Äußerliches
- Beratung
- Freundlichkeit
- Offenheit
- Fachwissen
- Interesse zeigen
- kontaktfreudig
- Ausdauer
- Verständnis
- Kunden ausreden lassen
- Zuhören können
- Ehrlichkeit
- Höflichkeit
- verständnisvoll
- auf Kunden zugehen
- kann beraten
- Sprache
- informationsfreudig
- hilfsbereit
- geduldig
- gepflegtes Erscheinungsbild
- Verantwortung
- kompetent
- Wohlgefühl vermitteln
- sicher auftreten

Arbeitsauftrag
Ordnen Sie die Stichworte den fünf Oberbegriffen zu. Ergänzen Sie dazu die nachfolgende Übersicht.

Anforderungen an Kundenberater(innen)				
Fachwissen	**Selbstbewusstsein**	**Erscheinungsbild**	**Aufrichtigkeit**	**Sympathie**

Siehe Informationen, Kapitel 2, Anforderungen an Kundenberater.

Aufgabe 1

Beurteilen Sie folgende Situationen:

a) In einem Lebensmittel-Supermarkt

Nina ist Auszubildende in einem Lebensmittel-Supermarkt. Die Verräumung und Präsentation von Ware zählt hier zu den wichtigsten Tätigkeiten. Nina wird von einer älteren Dame angesprochen: „Entschuldigen Sie bitte, auf der Käseverpackung steht immer solch eine Abkürzung. Können Sie mir bitte sagen, was Fett i.Tr. heißt?“ Nina antwortet: „Keine Ahnung. Aber fragen Sie mal den Chef. Für Fachfragen ist der zuständig.“

b) In der Elektroabteilung eines Warenhauses

Es ist Montagmorgen, Frank und Michael haben sich viel zu erzählen. Zum Glück ist der Abteilungsleiter krank, da kann man seine Wochenenderlebnisse ausgiebig austauschen. Leider gibt es aber auch Kunden, die sich offensichtlich die morgendliche Langeweile durch Einkaufen vertreiben wollen.

Kunde: *„Guten Morgen. Entschuldigen Sie bitte, wo finde ich denn diese großen Ventilatoren, die man unter die Decke montiert?“*

Frank: *„Morgen. So etwas haben wir nicht.“*

Kunde: *„Aber die stehen doch heute Morgen als Sonderangebote in Ihrer Zeitungsbeilage.“*

Frank: *„Ach die meinen Sie. Die stehen dort drüben.“*

Kunden: *„Wo bitte?“*

Frank: *„Drüben!“ (Frank weist mit seiner Hand auf einen Sonderstand im hinteren Bereich der Abteilung.)*

Kunde: *„Entschuldigung, aber ich sehe sie immer noch nicht.“*

Frank: *„Sie müssen sich schon dort hinbewegen.“*

Kunde: *„Eh – ja, danke.“*

Frank: *„Bitte.“*

c) Bei einem Herrenausstatter

Ibrahim ist Auszubildender in einem vornehmen Herrenausstatter-Geschäft. Als Rapper trägt er auch bei der Arbeit eine goldene Halskette, eine sehr weite Jeans und einen Kapuzenpulli, große Sportschuhe mit geöffneten Schnürsenkeln und eine tief ins Gesicht gezogene Wollmütze. Während er gerade damit beschäftigt ist, Anzüge zu ordnen, wird er von einem etwa 55-jährigen Kunden um Beratung gebeten. Ibrahim sagt zu dem Kunden: „Dieser etwas schlanker geschnittene Nadelstreifenanzug steht Ihnen noch besser als der dunkelblaue Anzug in der konventionellen Linienführung.“

d) In der Filiale eines Sportfachgeschäftes

Arzu ist Auszubildende in der Filiale eines Sportfachgeschäftes. Sie trägt seit gestern an ihrer linken Augenbraue ein Piercing. Am Morgen begegnet sie dem Verkaufsleiter.

Verkaufsleiter: *„Ja, wie sehen Sie denn aus?“*

Arzu: *„Wieso?“*

Verkaufsleiter: *„Wollen Sie etwa sagen, dass Sie unsere Kunden mit diesem Ding an Ihrem Auge bedienen?“*

Arzu: *„Ja, und?“*

Verkaufsleiter: *„Das dulde ich nicht, haben Sie mich verstanden?“*

Arzu: *„Aber, das ist doch nicht so schlimm...“*

Verkaufsleiter: *„Wenn ich Ihnen sage, dass Sie das Augenbrauen-Piercing raus machen, dann machen Sie es raus, verstanden?“*

e) In einem Spielwarenfachgeschäft

Eine Kundin, von ihrem kleinen Sohn begleitet, lässt sich verschiedene Bagger zeigen.

Kundenberater *(zum Kind gewandt): „Schau mal, mit diesem Hebel kannst du die Schaufel bewegen wie bei einem richtigen Bagger. Probier's doch mal!“*

(Während der Junge den Bagger mit großem Interesse ausprobiert, schaut die Mutter auf das Preisetikett.)

Kundin: *„Was, 70,00 €, das ist viel zu teuer. Komm, Klaus, stell den Bagger sofort weg!“*

Kind: *(Sirenenartiger Heulton)*

Kundin: *„Nein, das kommt überhaupt nicht in Frage.“*

(Der kurzzeitig verstummte Heulton des Kindes setzt mit größerer Lautstärke wieder ein. Die übrigen Kunden und das Verkaufspersonal schauen herüber. Der rote Kopf zeigt die Verlegenheit der Kundin, ihr Blick wirkt verzweifelt.)

Kundin: *(zum Sohn) „Ja, ja, schon gut.“*

Kundenberater: *„Ich schreibe den Bagger dann auf."*

Abteilungsleiter: *(nachdem die Kundin das Geschäft verlassen hat) „Was war denn los?"*

Kundenberater: *„Nichts Besonderes, nur mein kleiner Kaufbeschleuniger. Was man einem Kind in die Hand gibt, ist so gut wie verkauft."*

f) In einem Supermarkt

In diesem Supermarkt gibt es eine eigene Bäckerei. Zwar wird jeden Tag gebacken, aber die ausliegenden Brote werden nicht immer am Tag verkauft, an dem sie aus dem Backofen kommen. Eine Kundin wünscht ein Brot, das allerdings vom Vortag stammt.

Kundin: *„Geben Sie mir bitte das kleine Mischbrot dort links."*

Kundenberaterin: *„Sehr gerne."*

Kundin: *„Ist das Brot auch frisch?"*

Kundenberaterin: *????*

g) Im selben Supermarkt

Melanie soll das Kühlregal mit Molkereiprodukten auffüllen. Ihre Abteilungsleiterin sieht, wie sie den neuen Kräuterkäse vor den alten einräumt.

Abteilungsleiterin: *„Moment mal, der frische Käse kommt nach hinten, hinter den alten!"*

Kurze Zeit später kommt eine Kundin genau an diese Stelle des Regals und betrachtet auf verschiedenen Packungen Kräuterkäse das Verfallsdatum. Sie wendet sich an Melanie, die ganz in ihrer Nähe steht und weiterhin Ware nachräumt.

Kundin: *„He, warum verstecken Sie eigentlich den frischen Käse vor den Kunden?"*

Melanie: *?????*

h) In einem Textilfachgeschäft

Eine Kundin mittleren Alters interessiert sich doch tatsächlich für diese giftgrüne Jacke aus der vorletzten Saison. Die Ware ist schon zum dritten Mal im Preis herabgesetzt worden. Und wer den Ladenhüter endlich verkauft, erhält sogar eine Prämie von 5,00 €. Leider hat die Kundin feuerrote Haare; zusammen mit dem Giftgrün sieht sie schrecklich aus. Die Kundin ist aber offensichtlich von der Jacke angetan. Sie steht vor dem Spiegel und bewundert sich.

Kundin: *(In einem erwartungsvollen Tonfall:) „Sagen Sie, wie steht mir die Jacke?"*

Kundenberaterin: *?????*

i) Im Modefachgeschäft

Laura ist Verkäuferin in einem Modefachgeschäft für anspruchsvolle Kunden. Ihr Chef erwartet, dass sie sich angemessen und elegant kleidet. Die Kosten für Bekleidung, Schmuck und Kosmetik muss Laura allerdings selbst tragen.

Aufgabe 2

Beurteilen Sie folgende Aussagen:

a) „Der Kunde ist König. Da bleibt einem wohl nichts anderes übrig, als freundlich zu bleiben, auch wenn der Kunde schlecht gelaunt ist."

b) „Ein Verkaufsgespräch läuft besser, wenn man den Kunden im Verkaufsgespräch anlächelt und ihn freundlich behandelt. Mir macht das Verkaufen dann auch mehr Spaß."

c) „Kunden haben es gern, wenn man etwas ‚dienert'."

d) „Ich verrichte nur meine Arbeit. Niemand kann verlangen, dass mir das Spaß macht."

Aufgabe 3

Zu Beginn ihrer Ausbildung haben Auszubildende häufig noch nicht viel Selbstbewusstsein. Diskutieren Sie die nachstehenden Aussagen über den Erwerb von Selbstbewusstsein.

a) „Selbstbewusstsein ist angeboren."

b) „Selbstbewusstsein erlernt man in der frühen Kindheit."

c) „Selbstbewusstsein kommt im Laufe der Ausbildung automatisch."

d) „Selbstbewusstsein kann man durch aktives Tun erwerben."

e) „Selbstbewusstsein hat man oder man hat es nicht."

Aufgabe 4

Geben Sie an, wo Berufsschüler die Fachkenntnisse für ihren Beruf erwerben können:

a) nur im Ausbildungsbetrieb,

b) nur in der Berufsschule,

c) im Ausbildungsbetrieb und in der Berufsschule,

d) vor allen Dingen durch selbstständigen Wissenserwerb,

e) überwiegend durch eigenes Studium von Fachliteratur.

3 Die Beschäftigungszeit einer Auszubildenden festlegen

Im Büro des Geschäftsführers des City-Warenhauses Bauer

Herr Bauer: *„Morgen kommt unsere neue Auszubildende Karin Dombach. Sie benötigt noch einen Einsatzplan. Nehmen Sie am besten den Plan Ihrer Vorgängerin, das ist am einfachsten.“*

Die Mitarbeiter des City-Warenhauses Bauer sind im Informationshandbuch dargestellt

Frau Dehn: *„Da gab es aber einige Probleme mit dem Jugendarbeitsschutzgesetz und mit der 37,5-Stunden-Woche.“*

Herr Bauer: *„Ach ja, da war ja der Ärger mit der Unterrichtszeit in der Berufsschule.“*

Frau Dehn: *„Und die Pausenregelung und die Samstagarbeit – es gab viele Schwierigkeiten.“*

Herr Bauer: *„Wie alt ist denn die junge Dame?“*

Frau Dehn: *„17 Jahre.“*

Herr Bauer: *„Wir sollten zukünftig nur noch Volljährige einstellen, das ist einfacher. Überprüfen Sie den Plan, so dass er mit den Bestimmungen des Jugendarbeitsschutzgesetzes übereinstimmt und die 37,5[1] Stunden nicht überschritten werden. Sie soll aber auch nicht zu wenig arbeiten!“*

Frau Dehn: *„Nein, nein, ich werde es genau ausrechnen.“*

Alter Einsatzplan

Tag	Arbeits- bzw. Unterrichtszeiten
Montag	9:00 bis 12:30 Uhr, 13:30 bis 18:30 Uhr Betrieb
Dienstag	8:00 bis 11:15 Uhr Berufsschule (8:00 bis 9:30/15 Min. Pause/9:45 bis 11:15), 13:30 bis 18:30 Uhr Betrieb
Mittwoch	morgens frei, 13:30 bis 18:30 Betrieb
Donnerstag	8:00 bis 13:00 Berufsschule (8:00 bis 9:30/15 Min. Pause/9:45 bis 11:15/15 Min. Pause/ 11:30 bis 13:00 Uhr)
Freitag	9:00 bis 12:30 Uhr, 13:30 bis 18:30 Uhr Betrieb
Samstag	9:00 bis 14:00 Uhr Betrieb
Frühstückspausen im Betrieb: montags, freitags und samstags von 9:45 bis 10:15 Uhr	

Jugendarbeitsschutzgesetz (JArbSchG) §§ 8, 9, 11, 12, 15, 16

Erläuterungen zum JArbSchG im Informationshandbuch

Übersicht zur Berechnung der korrekten Arbeits- und Unterrichtszeit: siehe nächste Seite.

Die Broschüre „Ausbildung und Beruf – Rechte und Pflichten während der Ausbildung“ kann kostenlos beim Bundesministerium für Bildung (bmbf) angefordert werden. www.bmbf.de

Arbeitsauftrag

1. Prüfen Sie, inwieweit der oben dargestellte Einsatzplan mit dem Jugendarbeitsschutzgesetz übereinstimmt. Beachten Sie dabei besonders folgende Punkte:
   - Pausenregelung (§ 11)
   - Anrechnung der Berufsschulzeit (§ 9)
   - Tägliche Arbeitszeit (§ 8)
   - Schichtzeit (§ 12)
   - Samstags- und Sonntagsruhe (§§ 15, 16)
   - Fünf-Tage-Woche (§ 15)
   - Wöchentliche Arbeitszeit (§ 8)
2. Erstellen Sie anschließend entsprechend dem unten aufgeführtem Vordruck einen Einsatzplan, der den gesetzlichen Bestimmungen entspricht.

Aufgabe 1

Entwickeln Sie eine Übersicht wie im Arbeitsauftrag, die nun aber Ihre eigenen Beschäftigungszeiten wiedergibt. Beurteilen Sie anschließend, ob Ihre Arbeitszeit den Bestimmungen des Jugendarbeitsschutzgesetzes und der tariflichen Arbeitszeit entspricht (Verwenden Sie die Übersicht auf der übernächsten Seite).

[1] Beachten Sie den aktuellen Tarifvertrag für den Einzelhandel

Aufgabe 2

JArbSchG § 10

Die 17-jährige Sabine hat an einem Dienstag ihre Zwischenprüfung abzulegen. Sie fragt nun, ob sie nach der Zwischenprüfung noch zur Ausbildung in das Warenhaus kommen muss.

Aufgabe 3

Welche Aussagen sind richtig?

1. Das JArbSchG gilt auch für Auszubildende, die das 18. Lebensjahr vollendet haben.
2. Nur die Aussage des JArbSchG zur Berufsschule (§ 9, Satz 1) gilt auch für erwachsene Beschäftigte, die noch berufsschulpflichtig sind.
3. Ein Berufsschultag mit mindestens 5 Zeitstunden wird mit 8 Arbeitsstunden angerechnet.
4. Ein Schultag mit mehr als 5 Unterrichtsstunden (einmal in der Woche) wird mit 8 Stunden Arbeitszeit angerechnet.
5. Die Arbeitszeit ist ohne Pausen, die Schulzeit einschließlich Pausen anzusetzen.
6. Jugendliche dürfen im Einzelhandel samstags, jedoch nicht an Sonntagen beschäftigt werden.
7. Bei der Berechnung der Gesamtarbeitszeit unter Berücksichtigung der Zeiten in der Berufsschule ist nach dem JArbSchG von 40 Stunden und nicht von 37,5 Stunden (tarifliche Arbeitszeit) auszugehen.

Einsatzplan

Montag	Std.	Dienstag	Std.	Mittwoch	Std.	Donnerstag	Std.	Freitag	Std.	Samstag	Std.	Summe
09:00 – 09:45	3/4	08:00 – 11:15										
09:45 – 10:15												
10:15 – 12:30	2 1/4											
12:30 – 13:30												
13:30 – 18:30												
Arbeitszeit	8											
Schichtzeit	9 1/2											

Montag	Std.	Dienstag	Std.	Mittwoch	Std.	Donnerstag	Std.	Freitag	Std.	Samstag	Std.	Summe
Arbeitszeit												
Schichtzeit												

Montag	Std.	Dienstag	Std.	Mittwoch	Std.	Donnerstag	Std.	Freitag	Std.	Samstag	Std.	Summe
Arbeitszeit												
Schichtzeit												

4 Eine Krankmeldung an die Berufsschule schreiben

Am Montagmorgen in einer Einzelhandelsklasse der Berufsschule:

Der Klassenlehrer kontrolliert die Anwesenheit der Schülerinnen und Schüler. Er liest die Namen in alphabetischer Reihenfolge vor.

Lehrer: *„Markus Anders“*

Markus: *„Hier!“*

Lehrer: *„Melanie Bader“*

Melanie: *„Ja!“*

Lehrer: *„Katrin Bennemann – fehlt seit der letzten Woche.“*

Katrin: *„Nein, ich bin wieder hier. In der letzten Woche konnte ich nicht zur Schule kommen, ich war nämlich krank.“*

Lehrer: *„Das ist aber nett, dass ich das auch noch erfahre. Warum liegt dann die Krankmeldung – unterschrieben von Ihrem Ausbilder – nicht auf meinem Tisch?“*

Katrin: *„Wieso das denn, was hat denn der Betrieb damit zu tun, wenn ich in der Schule wegen Krankheit fehle. Es müsste doch reichen, wenn ich Ihnen heute sage, dass ich krank war.“*

Lehrer: *„Nein, das reicht nicht, ich hatte euch schon zu Beginn des Schulunterrichts erklärt: Wer fehlt, benachrichtigt das Schulbüro oder mich telefonisch. Am ersten Schultag nach der Abwesenheit bekomme ich eine schriftliche Krankmeldung oder Entschuldigung. Diese Krankmeldung mit der Unterschrift des Ausbilders bringen Sie nun bitte nächsten Mittwoch mit in die Schule.“*

Katrin: *„Ja, Ja. Aber ich glaube kaum, dass sich unser Ausbilder dafür interessiert, ob ich wegen Krankheit in der Schule gefehlt habe oder nicht.“*

Arbeitsauftrag

Schreiben Sie an Katrins Stelle eine Krankmeldung, wie sie der Klassenlehrer im Eingangsbeispiel fordert. Beachten Sie die DIN-Regeln für die Form kaufmännischer Briefe.

Briefdaten

Absender:	Katrin Bennemann, Steinstraße 22 (eigener Wohnort)
Empfänger:	(Anschrift der Berufsschule, Name der Klassenlehrerin/des Klassenlehrers und Klassenbezeichnung)
Fehlzeiten:	Montag, 14.08.20(0)[1] und Mittwoch, 16.08.20(0)
Grund des Fehlens:	Krankheit
Vorschläge zum Briefinhalt:	kurz gefasster Briefinhalt als Überschrift, Entschuldigung, Grund des Fehlens, versäumter Unterrichtsstoff wird selbstständig nachgeholt, Gruß

Die DIN-Regeln für kaufmännische Briefe befinden sich im Anhang des Informationshandbuches

DIN = Deutsche Industrie Norm

Aufgabe

Entwerfen Sie ein Schreiben an die Berufsschule, in dem Sie um Freistellung vom Unterricht bitten, um an einer überbetrieblichen Fortbildungsveranstaltung teilzunehmen. Das Thema der Veranstaltung lautet „Verkaufsförderung im Einzelhandel“.
Weitere Daten (z. B. Termin) nach eigener Wahl.

[1] 20(0) = aktuelles Jahr, 20(-1) = Vorjahr, 20(+1) = Folgejahr usw.

Ihr Zeichen, Ihre Nachricht vom | Unser Zeichen, unsere Nachricht vom | Telefon, Name | Datum

FAX | Bankkonto | Geschäftsräume

5 Rechte und Pflichten aus dem Ausbildungsvertrag gegenüberstellen

Peter ist Auszubildender im City-Warenhaus. Folgende Ereignisse führten zu einigen Problemen in seiner gerade begonnenen Ausbildung:

Berufsbildungsgesetz §§ 6 und 9

Ereignis Nr. 1

„Hallo Klaus", rief Christian von der anderen Straßenseite und kam schnell herübergelaufen. „Was machst du denn hier?" „Im Moment bin ich auf dem Weg zur Bank", sagte Klaus. „Was schleppst du da in der Tüte mit dir herum?", wollte Christian wissen. „Das sind ‚Bomben'", und weil er das erstaunte Gesicht von Christian sah, ergänzte er rasch: „Geldkassetten mit den Einnahmen meines Ausbildungsbetriebes von heute Morgen, 4.600,00 €." „Ganz schön viel", staunte Christian. „Eurem Laden scheint's ja gut zu gehen, was?", „ja, der Absatz läuft, nachmittags kommt sogar noch mehr herein. Zweimal am Tag muss ich das Geld zur Bank bringen." „Dann will ich dich nicht länger aufhalten", antwortete Christian. „Viel Spaß noch." „Danke", erwiderte Klaus. Und von der anderen Straßenseite rief Christian noch herüber: „Lass dich nicht überfallen!" Dann war er verschwunden.

Frau Bense war auf dem Weg zum City-Warenhaus. Sie hatte das Gespräch zwischen Klaus und Christian zufällig mitbekommen. Im Betrieb stellte sie Klaus zur Rede:

Frau Bense: „Wie konnten Sie sich auf der Straße nur so verhalten!"

Ereignis Nr. 2

„Tut mir leid", sagt der Bereichsleiter zu Peter, „aber gerade erfahre ich, dass Frau Jevic auch noch krank geworden ist. Da können Sie unmöglich morgen zur Berufsschule gehen. Ich wäre dann ja fast ganz alleine in unserer Abteilung."

Ereignis Nr. 3

Beim Einräumen von Waren passiert Klaus ein Missgeschick: Eine Leuchte aus Porzellan fällt zu Boden und zerspringt mit lautem Geklirr. Am Monatsende stellt Klaus fest, dass der Betrieb die Ausbildungsvergütung um den Gegenwert für die Leuchte (75,00 €) gekürzt hat.

Arbeitsauftrag

Stellen Sie fest, gegen welche Bestimmungen des Berufsbildungsgesetzes die Beteiligten verstoßen haben. Schreiben Sie diese Verstöße in einem zusammenhängenden Text auf.

§ 15 BBiG

Aufgabe 1

Beurteilen Sie folgende Situation. Ermitteln Sie, ob ein Verstoß gegen das BBiG vorliegt. Begründen Sie Ihre Antwort jeweils mit einem Hinweis auf den entsprechenden Paragrafen aus dem BBiG.

Claudia hat ihre Ausbildungsabschlussprüfung als Kauffrau im Einzelhandel mit „gut" bestanden. Da sie in ihrem Ausbildungsbetrieb nicht weiterbeschäftigt werden kann, verabschiedet sie sich am Tage der mündlichen Prüfung (es ist der 15. Juni) im Betrieb, um am nächsten Tag ihre neue Arbeitsstelle anzutreten. „Moment mal", sagt da ihr Ausbilder, „Ihre Ausbildung dauert bis zum 31. Juli diesen Jahres. So steht es im Ausbildungsvertrag und so habe ich Sie bei mir auch eingeplant."

Aufgabe 2:

Nachfolgend sind Pflichten aus dem Berufsbildungsgesetz aufgelistet.

a) Beschreiben Sie mit eigenen Worten den Inhalt jeder einzelnen Pflicht und entwickeln Sie Anwendungsbeispiele für die Pflichten.

b) Erstellen Sie eine Übersicht mit den Pflichten des Auszubildenden und den Pflichten des Ausbildenden. Bedenken Sie dabei, dass die Pflichten des einen die Rechte des anderen sind.

Pflichten nach dem Berufsbildungsgesetz		
Fürsorgepflicht (§ 6, Punkt 5)	Zeugnispflicht (§ 8)	Urlaubsgewährung
Sorgfaltspflicht (§ 5, Punkt 5)	Ausbildungspflicht (§ 6, Punkt 1)	Schweigepflicht (§ 9, Punkt 6)
Vergütungspflicht (§ 10)	Aktive Lernpflicht (§ 9)	Freistellungspflicht (§ 7)
Teilnahmepflicht (§ 9, Punkt 2)	Beachtung der Betriebsordnung (§ 9)	Ausbildungsnachweis führen (§ 6, Punkt 4)
Ausbildungsnachweis überprüfen (§ 6, Punkt 4)	Erziehungspflicht (§ 6, Punkt 5)	Weisungsgebundenheit (§ 9, Punkt 3)

Aufgabe 3

In welchem Gesetz würden Sie nähere Informationen zu den unten genannten Sachverhalten suchen?

1 Jugendarbeitsschutzgesetz (JArbSchG)
2 Berufsbildungsgesetz (BBiG)

a) Der Ausbildungsvertrag ist schriftlich festzuhalten.
b) Die Beschäftigung von Kindern unter 14 Jahren ist verboten.
c) Die Ausbildungszeit kann verkürzt werden.
d) Die Zulassung zur Abschlussprüfung setzt die Teilnahme an der Zwischenprüfung voraus.
e) Freistellung von der Arbeit am Tag vor der schriftlichen Abschlussprüfung.
f) Nach Beendigung der täglichen Arbeitszeit muss eine ununterbrochene Freizeit von mindestens 12 Stunden gewährt werden.
g) Beschäftigung nur in der Zeit von 6.00 bis 20.00 Uhr.
h) Eine nicht bestandene Abschlussprüfung kann zweimal wiederholt werden.
i) Der Auszubildende hat einen Ausbildungsnachweis zu führen (Berichtsheft).

6 Ein Ausbildungsverhältnis kündigen

Die Auszubildende Karin Dombach hat am 01. August 20(0) ihre Ausbildung begonnen. Am 15. November des gleichen Jahres erhält sie an einem Montagmorgen von Herrn Bauer den Auftrag, am Stand vor dem Geschäft Kunden zu bedienen. Karin aber weigert sich, an diesem kalten und feuchten Novembertag draußen zu stehen. Sie begründet es damit, dass die Witterungsbedingungen ihre Gesundheit gefährden. Herr Bauer mahnt sie ausdrücklich, seinen Weisungen zu folgen. Karin aber widersetzt sich beharrlich der Anordnung, den Stand zu betreuen. Daraufhin schickt Herr Bauer Karin nach Hause mit den Worten: „Sie brauchen sich hier nicht mehr sehen zu lassen. Ihr Ausbildungsverhältnis ist ab sofort beendet.“

Erst zu Hause wird Karin klar, dass ihr gekündigt worden ist. Zweifel kommen auf, ob sie richtig gehandelt hat. Es wäre doch einfach gewesen, die Anweisung des Ausbilders zu befolgen. Was werden ihre Eltern sagen, wenn sie hören, dass die Ausbildung nach 3 ½ Monaten beendet worden ist, noch dazu durch eine Kündigung des Ausbildenden und unter Umständen, die einem Rauswurf gleichkommen. Wie werden zukünftige Arbeitgeber reagieren, wenn sie diesen Sachverhalt im Lebenslauf lesen? Besser wäre es zumindest, Karin hätte gekündigt.

Kann man denn ein Ausbildungsverhältnis so einfach beenden? Karin fragt sich, was sie eigentlich Schlimmes getan hat.

Andererseits: Karin versteht ihr Verhalten auch als Reaktion auf eine gewisse Unzufriedenheit mit ihrer Ausbildungssituation. Im Frühjahr hatte sie die Wahl zwischen einer Ausbildung zur Floristin und zur Kauffrau im Einzelhandel. Vielleicht wäre die Ausbildung im Blumenhaus Weigel doch besser gewesen.

Ein Anruf bei Weigel ergibt, dass der Ausbildungsplatz noch frei ist. Am 01. Januar könnte sie anfangen.

Die Entscheidung ist gefallen: Floristin im Blumenhaus Weigel. Und den Ausbildungsvertrag im City-Warenhaus Bauer selber kündigen – falls das überhaupt möglich ist.

Arbeitsauftrag

1. Prüfen Sie, ob die Kündigung des Ausbildungsverhältnisses durch Herrn Bauer rechtlich wirksam ist.
2. Falls möglich: Kündigen Sie an Karins Stelle den Ausbildungsvertrag mit dem Warenhaus form- und fristgerecht.

Lösungshilfen

Kündigungsfrist

fristgerechte Kündigung

formgerechte Kündigung

Fragen zum Arbeitsauftrag
a) Gegen welche Pflicht aus dem Berufsbildungsgesetz (BBiG) hat Karin unter Umständen verstoßen?
b) Welche Pflicht hat im oben stehenden Fall vielleicht auch Herr Bauer zu berücksichtigen?
c) Ist unter der Voraussetzung, dass Karin gegen ihre Pflichten verstoßen hat, die Kündigung wirksam erfolgt?
d) Wie wäre die Rechtslage, wenn sich Karin noch in der Probezeit befände?

Zum 2. Arbeitsauftrag
Die Formvorschriften und die Kündigungsfrist sind dem § 15 BBiG zu entnehmen.

Briefdaten:

Absender: Karin Dombach, Claudiusstraße 23, 40474 Düsseldorf
Empfänger: City-Warenhaus Bauer, Oberstraße 17, 40878 Ratingen
Wählen Sie als Briefdatum einen Zeitpunkt, der die Kündigungsfrist beachtet.

Aufgabe 1

Alex Binder, Auszubildender im 2. Ausbildungsjahr, erscheint an vier Unterrichtstagen jeweils ca. 30 Minuten verspätet zum Unterricht. Nach der Benachrichtigung durch den Klassenlehrer erhält Alex vom Ausbildenden am 15. August eine schriftliche Kündigung, die das Ausbildungsverhältnis zum 31. August beendet.

Aufgabe 2

Simone Steffens hat ihre Ausbildung am 01. August 20(0) begonnen. Im Ausbildungsvertrag ist eine Probezeit von 2 Monaten vereinbart. Am 15. September kündigt sie fristlos, weil ihr der Unterricht in der Berufsschule nicht zusagt.

Aufgabe 3

Ergänzen Sie die unten stehende Übersicht zur Beendigung eines Ausbildungsverhältnisses.

Beendigung der Ausbildung

1. ? ....
2. Kündigung ....

- in der Probezeit
  - ? ....
  - von ? ....
- nach der Probezeit
  - Ausbildender
    - nur fristlos ....
    - ? ....
  - Auszubildender
    - – fristlos aus wichtigem Grund ....
    - – -Wochen-Frist ....
    - bei ....
    - bei Beginn einer anderen Ausbildung

7 Ein Ausbildungszeugnis ausstellen

Am 28.12.20(0) im Personalbüro des City-Warenhauses:

Herr Bauer: *„Frau Dombach, Sie verlassen uns ja in Kürze. Ich habe daher Ihr Zeugnis fertig gestellt. Schauen Sie es sich bitte an, ob Sie damit einverstanden sind.“ (Mit diesen Worten übergibt Herr Bauer Karin folgendes Zeugnis:)*

Ausbildungszeugnis

Die Auszubildende Karin Dombach hat vom 01.08.20(0) bis zum 31.12.20(0) in unserem Unternehmen eine Ausbildung zur Kauffrau im Einzelhandel absolviert. Sie beendet diese Ausbildung auf ihren Wunsch vorzeitig, um eine neue Ausbildung als Floristin zu beginnen. Wir wünschen Frau Dombach viel Erfolg in ihrem neuen Ausbildungsberuf.

Karin: *„Ist das alles?“*

Herr Bauer: *„Sie waren ja auch nur ein paar Monate bei uns beschäftigt.“*

Arbeitsauftrag

Erstellen Sie ein Zeugnis für Karin Dombach, das den Vorschriften des BBiG entspricht. Gehen Sie von den Fertigkeiten und Kenntnissen aus, die Sie in Ihrem Ausbildungsbetrieb in den ersten Monaten Ihrer Ausbildung erworben haben.

Formulierungshilfen zu erworbenen Fertigkeiten und Kenntnissen:

Zeugnis nach dem Berufsbildungsgesetz

Fertigkeiten	– Frau Dombach hatte in dieser Zeit Gelegenheit, den Umgang mit Kunden zu erlernen und erste Verkaufserfahrungen zu sammeln.
und	– Zu Ihren Hauptaufgaben gehörte das Auszeichnen und Einräumen der Ware sowie die Warenpflege im Bereich ...
Kenntnisse	– Daneben hat sie bei der Warenannahme geholfen und bei der Warenbestandsaufnahme mitgewirkt.

Formulierungshilfen zu Führung, Leistung und besondere fachliche Fähigkeiten:

einfaches/ qualifiziertes Zeugnis

zur Führung:	... bei Kunden und Mitarbeitern wegen ihres freundlichen Wesens geschätzt ...; gewissenhaft, ehrlich, pünktlich ...
zur Leistung:	... die ihr übertragenen Aufgaben zu unserer vollsten Zufriedenheit /vollen Zufriedenheit/ Zufriedenheit erledigt
zu besonderen Fähigkeiten:	... besonders einfühlsamer Umgang mit Kindern im Geschäft ...

Aufgabe 1

Stellen Sie aus den unten stehenden Angaben jene zusammen, die ein Zeugnis nach dem BBiG

a) mindestens enthalten muss,
b) zusätzlich auf Verlangen des Auszubildenden enthalten kann.

- Art der Ausbildung
- Angaben über die Führung des Auszubildenden
- besondere fachliche Fähigkeiten
- Angaben über die Leistung des Auszubildenden
- Dauer der Ausbildung
- Angaben über die erworbenen Kenntnisse und Fähigkeiten
- Ziel der Ausbildung

Aufgabe 2

Welche Schulnote (von 1–6) verbirgt sich nach Ihrer Einschätzung hinter folgendem Arbeitszeugnis.

Zeugnis-Code im Informationshandbuch

Zeugnis

Herr Klaus Berger, geboren am 10.04.1978, hat von 1996 bis 1999 in unserem Betrieb seine Lehrzeit verbracht. Anschließend war er in verschiedenen Abteilungen unseres Hauses tätig. Herr Berger hat sich immer bemüht, die ihm übertragenen Arbeiten zu unserer Zufriedenheit zu erledigen. Gerne bestätigen wir, dass er stets bereit war, sich im Rahmen seiner Fähigkeiten einzusetzen, wobei er jederzeit hohes Verständnis für seine Arbeit zeigte.

Wegen seiner Pünktlichkeit und wegen seines Verhaltens zu den Vorgesetzten war er uns stets ein gutes Vorbild. Seine Mitarbeiter lernten ihn als einen umgänglichen Kollegen kennen.

Nicht unerwähnt bleiben sollte, dass Herr Berger durch seine Geselligkeit zur Verbesserung des Betriebsklimas beitrug. Wir trennen uns von ihm in gegenseitigem Einvernehmen und wünschen ihm alles Gute für die Zukunft.

Aufgabe 3

Welche Vorteile hat die „Duale Ausbildung“

a) gegenüber einer reinen betrieblichen Ausbildung,
b) gegenüber einer reinen schulischen Berufsausbildung, wie es sie in vielen anderen Ländern gibt?

Aufgabe 4

Wie kann ein Ausbilder sich über den Stand der schulischen Leistungen eines Auszubildenden informieren?

Aufgabe 5

Warum soll der Auszubildende neben der Kopie des Ausbildungsvertrages auch „Verordnung über die Berufsausbildung zum Kaufmann/zur Kauffrau im Einzelhandel“ erhalten, in der u. A. der Ausbildungsrahmenplan und das Ausbildungsberufsbild enthalten sind?

Ausbildungsordnung

Aufgabe 6

Ergänzen Sie den nachfolgenden Text:

Duale Ausbildung bedeutet, dass die Ausbildung an .... Lernorten, nämlich im .... und .... stattfindet.

Für die berufsübergreifende und berufsbezogene Ausbildung ist .... zuständig, während der .... die fachpraktische Ausbildung übernimmt.

8 Den Aufbau eines Einzelhandelsbetriebes erklären

Im City-Warenhaus Bauer:

Schnell schloss Klaus die Tür wieder. Zu eindeutig war der Befehl des Mannes hinter dem Schreibtisch: „Raus!!“ Da stand er nun in einem langen Gang mit vielen Türen links und rechts. Angefangen hatte es damit, dass er für seine Volleyballmannschaft in einem wichtigen Turnier mitspielen sollte. Allerdings war er erst seit drei Tagen in dem Warenhaus als Auszubildender beschäftigt. Mit einem Brief seines Trainers in der Hand ging er zur Abteilungsleiterin, die gerade eine Kundin bediente.

Klaus : *„Entschuldigen Sie Frau Gerdes, am Samstag spielt meine Volleyballmannschaft ...“*

Frau Gerdes: (der die Zornesröte ins Gesicht stieg, als Klaus in das Verkaufsgespräch platzte) „Ich habe hier zu tun, für private Angelegenheiten ist der Betriebsrat zuständig.“

Gerne hätte Klaus noch gefragt, wo er den Betriebsrat finden könne. Aber bei dem scharfen Ton, den Frau Gerdes anschlug, wagte er es nicht. Die Suche nach dem Betriebsrat glich einer Irrfahrt. Die freundliche Dame an der Kasse berichtete nur über die Arbeitskollegen („... und vor dem Herrn Fischer nehmen Sie sich bloß in Acht, der trinkt.“).

Bei der resoluten Dame am Eingang zur Verwaltung wurde er auch nicht fündig („Ich bin hier die Putzfrau, Kleiner.“). Zumindest wusste er jetzt, wo der Hausmeister sein Zimmer hat und dass man auch dann besser anklopft, wenn man hinter der Tür nur einen Abstellraum vermutet („Hast wohl Säcke vor der Tür, was?“).

An der Tür, vor der sich Klaus immer noch ratlos aufhielt, stand zwar nicht „Betriebs<u>rat</u>“, aber immerhin „Betriebs<u>leiter</u>“. Klaus hatte das Gefühl, irgendetwas falsch gemacht zu haben.

Organigramm des City-Warenhauses

Warenhausleiter Herr Bauer:

Bereich 00 Warenannahme und Ausgangslager Leiter(in) <u>Herr Schmitz</u>	Bereich 01 Leiter(in) <u>Herr Berns</u>	Bereich 02 Leiter(in) <u>Frau Yildrim</u>	Bereich 03 Leiter(in) <u>Frau Bense</u>	Bereich 04 Leiter(in) <u>Herr Blank</u>	Bereich 05 Verwaltung Leiter(in) <u>Frau Dehn</u>
Abteilung 01 Hausmeister Herr Boland	Abteilung 1.1 Lebensmittel 1. Kraft: Frau Jevic Auszubildende Sabrina und Peter sowie weitere Mitarbeiter (...)	Abteilung 2.1 Textilien 1. Kraft: Frau Melcher ... Abteilung 2.2 Uhren/Schmuck 1. Kraft: Frau Ewald ... Abteilung 2.3 Schuhe/Lederwaren Frau Seifert ... Abteilung 2.4 Drogerie/Parfümerie 1. Kraft: Frau Esser Auszubildende Simone ...	Abteilung 3.1 Haushaltswaren/ Eisenwaren/ Werkzeuge Frau Beyer Herr Thomas ... Abteilung 3.2 Elektro/Tonträger/ Computer 1. Kraft: Frau Gerdes Auszubildender Klaus ... Abteilung 3.3 Tapeten/Bodenbeläge/Farben 1. Kraft: Herr Jansen ...	Abteilung 4.1 Möbel 1. Kraft: Herr Hoffmeister ... Abteilung 4.2 Sport Frau Abel Herr Heuser ... Abteilung 4.3 Spielwaren 1. Kraft: Dünsing Auszubildende Andrea ... Abeilung 4.4 Papier/Schreibwaren 1. Kraft Frau Möller Auszubildende Ayse ...	Abteilung 5.1 Personal Frau Bauer Auszubildende Petra ... Abteilung 5.2 Hauptkasse Frau Everding Abteilung 5.3 Mieter: – Biker-Shop Herr Adam Frau Adam Auszubildende Silke Auszubildende Ann-Katrin ... – Foto – Bäcker – Bistro

Arbeitsauftrag

1. Erstellen Sie das Leitungssystem Ihres Ausbildungsbetriebes, das die Aufgaben und den Rang der Mitarbeiter zum Ausdruck bringt. Verwenden Sie keine Namen, sondern benutzen Sie die organisatorischen Bezeichnungen.
2. Beschreiben Sie danach gesondert die Aufgaben von Mitarbeitern in der Abteilung, in der Sie zurzeit tätig sind.
3. Wählen Sie eine Aufgabe aus, und beschreiben Sie die Tätigkeiten, die damit verbunden sind, in einer Form, die Sie für Ihren Ausbildungsnachweis (Berichtsheft) verwenden können.

Leitungssysteme in Einzelhandelsunternehmen

Aufgabe 1

a) Berichten Sie über erste Erlebnisse zu Beginn Ihrer Berufsausbildung, in denen Sie an die ‚falschen' Mitarbeiter gelangt sind.
b) Wer ist nach Ihrer Meinung in einem Warenhaus für die Beurlaubung eines Auszubildenden zuständig?
c) Warum kann ein Auszubildender nicht selbstständig bestimmen, wann er Urlaub nimmt?
d) Wie kann man als neuer Auszubildender erfahren, wer wofür verantwortlich ist?
e) An wen würden Sie sich in Ihrem Ausbildungsbetrieb mit folgenden Problemen wenden?
- Sie sind seit 6 Monaten mit Lagerarbeiten, Warenpflege und Botengängen beschäftigt, möchten aber gerne in den Verkauf.
- Ihre Arbeitszeit ist länger als es der Tarifvertrag oder das Jugendarbeitsschutzgesetz zulässt.
- Sie werden als weibliche Auszubildende von männlichen Arbeitskollegen belästigt.

Aufgabe 2

Betrachten Sie noch einmal das Leitungssystem des City-Warenhauses oben.

a) Die Abteilungsleiterin für Elektro/Tonträger/Computer ist der Meinung, dass dringend eine weitere Verkaufskraft eingestellt werden muss. Welchen „Dienstweg" nimmt diese Personalanforderung?
b) In einem Leitungssystem geht es um die Unterordnung und Gleichordnung. Wie werden diese beiden Grundsätze im Leitungssystem sichtbar?
c) Ordnen Sie die nachfolgenden Aussagen den Grundsätzen „Unterordnung" und „Gleichordnung" zu.
1: Ermöglicht eine straffe Führung des Betriebes. Allerdings kann es zu einem langen und damit schwerfälligen Dienstweg kommen.
2: Führt zu einer Teilung der Verantwortung, nutzt die Kreativität der Mitarbeiter, erfordert aber längere Abstimmungsverfahren zwischen den Beteiligten.

Aufgabe 3

In einer neu errichteten Filiale sind unten stehende Positionen zu vergeben. Entwerfen Sie ein Leitungssystem, das den Rang der Mitarbeiter deutlich macht.

1 Marktleiter(in):	Für die gesamte Filiale
2 Abteilungsleiter(in):	Rennrad/Mountainbike, Fahrradbekleidung/Fahrradzubehör
2 Substitut(inn)en:	Rennrad/Mountainbike (einschließlich Fahrradbekleidung, Fahrradzubehör)
2 Kundenberater(innen):	Rennrad/Mountainbike, Fahrradbekleidung und Fahrradzubehör
1 Auszubildender:	Fahrradbekleidung und Fahrradzubehör

Aufgabe 4

Ermitteln Sie Ihre Aufstiegsmöglichkeiten in Ihrem Ausbildungsbetrieb. Stellen Sie den Weg grafisch dar.

Beispiel:

Auszubildende → Kundenberaterin → usw.

9 Die Leistungen des Einzelhandels erklären

Frau Mertin und Frau Schwartz unterhalten sich im Bistro:

Frau M.: *„Was haben Sie denn da für einen tollen Pullover an?“*

Frau S.: *„Den habe ich gestern bei Tietz gekauft. Ich finde ihn auch sehr schön. Für 140,00 € kann man aber auch schon etwas verlangen.“*

Frau M.: *„140,00 €! Also solche Pullover bekomme ich glatt für die Hälfte.“*

Frau S.: *„Wie machen Sie das denn?“*

Frau M.: *„Ich kaufe direkt beim Hersteller. Die Heilmann-Werke bieten jeden Dienstag einen Direktverkauf an.“*

Frau S.: *„Oh, da müssen Sie ja mindestens eine halbe Stunde fahren.“*

Frau M.: *„Das nehme ich gerne in Kauf, wenn ich so viel Geld spare.“*

Frau S.: *„Bekommen Sie dort auch Kinderkleidung? Ich muss unsere Kinder noch für den Winter einkleiden.“*

Frau M.: *„Nein, die Kinderanoraks für den Winter habe ich schon im Frühjahr bei Ago-Tex gekauft und die Schuhe natürlich auch ab Fabrik, sehr günstig.“*

Frau S.: *„Im Frühjahr einen Winteranorak?“*

Frau M.: *„Ja, im Frühjahr stellen sie die Winterware her.“*

Frau S.: *„Sie kaufen wohl sehr viel ab Fabrik?“*

Frau M.: *„Ja, sogar die Lebensmittel holen wir uns zunehmend direkt beim Bauern. Eine Schweinehälfte bekommen Sie dort fast geschenkt. Ich zerlege die Hälfte in kleinere Portionen und friere sie ein.“*

Frau S.: *„Mein Lebensmittelhändler hat aber auch häufig Sonderangebote.“*

Frau M.: *„Aber so billig wie beim Hersteller kriegen Sie beim Einzelhändler nichts. Mein Mann hat jetzt auch eine günstige Einkaufsquelle für Elektrogeräte ausfindig gemacht. Seinen CD-Player hat er in einer Elektrogroßhandlung erworben. Das ist fast so preisgünstig wie beim Hersteller selbst.“*

Beratungsleistung des Einzelhandels

Frau S.: *„Erklären die in der Großhandlung denn auch, wie solch ein Gerät funktioniert? Und können die auch eine Reparatur durchführen?“*

Frau M.: *„Nein, man kauft das Gerät im Karton, und für Reparaturen ist mein Mann zuständig, er ist sehr praktisch veranlagt.“*

Frau S.: *„Vielleicht sollten wir auch versuchen, öfter beim Hersteller oder beim Großhändler einzukaufen.“*

Frau M.: *„Das kann ich Ihnen nur empfehlen. Ich bin doch nicht so dumm und kaufe im Einzelhandelsgeschäft. Der Einzelhandel verteuert doch nur die Ware, ohne etwas dafür zu leisten.“*

Arbeitsauftrag

1. Finden Sie aus dem Gespräch heraus, welche Leistungen der Einzelhandel erbringt.
2. Tragen Sie die Ergebnisse in die Tabelle ein, die auf der nächsten Seite steht.
3. Übertragen Sie die gefundenen Lösungen auf Ihren Ausbildungsbetrieb.

Leistungen des Einzelhandels
1. Der Einzelhandel berät die Kunden.
2.

Aufgabe 1

Die Leistungen des Einzelhandels lassen sich einteilen in

a) Überbrückungsaufgaben
   aa) Raumüberbrückungsaufgaben
   ab) Zeitüberbrückungsaufgaben

b) Aufgaben an der Ware

c) Vermittlungsaufgaben

Ordnen Sie die im Gespräch zwischen Frau Mertin und Frau Schwartz indirekt aufgeführten Leistungen des Einzelhandels nach dieser Einteilung.

Aufgabe 2

Beschreiben Sie den Weg eines Produktes aus Ihrem Ausbildungsbetrieb vom Rohstoff bis zum Kauf der fertigen Ware durch den Endverbraucher.

Aufgabe 3

Stellen Sie fest, welche Einkaufsvereinigungen in Ihrer Branche tätig sind.

Beispiele:

Musterring, Garant, EDEKA, REWE, Intersport

10 Kundenansprüche wecken

10.1 Einen Aktionsplan erstellen

In der Haushaltswarenabteilung des City-Warenhauses Bauer

Frau Bense: *„Frau Beyer, wo bleiben Sie denn so lange?“*

Frau Beyer: *„Entschuldigen Sie, wir haben so viel zu tun.“*

Frau Bense: *„Ich brauche Informationen aus Ihrer Abteilung für die Frühjahrsplanung. Da Herr Thomas krank ist, müssen Sie mithelfen.“*

Frau Beyer: *„Wir fangen doch gerade erst mit dem Weihnachtsgeschäft an.“*

Frau Bense: *„Ich muss im Voraus planen, daher benötige ich von Ihnen Vorschläge, was unsere Kunden zu welchen Anlässen und zu welcher Zeit in den Monaten Januar bis März wünschen.“*

Frau Beyer: *„Woher soll ich denn wissen, was die Kunden im Frühjahr brauchen?“*

Frau Bense: *„Das wissen die Kunden zum großen Teil auch noch nicht, aber wir könnten Sie an bestimmte Wünsche erinnern, ihre Bedürfnisse wecken, indem wir ihnen Warenvorschläge zu den entsprechenden Anlässen machen.“*

Arbeitsauftrag

Erstellen Sie einen Aktionsplan (siehe nächste Seite) für die Frühjahrsplanung des City-Warenhauses.

1. Nehmen Sie einen Kalender zur Hand und halten Sie Anlässe und entsprechende Termine in den Monaten Januar bis März fest, die ein Haushaltswarengeschäft für Verkaufsaktionen nutzen kann.
2. Entwickeln Sie Aktionsideen, die zu diesen Anlässen passen, und machen Sie Vorschläge für Produkte, die sich bei diesen Aktionen gut verkaufen lassen.

Beispiel:

Mitte bis Ende Januar haben die Menschen ein Bedürfnis nach Häuslichkeit, bedingt durch Schnee, Kälte und lange Abende. Der Haushaltswarenhandel wirbt in dieser Zeit mit so genannten Haushaltswochen, in denen er nützliche und preisgünstige Haushaltsartikel anbietet, weil der Bedarf nach diesen Produkten groß ist und die Konsumenten daher leichter bereit sind, etwas zu kaufen.

Januar 20 (+1)

1 2 3 4 5 6 7 8 9 10 11 12 13 14 15 16 17 18 19 20 21 22 23 24 25 26 27 28 29 30 31

Haushaltswochen (10–24)

Aktionsplan 20(+1)			
Datum	**Anlass**	**Aktionsidee**	**geeignete Produkte**

Aufgabe 1

Überlegen Sie sich für Ihren Ausbildungsbetrieb einen geeigneten 3-Monats-Zeitraum. Ordnen Sie dieser Zeit entsprechende Anlässe und Aktionsideen zu und entscheiden Sie sich für drei geeignete Warenarten, die Sie zu diesen Anlässen besonders herausstellen wollen.

Aufgabe 2

a) Welche der nachfolgenden Anlässe könnten Ihrer Meinung nach für Werbung in einem Haushaltswarengeschäft genutzt werden?

1 Partyzeit
2 Valentinstag
3 Kommunion/Konfirmation
4 Frühjahrshausputz
5 Kindtaufe
6 Frühjahrsmode
7 Osterfest

b) Welche der unten aufgeführten Warenarten könnte der Einzelhändler nach Ihrer Ansicht besonders herausstellen, wenn von Silvester bis Karneval „Partyzeit" ist?

1 Gläser-Sets
2 Sektkühler
3 Topfserien
4 Fondue-Sets
5 Stufenteller

c) Entwerfen Sie für die von Ihnen zusammengestellten Warenarten jeweils ein Motto (einen Slogan), das (der) dem Anlass gerecht wird.

Beispiele:

„So bereitet man eine gute Party vor", „Feiern Sie mit uns Karneval"

Aufgabe 3

Wählen Sie einen Anlass aus Ihrem Ausbildungsbetrieb und halten Sie schriftlich fest:
- welche Bedürfnisse und
- welcher Bedarf mit dem Anlass verbunden sind,
- welche Nachfrage daraus entsteht,
- welches Angebot der Einzelhändler bereithalten wird und
- mit welchen konkreten Ansprüchen Kunden das Geschäft betreten könnten.

Bedürfnisse
Bedarf
Nachfrage
Angebot

Beispiel:

Anlass:	Einschulung von Erstklässlern
Bedürfnisse:	• Den Kindern den Einstieg in das Schulleben zu erleichtern. • Den Anforderungen der Schule zu entsprechen.
Bedarf:	z. B. Schultüten, Ranzen, Schreibmappen, Hefte, Buntstifte, Tafeln
Nachfrage:	Erstklässlerausstattungen in den Preislagen von 35,00, 60,00, 80,00 und 100,00 €
Angebot:	Informationsbroschüren des Einzelhändlers mit Produktempfehlungen und vorrätige Waren für den Schulanfang von 35,00 bis 100,00 € mit dem Angebotsschwerpunkt im Bereich um 60,00 €.
Ansprüche:	Die konkreten Forderungen eines Kunden an eine Erstklässlerausstattung für seine Tochter, z. B. ein Ranzen aus leichtem Kunststoff.

Aufgabe 4

Ergänzen Sie die nachfolgende Übersicht mit den Begriffen

Nachfrage, Bedarf, Angebot, Markt

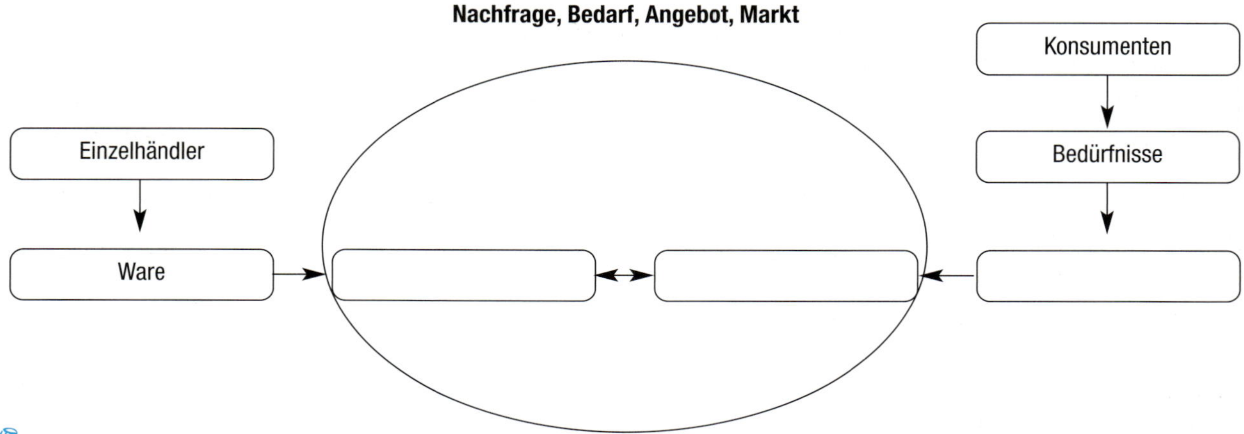

Verbrauchs-
güter
Gebrauchs-
güter

Aufgabe 5

Nennen Sie zwei Anlässe, zu denen die Kunden eher Verbrauchsgüter und zwei Anlässe, zu denen sie eher Gebrauchsgüter kaufen.

Beispiel:

Silvester: Verbrauchsgüter (Getränke, Snacks usw.)
Kommunion/Konfirmation: Gebrauchsgüter (Uhr, Fahrrad usw.)

Aufgabe 6

Welche der nachfolgenden Formulierungen würden Sie jeweils als Slogan vorziehen, um beim Kunden neue Bedürfnisse zu wecken?

a) 1 „Küchenartikel" — 2 „So ist Ihre Küche perfekt"
b) 1 „Damit Ihre Gäste rundum zufrieden sind" — 2 „Für die Partyzeit"

Aufgabe 7

Valentinstag: = Tag (14.02.), an dem sich Menschen, die sich nahe stehen, etwas (oft Blumen) schenken.

a) Halten Sie fest, welche Bedürfnisse die Menschen mit dem Valentinstag verbinden.

1.	4.
2.	5.
3.	6. Geborgenheit durch Nähe zu anderen Menschen

b) Welcher Bedarf an Waren und Dienstleistungen könnte sich aus den Bedürfnissen für den Einzelhandel ergeben?

1. Blumengeschenke	3.
2.	4.

c) Mit welcher Nachfrage nach konkreten Produkten und Dienstleistungen ist am Valentinstag zu rechnen?

1. vorzugsweise Schnittblumen, zu dekorativen Sträußen gebunden	3.
2.	4.

d) Welches Angebot kann eine Abteilung für Haushaltswaren dieser Nachfrage gegenüberstellen?

1.	3.
2.	4.

e) Mit welchem Slogan könnte eine Abteilung für Haushaltswaren ihr Angebot empfehlen?

Vorschläge:

1. „Schenk mal wieder"
2. „Liebe schenken"
3. „Freundschaft erhalten"
4. „Auf DU und DU sein"
5. „Man bleibt nicht allein"

Aufgabe 8

Ordnen Sie die Begriffe

1 Bedürfnis 2 Bedarf 3 Nachfrage 4 Angebot

den nachfolgenden Aussagen zu.

- ☐ a) André Beier hat den Wunsch, seine Freundin zu überraschen und ihr eine Freude zu machen.
- ☐ b) Nach reiflicher Überlegung entscheidet sich André für einen bestimmten Freundschaftsblumenstrauß aus einem Prospekt.
- ☐ c) André sucht ein Blumengeschäft auf und erklärt dem Verkäufer, welchen Strauß er gerne kaufen möchte.
- ☐ d) Da das Blumengeschäft gerade diese speziellen Blüten nicht im Sortiment hat, zeigt ihm der Verkäufer die vorrätigen Blumen.
- ☐ e) André kauft einen dieser Freundschaftssträuße.

Aufgabe 9

Welche Aussage trifft zu auf

1 Bedürfnisse 2 Bedarf 3 Nachfrage 4 Angebot 5 Markt

- ☐ ist ein auf dem Markt geltend gemachter Kaufwunsch
- ☐ ist das Zusammentreffen von Angebot und Nachfrage
- ☐ ist ein unbestimmtes Mangelgefühl
- ☐ ist planbar und mit Kaufkraft ausgestattet
- ☐ wird nur durch einen Kaufentschluss am Markt wirksam
- ☐ hält der Einzelhandel für die Nachfrage der Kunden bereit

Aufgabe 10

Die Hersteller von Deko-Vasen vermuten auf dem Markt folgenden Zusammenhang zwischen Preisen und

1. den zu verkaufenden Mengen (d. h. die Nachfrage der Verbraucher),

2. den von den Herstellern angebotenen Mengen (Angebot) an Deko-Vasen pro Monat:

Preis in €	5	10	15	20	25	30	35	40	45
Angebotsmenge in Stück	300	400	500	600	700	800	900	1.000	1.100
Nachfragemenge in Stück	1.100	1.000	900	800	700	600	500	400	300

a) Zeichnen Sie nach oben stehenden Angaben eine Angebots- und Nachfragekurve in das nachfolgende Diagramm ein.

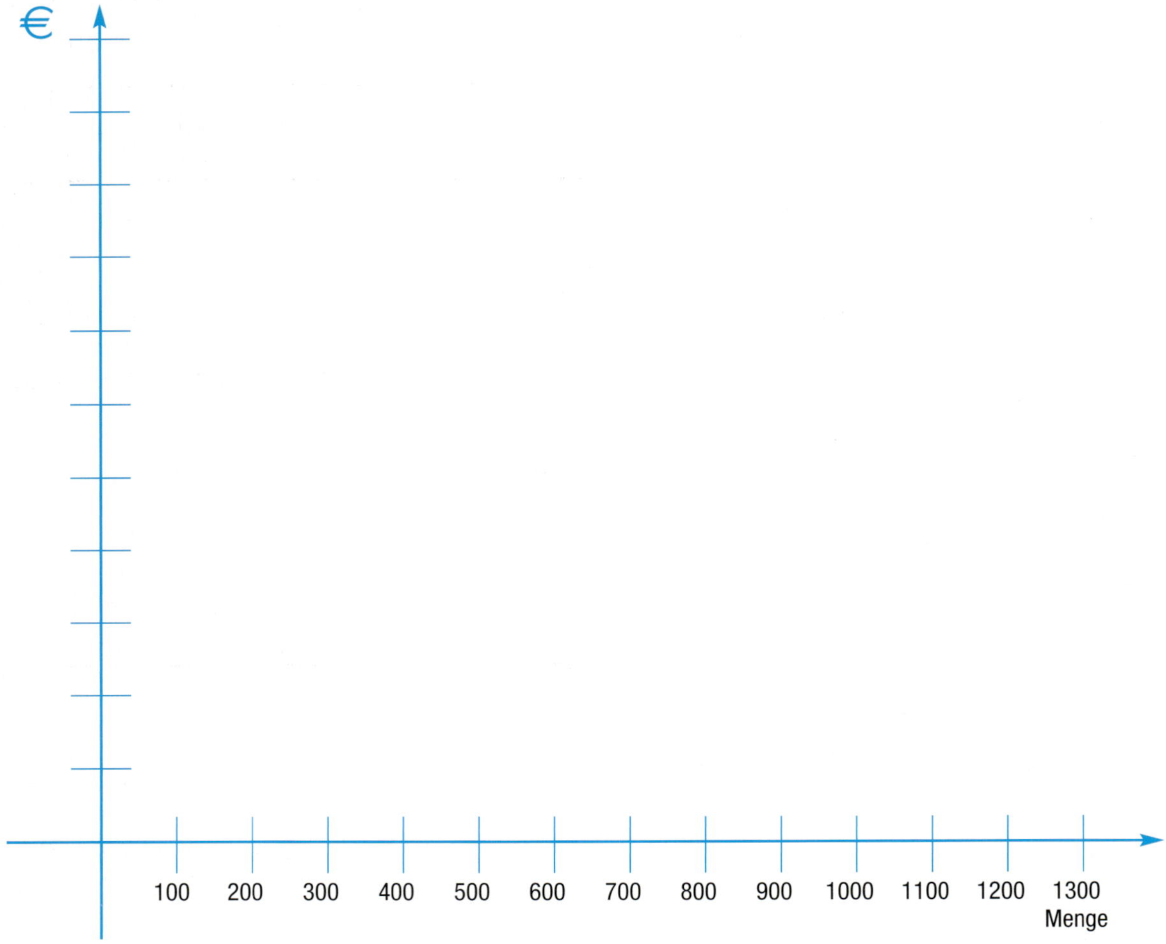

b) Ermitteln Sie

ba) den Punkt, an dem die nachgefrage Stückzahl der Angebotsmenge entspricht (Gleichgewichtspreis)
bb) den Stückpreis bei einer angebotenen Stückzahl von 1.000
bc) den Nachfrageüberhang in Stück bei einem Stückpreis von 15,00 €
bd) den Angebotsüberhang bei einem Stückpreis von 40,00 €

c) Die Situationen zu b) lassen sich aus der Sicht eines Einzelhändler auch beschreiben mit den Bezeichnungen
1 Normalsortiment (Angebot des Einzelhändlers entspricht der Nachfrage der Kunden)
2 Übersortiment (Angebotsüberhang)
3 Untersortiment (Nachfrageüberhang)

Ordnen Sie diesen Begriffen folgenden Aussagen zu. Das Sortiment

☐ entspricht der Nachfrage
☐ ist kleiner als die Nachfrage
☐ führt zu größter Wirtschaftlichkeit
☐ führt zu Kundenverlusten
☐ führt zu geringem Warenumschlag

Aufgabe 11

Der Markt für Parfüm lässt sich zurzeit wie folgt kennzeichnen: Die Kunden sind bereit, für klangvolle Namen (Lagerfeld, Joop, Sander, Chanel u. A.) hohe Preise zu bezahlen. Hersteller und Handel verdienen an den Produkten gut. Allerdings ist auch schon ein gewisses Überangebot an Markenware festzustellen.

Nun drängen neue Hersteller und Händler in den Markt, weil sie an den Gewinnen teilhaben möchten.

a) Mit welcher Strategie (Preis/Stückzahl) werden die neuen Anbieter vermutlich am Markt auftreten?

b) Welche Folge wird ihr Erscheinen für den gesamten Parfümmarkt haben?

Aufgabe 12

Eine Volkswirtschaft lässt sich einteilen in die Bereiche
1 Urerzeugung (primärer Sektor)
2 Weiterverarbeitung (sekundärer Sektor)
3 Dienstleistungen (tertiärer Sektor)

a) Stellen Sie fest, welchen Sektoren (1–3) die nachfolgend genannten Unternehmen zuzuordnen sind.

	Hühnerfarm		Lebensmittelgeschäft		Bergwerk (Eisenerz)		Baumarkt
	Bank		Forstbetrieb		Möbelfachgeschäft		Spedition
	Stahlwerk		Möbelschreinerei		Fabrik für Tiefkühlgerichte		
	Versicherung		Maschinenfabrik				

b) Aus den unter a) genannten Unternehmen lassen sich Produktionsketten (vom primären zum tertiären Sektor) bilden. Stellen Sie drei Produktionsketten grafisch dar.

Produktions-ketten

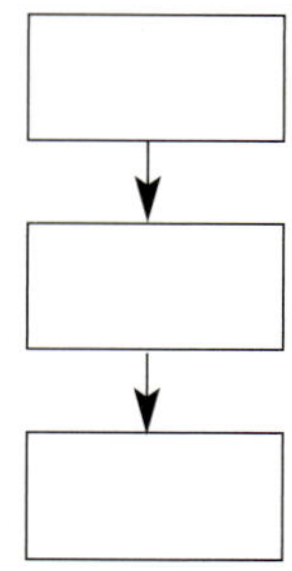

Aufgabe 13

Ordnen Sie den unten stehenden Gütern die folgenden Güterarten zu.

1 Konsumgut und Verbrauchsgut		Nahrungsmittel im Haushalt eines Einzelhändlers
2 Konsumgut und Gebrauchsgut		Beratung eines Einzelhändlers durch seinen Steuerberater
3 Produktionsgut und Verbrauchsgut		Stereoanlage in der Privatwohnung eines Buchhändlers
4 Produktionsgut und Gebrauchsgut		Datenkasse im Verkaufsraum eines Supermarktes
5 Dienstleistung		Benzinvorrat im Tank des Lieferwagens eines Möbelfachgeschäftes

Aufgabe 14

Stellen Sie fest, ob mit unten stehenden Aussagen

1 Gebrauchsgüter
2 Verbrauchsgüter
3 sich ergänzende (komplementäre) Güter
4 sich gegenseitig ersetzende (substitutive) Güter
5 gleichartige (homogene) Güter
6 verschiedenartige (heterogene) Güter

beschrieben werden.

	Das Wirtschaftsgut stiftet nur einmal Nutzen und geht bei der Nutzung unter.
	Ein Wirtschaftsgut kann durch ein anderes ausgetauscht werden (z. B. Kaffee durch Tee).
	Es handelt sich um Güter von unterschiedlicher Art und Beschaffenheit.
	Das Wirtschaftsgut kann über längere Zeit genutzt werden und wird nach und nach abgenutzt.
	Bestimmte Wirtschaftsgüter werden nur zusammen mit anderen nachgefragt (z. B. Auto und Benzin).

10.2 Den Einkauf planen

Situation 1

Peter hat den Auftrag, für eine Party seiner Berufsschulklasse Chips und Süßigkeiten zu besorgen. 10,00 € stehen ihm zur Verfügung. Als angehender Kaufmann im Einzelhandel informiert er sich in der Tageszeitung über die günstigsten Angebote von Chips, Weingummi und Schokolade. Anschließend kauft er zwei Tüten Paprikachips bei seinem Händler an der Ecke aus dessen Wochenangebot. Vier Tüten Weingummi erwirbt er beim Discounter, ein Fünferpack Schokolade im Supermarkt und eine Schachtel Pralinen im Warenhaus.

Situation 2

Sarah soll für die Klassenfete die Getränke kaufen. Sie hat sich eine Getränkeliste mit einer bestimmten Anzahl an Cola-Literflaschen, Limonadeflaschen, Orangensaft-Tetrapacks erstellt. Sie prüft ebenfalls die Wochenangebote verschiedener Geschäfte, um die festgelegten Getränke möglichst preisgünstig einzukaufen.

Arbeitsauftrag

In den Situationen 1 und 2 wird einmal das Maximal- und einmal das Minimalprinzip beschrieben. Erklären Sie die beiden Prinzipien mit eigenen Worten. Formulieren Sie jeweils das Maximal- und Minimalprinzip anhand von zwei Situationen aus Ihrem Ausbildungsbetrieb.

Aufgabe 1

Um welche Art des ökonomischen Prinzips handelt es sich jeweils:

a) Eine Hausfrau versucht, für die notwendigen Lebensmittel, die auf ihrem Einkaufszettel stehen, möglichst wenig Geld aus ihrer Haushaltskasse auszugeben.

b) Ein Einzelhändler ist bestrebt, einen bestimmten Umsatz mit möglichst geringem Kosteneinsatz (z. B. möglichst wenig Personal) zu erzielen.

c) Ein Einzelhändler versucht, mit dem vorhandenen Personal (feste Kosten) einen möglichst hohen Umsatz zu erzielen.

d) Eine Hausfrau versucht, mit dem vorgegebenen Haushaltsgeld möglichst viele Lebensmittel zu erwerben.

e) Ein Schüler versucht, mit möglichst geringem Lerneinsatz die möglichst besten Noten zu erzielen.

Aufgabe 2

Nach welchem Prinzip wirtschaften staatliche Haushalte, wenn man bedenkt, dass Städte und Gemeinden einen Haushaltsplan erstellen?

Aufgabe 3

Erläutern Sie an dem Beispiel „Benzinverbrauch" – „Kilometerleistung" das Minimal- und das Maximalprinzip.

11 Die Auswirkungen einer Geschäftsansiedlung beschreiben

In einer Stadtratssitzung

Der Ratinger Stadtplaner Friedrichs hatte Mühe, sich Gehör zu verschaffen, weil die Ratsvertreter und die anwesenden Einzelhändler lautstark diskutierten.

Friedrichs: *„... und darum ist die Verwaltung der Meinung, dass das Einkaufszentrum am Ende der Turmstraße vor dem neu zu schaffenden Parkhaus seinen Standort erhalten soll. Sie stimmen mir doch zu, dass ein Einkaufszentrum dieser Größe eine große Anzahl von Kunden auf sich zieht und sich der nahe gelegene Parkraum nur positiv auswirkt."*

Bauer: *(der Inhaber des City-Warenhauses springt erregt auf) „Wenn Sie mir den vor die Nase setzen, dann kann ich mein Geschäft gleich dichtmachen!"*

Friedrichs: *„Im Gegenteil, Herr Bauer, das Einkaufszentrum sichert die Überlebensfähigkeit Ihres Geschäftes, und durch seine Kaufkraftbindung ist es für den Einzelhandel der gesamten Stadt von Vorteil. Schauen Sie bitte auf den Plan. Die Attraktivität des nördlichen Teils des Stadtzentrums würde beträchtlich erhöht."*

Arbeitsauftrag

Versetzen Sie sich in die Situation des Stadtplaners und begründen Sie die Vorteile der Ansiedlung des Einkaufszentrums für die Stadt. In welcher Weise wirkt sich die Ansiedlung auf das Arbeitsplatzangebot der Stadt, auf die Einkommen der Haushalte und auf die Umsätze aller Einzelhandelsgeschäfte der Stadt aus?

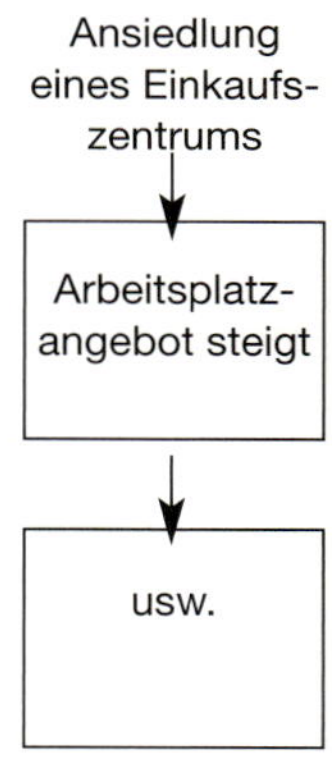

Aufgabe 1

Lesen Sie zunächst den Dialog und füllen Sie im Anschluss daran die unten abgebildete Zeichnung zum einfachen Wirtschaftskreislauf aus.

Alexander Heitkamp und Jörn Müller, zwei Schüler einer Berufsschule, sind bei Herrn Dr. Schneider vom Bundesministerium für Wirtschaft und Arbeit in Berlin. Da sie ihren Urlaub in diesem Jahr in der Hauptstadt verbringen, haben sie das Angenehme mit dem Nützlichen verbunden und um einen Termin bei dem Sachbearbeiter gebeten. Nach den Herbstferien sollen sie an ihrer Schule ein Referat zum Thema Wirtschaftskreislauf vortragen.

Bundesministerium für Wirtschaft und Arbeit

Alexander: *„Vielen Dank für Ihre Einladung Herr Schneider. Ich denke, dass wir bei Ihnen wertvolle Informationen erhalten können."*

Herr Schneider: *„Ich tue, was ich kann."*

Jörn: *„Zurzeit plant doch die Bundesregierung eine Steuersenkung. Könnten Sie vielleicht anhand von diesem Beispiel den einfachen Wirtschaftskreislauf erklären?"*

Herr Schneider: *„Sehr gerne, wenngleich hier schon Elemente des erweiterten Wirtschaftskreislaufes zum Tragen kommen; aber dazu später mehr. Der einfache Wirtschaftskreislauf gibt unsere Volkswirtschaft stark vereinfacht wieder. Es existieren in diesem Modell lediglich die Unternehmen und die Haushalte."*

Alexander: *„Die Haushalte sind doch praktisch die normalen Bürger wie du und ich, oder?"*

Herr Schneider: *„Genau, und diese Haushalte bekommen nach unserer Steuerreform mehr Nettoeinkommen. Die Frage ist nun: Was machen diese Menschen mit ihrem Einkommen?"*

Alexander: *„Ist doch klar: ausgeben. Sie kaufen DVD-Spieler, gehen Essen, kaufen Autos usw."*

Herr Schneider: *„Eben, und die Unternehmen verkaufen ihnen diese Produkte. Jetzt haben wir schon mehr als die Hälfte der Bestandteile des einfachen Wirtschaftskreislaufes erwähnt. Eine letzte Frage noch: Woher bekommen die privaten Haushalte denn ihr Geld?"*

Jörn: *„Ach, wären die Fragen in unseren Klassenarbeiten doch auch immer so leicht. Natürlich von den Unternehmen; von ihnen beziehen sie Einkommen für ihre geleistete Arbeit."*

Alexander: *„Lass` uns diese Erklärungen in unser Schema übertragen."*

Der einfache Wirtschaftskreislauf

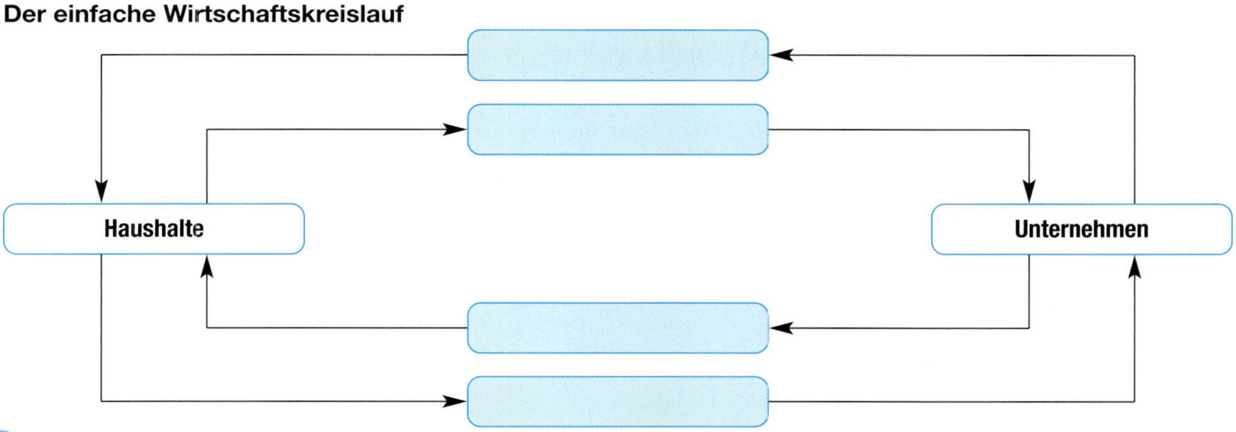

Aufgabe 2

Ergänzen Sie das unten abgedruckte Schaubild, nachdem Sie den folgenden Dialog gelesen haben.

Nachdem Jörn und Alexander das Schaubild zum einfachen Wirtschaftskreislauf fertiggestellt haben, stellen sie Herrn Schneider weitere Fragen.

Jörn: *„Dieser einfache Wirtschaftskreislauf ist ja logisch aufgebaut; aber was ist eigentlich mit dem Geld, welches die Haushalte nicht ausgeben? Meine Eltern sparen bspw. einen Teil ihres Einkommens, um einen neuen Wagen kaufen zu können."*

Herr Schneider: *„Das machen natürlich sehr viele Haushalte. Durchschnittlich sparen die Menschen in der Bundesrepublik etwa 10 Prozent ihres verfügbaren Einkommens. In den USA ist diese Sparquote geringer, in Japan sogar höher."*

Alexander: *„Da brauchen wir also einen neuen Sektor, der diese Ersparnisse aufnimmt, oder?"*

Herr Schneider: *„Richtig, den nennen wir Kapitalsammelstellen. Dazu gehören Banken, Versicherungen, Bausparkassen usw. Diese Kapitalsammelstellen bekommen von den Haushalten die Ersparnisse. Warum legen denn die Menschen ihr Geld dort an und verstecken es nicht unter ihrer Matratze?"*

Jörn (lacht): *„Das wäre ja selten dämlich. Erst einmal würde die Gefahr des Diebstahls bestehen und außerdem bekommt man für seine Ersparnisse bei den Banken Zinsen."*

Herr Schneider: *„Stimmt genau."*

Alexander: *„Da sehe ich aber ein Problem auf die Volkswirtschaft zukommen. Diese gesparten Mittel sind dann ja sozusagen stillgelegt. Sie werden damit dem Wirtschaftskreislauf entzogen. Das kann doch nicht gut sein, oder?"*

Herr Schneider: *„Das Geld wird ja weitergegeben. Diese Mittel werden an Unternehmen verliehen."*

Jörn: *„Das ist sehr wichtig für die Unternehmen, denn sie müssen ja ständig investieren, um ihre alten Anlagen auszutauschen oder um neue Kapazitäten aufzubauen."*

Alexander: *„Jetzt erweitern wir unseren einfachen Wirtschaftskreislauf."*

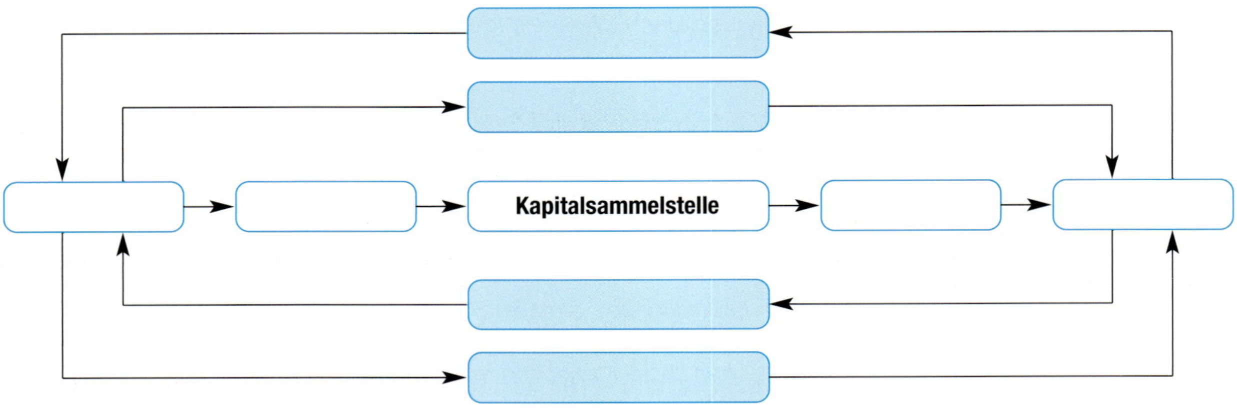

Aufgabe 3

Welche Auswirkungen ergäben sich auf eine Volkswirtschaft, wenn das von den Haushalten gesparte Kapital nicht über die Kapitalsammelstellen wieder dem Wirtschaftskreislauf zur Verfügung gestellt werden würde.

Aufgabe 4

Ergänzen Sie das unten abgedruckte Schaubild, nachdem Sie den folgenden Dialog gelesen haben.

Jörn: *„Jetzt sind wir schon einen Schritt weiter. Was ist aber mit den Steuern?"*

Alexander: *„Was für Steuern?"*

Jörn: *„Na, meine Eltern zahlen Einkommensteuern, Unternehmen zahlen Körperschaftssteuern, Gewerbesteuern usw."*

Alexander: *„Lass' mich raten: Wir brauchen wieder einen neuen Sektor, der diese Steuern aufnimmt."*

Jörn: *„Genau. Das macht der Staat und der ..."*

Herr Schneider *(unterbricht): „Und deswegen nennen wir diesen Sektor auch ganz einfach Staat. Er nimmt diese Steuern ein und gibt sie für allerlei nützliche Dinge wieder aus. Das nennt man Staatsausgaben."*

Jörn: *„Dann lass` uns den Wirtschaftskreislauf komplettieren."*

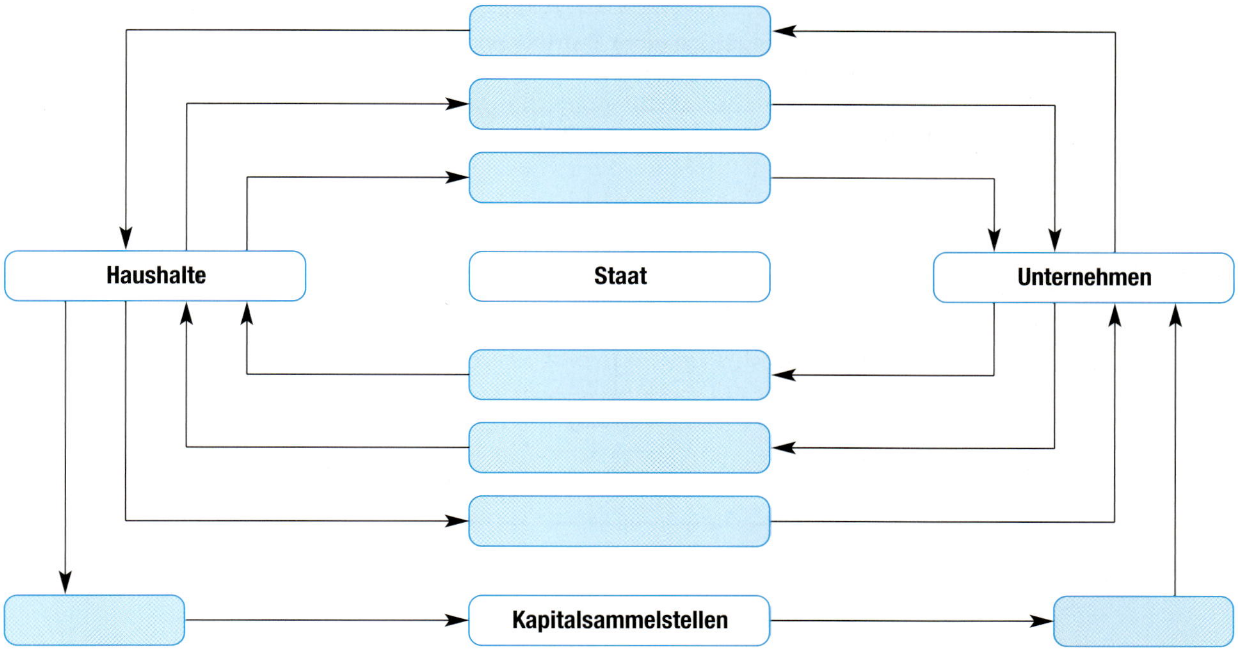

Aufgabe 5

Nennen Sie einige Ausgaben des Staates. Unterscheiden Sie dabei zwischen Staatsausgaben mit und Staatsausgaben ohne Gegenleistungen.

Aufgabe 6

Die vom Stadtplaner beschriebenen Vorteile für den städtischen Einzelhandel kommen nur zum Tragen, wenn zusätzliche Kaufkraft herangeführt oder bisher abfließende Kaufkraft gebunden werden kann. Wie ist diese Aussage zu verstehen?

Aufgabe 7

Nach der Ansiedlung des Einkaufszentrums musste die Lebensmittelabteilung des City-Warenhauses Bauer mit einer Änderung ihres Sortiments reagieren, weil sich im Einkaufszentrum ein leistungsstarker Lebensmitteldiscounter befindet. Welche Vorgehensweise (Sortimentsstrategie) halten Sie für geeignet, den Bestand der Abteilung zu sichern?

1 Herr Berns, Bereichsleiter der Lebensmittelabteilung des City-Warenhauses, kopiert das Sortiment des Discounters und nimmt ausschließlich selbstbedienungsfähige Ware (z. B. Konserven, Getränke, Waschmittel) im Niedrigpreisniveau in sein Sortiment auf.

2 Herr Berns versucht, das Preisniveau des Discounters zu unterbieten, um die lästige Konkurrenz auszuschalten.

3 Er entwickelt ein Ergänzungssortiment zum Sortiment des Discounters, indem er vorzugsweise Frischwaren und beratungsintensive Produkte im mittleren und gehobenen Preisniveau aufnimmt.

Aufgabe 8

Nach der Ansiedlung des Einkaufszentrums stellt Herr Berns fest, dass erheblich mehr Kunden als vorher seine Lebensmittelabteilung aufsuchen. Welche Gründe könnten nach Ihrer Meinung zu dieser Situation geführt haben?

Aufgabe 9

Den Einwohnern der Stadt fiel auf, dass die Preise in der Lebensmittelabteilung des City-Warenhauses Bauer trotz des nahe gelegenen Lebensmitteldiscounters im neuen Einkaufszentrum höher waren als in vergleichbaren Geschäften an anderen Standorten und dass die Kunden trotzdem bei Bauer kauften. Wie ist dieser Sachverhalt zu erklären?

Aufgabe 10

Wählen Sie für die oben im Kreislaufmodell beschriebenen Auswirkungen einer Geschäftsansiedlung eine veränderte Darstellungsform. Ergänzen Sie dazu eine Abbildung nach unten stehendem Muster. Sie können zusätzliche Ereignisfelder nach Bedarf hinzufügen. Beachten Sie, dass auch die ökologischen Folgen der Geschäftsansiedlung betrachtet werden sollen.

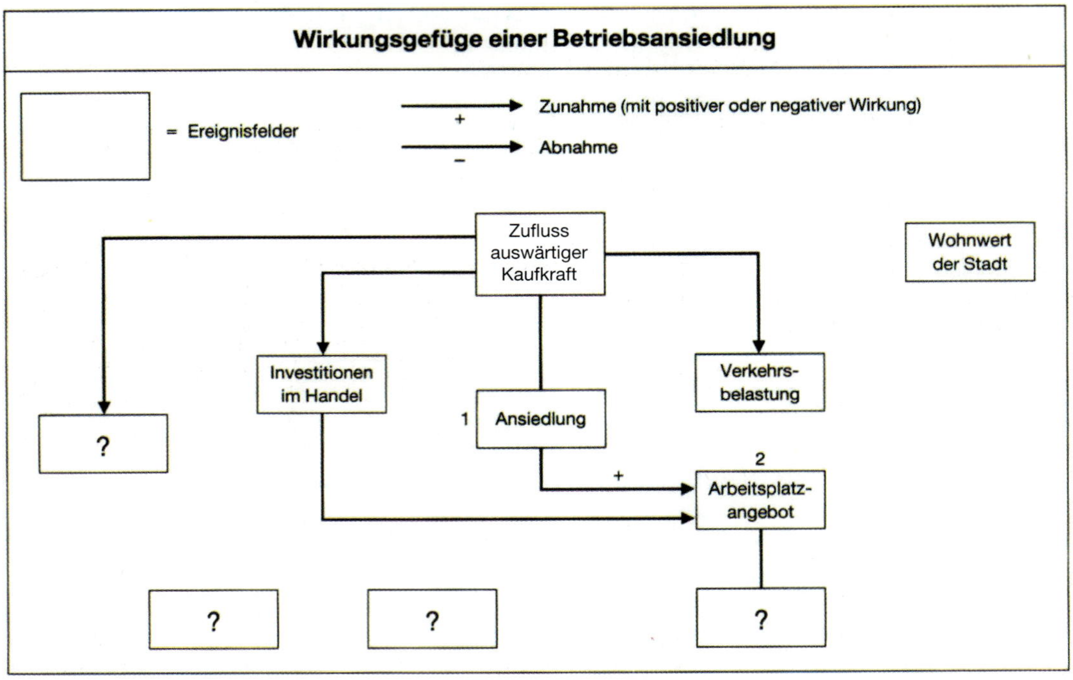

Aufgabe 11

Eine Stadtverwaltung erteilt einem Bauunternehmen der Stadt den Auftrag zum Bau einer großen Umgehungsstraße. Die Straße soll den innerstädtischen Straßenverkehr entlasten.
Machen Sie sich die ökonomischen, verkehrstechnischen und ökologischen Wirkungen im Sinne vernetzten Denkens klar. Stellen Sie die Beziehungen grafisch dar.

12 Die Betriebsfaktoren des Einzelhandels einsetzen

12.1 Einen Standort für eine Filiale suchen

Standortwahl

Die Geschäfte mit Fahrrädern des City-Warenhauses Bauer gehen so gut, dass sich Herr Bauer entschließt, eine neue Filiale unter dem Namen „Zweirad Bauer“ in Neuss einzurichten. Herr Bauer möchte die Fachmarktidee und somit auch das Fachmarktsortiment in der neuen Filiale ausbauen. Dazu ist es zunächst erforderlich, einen Standort zu finden, der für einen Fahrradfachmarkt angemessen ist.

In Neuss stehen vier Standorte zur Verfügung, die von einem Makler angeboten werden:

Standort 1

Neubau-Wohnsiedlung, Arbeitnehmerhaushalte, Wohnstraßen, wenig Parkplätze, Ladenmiete 5,00 €/m², Mitbewerber: Ein Fahrradgeschäft (ca. 2 km entfernt) mit niedrigem Preisniveau.

Standort 2

Innenstadt, Haupteinkaufsstraße, Fußgängerzone, Parkhaus in der Nähe, reger Kundenverkehr, Ladenmiete 40,00 €/m², Mitbewerber: Karstadt mit Fahrradabteilung, C&A, P&C, zahlreiche Fachgeschäfte aller Art in unmittelbarer Nähe, z. B. Boutique, Herrenausstatter, Antiquitätengeschäft (Möbel, Porzellan), Buchhandlung.

Standort 3

Innenstadt, in der Nähe der Haupteinkaufsstraße, gute Verkehrsanbindung, eigener Parkplatz, Ladenmiete 15,00 €/m², mäßiger bis guter Kundenverkehr, Mitbewerber: 2 Fahrradfachgeschäfte (unteres Anspruchsniveau).

Standort 4

Gewerbegebiet am Stadtrand, gute Verkehrsanbindung, großes Parkplatzangebot, Ladenmiete 4,00 €/m², keine Mitbewerber.

Lageplan

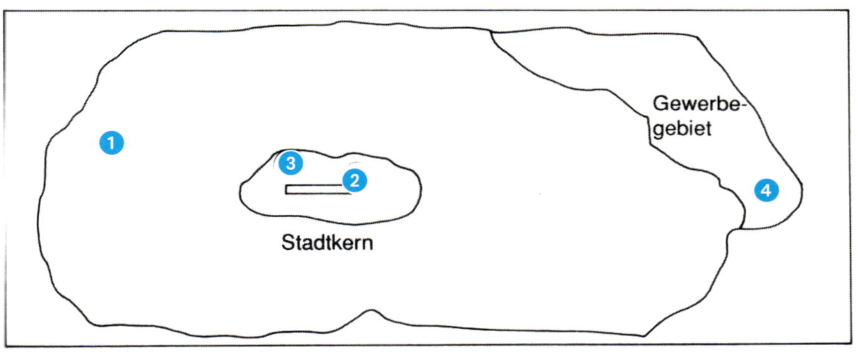

Arbeitsauftrag

Suchen Sie aus dem oben dargestellten Angebot an Ladenlokalen einen geeigneten Standort für den Fachmarkt „Zweirad Bauer“. Begründen Sie Ihre Entscheidung.

Informationen zum „Zweirad Bauer“-Fachmarkt

Sortiment: Es werden alle Produkte angeboten, die Kinder, Jugendliche und Erwachsene für den Freizeit- und Vereinssport benötigten (= Verwendungszweck), insbesondere für den Mountainbike- und Rennradsportbereich. Folgende Warengruppen sind vorhanden: Mountainbikeräder, Rennräder, Fahrradhelme, Radrennhosen, Trikots, Fahrrad-Regenjacken, Fahrradzubehör, Fahrradersatzteile usw. Es handelt sich um ein breites und tiefes Sortiment gut laufender Waren in mittlerer und gehobener Preislage.

Größe: Fachmärkte haben eine mittelgroße Verkaufsfläche, in diesem Falle 700 m² (Ein Klassenraum hat etwa eine Größe von 40 m²; ein Schuhfachgeschäft könnte z. B. mit einer Größe von 100 m² betrieben werden.).

Verkaufssystem: Selbstbedienung (Selbstwahl); eine zentral gelegene Beratungstheke mit Fachpersonal steht den Kunden bei Bedarf zur Verfügung.

Aufgabe 1

Welche Gesichtspunkte sind für die Standortentscheidung eines Einzelhändlers wichtig?

Aufgabe 2

a) Definieren Sie den Begriff „Fachmarkt". Verwenden Sie die nachfolgenden Informationen zum Aufbau einer Definition und einer Musterdefinition.

Eine Definition hat folgenden Aufbau:	Formulierungshilfen
1. Oberbegriff bilden;	Der Fachmarkt ist eine …
2. den entscheidenden Unterschied des zu definierenden Ausdrucks von ähnlichen Begriffen nennen;	… breites Sortiment … bestimmter Verwendungszweck … Warengruppen … flach sortiert …
3. auf weitere Besonderheiten hinweisen;	… Preislage … Verkaufsfläche … Standort …
4. Beispiele nennen.	…

b) Stellen Sie fest, ob Ihnen Fachmärkte bekannt sind, und beschreiben Sie Ihre Lage (z. B. Innenstadt-Haupteinkaufsstraße, Innenstadt-Rand, Wohngebiet, Gewerbegebiet). Bedenken Sie, dass auch Fachmärkte mit schmalen und tiefen Sortimenten existieren und dass der Kunde immer häufiger eine gute Beratung erfährt. Erstellen Sie eine Übersicht nach folgendem Muster:

Fachmärkte

Beispiel (Name)	Beschreibung des Standortes

Aufgabe 3

Betriebsformen

Ein Fachmarkt ist nur eine von vielen möglichen Betriebsformen des Einzelhandels. Nennen Sie je zwei Beispiele zu allen anderen Betriebsformen des Einzelhandels. Legen Sie dazu eine Übersicht nach folgendem Muster an:

Betriebsform	Definition	Beispiele
1. Fachgeschäft		
2. Fachmarkt		
3. usw.		

Aufgabe 4

Betrachten Sie die im Informationsband genannten Betriebsformen aus der Sicht des Kunden. Wo erwartet er

a) besonders günstige Preise,
b) ein mittleres Preisniveau,
c) vergleichsweise hohe Preise?

Aufgabe 5

a) Kennzeichnen Sie die Betriebsform Ihres Ausbildungsbetriebes und beschreiben Sie seinen Standort.
b) Beurteilen Sie den Standort Ihres Ausbildungsbetriebes.

c) Bestimmen Sie einen geeigneten Standort, an dem Ihr Ausbildungsbetrieb eine Zweigstelle (Filiale) einrichten könnte. Begründen Sie Ihre Entscheidung.

12.2 Eine Filiale einrichten

Die Geschäftsleitung des City-Warenhauses Bauer und die Bereichsleiter sind zu einer Sitzung zusammengekommen:

Filiale = Zweigstelle

Herr Bauer: *„Herr Blank, Sie berichten uns nun über den Stand der Filiale ‚Zweirad-Bauer' in Neuss."*

Herr Blank: *„Der Mietvertrag für die Geschäftsräume ist unterzeichnet, sodass nun die Einrichtung der Filiale betrieben werden kann. Es handelt sich um ein Lokal von 700 m² Größe, davon sind etwa 600 m² Verkaufsfläche. Bei 3.000,00 € Umsatz je m² Verkaufsfläche ergibt das einen Planumsatz von 1,8 Millionen €. Die Filiale soll die neue Geschäftseinrichtung im Outdoor-Design erproben. Das Sortiment besteht zwar noch aus dem Kernsortiment der Fahrradabteilung des City-Warenhauses. Es ist aber erweitert mit einem insgesamt tieferen Sortiment an Fahrradprodukten. Eine intensivere Beratung ist erforderlich, daher wird dort in Vorwahl angeboten."*

Herr Bauer: *„Das klingt viel versprechend. Wann ist Eröffnung?"*

Herr Blank: *„Am 01. Dezember diesen Jahres."*

Herr Bauer: *Vielen Dank Herr Blank. Frau Dehn, wer soll die Filiale übernehmen?"*

Frau Dehn: *„Erste Vorgespräche sind mit Frau Abel, Leiterin der jetzigen Abteilung Sport/Zweiräder geführt worden. Allerdings sind ihr 8 Mitarbeiter zur Erreichung des Umsatzes zu wenig."*

Herr Bauer: *„1,8 Millionen müssen 9 Leute schaffen. Gestehen Sie höchstens für das erste Halbjahr eine weitere Kraft zu. Schreiben Sie am besten das Projekt in unseren Hausmitteilungen aus. Dann melden sich auch noch andere Interessenten."*

Arbeitsauftrag

Entwerfen Sie eine interne Stellenausschreibung für die Filiale in Neuss. Halten Sie für das City-Warenhaus die wichtigsten Informationen über die neue Filiale fest. Machen Sie sich hier schon Gedanken, welche der von Ihnen genannten personellen und sachlichen Einsatzmittel besonders wichtig sind, um die neue Filiale geschäftlich erfolgreich zu machen.

Interne Stellenausschreibung: Filialleiter(in) Zweirad-Bauer in Neuss	
Filial-Standort:	Further Straße 77
Größe:	700 m²
Verkaufsfläche:	
Planumsatz:	
Sortiment:	
Verkaufsraumgestaltung:	
Interessenten wenden sich bitte bis zum 15.08.20(0) an Frau Dehn – Abteilung Verwaltung.	

Betriebsfaktoren

Aufgabe 1

Markieren Sie die Punkte in Ihrer Stellenausschreibung, die sich auf Betriebsfaktoren des Einzelhandels beziehen. Ordnen Sie anschließend diese Punkte den vier Betriebsfaktoren zu.

Aufgabe 2

Vergleichen Sie
a) das Fachgeschäft mit dem Fachmarkt,
b) das Fachgeschäft mit dem Versandhandel.

Welche Betriebsfaktoren sind bei diesen Betriebsformen jeweils besonders bedeutsam?

Aufgabe 3

In gesamtwirtschaftlicher Betrachtung, die auf den Handel, die Industrie, die Landwirtschaft, auf Banken usw. bezogen ist, spricht man von den Produktionsfaktoren Boden, Arbeit und Kapital. Ordnen Sie diese Produktionsfaktoren den Betriebsfaktoren im Einzelhandel zu.

Produktionsfaktoren

Aufgabe 4

In der Industrie ist festzustellen, dass Arbeitskräfte zunehmend durch Maschinen ersetzt werden (z. B. in der Automobilindustrie).
a) Welche Produktionsfaktoren werden dabei ausgetauscht?
b) Ist ein ähnlicher Vorgang auch im Einzelhandel festzustellen? Begründen Sie Ihre Meinung.

13 Eine Jugend- und Auszubildendenvertretung wählen

Betriebsverfassungsgesetz

Nach einer Klassenarbeit:

Simone: *„Blöde Arbeit, wird bestimmt 'ne Fünf."*

Markus: *„Die Arbeit war doch leicht, Produktmerkmal ‚Zeichen', genau wie angekündigt."*

Simone: *„Ja, ja bei dir ist alles einfach. Ich konnte mit dem Thema schon im Unterricht nichts anfangen."*

Markus: *„Dann musst du deinen Abteilungsleiter mal fragen."*

Simone: *„Ach der, den frage ich besser nicht: Frau Heumer, ich habe heute keine Zeit!"*

Markus: *„Bei uns ist das hundertprozentig geregelt: Jede Woche zwei Stunden Schulung, und wenn das nicht läuft, machen wir den Herbert Conrad heiß, du kennst den ja aus der Parallelklasse. Das ist unser Jugend- und Auszubildendenvertreter. Der geht dann zum Betriebsrat und haut kräftig auf den Tisch. Wirkt Wunder, sage ich dir. Arbeitszeiten, Pausenregelung, alles bestens geklärt."*

Simone: *„Jugend- und Auszubildendenvertreter?"*

Markus:	*„Ja, Jugend- und Azubi-Vertreter, wie der Name schon sagt. Habt ihr so was nicht?“*
Simone:	*„Ne, wofür?“*
Markus:	*„Habt ihr denn wenigstens einen Betriebsrat?“*
Simone:	*„Das schon, aber für uns Lehrlinge unternimmt der nichts.“*
Markus:	*„Ihr müsst selber 'was machen, 'nen Jugend- und Azubi-Vertreter wählen und dann Druck machen. Wie viele Lehrlinge seid ihr denn?“*
Simone:	*„Wart' mal – fünf, glaube ich – ja fünf.“*
Markus:	*„Das ist genau die Mindestzahl. Stell mal einen Antrag auf Jugend- und Azubi-Vertreterwahl bei deinem Ausbilder, kandidier am besten selbst, und dann haust du auf den Putz.“*
Simone:	*„Und mir dann Ärger einhandeln und 'nen anderen Job suchen, was?“*
Markus:	*„Meinst du, du kriegst was geschenkt?“*
Sabine:	*„Also, ich weiß nicht – ob das was bringt?“*

Arbeitsauftrag

Stellen Sie schriftlich als Brief an den Betriebsrat des City-Warenhauses Bauer den Antrag auf Errichtung einer Jugend- und Auszubildendenvertretung.

Absender: Simone Heumer, Neustraße 11, Ratingen

Vorschlag für den Aufbau des Briefes:

1. Voraussetzungen für die Einrichtung einer Jugend- und Auszubildendenvertretung laut Betriebsverfassungsgesetz
2. Beweis, dass diese Voraussetzungen erfüllt sind.
   Jugendliche und Azubis im Ausbildungsbetrieb von Simone:
   Simone Heumer, 19 Jahre
   Sabrina Röder, 19 Jahre
   Klaus Möritz, 21 Jahre
   Peter Vornweg, 20 Jahre
   Petra Waldner, 17 Jahre
   Ayshe Bilgen, 18 Jahre
   Alle aufgeführten Personen sind Auszubildende.
3. Jugend- und Auszubildendenvertretung in der vorgesehenen Zahl beantragen.

Aufgabe 1

Fertigen Sie anstelle eines Mitgliedes der Jugend- und Auszubildendenvertretung eine Liste an, in der die Auszubildenden Anregungen, Beschwerden u. Ä. eintragen können. Gehen Sie dabei von möglichen eigenen Wünschen aus.

Muster:

Jugend- und Auszubildendenvertretung

City-Warenhaus Bauer

I. Maßnahmen, die beim Betriebsrat zu beantragen sind:

- 2 Stunden betrieblicher Unterricht je Woche
-

II. Mögliche Verstöße gegen geltende Gesetze, Verordnungen usw.

- Arbeitszeit laut BBiG oder JArbSchG
-

III. Anregungen, besonders im Hinblick auf die Berufsausbildung

- Deko-Lehrgang
- Messebesuch
-

Aufgabe 2

Ermitteln Sie die Zahl der Jugendlichen und der Auszubildenden in Ihrem Ausbildungsbetrieb, die eine Jugend- und Auszubildendenvertretung wählen dürfen.

JAV = Jugend- und Auszubildendenvertretung

Aufgabe 3

Warum kann keine Jugend- und Auszubildendenvertretung gewählt werden, wenn es im Betrieb keinen Betriebsrat gibt?

1 Es steht im Betriebsverfassungsgesetz.
2 Beide Vertretungen sollen zum Wohl aller Beschäftigten zusammenarbeiten.
3 Jugendliche und Auszubildende zählen im Betrieb nicht so viel wie die anderen Beschäftigten.

Aufgabe 4

Warum dürfen neben den Jugendlichen auch die Auszubildenden, soweit sie noch keine 25 Jahre alt sind, eine eigene betriebliche Vertretung wählen?

1 Weil viele Auszubildende schon älter als 18 Jahre alt sind.
2 Die Hauptaufgabe dieser Vertretung ist es, sich um die betriebliche Ausbildung zu kümmern.
3 Es käme sonst in kaum einem Betrieb eine solche Vertretung zustande.

Aufgabe 5

Warum hat der Gesetzgeber gerade diesen Wahltermin (01.10. - 30.11.) bestimmt?

14 Die Hilfe des Betriebsrates in Anspruch nehmen

URLAUBSPLANUNG

Mitarbeiter/in	Jan.	Feb.	März	April	Mai	Juni	Juli	Aug.	Sept.	Okt.	Nov.	Dez.
Yildirim	9. - 29											
Beyer		6. - 25.										
Seifert			6. - 25.									
Klasen				3. - 22.								
Dehn					8. - 27.							
Bense						5. -24.						
Blank							3. - 22.					
Abel								7. - 26.				
Berns									4. - 23.			
Jansen										2. - 21.		
Möller											6. - 25.	
Schmitz												4.- 23.

In der ersten Januarwoche: Auf dem Gang zum Pausenraum entdeckt Marion Möller am schwarzen Brett den oben aufgeführten Urlaubsplan. Ihr fällt vor Schreck fast das Frühstücksbrot aus der Hand. Auch Vera Seifert, Renate Beyer und Karin Abel, die ebenfalls dem Pausenraum zustreben, bleiben vor dem schwarzen Brett stehen, aufmerksam geworden durch die offensichtliche Entrüstung von Marion.

Marion: *„Das ist doch wohl die Höhe. Da hat mir doch die Geschäftsleitung glatt 3 Wochen Urlaub im Januar verpasst. Das fehlt mir noch, ich will doch im Juli in Spanien in der Sonne braten. Das macht der aber mit mir nicht. Ich habe doch auch schon den Flug gebucht."*

Vera: *„Und mir hat er 3 Wochen im März gegeben. Ich will doch keinen Skiurlaub machen! Im Mai kann ich die Feiertage besser ausnutzen und in der Vorsaison viel billiger in Urlaub fahren."*

Renate: *„Und schaut mal, wo der mich eingesetzt hat. Das ist doch außerhalb der Sommerferien. Da kann ich ja gar nicht mit meinen Kindern in Urlaub fahren. Der Chef hat ja keine schulpflichtigen Kinder, der kennt ja nichts von den Problemen eines geplagten Familienvaters. Wozu haben wir eigentlich einen Betriebsrat gewählt?"*

Karin: *„Ich glaube nicht, dass wir da was machen können. Der da oben sitzt doch am längeren Hebel. Wir haben doch vor zwei Wochen erst unsere Urlaubswünsche in die Liste eingetragen. Und was kommt dabei heraus: Der teilt uns einfach den Urlaub zu, ohne unsere Wünsche zu berücksichtigen. Der Betriebsrat wird da auch wohl kuschen. Ich unternehme lieber nichts, wer weiß, so biste ganz draußen, dann haste „Urlaub" für längere Zeit."*

Vera: *„Außerdem wollen ja wohl mehrere zur gleichen Zeit Urlaub haben. Das kann die Geschäftsleitung nun mal nicht allein entscheiden. Da hat doch der Betriebsrat auch noch ein Wort mitzureden."*

Im Büro der Geschäftsleitung unterhalten sich Herr Bauer und Frau Dehn, die Verwaltungsleiterin:

Dehn: *„Die Urlaubsliste, die ich am Jahresende ausgelegt habe, hat uns nicht viel weitergebracht. 20 Leute haben ihre Urlaubswünsche fast alle für die Monate Juni, Juli und August sowie für die letzten zwei Wochen im Dezember eingetragen. Deshalb habe ich die Beschäftigten einfach nach meinem Gutdünken und nach Betriebsinteresse verteilt. Aber jetzt scheint es erst recht Ärger zu geben; die wollen uns offensichtlich den Betriebsrat auf den Hals schicken. Da wird von der Forderung nach einer Betriebsvereinbarung gesprochen."*

Bauer: *„Ich höre immer nur ‚Forderungen' und ‚Betriebsrat'. Wer hat hier eigentlich das Sagen? Wir können uns doch nicht von denen auf der Nase rumtanzen lassen. Wir sind doch schließlich die Arbeitgeber. Wäre ja noch schöner, wenn hier jeder machen kann, was er will. Da geben wir nicht nach. Wir bestimmen, wann hier wer Urlaub zu nehmen hat. Nachher haben wir in unseren besten Umsatzwochen kein Personal im Haus. Dann können wir beide uns noch an die Kasse stellen. So weit kommt das noch. Der Plan bleibt so, wie Sie ihn erstellt haben, und damit basta."*

Dehn: *„Der Betriebsrat verlangt aber eine Besprechung mit der Geschäftsführung. Der Urlaubsplan wird wohl Hauptthema sein. Wir werden uns zumindest deren Beschwerden anhören müssen, sonst kommen die uns noch mit dem Betriebsverfassungsgesetz und ziehen womöglich vors Arbeitsgericht. Das wollen Sie doch sicherlich vermeiden."*

Bauer: *„Dann müssen wir eben in den sauren Apfel beißen und uns mit dem Betriebsrat an einen Tisch setzen. Mit denen hat man ja nichts als Sorgen. Aber bereiten Sie diese Besprechung mit dem Betriebsrat sorgfältig vor. Stellen Sie mir die wichtigsten Punkte zusammen, damit wir gut gerüstet in diese Runde gehen können. Sie kennen das ja: Wenn man denen den kleinen Finger reicht, nehmen die gleich die ganze Hand. Wenn sich eine Betriebsvereinbarung nicht vermeiden lässt, dann sollen aber die Interessen des Geschäftes besonders berücksichtigt sein."*

Arbeitsauftrag

Stellen Sie die Verhandlungen des Betriebsrates mit Herrn Bauer dar mit dem Ziel, eine Betriebsvereinbarung über „Allgemeine Urlaubsgrundsätze" aufzustellen.

Beteiligte:

Herr Bauer (Arbeitgeberseite)
Betriebsrat (Betriebsratsvorsitzende(r) und der/die stellvertretende(r) Betriebsratsvorsitzende(r)

Beide Seiten bereiten sich auf das Gespräch vor, in dem sie ihre Ziele und Vorgehensweisen schriftlich festhalten.

Vorschlag: Rollenspiel

Muster für Notizzettel:

Thema: Änderung des Urlaubsplanes

Grund: Beschwerden von Arbeitnehmern:
M. Möller:
V. Seifert:
R. Beyer:

Änderungsvorschlag:

Gesetzliche Grundlagen:

Vorschläge für mögliche Urlaubsgrundsätze in einer Betriebsvereinbarung:

- Urlaubslisten: Alle Betriebsangehörigen sind verpflichtet, ... bis spätestens ... einzutragen.
  - Zeitliche Lage: Betriebliche Interessen ...
  - Vorrang sozialer Gesichtspunkte:
- Nachträgliche Änderungen sind von beiden Seiten entsprechend zu begründen und rechtzeitig (spätestens 14 Tage vorher) mitzuteilen.
- Auszubildende erhalten ihren Urlaub grundsätzlich ...
- Andere Urlaubswünsche sind rechtzeitig (siehe oben) anzugeben.
- Diese Betriebsvereinbarung gilt ab ... Sie kann von beiden Vertragspartnern mit einer Kündigungsfrist von ... zum ... gekündigt werden.

Ort, Datum Geschäftsleitung Betriebsrat

Aufgabe 1

Aus wie vielen Betriebsratsmitgliedern besteht der Betriebsrat im oben erwähnten Unternehmen?

Aufgabe 2

Warum muss der Betriebsrat das Gespräch mit dem Personalleiter (Arbeitgeber) führen und nicht die einzelnen Arbeitnehmer selbst?

Aufgabe 3

Warum kann es auch für den Arbeitgeber von Vorteil sein, wenn es im Betrieb einen Betriebsrat gibt?

1 Weil der Betriebsfrieden eher gewahrt bleibt.
2 Weil er dann nicht mit jedem einzelnen Arbeitnehmer verhandeln muss.
3 Weil der Betriebsrat meistens im Sinne des Arbeitgebers tätig ist.
4 Weil der Betriebsrat verpflichtet ist, für den Betrieb als Ganzes zu handeln.

Aufgabe 4

Warum sind oft nur wenige Mitarbeiter/innen bereit, den Posten eines Betriebsratsmitgliedes anzunehmen?

Aufgabe 5

Der Angestellte F. Ostendorf ist zum Wahlzeitpunkt vier Monate bei dem Supermarkt „Lippemarkt" beschäftigt. In dem vorigen Unternehmen war er jahrelang Betriebsratsmitglied. Seine jetzigen Arbeitskollegen schlagen ihn deshalb für die Wahl zum Betriebsrat vor.

a) Warum ist er nicht wählbar?
b) Halten Sie diese Regelung für sinnvoll?

Aufgabe 6

Erstellen Sie eine Übersicht nach folgendem Muster über die Handlungsmöglichkeiten (Beteiligungsrechte) des Betriebsrates:

Beteiligungsrechte des Betriebsrates nach dem Betriebsverfassungsgesetz		
Unterrichtungs- und Beratungsrechte	**Anhörungs- und Vetorechte**	**Echte Mitbestimmungsrechte**

Aufgabe 7

Entscheiden Sie in den folgenden Fällen, welches Beteiligungsrecht der Betriebsrat jeweils hat (Informationsrecht, Beratungsrecht, Anhörungsrecht, Vetorecht, Mitbestimmungsrecht):

1 Ein Filialleiter soll in eine andere Filiale versetzt werden.
2 Der Personaleiter will für die nächsten drei Jahre ein Personalbedarfsplan erstellen.
3 Ein Betriebsratsmitglied soll wegen einer Unterschlagung fristlos gekündigt werden.
4 Die Stelle einer Erstverkäuferin soll neu besetzt werden.
5 Weil der Umsatz in der Lederwarenbekleidung um 20 % gesunken ist, soll zwei Verkäuferinnen gekündigt werden.

Aufgabe 8

Die Gewerkschaften haben in den letzten Jahren Hunderttausende von Mitgliedern verloren. Führen Sie drei Gründe auf, die nach Ihrer Meinung dafür verantwortlich sein können.

15 Die Leistungen der Sozialversicherung beurteilen

Bei der Rentenberatungsstelle der Bundesversicherungsanstalt für Angestellte in Berlin nimmt die Sachbearbeiterin, Frau Ewald, einen Anruf von Herrn Boland, dem Hausmeister des City-Warenhauses entgegen:

Herr Boland: *„In Kürze werde ich 60 Jahre alt. Daher überlege ich, ob ich nicht bald in Rente gehen soll."*

Frau Ewald *„Da ist es am besten, Sie gehen zum Versicherungsamt Ihrer Stadtverwaltung und stellen dort einen Rentenantrag. Beizufügen sind ..."*

Herr Boland: *(unterbricht) „Ja, das habe ich auch vor, allerdings möchte ich vorher gerne wissen, wie viel auf meinem Konto ist."*

Frau Ewald: *„Auf welchem Konto?"*

Herr Boland: *„Ich habe über 40 Jahre lang Rentenversicherungsbeiträge gezahlt, die haben Sie doch bekommen, oder?"*

Frau Ewald: *„Wenn Sie in dieser Zeit in einem Arbeitsverhältnis beschäftigt waren, werden wir die Beiträge von Ihrem jeweiligen Arbeitgeber erhalten haben."*

Herr Boland: *„Dann können Sie mir doch sagen, wie viel ich bis heute für meine Rente gespart habe."*

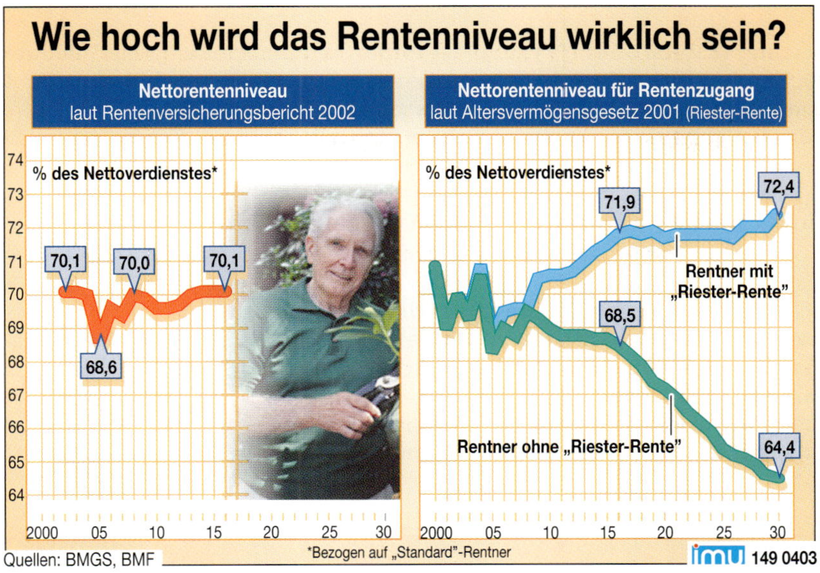

Frau Ewald: „Die Beitragszahlungen sozialversicherungspflichtig Beschäftigter werden dafür verwandt, die laufenden Renten der aus dem Erwerbsleben Ausgeschiedenen zu finanzieren. Der Beitragszahler selber erwirbt einen Rentenanspruch."

Herr Boland: „(zögernd) ... laufende Renten?"

Frau Ewald: „Ja, mit Ihren Beiträgen sind die Renten der Rentenbezieher bezahlt worden."

Herr Boland: „... mit meinen Beiträgen ... andere Renten ..."

Frau Ewald: „Nicht nur Renten, auch Maßnahmen zur Erhaltung, Besserung und Wiederherstellung der Erwerbsfähigkeit, also z. B. Kuren."

Herr Boland: „Dann sind mit meinen Beiträgen Kuren – also Urlaubsaufenthalte – von fremden Leuten bezahlt worden? Und wer kommt für meine Rente auf?"

Frau Ewald: „Wieder die Generation der Beitragszahler – Generationenvertrag nennt man das."

Herr Boland: „Und wenn die jungen Leute eines Tages sagen, dass es zu viele Alte gibt, dass sie es nicht mehr wollen?"

Frau Ewald: „Nein, nein, auf die Bereitschaft der Arbeitnehmer, für die Rentner aufzukommen, können Sie vertrauen."

Arbeitsauftrag

Prüfen Sie, auf welche der Leistungen der Rentenversicherungsträger nach Ihrer Meinung verzichtet werden könnte, um die Zahlungsfähigkeit der Rentenversicherung zu gewährleisten und um die Belastung der Arbeitnehmer in Grenzen zu halten. Begründen Sie jeweils kurz Ihre Entscheidungen.

Leistungen der Rentenversicherung

Aufgabe 1

In einem der nachfolgenden Fälle kommt die Krankenversicherung nicht für die Kosten auf. Finden Sie diesen Fall heraus.

1 Eine Mutter geht mit ihrem 1 Jahr alten Kind zur Vorsorgeuntersuchung.
2 Ein Alkoholabhängiger erhält eine Entziehungskur.
3 Eine berufstätige Mutter erleidet im Betrieb einen Unfall, der eine Haushaltshilfe erforderlich macht.
4 Die Auszubildende Sabine ist seit 8 Wochen arbeitsunfähig krank. Trotzdem braucht sie sich um ihren Lebensunterhalt keine Sorgen zu machen.

Aufgabe 2

Bekommt die Auszubildende Rita Hitpass, die nach der Abschlussprüfung zur „Verkäuferin" nicht weiterbeschäftigt wird, Arbeitslosengeld I oder Arbeitslosengeld II?

Arbeitslosengeld I – Arbeitslosengeld II

Aufgabe 3

Ist in nachfolgenden Fällen die Unfallversicherung oder die Krankenversicherung zuständig?

1 Die Kundenberaterin Elke Sanders ist begeisterte Joggerin. Sie zieht sich bei ihrem Sport einen Bänderriss zu, der einen zweiwöchigen Krankenhausaufenthalt zur Folge hat.
2 Der Auszubildende Markus Henrichs fährt nach der Arbeit zu seiner Freundin Ulrike. Auf dem Weg dorthin stürzt er mit seinem Fahrrad und bricht sich ein Bein.
3 Auf dem Weg von der Arbeit nach Hause stürzt die Kauffrau Monika Elting auf dem Gehweg infolge von Glatteis. Sie muss ins Krankenhaus.

AV = Arbeitslosenversicherung
PV = Pflegeversicherung
RV = Rentenversicherung
UV = Unfallversicherung

Aufgabe 4

Welche Versicherung (RV, AV oder UV) zahlt die folgenden Umschulungsmaßnahmen?

1 Die arbeitslose Kundenberaterin Martina Fischer wird zur Sachbearbeiterin für Datenverarbeitung umgeschult, damit sie leichter einen neuen Arbeitplatz bekommt.

2 Der Bäcker Andreas Schneider wird wegen einer Mehlallergie zum Kaufmann im Einzelhandel umgeschult.

3 Während einer Urlaubsreise verunglückt der Kraftfahrer Ernst Schaub so schwer, dass er seinen Beruf nicht mehr ausüben kann. Er wird zum Bürokaufmann umgeschult.

Aufgabe 5

Ordnen Sie der KV, PV, RV, AV bzw. UV die folgenden Aussagen zu:

1 Dient der Vorsorge für Alter, Invalidität und der Versorgung von Hinterbliebenen.
2 Gibt Hilfe bei Berufsunfällen und Berufskrankheiten.
3 Gibt Unterstützung bei Arbeitslosigkeit.
4 Übernimmt Kosten für Vorsorgeuntersuchungen sowie bei Krankheit und Mutterschaft.
5 Übernimmt Kosten für die Pflege der Angehörigen.

Aufgabe 6

Zählen Sie fünf Maßnahmen zur Unfallverhütung auf, die Sie aus Ihrem Ausbildungsbetrieb kennen.

Aufgabe 7

Erkundigen Sie sich in Ihrem Ausbildungsbetrieb, ob und wenn ja, welche freiwilligen Sozialleistungen an die Mitarbeiter gezahlt werden?

Aufgabe 8

Eine Bank bietet per Internet einen „Förderrechner" an, mit dem geprüft werden kann, welche Vorteile die Riester-Rente bietet.

Die Auszubildende Verena Heise hat die notwendigen Daten angegeben und folgendes Ergebnis erhalten:

Ihre Daten	
Durchschnittliches Monats-Bruttogehalt:	600 EUR
Anzahl der Gehälter:	12
Jahres-Bruttogehalt:	7 200 EUR
Familienstand:	alleinstehend
Anzahl der Kinder:	0

p. a. = pro Jahr

	2002	2003	2004	2005	2006	2007	ab 2008
Eigenjahresbeitrag	46 EUR	46 EUR	69 EUR	91 EUR	103 EUR	103 EUR	135 EUR
Staatl. Grundzulage p. a.	38 EUR	38 EUR	76 EUR	76 EUR	114 EUR	114 EUR	154 EUR
Staatl. Kinderzulage p. a.	0 EUR	0 EUR	0 EUR	0 EUR	0 EUR	0 EUR	0 EUR
Altersvorsorgebeitrag p. a.	84 EUR	84 EUR	145 EUR	167 EUR	217 EUR	217 EUR	289 EUR
Steuerersparnis	0 EUR	0 EUR	0 EUR	0 EUR	0 EUR	0 EUR	0 EUR
Gesamtförderung (Zulagen und Steuerersparnis	38 EUR	38 EUR	76 EUR	76 EUR	114 EUR	114 EUR	154 EUR
Förderquote	46 %	46 %	53 %	46 %	53 %	53 %	53 %

Erläutern Sie die Zahlen und beurteilen Sie, ob es sich für Verena lohnt, Vorsorge nach dem Riester-Modell zu betreiben.

Lernfeld 2 Verkaufsgespräche kundenorientiert führen

1 Grundlegende Kommunikation mit Kunden

1.1 Den Kunden wahrnehmen

1.1.1 Blickkontakt mit dem Kunden herstellen

Peter ist Auszubildender in der Lebensmittelabteilung des City-Warenhauses Bauer. Sein Ausbilder schätzt ihn sehr, weil er seine Arbeit einsatzfreudig, zuverlässig und schnell erledigt. Zurzeit ist Peter damit beschäftigt, an einem Gondelkopf Waren zu überprüfen und nachzuräumen. Gleichzeitig nähert sich eine Kundin mit ihrem Einkaufswagen.

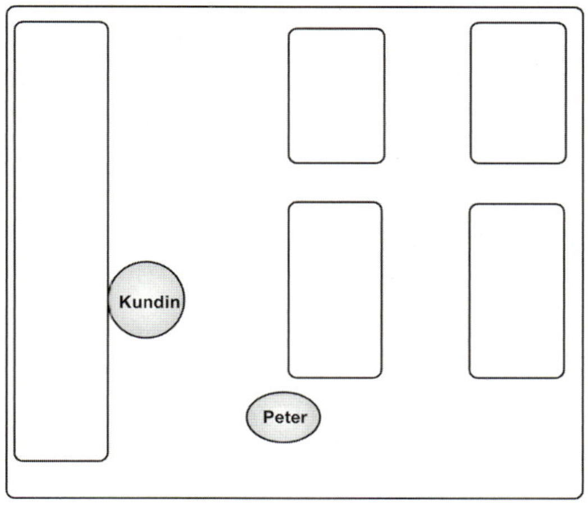

Arbeitsauftrag

Versetzen Sie sich in die Situation von Peter: Nehmen Sie Blickkontakt zur Kundin auf und signalisieren Sie ihr, dass sie im Geschäft willkommen ist.

Worauf kommt es an?

- Sie sind mit der Warenpflege beschäftigt und haben viel zu tun.
- Eine Kundin in Ihrer Nähe hat offensichtlich ein Einkaufsproblem.
- Sie beenden Ihre Arbeit, wenden sich der Kundin zu und nehmen Blickkontakt auf.
- Sie machen der Kundin durch Ihr Verhalten deutlich, dass Sie für ihre Fragen zur Verfügung stehen.
- Die Kundin stört Sie nicht bei der Arbeit, sondern Sie freuen sich, der Kundin helfen zu dürfen.

Aufgabe 1

Stellen Sie folgende Situationen dar:

a) Ein Kunde betritt das Geschäft. Er wird nacheinander von mehreren Kundenberatern wahrgenommen, die jeweils Blickkontakt aufnehmen und dem Kunden durch ihre Gestik und Mimik deutlich machen: „Ich habe dich gesehen, ich bin für dich da, wenn du Einkaufsprobleme hast."

b) Mehrere Kunden schlendern durch den Verkaufsraum; an verschiedenen Stellen sind Kundenberater beschäftigt. Alle wenden sich den Kunden zu und nehmen Blickkontakt auf.

Aufgabe 2

Stellen Sie folgende Situation dar:
Ein Verkaufsmitarbeiter bedient einen Kunden. Gleichzeitig nähert sich ein zweiter Kunde. Andere Mitarbeiter sind zur Zeit nicht verfügbar. Machen Sie dem Zweitkunden deutlich, dass Sie ihn wahrgenommen haben.

Aufgabe 3

Trainieren Sie Ihre Fähigkeit, Blickkontakt zu halten, durch folgende Übungen:

a) Zwei Auszubildende setzen sich unmittelbar gegenüber. Einer berichtet z. B. über ein Einkaufserlebnis und hält dabei Blickkontakt zum Zuhörer, ohne diesen anzustarren. Ein dritter Schüler sitzt hinter dem Zuhörer und beobachtet das „Blickverhalten" des Berichtenden.

b) Alle Auszubildenden stehen in einer Reihe. Jeder Schüler läuft an dieser Reihe vorbei, sucht den Blickkontakt zu jedem Mitschüler und reiht sich am Ende wieder ein.

1.1.2 Die eigene Körpersprache einsetzen

Simone ist erst seit wenigen Tagen als Auszubildende in der Abteilung Drogerie/Parfümerie des City-Warenhauses beschäftigt. Sie hat vorzugsweise die Aufgabe, Ware nachzuräumen, Verkaufsregale zu ordnen und generell für ein ansprechendes Erscheinungsbild der Waren zu sorgen. Bei ihren Arbeiten achtet sie darauf, Blickkontakt mit den Kunden herzustellen, die die Abteilung betreten.
Gelegentlich kommt es dann auch zu kurzen Verkaufsgesprächen. Simone ist allerdings immer noch unsicher, wenn Sie auf eine Kundin zugeht und mit ihr spricht, weil die Situation für sie neu ist und sie auch das Gefühl hat, dass man ihr die Unsicherheit ansieht.

Wohin z. B. mit den Armen? Sollen sie neben dem Körper „hängen" oder soll sie die Arme etwas anwinkeln? Wie sollen die Füße stehen? Simone hat deshalb verschiedene Mitarbeiter des City-Warenhauses beobachtet. Klaus, ihr Arbeitskollege, mit dem sie sich so gut versteht, ist immer sehr ruhig, Stefan aus dem 3. Lehrjahr ist immer total cool. Mit Marc haben manche Mitarbeiter Schwierigkeiten.

Mimik = Gesichtsausdruck
Gestik = Bewegung der Arme/Hände, Beine/Füße
Körperhaltung = Bewegung des gesamten Körpers

Klaus

Stefan

Marc

Simone fragt sich, wen sie sich zum Vorbild nehmen soll?

Arbeitsauftrag

Üben Sie den Einsatz Ihrer Körpersprache, wenn Sie Kontakt zu einem Kunden aufnehmen.
Vorschlag:
- Sie entwickeln eine Verkaufssituation, in der ein Kunde/eine Kundin das Geschäft oder die Abteilung betritt.
- Sie stellen Ihre Arbeit ein, wenden sich dem Kunden zu und suchen Blickkontakt.
- Sie gehen auf den Kunden zu und achten dabei auf Ihre Körpersprache (Mimik, Gestik, Körperhaltung).
- Sie begrüßen den Kunden.

Aufgabe 1

Beurteilen Sie die Körperhaltungen von Sebastian und Stefan sowie die Mimik von Andreas:

Sebastian mag es lässig

Stefan findet das gemütlich

Andreas mit Blickkontakt zum Kunden

Aufgabe 2

Welche körpersprachlichen Signale werden aus folgenden Zeichnungen deutlich?

1.1.3 Den Kunden ansprechen

Andrea ist Auszubildende in der Abteilung Spielwaren. Hier ist viel zu tun. Daher muss Andrea auch von Anfang an bei der Beratung der Kunden mithelfen. Sobald ein Kunde die Abteilung betritt und keiner der Mitarbeiter frei ist, stellt Andrea ihre Arbeiten ein, wendet sich dem Kunden zu, sucht den Blickkontakt, geht auf den Kunden zu und begrüßt ihn freundlich.
Anschließend fragt sie nach dem Wunsch des Kunden. Das macht sie so, wie sie es als Kundin selbst erlebt hat und wie offensichtlich auch viele Arbeitskolleginnen verfahren. Heute scheinen die Kunden aber nicht besonders gut gelaunt zu sein. Einer nach dem anderen erteilt ihr eine Abfuhr – bis auf diesen jungen Mann. Liegt es vielleicht am Wetter?

1. Kundin (eine Frau mittleren Alters)

Andrea: *„Guten Tag, kann ich Ihnen helfen?"*

Kundin: *„Nein, danke. Ich möchte mich nur einmal umschauen."*

2. Kunde (ein älterer Herr)

Andrea: *„Guten Tag, kann ich Ihnen helfen?"*

Kunde: *„Nein, danke, mir ist nicht mehr zu helfen."*

3. Kundin (eine junge Frau)

Andrea: *„Guten Tag, kann ich Ihnen helfen?"*

Kundin: *(Die Kundin betrachtet weiter die Warenauswahl und ignoriert Andrea.)*

4. Kunde (ein junger Mann)

Andrea: *„Guten Tag, kann ich Dir helfen?"*

Kunde: *(Mustert Andrea von oben bis unten:) „Aber sicher doch. Wie wär's, wenn Du mich einmal bei mir zu Hause besuchst und mir hilfst, mein Zimmer aufzuräumen."*

Andrea ist enttäuscht, sie meinte es doch gut und möchte den Kunden wirklich helfen, das passende Produkt zu finden.

Frau Dünsing, die 1. Kraft in der Spielwarenabteilung, hat die Bemühungen von Andrea beobachtet und spricht sie daraufhin an.

Frau Dünsing: *„Sie machen ein ganz betrübtes Gesicht."*

Andrea: *„Ja, ich biete den Kunden meine Hilfe an, aber alle lehnen ab. Der junge Mann dort drüben ist auch noch frech geworden."*

Frau Dünsing: *„Ich verstehe, dass Sie ärgerlich sind. Aber beachten Sie doch bitte einmal Folgendes: Wir wollen die Kunden beraten. Dann steigt die Chance, dass sie auch das richtige Produkt erhalten und zufrieden sind. Unser Ziel muss es daher sein, in ein Beratungsgespräch zu kommen. Am besten gelingt das durch eine* ***weite*** *Frage."*

Andrea: *„Weite Frage?"*

Frau Dünsing: *„Ja, das sind Fragen, auf die der Kunde nicht mit Ja, Nein, einer Zahl oder sonstwie knapp antworten kann. Weite Fragen – W-Fragen – veranlassen den Kunden, sein Einkaufsproblem näher zu beschreiben. Sie haben es ja selber gemerkt: Auf die enge Frage „Kann ich Ihnen helfen" antwortet der Kunde meistens mit „Nein danke – ich möchte mich nur einmal umschauen." Auf eine Standard-Frage gibt es halt eine Standard-Antwort. Also: Keine engen K-Fragen mehr!"*

Beispiele:
Enge Frage: „Kann ich Ihnen helfen?"
Weite Fragen: „Wie kann ich Ihnen helfen?", „Was kann ich für Sie tun?"

Andrea: *„Wieso K-Fragen?"*

Frau Dünsing: *K- wie Killer-Frage. Sie beenden das Gespräch, bevor es richtig begonnen hat. Das wollen Sie doch nicht – oder?"*

Arbeitsauftrag

Trainieren Sie die Ansprache von Kunden über weite Fragen. Ihr Ziel ist es, mit dem Kunden ins Gespräch zu kommen.
So könnte das Training aussehen:
- Sie sind mit warenpflegerischen Arbeiten beschäftigt und ein Kunde betritt das Geschäft oder die Abteilung.
- Sie wenden sich dem Kunden zu, nehmen Blickkontakt auf, gehen auf ihn zu und begrüßen ihn.
- Sie verwenden eine weite Frage, um mit dem Kunden in ein Beratungsgespräch zu kommen.
- Wandeln Sie die W-Frage ab, damit die Wirksamkeit der Fragestellung gesteigert wird.

Aufgabe 1

Prüfen Sie, ob die nachfolgenden Eröffnungsfragen den Kunden zu einer ablehnenden Antwort veranlassen oder ob sie geeignet sind, ein Beratungsgespräch zu eröffnen:

a) „Suchen Sie etwas Bestimmtes?"
b) „Bitte schön?"
c) „Was darf ich Ihnen zeigen?"
d) „Darf ich Ihnen helfen?"
e) „Wie darf ich Ihnen helfen?"
f) „Guten Tag!? (Als Begrüßung und Eröffnungsfrage)"
g) „Wofür interessieren Sie sich?"

1.2 Sich Kundennamen merken

Das ist Sonja Weinholdt. Regelmäßig kommt sie mit ihrer Mutter in die Textilabteilung des City-Warenhauses Bauer. Sie ist immer fröhlich und freut sich, wenn man sie beachtet und lustige Dinge erzählt.
Katrin, die seit einigen Tagen in der Textilabteilung arbeitet, möchte sich gerne den Namen der Kundin und ihrer Tochter merken, damit sie beide immer persönlich ansprechen kann. Allerdings kommen so viele Kunden in die Abteilung, dass Katrin große Mühe hat, die Kundennamen in ihrem Gedächtnis zu speichern.
„Ich lerne die Namen einfach auswendig, das ist am einfachsten" sagte eine Kollegin, die Katrin in dieser Frage ansprach.

Katrin: *„Da musst du aber ein gutes Gedächtnis haben."*

Kollegin: *„Wenn es zu schwierig wird, schaue ich mir den Kunden genauer an. Unsere Stammkundin Frau Rothermund z. B. ist wirklich immer sehr auffällig geschminkt. Einer unserer Kunden sieht aus wie Leonardo Di Caprio und er heißt Kampen – leichter geht's nicht."*

Katrin: *„Ich hatte letztens einen Kunden, der hieß Klein und er benötigte auch eine sehr kleine Konfektionsgröße. Dann ist es wirklich einfach. Aber wie mache ich es bei den anderen Kunden, z. B. bei dieser Sonja Weinholdt? Ich möchte gerne, dass mir sofort ihr Name einfällt, wenn sie unser Geschäft betritt."*

Arbeitsauftrag

Prägen Sie sich die Namen der nachfolgend abgebildeten Kunden ein.
Wie gehen Sie vor?

- Betrachten Sie die untenstehenden Abbildungen sehr genau.
- Suchen Sie nach Besonderheiten im Aussehen, in der Kleidung, in der Körperhaltung, in der Mimik oder in der Gestik.
- Hat der Kunde/die Kundin vielleicht Ähnlichkeit mit Personen, die Sie kennen?
- Entwickeln Sie Merkhilfen, indem Sie aus dem Namen eine kleine Geschichte entwerfen usw.

Sonja Weinholdt

Manfred Zimmerer

Salvatore Romana

Bianca Weber

Tanja Klein

Vera Kemper

Michael Baumeister

Richard Meyer

Erkan Murat

Hans Schwarz

Klaus und Karin Kowalski

Aufgabe 1

a) Stellen Sie die Namen Ihrer Mitschüler als Zeichnung dar.
Beispiel: Thomas Koch

b) Bei Namen nicht deutscher Herkunft:
- **ba)** Versuchen Sie eine Übersetzung des Namens ins Deutsche.
- **bb)** Stellen Sie den Namen zeichnerisch dar.

c) „Müller" ist im Deutschen ein sehr gebräuchlicher Name. Er ist aus der Berufsbezeichnung entstanden. Ähnliche Namen existieren auch in anderen Sprachen. Suchen Sie Ähnlichkeiten mit Hilfe Ihrer ausländischen Mitschülerinnen und Mitschüler.

Aufgabe 2

Betrachten Sie Ihren Tischnachbarn/Ihre Tischnachbarin: Welche (positiven!) Besonderheiten
- an der Kleidung,
- in der Frisur
- in der Körperhaltung, Gestik und Mimik,
- in den Gesichtszügen,
- vielleicht auch in seinen/ihren Verhaltensweisen

macht es leichter, sich den Namen zu merken?

Aufgabe 3

Bilden Sie zwei Gruppen:
Gruppe 1
Test 1: Betrachten Sie folgende Wortliste eine Minute lang. Decken Sie die Wortliste ab und halten Sie die Zahl der Wörter fest, die Sie behalten haben.
Wortliste
Sekt, Meise, Rose, Blau, Blumen, Kleidung, Lerche, Getränke, Grün, Katze, Schrank, Bier, Möbel, Stuhl, Hose, Tisch, Hut, Vögel, Igel, Gelb, Iris, Tiere, Cola, Spatz, Farben, Rock, Hund, Nelke,
Gruppe 2
Test 2: Betrachten Sie folgende Wortliste eine Minute lang. Decken Sie die Wortliste ab und halten Sie die Zahl der Wörter fest, die Sie behalten haben.
Wortliste

Tiere	Blumen	Farben	Kleidung	Möbel	Getränke	Vögel
Igel	Rose	Blau	Hose	Schrank	Wasser	Lerche
Hund	Nelke	Grün	Rock	Stuhl	Cola	Meise
Katze	Iris	Gelb	Hut	Tisch	Sekt	Spatz

a) Wie viele Wörter konnten Schüler der Klasse bei Test 1 mindestens und höchstens behalten?
b) Wie viele Wörter konnten Schüler bei Test 2 behalten?
c) Worauf führen Sie die unterschiedliche Gedächtnisleistung zurück?

1.3 Kunden zum Kollegen führen

Peter ist Auszubildender in der Lebensmittelabteilung des City-Warenhauses. Zu seinen Aufgaben gehört es vor allen Dingen, die Warenträger zu betreuen, d. h. die Präsentation der Waren zu überwachen, Waren nachzuräumen und mit Preisen auszuzeichnen. Regelmäßig fragen ihn aber auch Kunden, die bestimmte Produkte suchen.

Hier zwei typische Situationen:

Situation 1

Kunde: *„Sagen Sie mal, wo finde ich eigentlich die Tiefkühlkost?“*

Peter: *„Die Tiefkühlkost befindet sich hinten direkt vor der Fleischtheke.“*

Kunde: *„Vielen Dank.“*

Situation 2

Kundin: *„Ich brauche für meine Gäste eine Käseplatte. Wer kann mir denn da helfen?“*

Peter: *„Frau Kramer ist unsere Expertin für Käse. Ich habe sie vorhin bei den Getränken gesehen. Wenn Sie dort fragen, wird Ihnen Frau Kramer eine Käseauswahl ganz nach Ihren Wünschen zusammenstellen.“*

Kundin: *„Vielen Dank.“*

Heute gab es allerdings eine unangenehme Situation, die die Abteilungsleiterin, Frau Jevic, gehörig auf die Palme brachte.

Situation 3

Kunde: *„Wo finde ich denn diese italienische Salat-Fertigsoße mit Balsamico und Kräutern.“*

Peter: *„Die Salatsoßen befinden sich hinten rechts bei den Gewürzen.“*

Kunden: *„Vielen Dank.“*

(Der Kunde begibt sich zu den Kräutern, findet aber die Salatsoße nicht. Er wendet sich daher an die Mitarbeiterin, Frau Braun, die dort Ware nachräumt.)

Kunde: *„Die italienische Salatsoße aus der Werbung soll hier stehen!“*

Frau Braun: *„Die Sonderangebotsware steht auf einem Sonderstand in der Mitte des Verkaufsraumes. Hier vorne zunächst rechts, dann links und dann wieder links.“*

Kunde: *„Rechts, links, links, vielen Dank.“*

(Der Kunde macht sich auf den Weg, findet aber die Ware nicht. Ein Mitarbeiter, an den er sich wendet, verweist ihn auf die Kassenzone, in der Sonderangebote präsentiert werden. Die Kassenbedienung schickte den Kunden allerdings wieder in den hinteren Teil der Abteilung. Auf dem Weg zurück trifft der Kunde erneut auf Peter.)

Kunde: *(Erbost) „Man hetzt mich hier durch das Geschäft. Keiner kann mir eine richtige Auskunft geben. Offensichtlich liest das Personal noch nicht einmal die eigenen Sonderangebote.“*

Peter: *„Was genau suchen Sie denn?“*

Kunde: *„Italienische Salat-Fertigsoße mit Balsamico und Kräutern aus der heutigen Werbung!“*

Peter: *„Ach so – die Salatsoße aus der Werbung – hätten Sie das doch sofort gesagt. Die Olivenöl-Balsamico-Oregano-Mischung von La Casa zum Preise von 2,45 € befindet sich zusammen mit original-italienischer Pasta, feinem Mozarella-Käse und allerbestem Parmaschinken auf einem Sonderstand an der Fleischtheke.“*

Kunde: *„Na endlich! Jetzt sagen Sie mir nur noch, wo ich Ihre Abteilungsleiterin finden kann – aber präzise!“*

Die Kundenbeschwerde führte zu zwei knappen Anweisungen, die bereits am Nachmittag im Aufenthaltsraum hingen:

Ab sofort!

1. Kunden werden in Zukunft zum Produkt geführt!
2. Der Kundenberater mit **Erstkontakt** zum Kunden ist grundsätzlich zuständig für die Lösung des Kundenproblems.

Jevic

Arbeitsauftrag

Führen Sie Kunden, die nach Produkten fragen, zur Ware.
So sollten Sie vorgehen:

- Bilden Sie 2 Situationen
  Situation 1: Der Kunde fragt nach einem Produkt, Sie führen ihn zur Ware.
  Situation 2: Der Wunsch des Kunden macht es erforderlich, ihn zu einem Kollegen/einer Kollegin zu bringen. Überlegen Sie, welche Informationen Sie an den Kollegen weitergeben müssen.
- Lösen Sie das Kundenproblem, indem Sie dem Kunden das gewünschte Produkt zeigen oder ihn in die Obhut eines Mitarbeiters geben, der dann für das Kundenproblem zuständig ist.

Aufgabe 1

Entwickeln Sie folgende Verkaufssituation:
Sie führen einen Kunden zu einem Mitarbeiter/einer Mitarbeiterin. Der Mitarbeiter ist allerdings nicht an seinem Arbeitsplatz. Sie beschäftigen daher den Kunden und holen den Mitarbeiter dazu.

Aufgabe 2

Ein Kunde wünscht von einem bestimmten Mitarbeiter/vom Chef/von der Chefin, bedient zu werden. Führen Sie den Kunden zur gewünschten Person.

Aufgabe 3

Das Sortiment des Möbelhauses Ambiente verteilt sich über vier Stockwerke. Selbstverständlich werden die Kunden in die entsprechende Abteilung gebracht. Zum Glück gibt es einen Fahrstuhl. Für Sebastian ist die Kundenbegleitung allerdings immer ein Problem, weil die Fahrt im Lift doch recht lange dauert und ihm einfach nichts einfällt, worüber man mit einem fremden Kunden reden könnte. So steht man sich schweigend im Fahrstuhl gegenüber und starrt die Wände oder den Fußboden an.

Sebastian wäre sehr dankbar für einige Tipps, wie man das peinliche Schweigen im Fahrstuhl durch kleine Gespräche vermeiden könnte.

Aufgabe 4

In einem Textilgeschäft gibt es leider nur eine Umkleidekabine, die auch noch etwas versteckt liegt. Kunden müssen daher – wenn sie sich im Geschäft nicht auskennen – zur Umkleidekabine gebracht werden. Entwickeln Sie eine Situation, in der Sie eine Kundin auf ihrem Weg zur Umkleidekabine begleiten.

1.4 Telefongespräche kundenfreundlich annehmen

Die Auszubildende Petra Kastner soll zum ersten Mal in der Verwaltung des City-Warenhauses mitarbeiten. Frau Dehn, die Leiterin der Verwaltung, hat Petra zu sich gerufen, um ihr ihre Aufgaben zu erklären. Gerade als sie beginnen will, klingelt das Telefon. Herr Bauer möchte Frau Dehn unbedingt sprechen.

Frau Dehn: *„Ich muss eben zum Chef. Ich bin gleich wieder da.“*

Petra: *„OK, ich warte so lange.“*

In diesem Augenblick klingelt das Telefon erneut.

Frau Dehn: *„Nehmen Sie doch bitte das Gespräch an. Ich habe jetzt keine Zeit.“*

Petra: *(Greift zum Hörer) „Kastner?“*

Anrufer: *„Oh, Entschuldigung, ich dachte ich sei mit dem City-Warenhaus verbunden.“*

Petra: *„Sind Sie auch!“*

Anrufer: *„Dann geben Sie mir bitte Frau Dehn.“*

Petra: *„Die ist leider nicht da.“*

Anrufer: *„Schade, dann versuche ich es später noch einmal. Auf Wiederhören.“*

Petra: *„Gerne. Auf Wiederhören.“*

Nachdem Frau Dehn vom Gespräch mit Herrn Bauer zurückgekommen ist:

Frau Dehn: *„Wer war vorhin am Telefon?“*

Petra: *„Er hat seinen Namen nicht genannt.“*

Frau Dehn: *„Und worum ging es?“*

Petra: *„Hat er auch nicht gesagt.“*

Frau Dehn: *„Na ja, er wird wohl wieder anrufen.“*

Arbeitsauftrag

Nehmen Sie ein ankommendes Telefongespräch an Petras Stelle in kundenfreundlicher Form an.
Das sollten Sie sich fragen:

- Wie sollte Petra sich am Telefon melden, wenn im Büro von Frau Dehn die Telefongespräche von außerhalb angenommen werden?
- Wie erfährt man den Namen des Anrufenden?
- Wie kann man den Gesprächsanlass in Erfahrung bringen?

Aufgabe 1

Entwerfen Sie ein Telefongespräch, in dem Sie ein ankommendes Gespräch an einen Mitarbeiter weiterleiten sollen. Beachten Sie folgende Teilschritte:

1. Sie nehmen das Gespräch eines Kunden an.
2. Der Anrufer möchte einen Mitarbeiter sprechen.
3. Sie rufen den Mitarbeiter an und informieren ihn über den Anrufer.
4. Sie stellen das Gespräch weiter.
5. Der Mitarbeiter begrüßt den Kunden am Telefon und eröffnet das Gespräch.

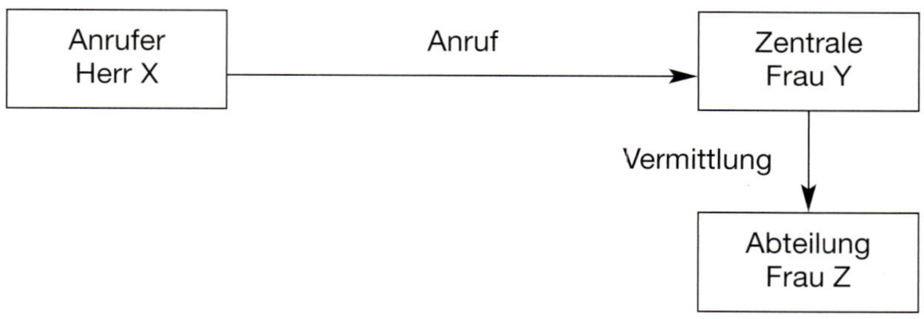

Aufgabe 2

Kundenfreundliches Verhalten am Telefon sieht Herr Bauer als sehr wichtig an. Daher möchte er die Regeln für das Verhalten am Telefon allen Mitarbeitern durch einen Aushang am schwarzen Brett nahe legen. Als Inhalt des Aushangs stellt er sich vor, dass der Grundsatz „Freundlichkeit ist oberstes Gebot“ deutlich herausgestellt wird. Ferner soll der Name des Anrufenden im Gespräch verwendet werden. Außerdem hält er folgende Reihenfolge bei der Annahme eines Gespräches für sinnvoll:

1. Gruß,
2. Name des Unternehmens,
3. Name des Mitarbeiters,
4. ein Satz, der die Dienstbereitschaft zum Ausdruck bringt, z. B. „Was kann ich für Sie tun?“

Gestalten Sie einen optisch ansprechenden Aushang für das schwarze Brett im City-Warenhaus Bauer.

Aufgabe 3

Mitarbeiter des City-Warenhauses, die am Telefon verlangt werden, aber im Augenblick nicht in ihrer Abteilung erreichbar sind, werden durch die Lautsprecheranlage des Warenhauses benachrichtigt. Entwerfen Sie eine Situation, in der Sie eine Mitarbeiterin ausrufen.

1.5 Ein Verkaufsgespräch unterbrechen

In der Abteilung Elektro/Tonträger/Computer des City-Warenhauses klingelt das Telefon. Klaus, Auszubildender im 1. Ausbildungsjahr, nimmt das Gespräch an, weil die Leiterin der Abteilung, Frau Gerdes, gerade einen Kunden bedient.

Klaus: „Heumer"
Anrufer: „Wer ist da?"
Klaus: „City-Warenhaus Bauer, Heumer am Apparat."
Anrufer: „Nein, nein, geben Sie mir bitte Ihre Chefin."
Klaus: „Einen Augenblick bitte."

(Klaus begibt sich zu Frau Gerdes, die einem Kunden gerade die Funktionsweise eines Druckers erklärt.)

Klaus: *(mit deutlicher Stimme) „Frau Gerdes, Sie werden am Telefon verlangt."*
Kunde: *(zuckt zusammen) „Mein Gott, haben Sie mich erschreckt!"*
Gerdes: *„Entschuldigen Sie bitte, das ist unser neuer Auszubildender. (Zu Klaus gewandt) Wer ist es denn?"*
Klaus: *„Er hat seinen Namen nicht genannt."*
Gerdes: *(zum Kunden gewandt) „Entschuldigen Sie mich bitte einen Augenblick, ich bin gleich wieder zurück."*

(Klaus und der Kunde stehen verlegen beieinander.)

Arbeitsauftrag
Unterbrechen Sie das Verkaufsgespräch von Frau Gerdes in korrekter Form.
Beachten Sie:
- Die Regeln zum Verhalten am Telefon.
- Das Informationsbedürfnis von Frau Gerdes.
- Das Kundeninteresse an einer Fortsetzung des Verkaufsgespräches.

Aufgabe 1

Sie bedienen das Telefon in Ihrem Ausbildungsbetrieb. Ein Anrufer nennt seinen Namen nicht oder Sie haben seinen Namen nicht richtig verstanden. Welche der nachstehenden Formulierungen halten Sie für geeignet, den Namen des Anrufenden zu erfragen?

a) „Wen darf ich bitte melden?"
b) „Wie war Ihr Name?"
c) „Ich habe Ihren Namen nicht verstanden."
d) „Würden Sie Ihren Namen bitte wiederholen?"
e) „Ihren Namen bitte!"

Aufgabe 2

a) Für die Entscheidung, ob Sie das Verkaufsgespräch einer Mitarbeiterin unterbrechen dürfen, müssen Sie den Gesprächswunsch des Anrufenden ermitteln. Welche der folgenden Fragen halten Sie für geeignet, wenn der Anrufer versäumt hat, den Gesprächsanlass zu nennen?
  aa) „In welcher Angelegenheit möchten Sie Frau Gerdes sprechen?"
  ab) „Worum geht's denn?"
  ac) „Kann ich Ihnen vielleicht helfen?"

b) Wenn Sie ein Verkaufsgespräch unterbrechen müssen, werden Sie sich zunächst entschuldigen und fragen, ob Sie stören (unterbrechen, etwas fragen) dürfen. Wen müssen Sie fragen, die Mitarbeiterin oder den Kunden?

c) Welche der nachstehend wiedergegebenen Positionen zur Arbeitskollegin und zum Kunden nehmen Sie dabei am besten ein?

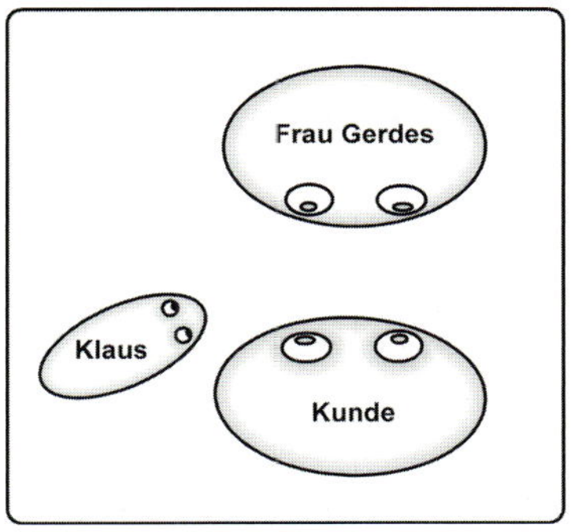

Position 1

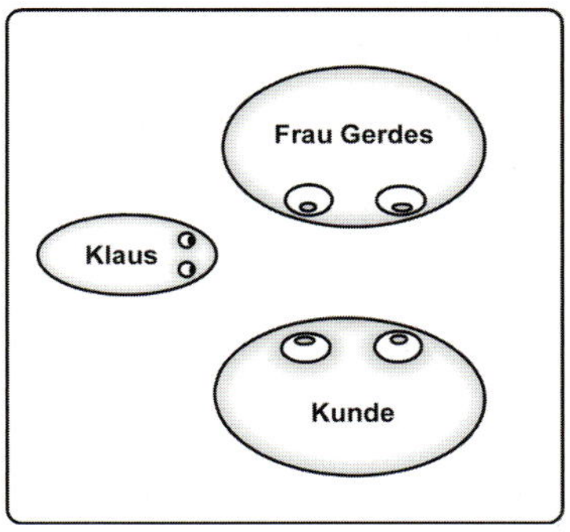

Position 2

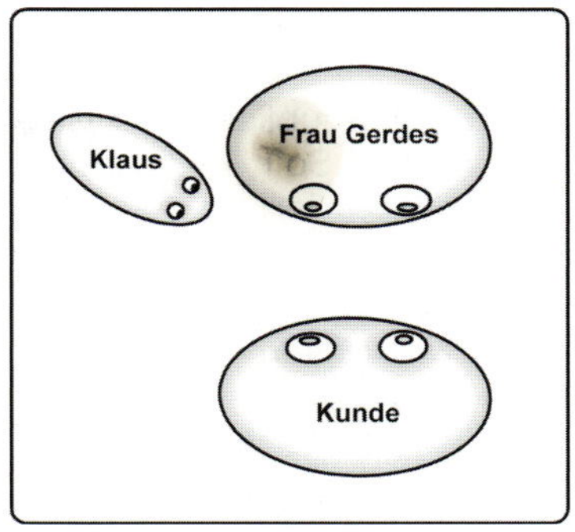

Position 3

d) Prüfen Sie, wie weit ein Kunde über den Gesprächsanlass informiert werden darf. Frau Gerdes soll beispielsweise wegen einer Reklamation an das Telefon kommen.

Welche der nachstehenden Formulierungen bzw. Verhaltensweisen halten Sie für geeignet?

da) „Der Kunde möchte den Drucker, den er gestern gekauft hat, reklamieren. Er sagt, das Gerät sei eine Zumutung."

db) „Der Kunde hat wegen des Druckers von gestern eine Frage."

dc) Sie flüstern Frau Gerdes den Gesprächsanlass ins Ohr.

Aufgabe 3

Entwerfen Sie folgende Situation:

Sie bedienen einen Kunden, kommen aber im Augenblick nicht weiter, weil Ihnen eine Information fehlt. Daher wenden Sie sich an eine Arbeitskollegin, die gerade auch bedient, wobei Sie deren Verkaufsgespräch unterbrechen müssen. Wenn Sie die Information eingeholt haben, kehren Sie zu Ihrem Kunden zurück.

Aufgabe 4

Entwickeln Sie eine Situation, in der ein ausgebildeter Kundenberater einen Auszubildenden ablöst.

a) Unterbrechen Sie das Verkaufsgespräch des Auszubildenden in angemessener Weise.

b) Führen Sie das Gespräch weiter.

c) Überlegen Sie auch,
- wie der Ablösende den Kundenwunsch erfahren soll,
- wie sich der abgelöste Auszubildende nach der Unterbrechung verhalten soll.

Welche Formulierungen sind für die Ablösung geeignet?

① (zur Auszubildenden gewandt) „So, nun lassen Sie mich mal weitermachen."

② (zur Kundin gewandt) „Guten Tag, ich möchte gerne unsere Auszubildende ablösen. Wie ich sehe, wünschen Sie …"

③ (zur Kundin gewandt) „Guten Tag. Entschuldigen Sie, dass ich hier unterbreche. Frau ... ist erst seit wenigen Wochen bei uns tätig. Darf ich die Beratung fortsetzen?"

④ (zur Auszubildenden gewandt) „Kann ich dir (Ihnen) helfen?"

⑤ Zur Auszubildenden gewandt) „Sie werden dringend im Lager gebraucht. Ich mache hier so lange weiter."

2 Kundenkontaktaufnahme in verschiedenen Verkaufsformen

2.1 Verkaufsformen beschreiben

Ayse, die Auszubildende im 1. Ausbildungsjahr aus der Abteilung Papier/Schreibwaren, schwitzt über ihrem Berichtsheft. „So'n Mist", stöhnt sie, „dieses blöde Thema – ‚Verkaufsformen und ihre Bedeutung für Händler und Kunden'. Und nächste Woche will Frau Bauer, die Personalchefin, mein Berichtsheft einmal anschauen – es muss einfach super werden! Aber was schreib' ich bloß?" Schließlich fragt Ayse Herrn Blank, den Bereichsleiter.

Ayse: *„Herr Blank, darf ich Sie etwas fragen? Nächste Woche will Frau Bauer mein Berichtsheft sehen. Und es soll doch gut sein! Aber ich weiß einfach nicht, was ich schreiben soll: Verkaufsformen und ihre Bedeutung für Händler und Kunden."*

Herr Blank: *„Ayse, nun hab' mal keine Angst, das kriegen wir schon hin. Neulich in der Schulung haben wir kurz über die Verkaufsformen gesprochen. Erinnerst du dich?"*

Ayse: *(nickt) „Ja. Vier verschiedene waren es. Selbstwahl, Vorwahl, Bedienung und ...?"*

Herr Blank: *„Wenn der Kunde besonders intensiv vorwählt?"*

Ayse: *„Intensivvorwahl."*

Herr Blank: *„Richtig. Und alle vier gibt es hier in unserem Haus. Schau dich um – und dann beschreib' einfach, was du siehst."*

Neugierig geht Ayse durch die Abteilungen. Sie befragt aber auch die Mitarbeiter, die sie dort antrifft.

Abteilung Uhren/Schmuck

Frau Ewald:
„Wir haben hier viele kleine und wertvolle Produkte, da können wir nicht jeden Kunden an die Ware lassen. Der Kunde kommt zu mir und sagt seinen Wunsch. Dann zeige ich ihm die passende Ware und erläutere die wichtigsten Produkteigenschaften.
Der Kunde kann sich zwar in den Schaukästen und Vitrinen zunächst ein wenig umschauen, aber meistens kommen die Kunden sofort zu mir und ich berate sie. Alles, was hier ausgestellt ist, ist besonders beratungsbedürftig. Das kann man nicht mal so eben in den Einkaufswagen legen."

Abteilung Schuhe/Lederwaren

Frau Seifert:
„Meine Kunden schauen sich zunächst die ausgestellten Waren an. Wenn ich sehe, dass sie sich für ein Produkt besonders interessieren, spreche ich sie an und berate sie. So kann ich sicher sein, dass sie auch tatsächlich ein Produkt kaufen wollen. Für die „Gucker" habe ich nämlich gar keine Zeit. Ich bin hier völlig alleine in der Abteilung."

Abteilung Elektro/Tonträger/Computer

Auszubildender Klaus:
„Jeder Kunde kann sich hier umschauen wie er möchte. Alles ist sehr attraktiv dekoriert und lädt zum Zugreifen ein. Wer z. B. CD-Rohlinge kaufen möchte, benötigt keine Beratung. Anders bei einem Handy: Das muss sorgfältig überlegt werden. Dann kommt der Kunde zu mir an den Service-Point und ich berate ihn. Auf diese Weise kommen nur Kunden zu mir, die wirklich Beratung benötigen. Bezahlen kann man hier auch.
Wenn ich Dir noch einen Tipp geben darf: Schreib' doch das Berichtsheft einfach von Dirk ab, der hat in dieser Abteilung gelernt."

Abteilung Lebensmittel

Frau Jevic:
„Weißt du Ayse, wie viel Personal wir in dieser Abteilung haben? Fast niemanden. Wir sind vor allem damit beschäftigt, die Regale nachzuräumen und Ordnung zu halten. Für die Kunden haben wir einfach keine Zeit. Der Kunde nimmt einen Einkaufswagen und sucht sich, was er braucht. Natürlich geben wir auch mal Auskunft, wo etwas zu finden ist oder wie man ein Produkt verwendet. Aber mehr ist nicht möglich. Und schreib' in dein Berichtsheft, dass wir völlig unterbesetzt sind!"

Arbeitsauftrag

Schreiben Sie für Ayse das Berichtsheft-Thema „Verkaufsformen und ihre Bedeutung für Händler und Kunden".
Gehen Sie dabei auf folgende Punkte ein:
1. Art der Warendarbietung
2. Aufgaben des Kundenberaters/der Kundenberaterin
3. Aufgaben des Kunden

Aufgabe 1

Welche Verkaufsform ist für folgende Betriebsformen besonders gut geeignet?

a) Drogeriemarkt
b) Schuhgeschäft
c) Obst- und Gemüsefachgeschäft
d) Boutique

Aufgabe 2

In welcher Verkaufsform würden Sie folgende Produkte einkaufen?

a) Eine neue Jeans.
b) Eine CD.
c) Sie buchen eine Reise nach Mallorca.
d) Geburtstagsgeschenk für Ihre Oma.
e) Sie brauchen eine Brille.
f) Sie möchten eine neue Frisur (mit einer neuen Haarfarbe!).
g) Für die Schule brauchen Sie einen neuen Schreibblock.
h) Sie wollen sich endlich einen eigenen Computer kaufen.
i) Sie möchten heiraten und kaufen Trauringe.

Aufgabe 3

Beschreiben Sie die Verkaufsform Ihres Ausbildungsbetriebes (Ihrer Ausbildungsabteilung).

2.2 Kontaktaufnahme

2.2.1 Kontaktaufnahme in der Verkaufsform Beratung

In der Abteilung Uhren/Schmuck finden heute folgende Verkaufssituationen statt:

Situation 1
Eine Kundin betritt die Abteilung und schaut sich suchend um. Frau Ewald geht auf sie zu:

Kundenberaterin: *„Guten Morgen. Wie kann ich Ihnen helfen?"*
Kundin: *„Guten Morgen. Ich hätte gern einen Ring aus Gold mit einem farblosen Stein."*
Kundenberaterin: *„Sehr gern. Wir haben eine große Auswahl an wunderschönen Ringen mit farblosen Steinen. Wozu möchten Sie den Ring tragen?"*

Situation 2
Ein junger Mann, etwa 25 Jahre alt, betritt die Abteilung. Frau Ewald geht auf ihn zu.

Kundenberaterin: *„Guten Morgen. Wie kann ich Ihnen helfen?"*
Kunde: *„Guten Morgen. Ich hätte gern eine Kette für meine Freundin."*
Kundenberaterin: *„Sehr gern. Über ein solches Geschenk wird Ihre Freundin sich bestimmt sehr freuen. Können Sie mir sagen, welchen Schmuck Ihre Freundin schon besitzt und wie sie sich kleidet?"*

Situation 3
Ein junger Mann und eine junge Frau betreten gemeinsam die Abteilung. Frau Ewald geht auf sie zu.

Kundenberaterin: *„Guten Morgen. Was darf ich Ihnen zeigen?"*
Kundin: *„Wir möchten uns gern Trauringe ansehen."*
Kundenberaterin: *???*

Situation 4
Eine Kundin, ca. 50 Jahre alt, schlendert durch die Abteilung.

Kundenberaterin: *„Guten Morgen. Wie kann ich Ihnen helfen?"*
Kundin: *„Guten Morgen. Ich möchte mir gern Armbänder ansehen."*
Kundenberaterin: *???*

Situation 5
Eine Kundin, etwa 30 Jahre alt, betritt die Abteilung.

Kundenberaterin: *„Guten Morgen. Was darf ich Ihnen zeigen?"*
Kundin: *„Guten Morgen. Ich hätte gern eine neue Armbanduhr."*
Kundenberaterin: *???*

Arbeitsauftrag

Führen Sie die Verkaufsgespräche in den Situationen drei bis fünf fort. Versuchen Sie, die Kunden auf das Sortiment gespannt zu machen
Beachten Sie:

- Aus der Kundenaussage erkennen Sie, für welche Produkte sich der Kunde/die Kundin interessiert.
- Sie stimmen den Kunden auf eine interessante, preisgünstige, aktuelle, reichhaltige (usw.) Warenauswahl ein. Sie wecken dadurch im Kunden den Wunsch, sich diese Produkte anzusehen und sich beraten zu lassen.
- Mit einer weiten Frage veranlassen Sie den Kunden, seine Ansprüche genauer zu erläutern.

Aufgabe 1

Schildern Sie Situationen, in denen ein Kunde/eine Kundin in Ihrem Ausbildungssortiment sofort bedient werden möchte und Sie die Gelegenheit nutzen, um das Interesse der Kundin auf die vorzulegenden Waren zu wecken.

2.2.2 Kontaktaufnahme bei Vorwahl

In der Abteilung Schuhe/Lederwaren beobachtet Frau Seifert eine Kundin, die sich ihrer Abteilung nähert und auf die Regalwand mit Eastpaks zugeht.

Bild 1

Bild 2

Bild 3

Frau Seifert ist unschlüssig, wann sie die Kundin ansprechen soll.

Nun schaut die Kundin schon zu ihr herüber. Jetzt wird es doch wohl Zeit – oder?

Wie soll sie die Kundin ansprechen? „Guten Tag, suchen Sie etwas Bestimmtes?“, „Suchen Sie ein Eastpak?“, „Für welchen Anlass möchten Sie das Eastpak verwenden?“, „Eastpaks gibt es in einer leichten Version und auch mit zusätzlichen Polstern, die den Tragekomfort erhöhen.“

Es gibt viele Möglichkeiten – aber wie kommt man am besten in ein Beratungsgespräch?

Bild 4

Arbeitsauftrag

Bestimmen Sie den Zeitpunkt, zu dem Frau Seifert die Kundin ansprechen soll und entscheiden Sie, mit welchem Eröffnungssatz sie das Beratungsgespräch am besten beginnt.

Aufgabe 1

In der Abteilung Haushaltswaren beobachtet Frau Beyer eine Kundin, die schon längere Zeit vor einem Regal mit Glasvasen steht und jetzt zwei unterschiedlich große Vasen nebeneinander stellt. Wie sollte die Kundin angesprochen werden?

1 „Womit kann ich Ihnen helfen?“
2 „Suchen Sie etwas Bestimmtes?“
3 „Suchen Sie eine Bleikristallvase?“
4 „Ist das ungefähr die Vasengröße, die Sie sich vorgestellt haben, oder soll ich Ihnen eine andere Größe zeigen?“
5 „Diese Vase besteht aus hochwertigem Bleikristall, Sie spüren es am Gewicht.“
6 „Durch den nach außen gebogenen Rand dieser Vase fallen die Blumen sehr dekorativ.“

Aufgabe 2

Ein junger Mann, urlaubsbraun, gut gekleidet, steht vor der Vitrine mit Herrenketten in Gold und Silber. Wie sprechen Sie ihn an?

1 „Guten Tag – kommen Sie zurecht?“
2 „Guten Tag – diese breiten Ketten sind im Moment sehr aktuell. Zu Ihrem braunen Teint passt am besten eine Kette in Gold.“
3 „Guten Tag – suchen Sie eine Kette in Gold oder in Silber?“

Aufgabe 3

a) Ein Ehepaar war gebeten worden, sich schon einmal die Wohnzimmerschränke anzusehen, da im Moment kein Berater frei war. Es betrachtet die an der Seitenwand angebrachte Preisliste. Nun tritt der Kundenberater hinzu:

1 „Na, wie gefällt Ihnen der Schrank?“
2 „So, da bin ich, was darf's denn sein?“
3 „Sie haben sich ein preislich besonders günstiges Angebot ausgesucht.“
4 „Der Schrank ist aus echtem Holzfurnier mit besonders schönen Verzierungen an der Seite.“

b) Würden Sie sich in Aufgabe a) anders entscheiden, wenn eine Kundin vor dem Schrank stände und ihn von oben bis unten betrachten würde?

Aufgabe 4

In einem Geschäft mit Vorwahl: Ein Kunde steht vor einem Regal und hat bereits mehrere Artikel in die Hand genommen. Er betrachtet dabei die Preisetiketten. Der Kundenberater geht auf ihn zu, stellt sich neben ihn und wartet. :

Kundenberater: *(als der Kunde hochschaut) „Guten Morgen.“*
Kunde: *(etwas verärgert) „Guten Morgen.“*
Kundenberater: *„Kann ich Ihnen helfen?“*
Kunde: *„Nein, danke, ich möchte mich nur einmal umschauen.“*

a) Beurteilen Sie die Eröffnungsfrage des Kundenberaters.

b) Überlegen Sie, wie der Kundenberater das Gespräch fortsetzen könnte. Welche der nachfolgenden Formulierungen bzw. Verhaltensweisen halten Sie für zweckmäßig?

① „Ich möchte Ihnen nur einige Artikel unverbindlich zeigen.“
② Der Kundenberater geht wortlos zurück.
③ „Schauen Sie sich gerne um; wenn Sie Fragen haben, stehe ich jederzeit zur Verfügung.“ (Der Kundenberater geht zurück und beobachtet den Kunden.)
④ „Schauen Sie sich gerne um; wenn Sie Fragen haben, stehe ich jederzeit zur Verfügung.“ (Der Kundenberater bleibt beim Kunden stehen.)
⑤ „Schauen Sie sich ruhig einmal um. Übrigens haben wir dort links noch einige Auslaufmodelle zu besonders günstigen Preisen.“ (Der Kundenberater zieht sich zurück und beobachtet den Kunden.)
⑥ „Gerne. Wofür interessieren Sie sich da besonders?“

Aufgabe 5

Kerstin ist Auszubildende im Textilfachgeschäft Schäfer. Da sie erst vor einigen Wochen mit der Ausbildung angefangen hat, haben die ausgebildeten Kundenberaterinnen Vorrang bei der Bedienung der Kunden. Man hat Kerstin aber aufgetragen, die Kunden genau zu beobachten und sie anzusprechen, sobald ein Einkaufsproblem sichtbar wird und keine ausgebildete Verkaufskraft zur Stelle ist.

Die Kunden sollen dann möglichst über das gezeigte Einkaufsproblem angesprochen werden. „Kann ich Ihnen helfen“ hört man im Textilfachgeschäft Schäfer kaum noch.

Zurzeit ist Kerstin damit beschäftigt, einen Ständer mit Hosen wieder in Ordnung zu bringen, d. h. ordentlich aufzufalten und nach Größen zu sortieren. Die Arbeit gibt ihr Gelegenheit, einige Kundinnen zu beobachten.

Überlegen Sie, welches Einkaufsproblem die Kundinnen haben und machen Sie Vorschläge, wie man die Kundinnen jeweils über ihr Problem ansprechen könnte.

1. Kundin
Eine jugendliche Kundin hat ein Sweatshirt in der Hand und hält es prüfend an ihre Hose.
Logo, die Kundin will prüfen, ob das Sweatshirt zur Hose passt.

2. Kundin
Es handelt sich um eine Dame mittleren Alters, die ein Kostüm aus dem Ständer genommen hat und damit zum Fenster geht, um es dort genau zu betrachten.
Klar, denkt Kerstin, die Kundin prüft, wie die Farben bei Tageslicht wirken.

3. Kundin
Die Kundin ist etwa 25 Jahre alt. Sie hat einen Pullover in der Hand und streicht wiederholt mit der Hand über das Gewebe.
Das Problem der Kundin ist leicht zu erkennen, sagt sich Kerstin, oder?

4. Kundin
Bei der Tischwäsche hat eine Kundin von etwa 40 Jahren eine Tischdecke über den gesamten Ständer mit Tischwäsche ausgebreitet.
Kundenproblem?

5. Kundin
Eine Kundin, ca. 55 Jahre alt, „knüllt“ die Bluse mit der Hand.

6. Kundin
Diese Kundin steht vor dem Spiegel und hält eine auffällig eingefärbte Bluse an ihr Gesicht.

7. Kundin
Sie hält einen Rock prüfend vor sich und betrachtet sich im Spiegel.

8. Kundin
Sie hat einen Blazer in der Hand, hält ihn etwas hoch und sucht innen irgend etwas.

9. Kundin
Auch diese Kundin hat einen Blazer in der Hand, sie dreht ihn und sucht offensichtlich außen irgend etwas Besonderes.

10. Kundin
Die Kundin hat eine Strumpfpackung in die Hand genommen und studiert sie genauer.

2.2.3 Kontaktaufnahme bei Intensivvorwahl

Am Freitagnachmittag herrscht wie immer Hochbetrieb im City-Warenhaus. An der Informationstheke in der Abteilung Eisenwaren/Sanitär/Werkzeuge ist reichlich zu tun.

Kunde 1: *„Wo finde ich Dübel?“*
Mitarbeiter: *(zeigt mit der Hand unbestimmt in die Gegend) „Da hinten, 5. Gang links.“*
Kunde 1: *„Da war ich schon, ich habe aber nichts gefunden.“*
Mitarbeiter: *„Die müssen aber da sein.“*
Kunde 2: *„Welche Glühlampen sind für diese Außenleuchte im Garten richtig?“*
Mitarbeiter: *„Steht bei der Leuchte auf der Verpackung drauf.“*
Kunde 2: *??? „Wo denn?“*
Kunde 3: *„Können Sie mir mal welche von den Styroporplatten da drüben runterholen? Das Regal ist für mich zu hoch.“*
Mitarbeiter: *„Ich kann hier nicht weg.“*
Kunde 3: *„Und wie soll ich an die Platten kommen?“*
Mitarbeiter: *„Sie sehen doch wohl selbst, dass ich hier nicht weg kann. Sie müssen warten, bis jemand kommt.“*
Kunde 3: *„Und wie lange dauert das?“*
Mitarbeiter: *„Ich weiß doch nicht, wann der Kollege mit dem Außenaufbau fertig ist.“*
Kunde 3: *„Das ist hier ja ein Mistladen!“*

Arbeitsanweisungen regeln genau, wie ein Mitarbeiter bestimmte Arbeitsaufgaben durchzuführen hat.

Arbeitsauftrag

Entwerfen Sie eine Arbeitsanweisung für Mitarbeiter an einer Informationstheke im Intensivvorwahlsystem. Darauf sollten Sie achten:

- Die Arbeitsanweisung soll eine Orientierungshilfe für Mitarbeiter in typischen Verkaufssituationen darstellen.
- Der Text muss verständlich und eindeutig formuliert sein.

Aufgabe 1

Auch in der Branche, in der Sie ausbildet werden, gibt es Geschäfte mit Intensivvorwahl oder es wird sie in Zukunft geben. Geben Sie für Ihre Branche vier Fragen an, mit denen sich Kunden bei Intensivvorwahl an den Kundenberater wenden könnten.

Aufgabe 2

Im Möbelmarkt Pronto kommt es immer wieder vor, dass Kunden längere Zeit warten müssen, bis ein Berater frei ist. Erarbeiten Sie Vorschläge, wie man ungeduldigen Kunden die Wartezeit verkürzen könnte.

Aufgabe 3

Mode, schicke Kleider – früher wurde das in der Verkaufsform Bedienung verkauft. Heute überwiegen Vorwahl, bei Hochbetrieb Intensivvorwahl und manchmal Selbstbedienung. Halten Sie in der untenstehenden Tabelle fest, wann der Kundenberater in den verschiedenen Verkaufsformen den Kunden ansprechen muss.

Muster:

Verkaufsform	Kundenansprache
Bedienung	
Vorwahl	
Intensivvorwahl	
Selbstwahl	

2.2.4 Mit mehreren Kunden gleichzeitig Kontakt aufnehmen

In der Haushaltswarenabteilung des City-Warenhauses herrscht beträchtlicher Kundenbetrieb. Bald ist Valentinstag, da werden viele Geschenke benötigt. Außerdem hatte die Haushaltswarenabteilung heute eine Werbebeilage mit Sonderangeboten in der Zeitung. Für Monika, Auszubildende im 1. Ausbildungsjahr, war der Hochbetrieb willkommen, konnte sie doch jetzt endlich vermehrt Verkaufserfahrungen sammeln, weil alle Mitarbeiter für die Kundenberatung gebraucht wurden.

Monika beobachtet eine Kundin, die sich offensichtlich für ein hochwertiges Kaffee-Service interessiert, weil sie eine Tasse prüfend in der Hand hält und das Herstellerzeichen auf der Unterseite betrachtet.

Monika: *„Guten Morgen, das Service stammt von dem bekannten Hersteller Hutschenreuther. Das Traditionsunternehmen stellt schon seit Jahrzehnten hochwertiges Markenporzellan her. Die Tasse gehört zum Service Maria-Theresia, das sich durch eine bauchige Form und ein zurückhaltendes Dekor auszeichnet. Die traditionelle Form macht das Service zeitlos, so dass Sie auch in vielen Jahren noch Gefallen daran finden werden.“*

Kundin 1: *„Ja, so etwas Ähnliches könnte mir schon gefallen. Würden Sie mir vielleicht ein ähnliches Service mit anderen Mustern zeigen?“*

Monika: *„Gerne, dort drüben sehen Sie …“*

In diesem Augenblick ruft eine zweite Kundin von der Geschenktheke herüber:

Kundin 2: *„Hallo, sagen Sie mal, ist das alles, was Sie an Geschenken haben?“*

Monika: *(zur ersten Kundin) „Entschuldigung.“ (Geht zur zweiten Kundin) „Wie kann ich Ihnen helfen?“*

Kundin 2: *„Indem Sie mir eine große Auswahl an Geschenkartikeln zeigen.“*

Monika: *„Wir haben dort auch noch sehr attraktive Zinn- und Messingwaren, die sich hervorragend als Geschenk eignen.“*

Kundin 2: *„Wie teuer ist denn solch eine Kristallschale?"*

Monika: *„Diese Schale aus echtem Bleikristall kostet …"*

Unbemerkt war eine dritte Kundin hinzugetreten:

Kundin 3: *„Fräulein, können Sie mir einmal helfen?"*

Monika: *„Sehr gerne."*

Kundin 2: *„Moment mal, jetzt bin ich aber an der Reihe."*

Kundin 1: *„Wenn hier einer an der Reihe ist, dann bin ich das."*

Kundin 3: *„Das ist aber ein unfreundlicher Laden. Kunden sind hier wohl nicht gerne gesehen. Ich glaube, ich gehe besser."*

Kundin 2: *„Ich gehe auch, hier gibt es ja kaum Auswahl."*

Verlegen sieht Monika zu, wie die beiden Kundinnen das Geschäft verlassen. Sie wendet sich wieder der ersten Kundin zu:

Monika: *„Entschuldigen Sie bitte, dass ich Sie warten ließ. Aber es ist heute so viel los."*

Die erste Kundin hat aber offensichtlich das Interesse an dem Kaffee-Service verloren und bewegt sich bereits in Richtung Ausgang.

Kundin 1: *„Ich schaue vielleicht später noch einmal herein. Auf Wiedersehen."*

Monika: *„Auf Wiedersehen."*

Monika kann es nicht fassen. Sie hat sich doch so viel Mühe mit den Kundinnen gegeben. Ob die Kundinnen denn gar nicht sehen, wie schwierig es für die Kundenberater an solchen Tagen ist, alle Kunden zufrieden zu stellen?

Arbeitsauftrag

Übertragen Sie das Eingangsbeispiel auf Ihren Ausbildungsbetrieb. Stellen Sie eine Situation dar, in der Sie mit mehreren Kunden gleichzeitig Kontakt aufnehmen.

2.3 Zuhören können

2.3.1 Aufmerksamkeit sichtbar machen

Die Auszubildende Simone ist wegen eines Personalengpasses in der Abteilung Heizung/Sanitär des City-Warenhauses eingesetzt worden. Im Ausstellungsraum bemüht sich ein Kunde, Simone seine Wünsche ausführlich zu erklären.

Simone muss allerdings immer daran denken, wie viel schöner es doch in ihrer Stammabteilung Drogerie/Parfümerie ist. Sie kann sich daher gar nicht richtig auf ihren Kunden konzentrieren.

Arbeitsauftrag

Entwickeln Sie eine Verkaufssituation, in der Sie einem Kunden Ihre Aufmerksamkeit deutlich sichtbar und hörbar machen.

2.3.2 Umschreibendes Zuhören

In der Abteilung Heizung/Sanitär des City-Warenhauses Bauer:

Herr Thomas: *„Guten Morgen, was kann ich für Sie tun?“*

Kunde: *„Hallo, junger Mann, einen wunderschönen guten Morgen. Meine Frau schickt mich – wie immer, wenn sie ein technisches Problem hat. Sie kennen das ja sicher auch. Ich sage nur: Frauen und Technik. Also: Die Dusche ist kaputt – nein, nicht die ganze Dusche, nur die Duschgarnitur, das Ding, mit dem man sich abbraust und die Mechanik, mit der man das Wasser reguliert.*

Meine Frau will auf jeden Fall, dass man den Mischer mit einer Hand bedienen kann. Dann kann sie ihre Haare durchspülen und gleichzeitig mit der anderen Hand die Wassertemperatur verändern. Letztens im Urlaub gab es nur so eine Primitivbrause. Sie glauben gar nicht, was meine Frau für ein Theater gemacht hat. Also in dem Hotel lassen wir uns besser nicht mehr sehen. Schön wäre auch, wenn man am Duschkopf den Wasserstrahl unterschiedlich einstellen kann. Wenn ich vom Sport komme und mich kräftig abduschen kann, ist das wie eine Massage. Darauf möchte ich auf keinen Fall verzichten. Dann: Schauen Sie mich einmal an, junger Mann. Ich bin 1,95 m groß. Der Duschschlauch muss mindestens 2 m lang sein, sonst muss ich mich beim Duschen bücken (der Kunde lacht laut und schaut sich Beifall suchend um). So, das wär's – oder? Ach ja, die Farbe: Auf keinen Fall den Aluminium-Look. Es muss ein bisschen Pep ins Bad – sagt meine Frau. Lassen Sie sich etwas einfallen. Und alles zum Selbsteinbau für einen versierten Techniker wie mich.“

Arbeitsauftrag

Antworten Sie dem Kunden mit der Methode des umschreibenden Zuhörens, um zum Ausdruck zu bringen, dass Sie ihn verstanden haben.
Beachten Sie:
Leiten Sie Ihre Zusammenfassung der Kundenwünsche z. B. mit den Worten ein:
„Wenn ich Sie richtig verstanden habe, suchen Sie....“ oder
„Sie wünschen also ...“
„Das heißt, Sie suchen ...“

Aufgabe 1

Wenden Sie auf folgende Situation das umschreibende Zuhören an.

Situation

Eine Kundin betritt ein Textilfachgeschäft und sieht sich um. Die Kundenberaterin bemerkt sie und geht auf sie zu.
Kundenberaterin: „Guten Tag, wie kann ich Ihnen helfen?“
Kundin: „Guten Tag. Oh ja, ich hoffe doch, dass Sie mir helfen können. Meine Schwester feiert nächste Woche ihren 25. Geburtstag und das schon das dritte oder vierte Mal. Dieses Jahr hat sie, im Gegensatz zum letzten Jahr, nur eine kleine Party geplant, obwohl sie bestimmt wieder die halbe Stadt und den Bürgermeister eingeladen hat. Und für diese Party brauche ich ein neues Kleid, denn das alte Blaue vom letzten Jahr kann ich nicht mehr anziehen, da ich mittlerweile schon zehn Kilo abgenommen habe. Wissen Sie, dass ich das eigentlich nur meiner Schwiegermutter zu verdanken habe? Denn diese unmögliche Frau hat mir immer gesagt, dass ich nach meiner dritten Schwangerschaft doch ein wenig zu dick geworden sei. Dabei wiegt sie bestimmt das Doppelte. Jedes Mal wenn wir sie besucht haben, hat sie meinem Mann und mir erzählt, wie gut seine Ex-Freundin doch noch aussieht. Aber meine Schwiegermutter konnte mich noch nie leiden und ich sie mittlerweile auch nicht mehr. Jetzt bin ich auf jeden Fall wieder schlank und daher möchte ich eventuell ein etwas enger geschnittenes Kleid tragen. Es sollte auch breite Träger haben, nicht so wie das rote Kleid meiner Schwester. Obwohl ich zugeben muss, dass sie in diesem roten Kleid nicht so billig aussieht, wie in dem ganz kurzen weißen. Außerdem hätte ich gerne etwas Schwarzes, dann brauche ich mir keine neuen Schuhe zu kaufen, wie letztes Jahr Weihnachten. Oh Gott, können Sie sich vorstellen, wie schlimm das ist, während des Weihnachtsgeschäftes Schuhe kaufen zu gehen? Und das alles nur für ein Abendessen mit meinem Bruder und seiner dummen Frau. Und das Schlimmste war, diese Person hatte auch noch die gleichen Schuhe wie ich! Auf jeden Fall sollte das Kleid ca. knielang sein, denn es soll sehr warm werden. Hoffentlich wird das Wetter so schön wie auf der Taufe meiner Nichte. Das war wirklich eine schöne Feier und das Essen war klasse. – So, was können Sie mir denn jetzt empfehlen?“

Aufgabe 2

Übertragen Sie die Eingangssituation auf Ihren Ausbildungsbetrieb. Erkennen Sie aus einem umfangreichen Informationsangebot des Kunden seine Einkaufswünsche und fassen Sie sie noch einmal zusammen.

3 Sortiment

3.1 Das Ausbildungssortiment erfassen und beschreiben

In der Abteilung Papier/Schreibwaren des City-Warenhauses Bauer
Ayse ist seit ein paar Tagen Auszubildende im ersten Ausbildungsjahr. In der Abteilung sind außerdem Frau Möller als 1. Kraft und eine ausgebildete Kundenberaterin, Frau Enders, beschäftigt. Frau Möller erteilt Ayse den Auftrag, sich in der Abteilung umzusehen und alle Warenarten des Sortiments festzustellen. Anschließend werde man sich zusammensetzen und klare Verantwortungsbereiche innerhalb des Abteilungssortiments für die drei Mitarbeiter der Abteilung festlegen.

Nach gründlicher Durchsicht des Sortiments hat Ayse folgende Warenarten ermittelt und alphabetisch sortiert:

Ablagekörbe
Aktenordner
Bleistifte
Briefpapier
Briefumschläge
CD-Brenner
CD-Rohlinge
Disketten
Druckerpatronen
Faserschreiber
Faxgeräte
Faxpapier
Filzschreiber
Folienschreiber
Füllfederhalter
Handys
Heftapparate
Heftklammern
Kabel
Karteikästen
Klebemittel
Kopierer
Kopierpapier
Korrekturmittel
Kugelschreiber
Locher
Ordner
Register
Ringbucheinlagen
Ringbücher
Schnellhefter
Schreibmaschinen
Taschen- und Tischrechner
Toner
Tuschezeichner

Für die Aufteilung des Sortiments gibt Frau Möller folgende Anweisung:
- Es sollen die bisherigen sechs Warengruppen beibehalten werden:

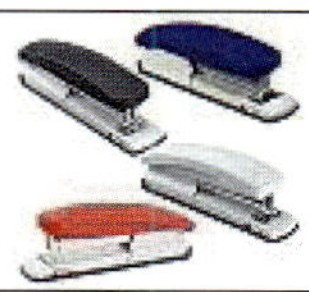
Kleiner Bürobedarf

Ordnungsmittel

Papier

Technik

Schreibgeräte

EDV-Zubehör

- Die besonders erklärungsbedürftigen Produkte möchte sie sich selbst vorbehalten.
- Die weniger erklärungsbedürftigen Artikel soll die ausgebildete Kundenberaterin übernehmen.
- Ayse soll einen kleinen, aber selbstständig zu führenden Teil des Sortiments anvertraut bekommen.
- Die Aufteilung soll auch so vorgenommen werden, dass der Kunde Waren gleicher Verwendung in einer Abteilung finden kann. Das bedeutet, dass Frau Möller, die ausgebildete Kundenberaterin und Ayse jeweils ganze Warengruppen betreuen.

Arbeitsauftrag

Gliedern Sie das Sortiment nach den Anweisungen von Frau Möller.

1. Verschaffen Sie sich zunächst einen Überblick über das Sortiment, indem Sie die Warenarten den Warengruppen zuordnen.
   Muster:

Warengruppe:	**kleiner Bürobedarf**	**Papier**	usw.
Warenarten:	– Klebemittel	– Faxpapier	
	– usw.	– usw.	

2. Verteilen Sie die Warengruppen auf die drei Beteiligten.

Papier/Schreibwaren

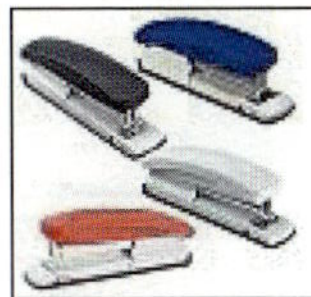 Kleiner Bürobedarf	 Papier	 Schreibgeräte	 Ordnungsmittel	 Technik	 EDV-Zubehör

Aufgabenverteilung

Aufgabe 1

Betrachten Sie den Sortimentsbaum aus dem Arbeitsauftrag und geben Sie jeweils drei Beispiele für
a) Warengruppen
b) Warenarten
c) Artikel

Aufgabe 2

a) Ergänzen Sie die nachfolgende Übersicht mit folgenden Sortimentsteilen:
① Sessel Typ „Europa", Wohnmöbel, Möbel, Sessel
② Sportschuhe, Tennisschuh Modell „Mexico", Schuhe, Tennisschuhe
b) Vervollständigen Sie die Übersicht mit zwei Beispielen aus Ihrem Ausbildungssortiment. Führen Sie unterhalb der Sortimentsebene „Warenbereiche" ein, falls die Gliederungsebenen nicht ausreichen.

Sortiment				
Warengruppe				
Warenart				
Artikel				

Aufgabe 3

Stellen Sie das Sortiment Ihres Ausbildungsbetriebes als Sortimentsbaum dar. In größeren Betrieben (z. B. Warenhäusern) ist nur das Abteilungssortiment zu betrachten. Eventuell ist – zwischen Sortiment und Warengruppe – eine weitere Ebene „Warenbereich" einzufügen.

3.2 Sortimente vergleichen

In der gleichen Abteilung für Papier/Schreibwaren:
In der Nähe des City-Warenhauses hat sich ein Konkurrent niedergelassen, die Büro & Computer GmbH. Frau Möller beauftragt Ayse, das Geschäft des Mitbewerbers aufzusuchen und ihr anschließend das Sortiment des Mitbewerbers zu beschreiben.
Wenig später berichtet Ayse:

Ayse: *„Das ist ein ganz toller Laden, alles ist modern eingerichtet und farbig beleuchtet. Hinten im Geschäft befindet sich eine große Computerabteilung. An einigen Geräten konnte man sogar Programme ausprobieren. Zur Einführung gab es Füllfederhalter für 4,95 €. Ich habe mir gleich einen gekauft. Außerdem haben die noch Ordner, Faxgeräte, Karteikästen, Kugelschreiber, Kopierpapier und Taschenrechner. Und vorne am Eingang war noch ein Sonderstand mit Schulbedarf für den Schuljahresanfang. – Ach, es war so viel zu sehen, man kann das ja gar nicht alles behalten."*

Frau Möller: *„Nun ja, einen gewissen Einblick in das Konkurrenzsortiment haben Sie gegeben, allerdings brauche ich eine Beschreibung, die mir deutlich macht, ob ich auf das Sortiment des Mitbewerbers reagieren soll oder nicht. Gehen Sie am besten noch einmal zur Büro & Computer GmbH, machen Sie sich einige Notizen und beschreiben Sie das Sortiment nach Breite und Tiefe. Versuchen Sie außerdem herauszufinden, ob bestimmte Sortimentsteile nur für eine gewisse Zeit angeboten werden und wo der Sortimentsschwerpunkt liegt."*

Nach dem erneuten Besuch im Konkurrenzgeschäft erstellt Ayse den untenstehenden Sortimentsbaum über das Sortiment der Büro & Computer GmbH. Siehe folgende Seite
Aus Gesprächen mit Mitarbeitern konnte Ayse außerdem erfahren, dass „Kleiner Bürobedarf", „Papier" und „Schreibgeräte" Warengruppen sind, die nur nebenbei geführt werden. Der Sonderstand mit Schulbedarf wird nur zum Schuljahresbeginn aufgestellt.

Sortimentsbaum

Büro- und Computerbedarf

kleiner Bürobedarf	Papier	Schreibgeräte	Ordnungs-mittel	Rechner	Schreib-maschinen	Schulbedarf *)	Computer/ Elektronik
Klebemittel	Briefpapier	Bleistifte	Ablagekörbe	Taschenrechner	elektrische Schreibmaschinen	Schulranzen	Personalcomputer
Korrekturmittel	Kopierpapier	Faserstifte	Karteikästen	Tischrechner		Schulbücher	Drucker
	Fax-Papier	Folienschreiber	Zeitschriftenboxen			Schreibhefte	Software
		Füllfederhalter	Diskettenboxen			Bleistifte	Toner
		Kugelschreiber	Register			Buntstifte	Tintenpatronen
			Registraturen			Schulfüller	Handys
			Telefonregister				Kopierer
			Schnellhefter				Faxgeräte
			Prospekthüllen				Diktiergeräte
			Terminplaner				Digitalkameras
			Jahresplaner				Monitore
			Ordner				Scanner

*) Sonderstand mit Schulbedarf nur zum Schuljahresanfang

Arbeitsauftrag

Vergleichen Sie die Sortimente der Abteilung Papier/Schreibwaren des City-Warenhauses mit der Büro- und Computer GmbH.

a) Beschreiben Sie das Sortiment der Büro & Computer GmbH nach Breite und Tiefe. Verwenden Sie die Fachbezeichnungen.
b) Prüfen Sie auch, welche Sortimentsbestandteile als Kern-, Rand-, fixes oder variables (veränderliches) Sortiment bezeichnet werden können.
c) Entwickeln Sie Vorschläge, wie Frau Möller ihr Abteilungssortiment an das des Mitbewerbers anpassen sollte.

Formulierungshilfen

Das Sortiment der Büro & Computer GmbH ist ... als unser Sortiment, weil es noch ...
Die Warengruppen ... sind allerdings sehr ... Sie bestehen nur aus wenigen Warenarten. Dafür ist die Warengruppe ... im Vergleich zu unserem Sortiment deutlich ... sortiert.
...
Die Warengruppe ... kann als variabel bezeichnet werden, weil sie nur ...
Das ... –Sortiment bilden die Warengruppen ...

Nehmen Sie das Sortiment der Abteilung Papier/Schreibwaren des City-Warenhauses aus dem Arbeitsauftrag von Lernsituation 3.1 hinzu.

Aufgabe 1

Beschreiben Sie das Sortiment Ihres Ausbildungsbetriebes/Ihrer Ausbildungsabteilung. Verwenden Sie die Fachbezeichnungen

- Breites, schmales, tiefes, flaches Sortiment
- Kern- und Randsortiment
- Fixes und variables Sortiment

Aufgabe 2

Geben Sie Beispiele, wie Sie sich in Ihrem Ausbildungsbetrieb an verschiedene Ereignisse (z. B. Jahreszeiten, Feiertage) mit Sortimentsänderungen anpassen.

Aufgabe 3

Erkundigen Sie sich in Ihrem Ausbildungsbetrieb, inwieweit sich das Ausbildungssortiment in den letzten Jahren verändert hat und berichten Sie darüber.

Aufgabe 4

Unterscheiden Sie „trading up“ und „trading down“ und geben Sie dazu Beispiele aus Ihrem Ausbildungssortiment.

Aufgabe 5

Geben Sie Beispiele, wie in Ihrem Ausbildungsbetrieb

- Sortimentsteile zu Verwendungszusammenhängen gebündelt werden.
- Waren gebündelt werden, um dem Wunsch der Kunden nach Einkaufserlebnissen gerecht zu werden.

4 Anspruchskunde

4.1 Kunden einschätzen

In der Textilabteilung des City-Warenhauses:
Simone muss heute in der Textilabteilung aushelfen. Die Abteilungsleiterin, Frau Melcher, weist Simone in die Besonderheiten der Abteilung ein und informiert sie über das Sortiment. Außerdem gibt sie ihr folgenden Tipp:

Frau Melcher: *„Sie müssen sich die Kunden, die unsere Abteilung betreten, genau ansehen. An ihrer Kleidung und an ihrem Auftreten können Sie schon erkennen, was die Kunden vermutlich haben wollen. Der elegant gekleidete Kunde will auch hochwertige Textilien einkaufen, wer hier abgewetzt erscheint, sucht nur die Sonderangebote."*

Simone kann das nicht so recht glauben, weil sie in ihrer Abteilung Parfümerie ganz andere Erfahrungen gemacht hat. Natürlich haben Frauen andere Wünsche an Kosmetik als Männer und den jungen Leuten legte sie andere Waren vor als den Älteren. Aber eine Kundeneinteilung nach dem äußeren Eindruck – das war ihr fremd. „Nun gut" – denkt sie – „vielleicht ist hier ja alles anders als in der Parfümerie."
Im Laufe der nächsten halben Stunde spricht Simone diese drei Kunden an. Und jedes Mal legt sie den Kunden Waren vor, von denen sie glaubt, dass sie zum Kundentyp passen.

Kunde 1

Kunde 2

Kunde 3

Arbeitsauftrag

Teilen Sie die Kunden Ihres Ausbildungsbetriebes nach Gruppen (Kundentypen) ein.

1. Überlegen Sie zunächst, wie man die Kunden nach ihrem Einkaufsverhalten gruppieren kann. Entwickeln Sie eine Grobeinteilung von ca. 5–7 Kundentypen.
2. Beschreiben Sie anschließend das Einkaufsverhalten dieser Kundentypen.
   Mögliche Fragen:
   Welche Art von Produkten bevorzugen die Kunden?
   Welche Qualität wünschen sie?
   In welcher Preislage werden sie wahrscheinlich kaufen?
3. Versuchen Sie auch, die Kundentypen bildlich darzustellen.

Aufgabe 1

Beurteilen Sie folgende Aussagen über Kunden.

1. „Man merkt sofort, ob ein Kunde arrogant, misstrauisch oder geizig ist."
2. „Ältere Kundinnen sind meistens rechthaberisch."
3. „Lehrer sind die schlimmsten Kunden. Ständig stellen sie dumme Fragen und wollen alles ganz genau wissen."
4. „Frauen entscheiden, was gekauft wird."
5. „Kunden, denen man das Geld schon ansieht, kaufen sowieso nur die Sonderangebote."
6. „Senioren kaufen immer nur in kleinen Portionen und meckern anschließend noch über die Preise."
7. „Ich blicke einem Kunden in die Augen und weiß sofort, was er will."
8. „16-Jährige kaufen sowieso immer nur eine Flasche Cola und verschwinden wieder."
9. „Ältere Damen kommen nur in den Laden, um sich zu unterhalten."
10. „An der Kleidung eines Kunden erkenne ich, wie viel er ausgeben will."
11. „Frauen kaufen nach Gefühl, Männer nach Verstand."

Aufgabe 2

Betrachten Sie die weiblichen Kundentypen im Informationsband (Gruppenbildung nach der Lebenssituation des Kunden): Die nachfolgenden Aussagen a) und b) sind das Ergebnis einer Kundenbefragung von zwei der dargestellten Kundentypen. Ordnen Sie die Aussagen den passenden Kundinnentypen zu.

Merkmale	**a)**	**b)**
Einstellung zur Mode	• Wenig Interesse an aktueller Mode • Überforderung durch schnellen modischen Wandel	• „Mit meiner Kleidung möchte ich ausdrücken, wie ich mich gerade fühle." • Die Kleidung gibt Einblick in die Persönlichkeit der Kundin.
Kaufeinstellung	• Misstrauen gegenüber Verkaufspersonal, Unsicherheit • Liebt anonyme Einkaufsstätten	Oft unzufrieden mit dem Angebot des Handels.
Markenorientierung	• „Markenkleidung kaufe ich nur, wenn ich sie besonders günstig bekomme." • Festhalten am Althergebrachten, Bedürfnis nach Sicherheit	• Die großen Marken werden abgelehnt (trägt jeder). • Spezielle Marken, die das Besondere darstellen, haben bei ihr eine Chance.
Gesundheitsorientierung	• Sehr gesundheitsbewusst • Lehnt aber Schlankheitswahn und Jugendkult ab.	• Manchmal nehme ich ein Bad, um mir etwas Gutes zu tun. • Sehr positive Einstellung zum eigenen Körper.
Altersschwerpunkt	Mittlere bis ältere Altersgruppe (ab 40 Jahre)	• Jüngere Altersgruppe (bis 30 Jahre) • Viele Schüler, Studenten, Auszubildende • Geringes oder noch kein persönliches Einkommen
Lebensstil	• Anpassung und Sicherheitsstreben • Traditionelle Moralvorstellungen	• Spontan, erlebnishungrig • Unangepasst
Konsumorientierung	• Eher zurückhaltend, fühlt sich durch die Angebotsfülle überfordert • Ohnmachtgefühl als Verbraucher	• Vielfältige Konsumwünsche • Wegen Geldmangels aber sehr preisbewusst
Freizeitinteressen	• Fernsehen (Unterhaltung, z. B. Filme, Shows, Quiz) • Zeitschriften (Unterhaltung, Hobby, Mode usw.) • Gartenarbeit, Pflanzenpflege • Handarbeiten	• Musik • Mit Freunden treffen, Partys • Disco, Kino • Faulenzen, nebenher Geld verdienen • Videos ansehen • Malen, töpfern, heimwerken
Sportaktivitäten	Keine erkennbaren Schwerpunkte	Rad fahren, schwimmen, joggen, laufen, Ballspiele, Inline-Skating, tanzen, Ski fahren, reiten

4.2 Ansprüche aus Kundenaussagen erkennen

Eine Kundin betritt die Möbelabteilung des City-Warenhauses. Die Kundin ist elegant gekleidet und sehr selbstbewusst (Typ Geschäftsfrau). Sie äußert den Wunsch, einige Polstergarnituren anzusehen. Herr Hoffmeister führt sie zur entsprechenden Warengruppe.

Kundin: *„Wissen Sie, für unser Wohnzimmer benötigen wir eine neue, wirkungsvolle Polstergarnitur."*

Herr Hoffmeister: *„Darf ich Ihnen einmal dieses bequeme Modell zeigen? Durch die hohen Rückenkissen haben Sie bis über die Schultern eine angenehme Stütze. Nehmen Sie doch bitte einmal im Sessel Platz, dann können Sie den Sitzkomfort selbst ausprobieren."*

Kundin: *„Ich denke an die Geschäftsfreunde meines Mannes, die des öfteren zu Besuch kommen."*

Herr Hoffmeister: *„Gerade wenn Sie Besuch erwarten, ist dieses Modell besonders günstig. Durch die fünf Rollenfüße lässt sich der Sessel jederzeit ohne Anstrengung in die gewünschte Position rücken. Auch bei der Reinigung des Fußbodens ist diese Garnitur für die Hausfrau kein Hindernis. Der Sessel lässt sich ohne Mühe bewegen."*

Kundin: *„Ich weiß nicht so recht. Die Vorstellungen meines Mannes gehen auch mehr in Richtung Ledergarnitur."*

Herr Hoffmeister: *„Sicher, hier handelt es sich um einen Stoffbezug. Der ist aber leichter zu pflegen und weniger empfindlich. Beachten Sie auch die breit aufgepolsterten Seitenlehnen. Sie bieten den Armen eine bequeme Auflage. Außerdem gibt der elastische Formschaum im Rücken so viel Halt, dass man für längere Zeit in einem solchen Sessel entspannt ruhen kann."*

Arbeitsauftrag

Erkennen Sie die Ansprüche aus den nachfolgenden Kundenaussagen in der Möbelabteilung des City-Warenhauses. Tragen Sie dazu die erkannten Ansprüche in die freie Spalte ein.

Ansprüche

1. Bequemlichkeit
2. Preiswürdigkeit
3. Zweckmäßigkeit
4. Sicherheit
5. Gestaltungsbedürfnis
6. Pflegebedürfnis
7. Schönheit
8. Geltungsbedürfnis

	Kundenaussagen	Anspruch/Ansprüche
①	„Ich habe Ihre Anzeige gelesen, in der ein Fernsehsessel mit stufenlos verstellbarem Rückenteil und Fußstützen angeboten wurde."	
②	„Wirklich, das Regal sieht gut aus. Aber ich benötige ein Regal, das ich in meinem Vorratskeller unterbringen kann."	
③	„Wenn das Fußende des Kinderbettes mit den scharfen Kanten so in den Raum hineinragt, halte ich das für ungünstig. Das Bett müsste mit dem Schrank zusammen an einer Wand aufgestellt werden können."	
④	„Wir dachten an eine Ledergarnitur, die in unserem großen Wohnzimmer angemessen zur Geltung kommt. Da wir häufig Gäste haben, sollte die Garnitur mindestens aus acht Elementen bestehen."	
⑤	„An einer Wand unseres Wohnzimmers fehlt noch etwas. Wir dachten an eine Standuhr. Eventuell kann es aber auch ein Schränkchen sein. Wir möchten unser Wohnzimmer einmal etwas verändern."	
⑥	„Kann ich denn diese empfindliche Oberfläche wohl richtig pflegen? Wissen Sie, in meiner Wohnung muss alles tipptopp sein."	

⑦	Kundenberater: „Sind noch andere Möbelstücke im Raum vorhanden, zu denen die Polstergarnitur passen soll?" Kunden: (Ehepaar, beide ca. 50 Jahre alt) „Ja, das Wohnzimmer ist vollständig eingerichtet. Die Polstergarnitur ist allerdings schon über 30 Jahre alt und entspricht nicht mehr unseren Vorstellungen." Kundenberater: „Welche Vorstellungen haben Sie von Ihren neuen Polstermöbeln?" Kunden: „Wissen Sie, wir sitzen abends sehr häufig vor dem Fernseher, und da möchten wir schon eine Polstergarnitur, in der man gemütlich sitzen kann. Dann sollen die Möbel natürlich in den Raum passen. Da unser Wohnzimmer nur 20 Quadratmeter misst, sollten die Möbel nicht zu wuchtig sein. Das sähe nicht gut aus.'	

Aufgabe 1

Ermitteln Sie den jeweiligen Kundenanspruch, der in den folgenden Aussagen deutlich wird:

① „Diese Schuhe sehen sehr schick aus, aber Leinen möchte ich doch lieber nicht, das Material reißt zu schnell ein. Zeigen Sie mir lieber Lederschuhe."
② „Ich suche eine Kamera, bei der ich nur noch auszulösen brauche."
③ „Haben Sie nicht größere Ohrringe, diese kleinen sieht man ja kaum?"
④ „Die Videokamera soll für die Schule sein. Sie wird also oft benutzt."
⑤ „Ich habe davon bereits Rotweingläser und Cognacschwenker. Welche Gläser gibt es noch in dieser Serie?"
⑥ „Haben Sie noch Pullover aus Ihrem Prospekt?"
⑦ „Kann ich meine Haare mit diesem Shampoo wohl täglich waschen?"
⑧ „Ich suche ein Paar Sandaletten, die zu meinem Abendkleid passen."

Aufgabe 2

Halten Sie aus Ihren bisherigen Verkaufserfahrungen fünf Aussagen von Kunden aus Ihrem Ausbildungsbetrieb fest, aus denen Sie – in versteckter Form – die Kundenansprüche erkennen können.

Beispiel:

Kunde: „Die Inline-Skater sind für unsere Tochter. Sie ist erst 12 Jahre alt."

Anspruch: Der Kunde wünscht vermutlich zunächst ein preiswertes Modell, weil er nicht weiß, ob der Tochter das Inline-Skating gefällt.

4.3 Kundenansprüche ermitteln

4.3.1 Kundenwünsche erfragen

Eine Kundin, etwa 25 Jahre alt, betritt die Abteilung Tapeten-Bodenbeläge-Farben des City-Warenhauses und bleibt unschlüssig stehen. Herr Jansen spricht sie an:

Herr Jansen: *„Guten Tag."*

Kundin: *„Guten Tag."*

Herr Jansen: *„Suchen Sie etwas Bestimmtes?"*

Kundin: *„In meinem kleinen Apartment soll der Wohn-Schlaf-Raum neu tapeziert werden, da suche ich eine schöne Tapete."*

Herr Jansen: *„Möchten Sie eine gemusterte Tapete oder eine neutrale?"*

Kundin: *„Ich weiß es auch nicht. Der Raum ist nicht besonders groß, eine starke Musterung wäre da sicher ungünstig?"*

Herr Jansen: *„Haben Sie schon eine bestimmte Farbvorstellung?"*

Kundin: *„Nein – eigentlich nicht. Der Boden ist blau. Dazu vielleicht ein dezenter Blauton?"*

Herr Jansen: *„Da ist die Auswahl natürlich groß. Soll es eine Prägetapete oder eine Naturelltapete sein?"*

Kundin: *„Darüber habe ich mir noch gar keine Gedanken gemacht. – Auf jeden Fall sollen meine Bilder gut darauf aussehen."*

Herr Jansen: *„Wie viel wollen Sie denn anlegen?"*

Kundin: *„Ich habe gar keine Vorstellung, was so was kostet. Ich kaufe so etwas zum ersten Mal. Vielleicht ist es am besten, ich komme mit meinem Bekannten noch einmal wieder, der auch die Wohnung tapeziert."*

Herr Jansen: *„Das ist sicher keine schlechte Idee."*

Arbeitsauftrag

Übertragen Sie das Beispiel auf Ihre eigene Branche.
Entwickeln Sie drei Verkaufssituationen, in denen Sie den Kunden jeweils durch eine Zweckfrage veranlassen, sein Einkaufsproblem näher zu beschreiben.
So sollten Sie vorgehen:

1. Gruß
2. Eröffnungsfrage (als W-Frage)
3. Der Kunde äußert seinen Wunsch noch sehr allgemein (z. B. „Ich suche eine Tapete.")
4. Ansprüche durch eine Zweckfrage ermitteln.

Aufgabe 1

Formulieren Sie zu den folgenden Situationen Zweckfragen, die den Kunden dazu bringen, seine Ansprüche an das Produkt näher zu erläutern.
Die Kundin/der Kunde wünscht

a) einen Obstkorb
b) ein Essservice
c) einen Fotoapparat
d) ein Fotoalbum
e) ein Messer für den Gebrauch in der Küche
f) einen Koffer
g) ein Parfüm als Geschenk
h) eine Flasche Wein
i) einen Computer für den Sohn

4.3.2 Unausgesprochene Kundenwünsche erkennen

In der Abteilung Textilien des City-Warenhauses. Die Auszubildende Simone bedient eine Kundin (femininer Typ):

Simone: *„Guten Tag. Bitte schön?"*

Kundin: *„Guten Tag. Ich suche eine Hose für meinen 9-jährigen Sohn."*

Simone: *„Welche Größe brauchen Sie da?"*

Kundin: *„Er trägt jetzt 134."*

Simone: *„In 134 kann ich Ihnen zum Beispiel diese Latzhose zeigen."*

Kundin: *„Nein, ich brauche eine Nummer größer. Sie glauben ja gar nicht, wie schnell Kinder wachsen."*

Simone: *„Diese Hose in hellem Popeline hat die Größe 140."*

Kundin: *„Die würde ihm wohl passen, aber der helle Popelinestoff ist viel zu empfindlich. Können Sie sich vorstellen, wie so eine Hose aussieht, wenn unser Sohn sie eine halbe Stunde getragen hat?"*

Simone: *„Wie gefällt Ihnen dann diese dunkelbraune Hose? Sie besteht aus 100 % reiner Schurwolle."*

Kundin: *„Schurwolle? Nein, mit so einer Hose wäre ich ja nur in der Reinigung. Eine Jungenhose muss man selber waschen können. Das kostet sonst ein Vermögen.*

(Die Kundin geht nun selbst die Auswahl in Größe 140 durch und entschließt sich zielstrebig für eine dunkelbraune Hose in Cord)

So, die kriegt er nicht so schnell kaputt.

(zu Simone gewandt) Wenn sie selbst mal Kinder haben, dann wissen Sie, welche Hosen 9-jährige Lausbuben brauchen."

Arbeitsauftrag

Übertragen Sie die Situation auf Ihren Ausbildungsbetrieb. Eine Kundin/ein Kunde sucht ein Produkt aus Ihrem Sortiment für einen bestimmten Verwendungszweck. Ergänzen Sie dazu die untenstehende Übersicht.

So gehen Sie vor.
Kunde: Ich suche eine(n) … für …

Produkt	
Verwendungszweck	
Unausgesprochene Ansprüche	

Aufgabe 1

Welche Ansprüche erkennen Sie aus den folgenden Kundenäußerungen:

a) „Ich suche ein Geschenk für meine Freundin zum Valentinstag."
b) „Ich fahre zur Kur und brauche einen Freizeitanzug."
c) „Ich brauche ein Hundehalsband für meinen Bernhardiner."
d) „Ich hätte gern eine CD für meine Oma zum Geburtstag."
e) „Ich brauche eine neue Auflaufform. Meine drei Jungs essen so gern Auflauf."
f) „Ich suche noch ein paar Bücher für den Urlaub. Am Strand macht das Schmökern so richtig Spaß."

4.3.3 Kundenwünsche durch das Vorstellen von Produkten erfassen

Eine Kundin von etwa 20 Jahren – sportlicher Typ – betritt die Textilabteilung des City-Warenhauses. Frau Melcher geht auf sie zu.

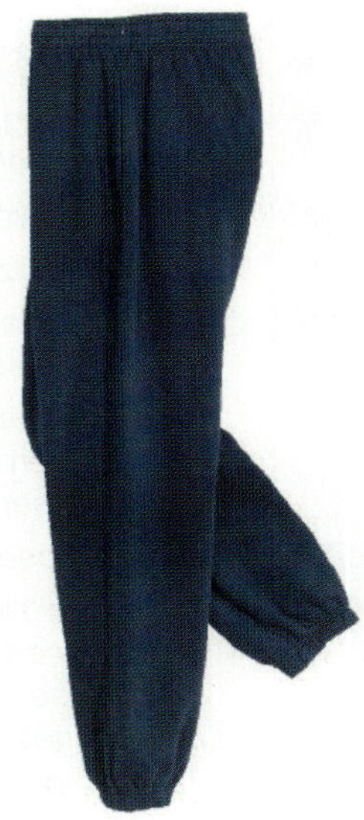

Frau Melcher: *„Guten Tag. Was kann ich für Sie tun?"*
Kundin: *„Ich hätte gern einen Jogging-Anzug."*
Frau Melcher: *„Ich kann Ihnen unsere reichhaltige Auswahl hier vorne gern einmal zeigen. Wofür möchten Sie den Jogging-Anzug verwenden?"*
Kundin: *„Für meine täglichen Runden durch den Stadtpark."*
Frau Melcher: *„Wir haben gerade ganz neue Modelle in den Modefarben des kommenden Winters bekommen."*
Kundin: *„Ich hatte eher an etwas Unauffälliges, Schlichtes gedacht."*
Frau Melcher: *„Dann wird Ihnen dieser einfarbige blaue Anzug sicher gefallen."*
Kundin: *„Ja, dieser Anzug entspricht in etwa meinen Vorstellungen. Haben Sie so etwas auch mit Kapuze?"*
Frau Melcher: *„Ja, ich habe hier einen in Größe 38. Wenn Sie ihn salopper tragen möchten, nehmen Sie besser Größe 40."*
Kundin: *„Haben Sie den gleichen Anzug auch noch in Größe 42?"*
Frau Melcher: *„Dieser Anzug aus Baumwolle hat Größe 42. Baumwolle ist ein besonders hautsympathisches Material …" usw.*

Arbeitsauftrag

Entwickeln Sie eine Verkaufssituation, in der die Kundenberaterin die Ansprüche des Kunden erfährt, indem sie Produkte vorlegt und erläutert.
So gehen Sie vor:
Die Beraterin darf höchstens zwei Fragen stellen, und zwar eine Eröffnungs- und eine Zweckfrage. Weitere Informationen über die Kundenansprüche erhält die Kundenberaterin ausschließlich durch die Vorlage von Waren und deren Erläuterung.

Aufgabe 1

Eine Kundin, etwa 40 Jahre alt, schaut sich suchend in der Abteilung Möbel und Haustextilien um.

Kundenberaterin: *„Guten Tag. Wie kann ich Ihnen helfen?"*
Kundin: *„Guten Tag. Ich hätte gern Bettwäsche."*
Kundenberaterin: *„Sehr gern. Können Sie mir sagen, welche Farben in Ihrem Schlafzimmer vorhanden sind?"*
Kundin: *„Nun, wir haben eine helles Kiefernschlafzimmer, der Teppichboden ist blau und die Wände und die Vorhänge – ja, die sind weiß."*
Kundenberaterin: *„Dann wäre blau-weiß gemusterte Bettwäsche besonders schön. Da kann ich Ihnen zum Beispiel diese Wäsche mit dem zarten blauen Blumen auf weißem Grund zeigen."*
Kundin: *„Nein, bloß nichts Geblümtes. Haben Sie in blau-weiß auch etwas Kariertes oder Gestreiftes?"*
Kundenberaterin: *„Selbstverständlich. Sehr dekorativ ist dieses Karo in dem kräftigen Blau."*
Kundin: *„Nein, nein, das ist mir zu dunkel. Das helle Blau von vorhin hat mir besser gefallen."*
Kundenberaterin: *„In hellem Blau kann ich Ihnen diese gestreifte Bettwäsche zeigen. (Kundin nickt) Diese Bettwäsche hat die Maße 135 mal 190 cm."*
Kundin: *„135 mal 200 wäre richtig."*
Kundenberaterin: *„Diese Wäsche hat genau das Maß und … usw."*

a) Wie viele Fragen stellt die Kundenberaterin?
b) Wie unterscheiden sich diese Fragen?
c) Welche Ansprüche hat die Kundin?

4.3.4 Einen persönlichen Draht zum Kunden schaffen

Bald beginnt das neue Schuljahr. In der Abteilung Papier/Schreibwaren des City-Warenhauses beobachtet Ayse häufig folgende Situationen:

Verkaufsgespräch Nr. 1

Frau Möller: *„Guten Tag, was kann ich für Sie tun?“*

Kundin: *„Guten Tag. Ich suche einen Taschenrechner für meine Tochter.“*

Frau Möller: *„Wofür benötigt Ihre Tochter den Taschenrechner?“*

Kundin: *„Sie geht demnächst auf das Gymnasium.“*

Frau Möller: *„Wünschen Sie einen wissenschaftlichen, einen kaufmännischen oder einen ganz normalen Taschenrechner?“*

Kundin: *„Ich glaube, für's Gymnasium muss es schon etwas Besseres sein.“*

Frau Möller: *„Da kann ich Ihnen diesen CASIO FX-82MS anbieten. Er besitzt die Funktionen, die auf dem Gymnasium ab Klasse 5 verlangt werden.“*

Kundin: *„Wie teuer ...“ usw.*

Verkaufsgespräch Nr. 2

Frau Möller: *„Guten Tag, womit kann ich Ihnen helfen?“*

Kundin: *„Ich suche einen Taschenrechner für meinen Sohn.“*

Frau Möller: *„Wie wird Ihr Sohn den Taschenrechner verwenden?“*

Kundin: *„Mein Sohn kommt auf das Gymnasium. Dort braucht er einen guten Taschenrechner.“*

Frau Möller: *„Für das Gymnasium kann ich Ihnen diesen FX-82MS von CASIO anbieten. Er besitzt die Funktionen, die auf dem Gymnasium ab Klasse 5 verlangt werden. Wenn Sie etwas Besseres wünschen, empfehle ich Ihnen diesen ClassPad 300, ebenfalls von CASIO. Es ist ein Grafik-Taschenrechner, der auch den höchsten Ansprüchen in der Mathematik gerecht wird.“*

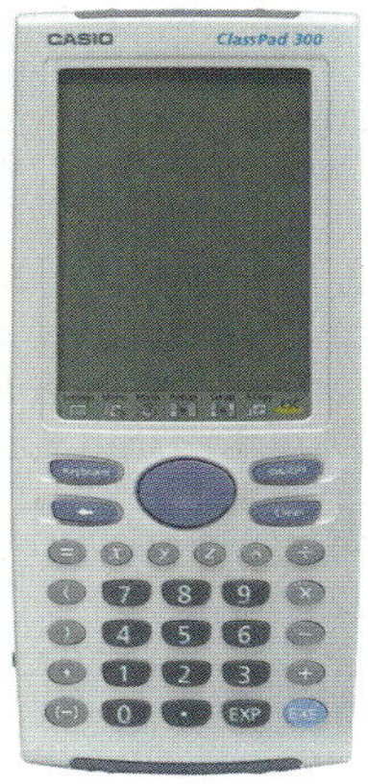

Kundin: *„Wie ist denn der Preisunterschied?“ usw.*

„Sehr unpersönlich“ – denkt Ayse. Dabei ist es doch für Eltern sicherlich etwas Besonderes, wenn ihre Kinder die Schule wechseln. Sie hat sich vorgenommen, die Hoffnungen und Ängste der Eltern in ihrem Verkaufsgespräch zu berücksichtigen. Jetzt hat sie Gelegenheit, eine Kundin in einer vergleichbaren Situation zu bedienen.

Verkaufsgespräch Nr. 3

Ayse: *„Guten Tag, wie darf ich Ihnen behilflich sein?“*

Kundin: *„Ich suche einen Taschenrechner für unsere Tochter.“*

Ayse: *„Wofür soll Ihre Tochter den Taschenrechner bekommen?“*

Kundin: *„Unsere Tochter geht demnächst auf das Gymnasium.“*

Ayse: *„Da beginnt für Ihre Tochter ja ein wichtiger Lebensabschnitt.“*

Kundin: *„Ja, Sie haben Recht. Hoffentlich klappt alles. Unsere Tochter ist vor allem sprachbegabt. Mit der Mathematik war es in der Vergangenheit eher schwierig.“*

Ayse: *„Sie sollten sich die Auswahl des Taschenrechners deshalb gut überlegen.“*

Kundin: *„Ja. Ich habe mir das Mathematik-Buch einmal angesehen. Es wimmelt da nur so von Formeln. Wir können ihr dabei gar nicht mehr helfen. Ein Taschenrechner ist doch sicherlich eine große Hilfe. Andererseits darf der Rechner nicht zu kompliziert sein, dann wendet sie ihn gar nicht an.“*

Ayse: *„Ich habe hier einen Taschenrechner für die Eingangsklassen des Gymnasiums von CASIO. Er besitzt die Funktionen, die auf dem Gymnasium ab der 5. Klasse verlangt werden. Die Anordnung der Tasten ist gut überschaubar, und die Nutzung der Funktionen auch für Anfänger leicht möglich. Später kann sich Ihre Tochter dann vielleicht einen Grafik-Taschenrechner zulegen, der auch den höchsten Ansprüchen in der Mathematik gerecht wird, wie z. B. dieser ClassPad von CASIO.“*

Kundin: *„Wie teuer ...?“ usw.*

Arbeitsauftrag

Entwerfen Sie eine Verkaufssituation aus Ihrer Branche, in der Sie einen „persönlichen Draht“ zum Kunden aufbauen.

Das sollten Sie beachten:

- Wählen Sie einen Anlass, bei dem der Kunde oder seine Angehörigen in besonderer Weise persönlich betroffen sind (Festlichkeiten [Hochzeit, Kindtaufe, Geburtstag usw.], Urlaub, Jubiläen, sportliche Wettkämpfe, nahe Feiertage, ein gemütlicher Abend o. Ä.).
- Versetzen Sie sich in die Situation des Kunden. Überlegen Sie, inwieweit der Kunde von dem Ereignis persönlich berührt ist.
- Finden Sie einen Ansatzpunkt für persönlich geprägte Anmerkungen, die einen Draht zur Gedankenwelt des Kunden knüpfen.

Aufgabe 1

Finden Sie für die nachfolgend dargestellte Situation einen geeigneten Einstieg für ein persönliches Gespräch.

Herr Heger ist Stammkunde im Fachgeschäft für Tiernahrung „Haustier-Markt". Heute sucht er das Geschäft auf, weil sein Hund „Carlos" Ungeziefer im Fell hat. Der Hund kratzt sich ständig. Im Haustier-Markt – so denkt Herr Heger – gibt es doch sicherlich ein Mittel dagegen.

Vermutlich hat sich der Hund das Problem vor einer Woche im Urlaub auf Mallorca geholt. Dabei hat der Flug so gut geklappt, weil ihm die Auszubildende Karin Sanders eine Flugzeug-Reisebox für Hunde verkauft hatte.

Karin arbeitet im 1. Ausbildungsjahr im Fachgeschäft für Tiernahrung „Haustier-Markt". Viele Kunden sind treue Stammkunden des Hauses. Die Stammkunden bedient Karin auch am liebsten, weil sich im Laufe der Zeit ein gutes Verhältnis zu den Kunden entwickelt hat.

Da sieht sie, wie sich Herr Heger dem Geschäft nähert. Der Kunde hat einen Hund namens „Carlos". Vor 14 Tagen hat sie dem Kunden eine Flugzeug-Reisebox für Hunde verkauft, weil Herr Heger mit seiner Frau und mit dem Hund nach Mallorca fliegen wollte.

Herr Heger öffnet die Tür des Geschäftes und sieht Karin hinter der Verkaufstheke stehen. Er geht auf sie zu.

Aufgabe 2

Finden Sie eine persönlich gefärbte Antwort auf folgenden Kundenaussagen:

a) Kundin: „Ich brauche eine Glückwunschkarte für eine Bekannte. Sie feiert ihre Goldene Hochzeit.“
b) Kundin: „Ich suche ein Spielzeug für meine Tochter. Sie liegt im Krankenhaus und langweilt sich.“
c) Kunde: „Die preisgünstigen T-Shirts reichen, sie sind für meinen Urlaub in Spanien gedacht.“
d) Kundin: „Bei 20 Gästen ist es schwer, für jeden die richtige Weinsorte anzubieten.“

4.3.5 Ware verkaufswirksam vorlegen

Frau Bauer ist Leiterin der Personalabteilung des City-Warenhauses und gleichzeitig Ausbilderin für die Nachwuchskräfte. Als erfahrene Einzelhändlerin führt sie auch regelmäßig Verkaufsschulungen für die Auszubildenden durch. Heute steht das Thema „Verkaufswirksame Warenvorlage“ auf dem Programm.

Frau Bauer: *„Also, dass eine verkaufswirksame Warenvorlage wichtig für den Verkaufserfolg ist, brauche ich Ihnen ja wohl nicht zu sagen. Beginnen wir gleich mit der Frage, welche Waren wir dem Kunden vorlegen?“*

Andrea: *„In meiner Spielwarenabteilung sagen die Kunden meist immer genau, was sie haben wollen. Wünscht eine Kundin z. B. ein Spiel für ein vierjähriges Kind, kann ich ein Memory-Spiel empfehlen, ein Puzzle oder z. B. ein einfaches Kartenspiel. Ich weiß nämlich, was Kinder in bestimmten Altersgruppen an Spielen bevorzugen.“*

Frau Bauer: *„Gut Andrea. Sollte man denn unterscheiden, ob die Kundin die junge Mutter oder die Großmutter ist?“*

Andrea: *„Nicht in dem Alter. Aber wenn es für größere Kinder ist, sind die Mütter auch für technisches Spielzeug aufgeschlossen, z. B. für ein Computerspiel. Die Großmütter wollen eher das, was sie von früher her kennen.“*

Peter: *„Bei mir in der Lebensmittelabteilung kann ich aber nicht nach Kunden unterscheiden. Wenn einer ein Stück Gouda-Käse haben will, dann deute ich mit dem Messer die ungefähre Größe an, die ich abschneiden will. Fertig!"*

Frau Bauer: *„Das ist ja auch in Ordnung, Peter. Wir sollten uns aber den Kunden etwas genauer anschauen, wenn die Ansprüche nicht ganz eindeutig formuliert worden sind."*

Sabrina: *„Als ich neulich in der Textilabteilung ausgeholfen habe, hat man ganz stark auf den Kundentyp geschaut. Der gut Gestylte bekam auch nur die Top-Sachen vorgelegt, wer im abgewetzten Jogginganzug erschien, wurde zu den Sonderangeboten geführt. Frau Melcher sagte, sie habe einen Blick für Kunden."*

Ayse: *„Das ist bei den Schreibwaren genau so: Der Geschäftsmann kauft hochwertig, der Normalkunde bilig-billig."*

Simone: *„In der Parfümerie geht das auf keinen Fall: Man wundert sich immer wieder, wie preisbewusst oft die Edel-Kunden sind."*

Frau Bauer: *„Das heißt also: Offen bleiben. Das Äußere gibt allenfalls einen kleinen Hinweis auf das gewünschte Produkt. Andrea legt ihrer Kundin drei Spiele vor. Ist diese Zahl denn ausreichend?"*

Ayse: *„Ich mache das ebenfalls. Wünscht ein Kunde z. B. ein Schreib-Set mit Füllfederhalter und Kugelschreiber, erfahre ich über eine Zweckfrage Näheres zum Qualitätsanspruch. Ist das Set z. B. für berufliche Zwecke gedacht, muss was Gutes her. Ich lege dem Kunden dann drei unserer Edelmarken zur Auswahl vor: die traditionelle, die etwas modernere und die im Super-Design. Dann hat der Kunde gleich einen Sortimentsquerschnitt vor sich liegen."*

Frau Bauer: *„Und wenn die gewünschte Preislage aus den Kundenäußerungen nicht erkennbar ist?"*

Simone: *„Dann zunächst die mittlere Preislage. Wird der Kunde blass, wenn er den Preis erfährt, nach unten gehen, guckt er unzufrieden oder fragt er nach Alternativen, das Preisniveau anheben."*

Frau Bauer: *„Hört sich gut an."*

Peter: *„Bei mir geht das aber nicht, mein Gouda hat kein Super-Design, da geht es nach Geschmack."*

Sabrina: *„Aber es gibt jungen, mittelalten und alten Gouda und die unterscheiden sich auch im Preis, Peter!"*

Frau Bauer: *„Gut. Nun zur Frage, wie wir die Ware vorlegen. Bei Ayse habe ich letztens etwas sehr Schönes gesehen."*

Ayse: *„Wir haben auf unserer Verkaufstheke eine spezielle Samtunterlage. Darauf dekoriere ich z. B. die drei Schreib-Sets, ausgerichtet auf den Kunden und nach aufsteigender Preislage. Das hochwertigste Produkt nach rechts, weil der Kunde eher nach rechts greift. Das sieht sehr attraktiv aus. Hat er die Ware erst einmal in die Hand genommen, ist sie schon fast verkauft."*

Simone: *„Wir verkaufen Düfte. Da ist der Geruch ganz entscheidend. Wir sprühen eine Probe auf den Handrücken der Kundin oder auf einen Teststreifen, zeigen mit Sorgfalt den wunderschönen Flakon und tun alles, um den hohen Wert der Ware deutlich zu machen."*

Flakon = dekorative Parfümflasche

Peter: *„Bei mir ..."*

Sabrina: *„... geht das aber nicht."*

Peter: *„Doch! Wenn ich einer Kundin eine Käsesorte vorlege, die sie nicht kennt, gebe ich ihr ein kleines Stück zum Probieren. Dann nimmt sie sie fast immer."*

Frau Bauer: *„Jetzt fehlt nur noch ein Beispiel, wie man den Hör-Sinn von Kunden in der Warenvorlage ansprechen kann."*

Peter: *„Wenn wir Kunden einen Wein probieren lassen, nehmen wir nicht mehr die kleinen Plastikbecher, sondern richtige Weingläser. Bevor ich nun dem Kunden das Glas überreiche, stoße ich mit einem zweiten, leeren Glas an und sage „zum Wohl". Das klingt ganz toll. Und während er probiert, halte ich die Flasche mit der Schauseite zum Kunden, damit er sich das Etikett einprägen kann."*

Frau Bauer: *„Unglaublich!*
Nun zu Ihrer Aufgabe. Ich komme heute Nachmittag als Kundin zu Ihnen und Sie legen mir anspruchsgerechte Ware vor. Sie beachten dabei unsere vier Fragen zur verkaufswirksamen Warenvorlage."

Arbeitsauftrag

Entwickeln Sie eine Verkaufssituation, in der Sie einem Kunden Ware verkaufswirksam vorlegen.

Aufgabe 1

Diskutieren Sie folgende Aussagen:

a) „Ich sehe einem Kunden sofort an, was ich ihm vorlegen kann. Wenn ein Kunde mit Anzug hereinkommt, sucht er bestimmt keine preisgünstige Ware."

b) „Man kann sich bei Kunden auch ziemlich täuschen. Gerade die, die am wenigsten Wert auf Kleidung legen, geben eine Menge Geld für andere Dinge aus."

c) „Bei der Warenvorlage probiere ich es zuerst mit den teuersten Produkten. Wenn ich dann sehe, dass ein Kunde den hohen Preis nicht zahlen will, kann ich immer noch später die günstigeren Artikel vorlegen."

d) „Ich lege einem Kunden grundsätzlich alle Artikel vor, die wir im Regal haben. Ich zeige ihm so viel Ware wie möglich, damit sich hinterher keiner beschweren kann, ich hätte nicht genügend Ware angeboten."

e) „Heutzutage wissen Kunden doch sowieso alles besser. Warum soll ich denen denn eine große Auswahl vorlegen? Die Kunden wissen doch ganz genau, was sie haben wollen."

f) „Zu Beginn des Verkaufsgesprächs ist es wichtig, so viele Fragen wie möglich zu stellen. Dann ist es später leichter, die richtigen Artikel vorzulegen."

Aufgabe 2

Viele Kunden scheuen sich, direkte Hinweise auf ihre Preiszahlungsbereitschaft zu geben. Oft sagen sie allerdings in versteckter Form, wie viel oder wie wenig sie ausgeben wollen. Geschickte Kundenberater sollten dann ganz genau zuhören, was der Kunde möchte.

Interpretieren Sie die folgenden Aussagen von Kunden und geben Sie an, ob sie auf Ware mit höherem Preis oder Ware mit niedrigerem Preis hindeuten.

Kundenaussage		Interpretation
a)	„Es muss schon ein besonderes Geschenk sein."	
b)	„Haben Sie nicht etwas anderes, was aber genau so gut ist?"	
c)	„Kommt dieser Artikel demnächst vielleicht auch ins Angebot?"	
d)	„Lange halten soll der Schuh. Qualität ist wichtig …"	
e)	„Tja, ich glaube, ich schaue mich noch mal um …"	
f)	„Ich suche einen guten Rotwein-Jahrgang für meinen Besuch."	
g)	„Schließlich möchte ich damit vor allen Dingen eine Freude machen."	
h)	„Tja, schön ist die Jacke schon … Eigentlich gefällt sie mir gut ..."	

5 Verkaufsargumentation

5.1 Positiv argumentieren

In einem Schuhfachgeschäft:
Ein Kunde, ca. 40 Jahre, elegant gekleidet, sucht einen hochwertigen und auch bequemen Schuh für seine Berufstätigkeit.

Kundenberaterin: *„Ich kann Ihnen z. B. diesen Hochglanz-Slipper des bekannten Markenherstellers Lloyd empfehlen. Der rotbraune Farbton passt gut zum dunkelblauen Anzug. Auch zum grauen Anzug oder bei allen erdfarbenen Kleidungsstücken sieht dieser Schuh nicht schlecht aus."*

Moderne Klassik: Der Hochglanz-Slipper heißt „Ivan" und kommt von Lloyd

Kunde: *„Ja, das entspricht schon meinen Vorstellungen."*

Kundenberaterin: *„Das Obermaterial des Schuhs besteht aus hochwertigem Ziegenleder, das besonders flexibel ist. Sie bekommen daher auf keinen Fall Druckstellen an Ihren Füßen. Auch die Bildung von Schweißfüßen ist so gut wie ausgeschlossen, weil die Sohle ebenfalls aus dem Naturmaterial Leder besteht, das besonders atmungsaktiv ist."*

Kunde: *„Das könnte ich mir auch kaum erlauben, weil ich viel mit Kunden zu tun habe und mit ihnen auch ständig unterwegs bin."*

Kundenberaterin: *„Dann wird der fußgerecht gearbeitete Innenschuh für Sie von besonderer Bedeutung sein. Die anatomisch geformte Innensohle gibt Ihrem Fuß Halt und stützt das Fußgewölbe. Sollten Sie unter einem Spreiz- oder Senkfuß leiden, ist dieser Schuh daher sehr empfehlenswert."*

Kunde: *„Mit diesen Problemen bin ich zum Glück nicht belastet."*

Kundenberaterin: *„Um so besser. Wichtig ist dann aber, dass alle Nähte und Kanten im Innenschuh – wie Sie hier sehen – mit weichem Leder eingefasst sind. Das verhindert, dass Sie Ihre Füße bei starker Belastung wundlaufen. Die Lasche über der Frist, die mit einem elastischen Gummizug versehen ist, sorgt außerdem dafür, dass die Schuhe nicht ausleiern. Es könnte sonst passieren, dass Sie bei einem schnellen Schritt über Ihre eigenen Füße stolpern und auf die Nase fallen."*

Kunde: *„Ich wusste gar nicht, dass das Tragen von Schuhen mit solchen Gefahren verbunden ist."*

Kundenberaterin: *„Nur schlechtes Schuhwerk schafft gesundheitliche Risiken. Dieser Lloyd-Schuh gehört zu den Spitzenprodukten unseres Sortiments."*

Kunde: *„Sind Sie sicher?"*

Arbeitsauftrag

Ersetzen Sie die negativen Ausdrücke des Verkaufsgespräches durch positive Formulierungen.
Beachten Sie folgende Hinweise:
Leder
- ist ein Naturprodukt,
- wirkt temperaturausgleichend,
- ist atmungsaktiv und
- passt sich dem Fuß an

Aufgabe 1

An der Fleischtheke eines Lebensmittel-Supermarktes

Kundenberaterin: *„Einen schönen guten Tag. Wie kann ich Ihnen behilflich sein?"*

Kundin: *„Ich hätte gerne ein Stück grobe Leberwurst."*

Kundenberaterin: *„Welche darf ich Ihnen geben, die Hausmacherleberwurst oder die Pommersche?"*

Kundin: *„Worin liegt denn der Unterschied, und welche würden Sie mir empfehlen?"*

Kundenberaterin:	*„In der Hausmacherleberwurst ist der Leberanteil wesentlich geringer. Außerdem ist sie nicht geräuchert, dadurch schmeckt sie nicht so pikant wie die Pommersche. Ich empfehle Ihnen daher die Pommersche."*
Kundin:	*„Wie teuer ist die?"*
Kundenberaterin:	*„100 g kosten 1,19 €."*
Kundin:	*„Oh, ganz schön teuer!"*
Kundenberaterin:	*„Möchten Sie dann doch lieber die Hausmacherleberwurst nehmen? Sie kostet nur 0,69 €."*
Kundin:	*„Nein, die besser nicht. Eigentlich habe ich auch noch genug Wurst zu Hause. Vielen Dank."*
Kundenberaterin:	*„Bitte sehr."*

a) Ermitteln Sie den Fehler, den die Kundenberaterin gemacht hat.
b) Führen Sie einen positiven Produktvergleich durch.

Aufgabe 2

Formulieren Sie die nachfolgenden Aussagen eindeutig positiv.

1. „Die verzinkte Karosserie des Autos rostet nicht."
2. „Dieses T-Shirt läuft nicht ein."
3. „Durch die Gummihandschuhe können Sie verhindern, dass Ihre Hände rau und rissig werden."
4. „Dieses Kleid steht Ihnen nicht schlecht."
5. „Mit dieser Hautschutzcreme schützen Sie Ihre Haut vor schädlichen Einwirkungen, Bakterien und Pilzen."
6. „Dieser Käse besitzt eine geringere Fettstufe und macht dadurch nicht dick."

Aufgabe 3

Geben Sie den folgenden Aussagen eine kundenfreundliche Formulierung, indem Sie positiv sprechen und die Möglichkeitsform vermeiden:

falsch	richtig
„Der Preis für das Rasierwasser wäre 28,90 €."	
„Käme die Bluse für Sie in Frage?"	
„Ich könnte Ihnen auch einen preiswerteren Bohrschrauber zeigen."	
„Da müsste ich erst die Preise aus unserem neuen Katalog raussuchen."	
„Diese Ausführung haben wir nicht vorrätig. Die müsste ich erst für Sie bestellen."	
„Kommt noch was dazu?"	

Aufgabe 4

Übersetzen Sie die Katalogsprache so, dass man sich ein realistisches Bild vom Urlaubsangebot machen kann.

Hotel Santos – ein Traum zum Superpreis

Bereits die Anfahrt zum Hotel in landeseigenen Bussen wird zu einem unvergesslichem Erlebnis. Genießen Sie Ihren Urlaub durch die besondere Lage des Hotels: Direkt am Meer mit wunderschönem Naturstrand und trotzdem verkehrsgünstig gelegen. Das Gebäude ist in landestypischer Bauweise errichtet und deshalb bei deutschen Urlaubern besonders beliebt. Lassen Sie sich von der lebhaften Atmosphäre des Hotels zu einem aktiven Urlaub anregen. Der unaufdringliche Service des Hauses unterstützt Sie dabei.

5.2 Informativ argumentieren

In einem Textilfachgeschäft:

Eine Kundin im Alter von ca. 30 Jahren betritt das Geschäft:

Kundenberaterin: *„Guten Morgen."*
Kundin: *„Guten Morgen."*
Kundenberaterin: *„Wie kann ich Ihnen helfen?"*
Kundin: *„Ich suche einen Pullover für den Übergang, passend zu meinem Hosenanzug."*
Kundenberaterin: *„Pullover haben wir dort drüben; wenn Sie mir bitte folgen würden?"*
(Kundin und Kundenberaterin begeben sich in die entsprechende Abteilung.)
Kundenberaterin: *„Hier sehen Sie einen sehr schönen Pullover. Er ist diese Woche im Sonderangebot und kostet nur 39,90 €."*
Kundin: *(Betrachtet den Pullover mit kritischem Blick.) „Ich weiß nicht so recht?"*
Kundenberaterin: *(Nimmt einen anderen Pullover zur Hand.) „Wie wär's mit diesem Pullover – ein ganz besonders schönes Stück."*
Kundin: *(Reagiert wenig begeistert.)*
Kundenberaterin: *„Pullover dieser Art sind zurzeit besonders beliebt. Wir haben schon viele davon verkauft. Hier habe ich einen besonderen Pullover für nur 59,90 €. Den habe ich mir auch gekauft."*
Kundin: *„Der gefällt mir schon etwas besser, aber es ist immer noch nicht ganz mein Geschmack."*
Kundenberaterin: *„Hier habe ich einen ausgefallenen Pullover. Er ist allerdings etwas teurer. Er kostet 99,90 €."*
Kundin: *„Der gefällt mir schon ganz gut."*
Kundenberaterin: *„An diesem Pullover werden Sie lange Freude haben."*
Kundin: *„Ob er wohl zu meinem neuen Hosenanzug passt?"*
Kundenberaterin: *„Bestimmt. Der ist farblich sehr neutral. Den können Sie zu allem tragen."*
Kundin: *„Wenn Sie meinen."*
usw.

Arbeitsauftrag
Entwerfen Sie ein Verkaufsgespräch zu einem Produkt aus Ihrem Ausbildungssortiment, in dem Sie den Kunden intensiv über die Eigenschaften des Produktes informieren.

5.3 Verständlich argumentieren

In der Hi-Fi-Abteilung eines Warenhauses:

Ein Kunde im Alter von ca. 55 Jahren betritt die HiFi-Abteilung und geht zu den TV- und Videogeräten. Er schaut sich hilfesuchend nach einem Kundenberater um.

Kundenberater: *Guten Tag. Wie kann ich Ihnen helfen?*
Kunde: *Mein Sohn hat nächste Woche seinen 22. Geburtstag und ich brauche noch ein Geschenk. Er redet immerzu von diesen Abspielgeräten für Videos, irgendwas mit CD oder so.*
Kundenberater: *Ihr Sohn meint sicherlich DVD.*
Kunde: *DV... was?*
Kundenberater: *DVD – Digital Video Disc. Hier sehen Sie z. B. eines dieser neuen Geräte. Damit kann man sowohl die bisher üblichen Audio- und Video-CDs abspielen als auch die neuen DVDs.*

Kunde:	*„Was ist denn das Besondere daran?“*
Kundenberater:	*„Die Kapazität einer DVD ist weit höher als bei einer herkömmlichen CD. Sie speichert die Datenmenge von bis zu 20 herkömmlichen CD's. Aus diesem Grund hat auf einer DVD ein abendfüllender Spielfilm Platz. Außerdem sorgt ein 10-Bit-Video-Digital-Analog-Wandler für eine herausragende Videoqualität, während ein digitaler 1-Bit-Audio-D/A-Wandler die digitalen Audio-Daten bis zu einer Abtastfrequenz von 24 Bit/96 kHz in analogen Ton konvertiert.“*
Kunde:	*„Hm!“*
Kundenberater:	*„Völlig neu ist die Möglichkeit, die Art der Wiedergabe zu beeinflussen. Die Multi-Language-Funktion bietet dem Betrachter eine Sprachauswahl, die Multi-Angle- und die Multi-Story-Funktion erlauben interaktives Zuschauen.“*
Kunde:	*„Mein Sohn ist aber kein Ingenieur.“*
Kundenberater:	*„Nein, nein, das ist auch nicht erforderlich. Die Bedienung des Gerätes ist sehr komfortabel.“*
Kunde:	*„Tja, ob das das Richtige für ihn ist?“*

Arbeitsauftrag

Formulieren Sie die technischen Eigenschaften des Produktes so, dass der Kunde sie versteht.
Beachten Sie die nachfolgenden Produktinformationen

Produktinformationen

DVD = Digital Video Disk

Die DVD ist eine Compact Disk mit sehr großer Speicherdichte. Die Daten von bis zu 20 herkömmlichen CDs passen auf eine DVD. Das erlaubt es, komplette Spielfilme auf einer Disc unterzubringen.
Die große Speicherkapazität führt zu folgenden Produktvorteilen:

- Die Bildwiedergabe erreicht professionelle Kinoqualität.
- Der Ton ist ebenfalls mit kinomäßigem Raumklang zu vergleichen.
- Das Bild kann mit mehreren Tonspuren unterlegt werden, das bedeutet:
  - räumliches Hören durch Mehrkanalton,
  - bis zu 32 Sprachen oder Untertitel können dem Film beigegeben und damit vom Kunden ausgewählt werden **(Multi-Language-Funktion)**,
- Ein Film kann aus verschiedenen Kameraeinstellungen gleichzeitig aufgezeichnet werden. Der Kunde kann sich während des Abspielens für verschiedene Kamerapositionen entscheiden und den Film auf diese Weise aus der Perspektive betrachten, die ihn besonders interessiert (**Multi-Angle-Funktion**; angle = englisch, Gesichtswinkel, sprich aengel). Bei einer Sportübertragung wählt der Betrachter z. B. die Sicht der Torwarts oder die des Publikums.
- Ein Film lässt sich mit unterschiedlichen Handlungsabläufen speichern. Die große Liebe endet z. B. - je nach Wunsch des Betrachters – glücklich oder tragisch, im spannenden Duell gewinnt der Gute oder der Böse **(Multi-Story-Funktion)**.

DVD-Player

Der DVD-Player ist das Abspielgerät für DVDs. Das Gerät kann aber auch normale Audio- und Video-CDs lesen und verarbeiten.
Komfortable Titelsprung- und Suchfunktionen sind auch bei den bisherigen CDs möglich. DVD-Player erlauben einen direkten Zugriff auf jede beliebige Szene und schaffen darüber hinaus einen fließenden Übergang beim Bildsuchlauf. Das Standbild ist flimmerfrei.
Das Gerät wird über ein Bildschirm-Menü mit grafischer Nutzeroberfläche auf einfache Weise bedient.

5.4 Kundenbezogen argumentieren

In einem Lederwarenfachgeschäft:

Kundenberater: *„Guten Tag?!"*

Frau Berger: *„Guten Tag. Unser Sohn kommt nach den Sommerferien in die 1. Klasse, und ich suche einen Tornister für ihn."*

Kundenberater: *„Ja, gerne. Ich kann Ihnen eine große Auswahl an Tornistern zeigen."*

Frau Berger: *„Allerdings hat der beste Freund unseres Sohnes einen „SCOUT" bekommen, und den will Stefan jetzt natürlich auch haben. Mir ist die Marke eigentlich völlig egal. Hauptsache, der Tornister ist stabil, denn Stefan ist oft sehr wild – Sie wissen ja, wie Jungen in dem Alter so sind. Außerdem sollte der Tornister nicht zu schwer sein, da Stefan einen ziemlich langen Schulweg hat."*

Kundenberater: *???*

Abb.: Scout Ergonomic

Arbeitsauftrag

Setzen Sie das Verkaufsgespräch fort, indem Sie der Kundin diejenigen Produkteigenschaften erläutern, die ihren Ansprüchen gerecht werden.
Beachten Sie die nachfolgenden Produktinformationen.

Informationen zum SCOUT-Tornister

Der Hersteller der SCOUT-Tornister wirbt in einer Zeitschrift für Einzelhändler mit folgenden Produkteigenschaften:

1. Weil er „Made in Germany“ ist.
2. Weil seine Reflexstreifen jetzt viel breiter sind.
3. Weil er der meistgekaufte Leicht- und Leuchtschulranzen in Deutschland ist.
4. Weil man darin 26 Schulbrote verstauen kann.
5. Weil er jetzt noch mehr Sicherheit hat.
6. Weil er Hochformat statt Querformat besitzt.
7. Weil er so tolle Etiketten hat.
8. Weil man damit auch nachts nicht übersehen wird.
9. Weil er einen Wiegegriff hat.
10. Weil in jedem SCOUT eine Ranzenbroschüre mit vielen Informationen drinsteckt.
11. Weil Petra auch einen hat.
12. Weil es ihn in pink gibt und in sieben anderen tollen Farben.
13. Weil er ein Extra-Fach fürs Pausenbrot hat.
14. Weil man da auch noch einen Schokoriegel reinkriegt.
15. Weil jeder SCOUT im Herstellungswerk durch eine Fertigungskontrolle muss.
16. Weil er sein Geld wert ist.
17. Weil er so praktisch zu packen ist.
18. Weil er auch die Rauferei mit Harald heil übersteht.
19. Weil er so super ausschaut.
20. Weil die Material- und Herstellungsqualität stimmt.
21. Weil SCOUT eine Garantie von drei Jahren gibt.
22. Weil er leer nur 1.400 g wiegt.
23. Weil die Gurte schräg angebracht sind.
24. Weil man ihn auch auf dem Gepäckträger mitnehmen kann.
25. Weil er einen Kompakt-Kern aus Hostalen hat.
26. Weil jeder SCOUT seinen eigenen Namen hat.
27. Weil es Spaß macht, beim Hochhüpfen an den Gurten zu ziehen.
28. Weil er aus bergsteiger-erprobtem Polyamid-Gewebe genäht ist.
29. Weil sein Reißverschluss nie klemmt.
30. Weil er wegen der großen Aufstandsfläche sicher steht.
31. Weil er so praktische Regenklappen hat.
32. Weil er so eine tolle Vortasche hat.
33. Weil er sich millionenfach bewährt hat.
34. Weil man ihn einfach nass auswischen kann.
35. Weil man sich im gleichen Look auch noch den Turnbeutel wünschen kann.
36. Weil die Kinder jeden Tag selbst das Ranzengewicht überprüfen können.
37. Weil der SCOUT so gut imprägniert ist, dass er viele Regengüsse aushält.
38. Weil man sich auch zwei davon kaufen kann.
39. Weil er so ein praktisches Sichtfeld für die Adresse hat.
40. Weil die Gurtbefestigung so stabil ist.
41. Weil die dickgepolsterten, drehbaren Push-Pull-Gurte optimalen Sitz gewährleisten.
42. Weil die Rückenplatte so gut gepolstert ist.
43. Weil er so breite, bequeme Trageriemen hat.
44. Weil er eine tolle Innentasche hat.
45. Weil die Ranzenschlösser „Katzenaugen“ haben.
46. Weil er vier kleine Füßchen hat.
47. Weil er überall, wo's drauf ankommt, doppelt genäht ist.
48. Weil der SCOUT kinderleicht zu bedienen ist.
49. Weil er auch die Drängelei im Schulbus nicht übel nimmt.

Die 100 besten Gründe, warum Sie den SCOUT empfehlen sollten.

50. Weil Kinder die bunten und vielfältigen Muster mögen.
51. Weil er genauso witzig und frech ist wie Anita.
52. Weil er einen widerstandsfähigen Kantenschutz hat.
53. Weil er jetzt an den Seiten mit fluoreszierendem Material ausgestattet ist.
54. Weil es die dazu passende Zeichenblocktasche gibt.
55. Weil Kinder gern zur SCOUT-Generation gehören.
56. Weil er ein „Sehr gut“ von der Stiftung Warentest bekommen hat.
57. Weil er ein Extra-Fach für die Fahrkarte hat.
58. Weil man ihn später einmal seinen Kindern zeigen kann.
59. Weil es Spaß macht, SCOUT auf dem Rücken zu tragen.
60. Weil er nach schulmedizinischen Erkenntnissen geformt ist.
61. Weil die Farben so toll aufeinander abgestimmt sind.
62. Weil jeder Ranzen seine eigene Nummer hat.
63. Weil SCOUT der erste Ranzen war, der konsequent Warnfarben eingesetzt hat.
64. Weil es auch Mäppchen in den SCOUT-Farben gibt.
65. Weil er Bücher und Wertvolles schützt.
66. Weil man ihn sonntags auch als Rucksack verwenden kann.
67. Weil der SCOUT die Nummer 1 von Anfang an ist.
68. Weil die ergonomisch geformte, taillierte Rückenschale große Arm- und Bewegungsfreiheit gibt.
69. Weil er den Kindern genug Bewegungsfreiheit lässt.
70. Weil sich die große Auflagefläche gleichmäßig auf den Kinderrücken verteilt.
71. Weil man sich von SCOUT auch einen Schirm wünschen kann.
72. Weil er „in“ ist.
73. Weil er die Sicherheitsausstattung mit eingebaut hat.
74. Weil er knautschig und doch stabil ist.
75. Weil der Lehrer bestimmt auch einen haben will.
76. Weil die Ranzenschlösser rostgeschützt sind.
77. Weil der Reißverschluss auch für Kinderhände gut zu greifen ist.
78. Weil der SCOUT mit dem internationalen Designerpreis „Roter Punkt für höchste Designqualität“ ausgezeichnet wurde.
79. Weil bei jedem SCOUT so ein schöner Stundenplan dabei ist.
80. Weil er auch in Milch schwimmt.
81. Weil Kinder keine Packesel sind.
82. Weil der Ranzen durch die Füßchen vor dem Umkippen geschützt wird.
83. Weil er nach den Erkenntnissen von Verkehrsexperten konstruiert ist.
84. Weil die einheitlich beklebten Flächen mit ihrer kontrastreichen Farbigkeit viel Sicherheit geben.
85. Weil er immer wie angegossen sitzt.
86. Weil er genau der Richtige ist.
87. Weil Oma ihren Liebling damit auch von weitem erkennen kann.
88. Weil es ihn in zwei unterschiedlichen Größen gibt.
89. Weil die Fernsehwerbung von SCOUT so fetzig ist.
90. Weil er knallbunt und superleicht ist.
91. Weil jeder Ranzen zu 97 % aus recycelfähigem Material besteht.
92. Weil man damit nicht baden gehen kann.
93. Weil sein Material bis 90 kg reißfest ist.
94. Weil man ihn am Nikolaustag vor die Tür stellen kann.
95. Weil das Wiegen mit dem Wiegegriff blitzschnell geht.
96. Weil man mit den Gurten nicht ins 11-Uhr-Loch fällt.
97. Weil wir uns mit dieser Anzeige so viel Mühe gegeben haben.
98. Weil die Kinder Farbe kriegen.
99. Weil er im Test der Ranzen mit der besten Warnwirkung war.
100. Weil er nach dem Verkauf in Ihrer Registrierkasse eine angenehme Erinnerung zurücklässt.

6 Produktmerkmale für das Verkaufsgespräch nutzen

6.1 Informationen sammeln

Sven und Matthias sind als Auszubildende des City-Warenhauses zum Kaufmann im Einzelhandel in der Sanitärabteilung tätig. In der Mittagspause treffen die beiden im Aufenthaltsraum aufeinander und Sven lässt sich sichtlich geschafft neben Matthias nieder.

Sven: *„Bin ich froh, wenn wir Feierabend haben. Heute haben sich wirklich alle Kunden gegen mich verschworen."*

Matthias: *„Ach, das erleben wir doch jeden Tag. Eilige Kunden, unzufriedene Kunden und Kunden, die alles besser wissen, darüber rege ich mich gar nicht mehr auf."*

Sven: *„Kunden, die alles besser wissen – die habe ich mir heute wirklich gewünscht. Statt dessen fragen mir sämtliche Kunden Löcher in den Bauch: in welcher Ausstattung die Spiegelschränke der neuen Saison angeboten werden, wie schnell wir die Montageanleitung eines nicht vorrätigen Waschtisches besorgen können, ob wir Badfliesen mit Lotus-Effekt führen und was das genau sei..."*

Matthias: *„Fliesen mit was?"*

Sven: *„Mit Lotus-Effekt. Ich habe keine Ahnung was das ist. Deshalb habe ich auch unseren Abteilungsleiter gefragt. Doch der hat mich aufgefordert, dieses Mal selber Informationen zu sammeln und einen kurzen Fachbericht für mein Berichtsheft zu schreiben. Ich weiß überhaupt nicht, wo ich immer die Informationen hernehmen soll."*

Matthias: *„Ich glaube, ich habe da eine Idee."*

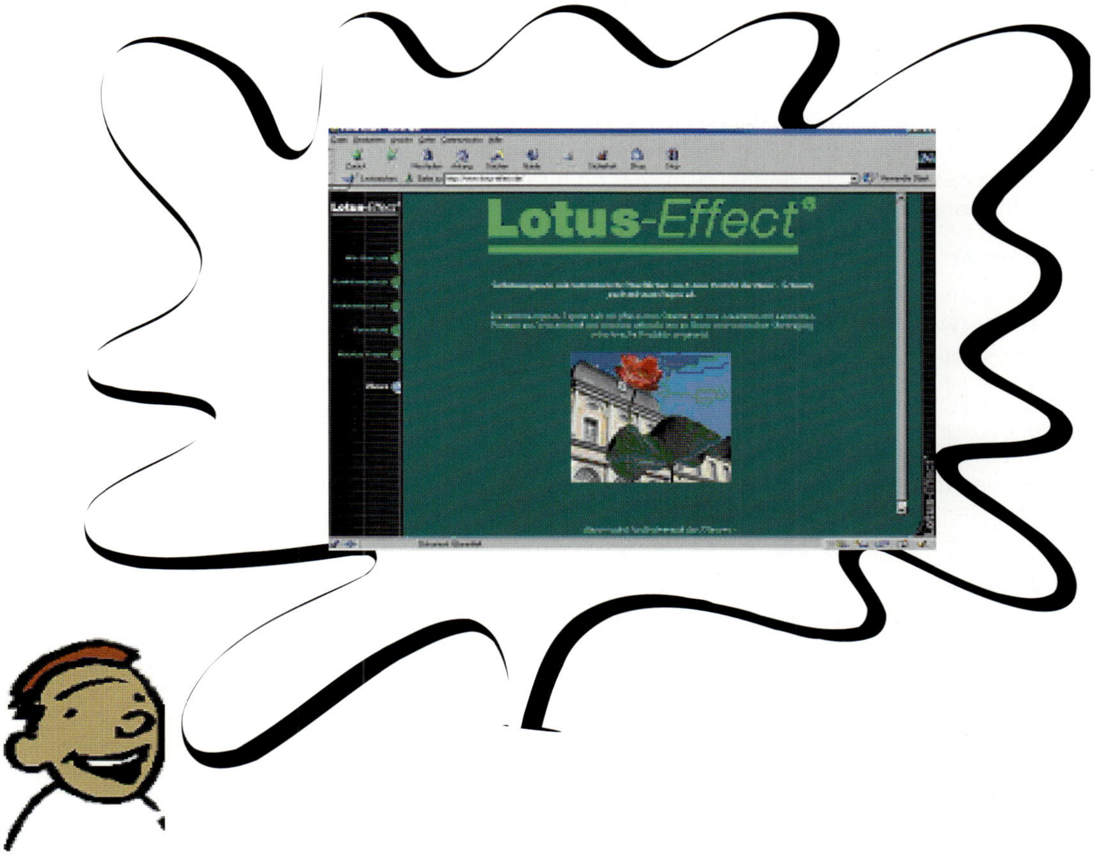

Arbeitsauftrag

Schreiben Sie für Sven einen Fachbericht über den Lotus-Effekt, in dem Sie die in der obigen Abbildung dargestellte Informationsmöglichkeit nutzen.

Gehen Sie auf folgende Punkte ein:

- Wer entdeckte den Lotus-Effekt?
- Wie funktioniert der Lotus-Effekt?
- Welche Wirkung hat der Lotus-Effekt?
- Welche Produkte gibt es mit dem Lotus-Effekt?

Aufgabe 1

Das Internet ist eine Möglichkeit, Informationen über Produkte zu ermitteln. Listen Sie weitere Informationsquellen auf.

Aufgabe 2

Erstellen Sie nach unten stehendem Muster eine Übersicht mit Internet-Adressen, die Sie als Quelle für Informationen über Produkte Ihres Ausbildungssortiments und deren Merkmale nutzen können. Notieren Sie außerdem in Stichworten, welche Informationen dort zu finden sind.

Internet-Adresse	Bemerkungen
www.was-wir-essen.de	Lebensmittellexikon
www.schatulle.de/hb.htm	Textillexikon

Aufgabe 3

Wählen Sie fünf Hersteller von Produkten Ihres Ausbildungssortimentes aus und geben Sie an, welche Informationen und Services auf deren jeweiliger Homepage zur Verfügung stehen.

Aufgabe 4

Wählen Sie ein Produkt aus Ihrem Ausbildungssortiment und ermitteln Sie mit Hilfe des Internets den günstigsten Angebotspreis für einen Verbraucher.

Aufgabe 5

Nehmen Sie zu den folgenden Aussagen begründet Stellung:

a) „Um einen Kunden zu beeindrucken, sollte ein Kundenberater immer seine gesamten Warenkenntnisse zu einem Produkt in das Verkaufsgespräch einbringen."

b) „Ist es nicht möglich, den Kunden von einem Produkt zu überzeugen, so sollte man ihn zum Kauf überreden. Letztlich kommt es nur auf den Verkaufserfolg an."

c) „Nur wenn ein Kundenberater über seine Ware informiert ist, ist er ein erfolgreicher Verkäufer."

Aufgabe 6

Ein Kunde begutachtet in der Abteilung Haushaltswaren/Elektro verschiedene Waschmaschinen. Der Kundenberater, Herr Thomas, beobachtet, wie der Kunde eingehend die Hinweisschilder studiert.

Kundenberater: *„Guten Tag. Wie kann ich Ihnen helfen?"*

Kunde: *„Ich bin auf der Suche nach energiesparenden Waschmaschinen. Wissen Sie, man hört doch so oft, dass die Sonderangebote bei den Waschmaschinen im Endeffekt gar nicht so viel günstiger als die teuren Waschmaschinen sind."*

Kundenberater: *„Wie kommen Sie denn darauf?"*

Kunde: *„Na, ich habe mal irgendwo gelesen, dass manche günstige Waschmaschinen viel höhere Betriebskosten als einige hochwertige Maschinen haben."*

Kundenberater: *„So? Na, das höre ich zum ersten Mal. Und ich bin nicht erst seit heute in dieser Abteilung."*

Kunde: *„Hmmm. Aber wo kann ich mich denn mal darüber informieren?"*

Kundenberater: *„Tja, das weiß ich ehrlich gesagt auch nicht. Tut mir leid."*

STIFTUNG WARENTEST

Seite 1/3

Sparsame Waschmaschinen

Liebe Leserin, lieber Leser,
ihre alte Waschmaschine hat ausgedient und Sie stehen vor einem Neukauf? Wir haben die aktuellen Prospekte und Kataloge der wichtigsten Hersteller verglichen und für Sie eine umfangreiche Liste von Front- und Topladern zusammengestellt. Ausschlaggebend war dabei ein möglichst niedriger Strom- und Wasserverbrauch. Deshalb sind nur Geräte aufgelistet, die innerhalb der Energieklasse A besonders günstige Verbrauchswerte aufweisen. Dass sich der Kauf einer sparsamen Waschmaschine durchaus bezahlt macht, zeigt unsere Berechnung der Strom- und Wasserkosten im Laufe der etwa 10-jährigen Nutzungsdauer (ausgehend von 200 Waschladungen im Jahr). Legt man einen Strompreis von 0,17 EUR pro kWh und einen Wasserpreis von 3,85 EUR pro Kubikmeter zugrunde und addiert Kaufpreis und anfallende Betriebskosten, so entpuppt sich manch scheinbar preisgünstiges Schnäppchen auf Dauer als teure Anschaffung.
Benutzen Sie einen elektrischen Wäschetrockner? Dann sollten Sie sich für eine Waschmaschine mit mindestens 1200 Umdrehungen pro Minute entscheiden.

Anbieter	Modell	maximale Füllmenge in kg	Schleuderleistung in U/min (max.)	Eurolabel Energieverbrauch	Eurolabel Waschwirkung	Eurolabel Schleuderwirkung	Stromverbrauch pro Waschgang 60° Bunt (kWh)	Wasserverbrauch pro Waschgang 60° Bunt (Liter)	Strom- und Wasserkosten in 10 Jahren (Euro)[8]	Gerätepreis in EUR ca. [1]
Frontlader mit einer Schleuderleistung über 1000 bis 1400 U/min.										
Quelle/Privileg	Professional 1401	5,0	1400	A	A	B	0,85	37	**574**	**999**
Candy	Proxima CBE 1225 T	4,5	1200	A	A	B	0,85	39	**589**	**479**
Quelle/Matura	Sigma 9340	5,0	1400	A	A	B	0,85	39	**589**	**800**
Quelle/Privileg	6720 D[2)4)5)]	4,5	1200	A	A	B	0,85	40	**597**	**870**
Küppersbusch	IW 1209.I[3)]	4,5	1200	A	A	B	0,85	40	**597**	**1629**
Gorenje	Pro N-WA 131	5,0	1300	A	A	B	0,92	39	**613**	**549**
Neckermann/Lloyds	Pro 2600	5,0	1300	A	A	B	0,92	39	**613**	**550**
Hoover	Time Manager H 130 M[2)]	5,0	1300	A	A	B	0,95	39	**623**	**599**
Otto/Hanseatic	Premium Line Öko Plus 1200	5,0	1200	A	A	B	0,95	39	**623**	**530**

Quelle: www.stiftung-warentest.de

Ermitteln Sie anhand des Testergebnisses der „Stiftung Warentest", welche der getesteten Produkte den Erwartungen des Kunden entsprechen.

Aufgabe 7

a) Geben Sie drei Produkte aus Ihrem Ausbildungssortiment an, auf deren Verpackung auf das Testergebnis „Stiftung Warentest" hingewiesen wird.

b) Ermitteln Sie für zwei der von Ihnen aufgelisteten Produkte, welche Produkteigenschaften von der „Stiftung Warentest" geprüft wurden.

c) Listen Sie weitere Produkte aus Ihrem Ausbildungssortiment auf, über die Sie sich mit Hilfe der Quelle „Stiftung Warentest" Informationen beschaffen können.

Aufgabe 8

Erstellen Sie eine Liste über Fachbücher und Fachzeitschriften Ihrer Ausbildungsbranche, die Produktkenntnisse vermitteln.

Aufgabe 9

Ein etwa 30-jähriger Kunde betritt die Sanitärabteilung eines Baumarktes und wendet sich den Fliesen aus Feinsteinzeug zu. Er betrachtet die ausgestellten Fliesen ausführlich und streicht immer wieder prüfend über die Oberflächen. Schließlich spricht er einen vorbeilaufenden Kundenberater an:

Kunde: *„Entschuldigen Sie, ich suche Fliesen für die Terrasse meines Neubaus. Die Fliesen sollten ein echter Blickfang sein, aber trotzdem einiges aushalten. Schließlich habe ich Kinder. Können Sie diese Fliesen empfehlen?"*

Kundenberater: *„Oh, das kann ich Ihnen nicht beantworten, ich bin nicht aus dieser Abteilung. Ich schaue aber gerne für Sie in unserem Katalog nach …"*

Ermitteln Sie anhand der folgenden Katalogseite begründet, inwieweit Fliesen aus Feinsteinzeug den Ansprüchen des Kunden entsprechen.

Aufgabe 10

Während einer internen Schulung berichten die Auszubildenden des City-Warenhauses über ihre Erfahrungen im ersten Ausbildungsjahr. Ayse erklärt, dass ihr der Umgang mit den Kunden am meisten Spaß mache. „Besonders wenn es mir gelingt, einen Kunden von einem Produkt zu überzeugen. Aber um wirklich gut beraten zu können, muss man so viel wissen. Manchmal weiß ich gar nicht, woher ich all diese Informationen bekommen soll", ergänzt sie. Die übrigen Auszubildenden stimmen Ayse zu. „Das ist manchmal leichter als Sie denken. Überlegen Sie doch mal, woher Sie schon einfache Informationen über ein Produkt bekommen können", fordert Herr Bauer seine Auszubildenden auf. Ayse und ihre Kollegen denken angestrengt nach:

a) Nennen Sie, sofern möglich, jeweils ein Produkt aus Ihrem Ausbildungssortiment, über das Sie sich mit Hilfe der oben dargestellten Quellen Produktinformationen beschaffen können.

b) Vertiefen Sie Ihr Warenwissen, indem Sie sich, sofern möglich, über ein Produkt Ihrer Ausbildungsbranche mit Hilfe der oben abgebildeten Informationsquellen informieren.

Aufgabe 11

Ein Kunde betritt die Sportabteilung eines Warenhauses und wendet sich dort einem Ständer mit Tennishemden zu. Nachdem er sich die Hemden eine Weile angesehen hat, spricht er einen Kundenberater an.

a) *Kunde:* *„Entschuldigen Sie, ich suche ein Tennishemd, in dem man nicht so schwitzt. (nimmt ein Hemd vom Ständer und hält es hoch). Mir gefällt eigentlich dieses ganz gut."*

Kundenberater: *„Ja, das ist wirklich ein gutes Hemd. Das kann ich Ihnen wirklich empfehlen."*

Kunde: *(nimmt ein zweites Hemd vom Ständer) „Das Hemd hier ist auch nicht schlecht. Es scheint aus einem anderen Material zu sein."*

Kundenberater: *(fühlt prüfend über den Stoff) „Ich glaube, da haben Sie Recht. Es wäre sicherlich auch eine ausgezeichnete Wahl."*

Kunde: *(betrachtet beide Hemden noch einmal prüfend und hängt sie schließlich unentschlossen wieder an den Ständer zurück) „Hm, ich überlege es mir noch einmal."*

b) *Kunde:* *„Entschuldigen Sie, ich suche ein Tennishemd, in dem man nicht so schwitzt. (nimmt ein Hemd vom Ständer und hält es hoch) Mir gefällt eigentlich dieses ganz gut."*

Kundenberater: *„Dieses Hemd ist aus reiner Baumwolle. Das kann ich Ihnen wirklich empfehlen."*

Kunde: *(nimmt ein zweites Hemd vom Ständer) „Das Hemd hier ist auch nicht schlecht. Es scheint aus einem anderen Material zu sein."*

Kundenberater: *(wirft einen kurzen Blick auf das eingenähte Etikett) „Da haben Sie recht. Dieses Hemd besteht aus einem Mischgewebe, 50 % Baumwolle und 50 % Polypropylen. Es wäre auch eine ausgezeichnete Wahl."*

Kunde: *(betrachtet beide Hemden noch einmal prüfend und hängt sie schließlich unentschlossen wieder an den Ständer zurück) „Hm, ich überlege es mir noch einmal."*

Vergleichen Sie das Verhalten des Kundenberaters in den beiden Verkaufssituationen und begründen Sie, weshalb sich der Kunde in beiden Situationen nicht zum Kauf entschließen kann.

Produktmerkmale:
- **Material**
- Herstellung
- Optik
- Bedienung
- Maße
- Zeichen
- Herkunft

6.2 Das Produktmerkmal „Material“

6.2.1 Mit dem Produktmerkmal „Material“ argumentieren

In der Haushaltswarenabteilung des City-Warenhauses Bauer beobachtet Monika, Auszubildende im 2. Ausbildungsjahr, zwei Kundinnen, die Kochtöpfe interessiert ansehen. Nach einer Weile schauen sich die Kundinnen, offenbar Mutter und Tochter, Hilfe suchend um. Monika tritt daraufhin heran.

Monika: *„Guten Morgen, was kann ich für Sie tun?“*

Kundin 1: *„Guten Morgen, wir suchen beide ein neues Kochgeschirr. Wissen Sie, ich bin doch gerade zu Hause ausgezogen. Was man da alles neu braucht. …“*

Kundin 2: *(unterbricht ihre Tochter) „Und ich möchte endlich meine alten Töpfe ersetzen. Die kann ich doch weder in den Backofen noch in die Spülmaschine stellen. Tag für Tag muss ich sie mit der Hand spülen – und das seit 25 Jahren.“*

Kundin 1: *„So viele Geräte habe ich gar nicht. In meine kleine Küche passt doch gerade mal ein Kochfeld mit zwei Platten und eine Mikrowelle. Ich weiß gar nicht, wie ich da richtig kochen soll. Wenn ich Besuch bekomme, ist ein Teil des Essens bestimmt schon vor dem Servieren wieder abgekühlt.“*

Kundin 2: *„Wenn meine alten Töpfe nicht so unpraktisch wären. Äußerlich sind sie fast wie neu. Keine Beulen und kaum Kratzer, obwohl ich täglich koche. Das neue Kochgeschirr muss da auch einiges aushalten können, schließlich möchte ich mir in den nächsten Jahren kein weiteres anschaffen müssen. (Kundin schaut zunächst in die Runde und wendet sich dann an Monika) Irgendwie sehen die Töpfe hier ja alle gleich aus. Welche würden Sie uns denn nun empfehlen?“*

1. Arbeitsauftrag

Führen Sie für Monika das Verkaufsgespräch fort, indem Sie die beiden Damen kundengerecht beraten.

1. Leiten Sie zunächst aus den Kundenäußerungen ab, welche Ansprüche die beiden Kundinnen jeweils an die Kochtöpfe stellen. Notieren Sie diese stichwortartig in der unten stehenden Tabelle.
2. Vervollständigen Sie die Tabelle:
   a) Ermitteln Sie mit Hilfe des beigefügten Informationsmaterials die Eigenschaften der verschiedenen Kochgeschirr-Materialien.
   b) Prüfen Sie, inwieweit die jeweiligen Materialien die Ansprüche der Kundinnen erfüllen und geben Sie dann an, welches Material der jeweiligen Kundin zu empfehlen ist.
3. Setzen Sie Ihre Lösung in einem Verkaufsgespräch um.

Bedenken Sie:

- Die Kundinnen sind vom Nutzen des jeweiligen Materials zu überzeugen. Dies ist nur möglich, wenn Sie diesen Nutzen im Verkaufsgespräch durch Argumente beweisen. Nennen und erläutern Sie zu diesem Zweck das Produktmerkmal Material und die sich daraus ergebenden positiven Eigenschaften und verbinden Sie diese dann mit den individuellen Ansprüchen der Kundinnen (Sie-Stil), z. B.
  – „Kochgeschirr aus xy zeichnet sich dadurch aus, dass … . Für Sie bedeutet das, …“
  – „Sie wünschen also ein Kochgeschirr, das … . In diesem Fall empfehle ich Ihnen …, weil … .“
- Es sind also nur die Produkteigenschaften aufzugreifen, die zu den Ansprüchen der jeweiligen Kundinnen passen.
- Formulieren Sie verständlich und positiv.

• **Ansprüche der Kundin 1:** • **Ansprüche der Kundin 2:**	backofenfest,		
Produktmerkmal Material	Edelstahl		
Merkmalseigenschaften	• edles Aussehen • lange Lebensdauer •		
erfüllte Kundenansprüche • Kundin 1			
• Kundin 2			
• **Empfehlung Kundin 1:** • **Empfehlung Kundin 2:**			

Edelstahl
Mit 80 % Marktanteil ist Kochgeschirr aus Edelstahl der Marktführer. Neben seinem edlen Aussehen überzeugt Edelstahl durch seine lange Lebensdauer. Er ist robust, so dass er nicht so schnell Kratzer und Beulen abbekommt. Viele Hersteller geben deshalb lange Garantiezeiten.
Allerdings ist Edelstahl ein schlechter Wärmeleiter. Dafür, dass die Herdwärme trotzdem schnell in den Topf gelangt, sorgt ein so genannter Sandwichboden: zwischen zwei Schichten Edelstahl ist ein wärmeleitfähiges Material eingearbeitet. Dadurch sind die Töpfe vergleichsweise schwer.
Das Material der Topfgriffe entscheidet, ob die Töpfe auch im Backofen eingesetzt werden können. Kunststoffgriffe können nicht oder nur begrenzt in den Backofen, Griffe aus Edelstahl oder Aluguss werden beim Kochen teilweise sehr heiß.
Kochgeschirre aus Edelstahl können bedenkenlos im Geschirrspüler gereinigt werden.

Aluminium
Aluminium wird seit der Jahrhundertwende wegen seiner guten Wärmeleitung und seines geringen Gewichtes als Ausgangsmaterial für hochwertiges Kochgeschirr bevorzugt. Tatsächlich besteht auch jeder sechste verkaufte Topf aus Aluguss. Aluminium ist leicht und rostet nicht. Die Töpfe heizen schnell auf, aber die Wärme bleibt oft nicht lange im Topf.
Alugusstöpfe sollte man nicht in der Spülmaschine reinigen, weil der blanke Boden außen ganz schwarz wird und abfärbt. Dies entsteht durch die Reaktion der Seifenlauge mit dem Aluminium.

Glaskeramik
Die extrem hitze- und kältebeständigen Töpfe aus Glaskeramik sind für Temperaturen zwischen – 40 °C bis + 1000 °C geeignet. Der Einsatz in Backofen und Mikrowelle sowie die Reinigung in der Spülmaschine sind deshalb bedenkenlos möglich. Im Gegensatz zu Kochgeschirr aus Metall ist Glaskeramik allerdings stoßempfindlicher.
Töpfe aus Glaskeramik sehen sehr gut aus, sind allerdings keine guten Wärmeleiter. Folglich wird eine längere Zeit zum Aufheizen benötigt, doch die Wärme bleibt auch lange im Topf.

2. Arbeitsauftrag

Entwerfen Sie eine Verkaufssituation, in der Sie einen Kunden über ein Produkt Ihres Ausbildungsbetriebes hinsichtlich des Materials und dessen Eigenschaften informieren.

Beachten Sie folgendes Vorgehen:

- Wählen Sie ein Produkt aus Ihrem Ausbildungssortiment aus, z. B.
  a) Orangensaft (100 % Fruchtsaft)
  b) T-Shirt aus Baumwollmischgewebe (50 % Baumwolle, 50 % Synthetik)
  c) Kopfhörer mit Klinken-Stecker inkl. vergoldeten Kontakten

- Bestimmen Sie einen Kundentyp, beschreiben Sie diesen sowie dessen Ansprüche an das Produkt, z. B.
  a) Eine ca. 35-jährige Mutter, in Begleitung von zwei Grundschulkindern, äußert gegenüber einer Verkäuferin in der Lebensmittelabteilung folgenden Wunsch: „Ich suche ein erfrischendes Getränk, das meinen Kindern schmeckt. Es sollte aber schon gesund sein."
  b) Ein sportlich gekleideter Mann von ca. 22 Jahren spricht in der Sportabteilung einen Kundenberater an: „Entschuldigung, ich benötige ein bequemes T-Shirt für meine morgendlichen Joggingrunden."
  c) In der Hi-Fi-Abteilung beschreibt ein konservativ gekleideter Mann mittleren Alters einem Kundenberater seinen Wunsch: „Guten Tag, für meine Stereoanlage möchte ich passende Kopfhörer erwerben. Allerdings sollten diese lange einen guten Klang garantieren, denn bei meinen alten Kopfhörern waren die Kontakte schon nach kurzer Zeit nicht mehr in Ordnung. Ständig fiel der Ton aus oder es rauscht und knackte ständig."

- Wählen Sie aus der Vielzahl der sich aus dem Produktmaterial ergebenden Eigenschaften ausschließlich diejenigen Eigenschaften aus, die sich auf die Kundenansprüche beziehen:

a)	Produktmerkmal:	100 % Fruchtsaft, kein Zuckerzusatz, hoher Vitamin-C-Gehalt
	Produkteigenschaften:	süßsäuerlicher Geschmack, keine zusätzlichen Kalorien, schützt die Zähne, stärkt die Abwehrkräfte
	Kundennutzen:	durstlöschend und schmackhaft, gesundheitsfördernd
b)	Produktmerkmal:	Baumwollmischgewebe (50 % Baumwolle, 50 % Synthetik)
	Produkteigenschaften:	Baumwolle: hautsymphatisch = weich, saugfähig, luftdurchlässig = kein Hitzestau, Synthetik: formbeständig, transportiert Schweiß schnell nach außen
	Kundennutzen:	angenehmes Tragegefühl,
c)	Produktmerkmal:	Vergoldung
	Produkteigenschaften:	korrosionsbeständig, wartungsfrei
	Kundennutzen:	dauerhaftes, störungsfreies Klangerlebnis

- Argumentieren Sie mit diesen Produkteigenschaften, in dem Sie eine Verbindung zu den Kundenansprüchen herstellen. Betonen Sie also den Nutzen des Produktes für den Kunden:
  a) „Ich empfehle Ihnen diesen Orangensaft. Er besteht aus 100 % Fruchtsaft, ist sehr Vitamin-C-haltig und ungesüßt. Durch seinen natürlichen süßsäuerlichen Geschmack ist er ein schmackhafter Durstlöscher, der gleichzeitig die Abwehrkräfte Ihrer Kinder stärkt. Außerdem werden die Zähne geschützt und zusätzliche Kalorien vermieden. Wenn Sie ein gesundheitsförderndes und zugleich wohlschmeckendes Getränk möchten, ist dieser Orangensaft eine gute Wahl."
  b) „Dieses Hemd scheint mir für Sie besonders geeignet. Es besteht aus einem Baumwollmischgewebe. Die Baumwolle ist luftdurchlässig, so dass entstehende Wärme gut entweichen kann. Außerdem saugt sie den Schweiß auf, der dann durch die innen liegende Synthetikschicht nach außen transportiert wird. Gleichzeitig bleibt das Shirt durch die Synthetik formbeständig und durch die Baumwolle hautsymphatisch. Mit diesem Material haben Sie also während Ihrer gesamten Joggingrunde ein angenehmes Tragegefühl auf der Haut."
  c) „Ich empfehle Ihnen diesen Kopfhörer. Er zeichnet sich durch einen Klinken-Stecker mit vergoldeten Kontakten aus. Durch die Vergoldung werden die Kontakte dauerhaft und wartungsfrei vor Sauerstoff geschützt. Auf diese Weise ist Ihnen für lange Zeit ein erstklassiges Klangerlebnis garantiert."

Beachten Sie die Übersichten im Informationsband.

Aufgabe 1

Stellen Sie die Materialien des Sortimentes Ihres Ausbildungsbetriebes in einer Übersicht geordnet dar.

Beispiel: Lebensmittel

- Nährstoffe: – Fett, Kohlenhydrate, Ballaststoffe, …
- Vitamine und Mineralstoffe: – Vitamin A, Vitamin C, Calcium, …
- Zutaten – Aromen (natürliche, naturidentische, künstliche), Zusatzstoffe (Farbstoffe, Konservierungsstoffe)

Aufgabe 2

Pflegende Körperlotion

- bestehend aus einer Zusammensetzung von Wasser und hochwertigem Avocado-Öl,
- lässt sich leicht verteilen und zieht schnell ein,
- feuchtigkeitsspendend, hautglättend,
- ohne Duft- und Konservierungsstoffe.

Moderner Blumenkübel
- aus pflegeleichtem Kunststoff,
- in kaum zu unterscheidender Terracotta-Optik gestaltet,
- schlagfest, witterungs- und UV-beständig.

Exklusiver Ring
- aus 750er Gold, d. h. zu 75 % aus Gold gefertigt,
- mit ausgeprägtem warmen Goldglanz,
- durch eine antiallergische Wirkung gekennzeichnet,
- korrosionsbeständig, d. h. keine Veränderung der Oberfläche durch Sauerstoff,
- vor Gebrauchsspuren durch eine harte Rotgoldlegierung geschützt.

a) Geben Sie an, für welche Kundenansprüche die oben beschriebenen Produkteigenschaften geeignet sind.

b) Die vorangestellten Produkte werden von den jeweiligen Kundenberatern mit folgenden Verkaufsargumenten empfohlen:
(1) „Ich empfehle Ihnen diese Körperlotion, da kriegen Sie keine schuppige Haut."
(2) „Diese Körperlotion ist wirklich gut, die benutze ich auch."
(3) „Nehmen Sie bloß keinen Blumenkübel aus schwerem Ton."
(4) „Das ist zwar kein echter Terracotta-Topf, aber dafür ist er auch preiswerter."
(5) „Der Ring steht Ihnen nicht schlecht."
(6) „Beachten Sie, dass dieser Ring auch korrosionbeständig ist."
Stellen Sie fest, welche Fehler den Kundenberatern jeweils unterlaufen und verbessern Sie dann die Verkaufsargumente mit Hilfe der Produktbeschreibungen.

Aufgabe 3

a) Vertiefen Sie Ihre Warenkenntnisse über das Sortiment Ihres Ausbildungsbetriebes, indem Sie eine Tabelle nach unten stehendem Muster erstellen und für drei von Ihnen ausgewählten Produkte vervollständigen.

Produkt	Material	Produkteigenschaften	Kundenansprüche
Pflegende Körperlotion	Wasser, Avocado-Öl	• leicht zu verteilen	• Gebrauchswert
		• ohne Duftstoffe	• Gesundheit
		…	…

b) Entwerfen Sie für eines der vorgenannten Produkte Ihrer Wahl eine Verkaufssituation.
So sollten Sie vorgehen:
- Wählen Sie ein Produkt aus.
- Bestimmen Sie den Kundentyp, beschreiben Sie diesen und dessen Nutzenerwartungen an das Produkt.
- Wählen Sie diejenigen Produkteigenschaften aus, die sich auf die Kundenansprüche beziehen.
- Argumentieren Sie mit diesen Produkteigenschaften, indem Sie eine Verbindung zu den Kundenansprüchen herstellen und so den Nutzen des Produktes für den Kunden betonen.

Aufgabe 4

Erstellen Sie eine Übersicht über ein Produkt Ihres Ausbildungssortiments nach unten stehendem Muster. Beachten Sie dabei folgendes Vorgehen:

- Wählen Sie ein Produkt aus Ihren Ausbildungssortiment.
- Informieren Sie sich über das Material des ausgewählten Produktes und dessen Eigenschaften.
- Stellen Sie anschließend Ihre Ergebnisse in einer Übersicht nach folgendem Muster dar und ordnen Sie den jeweiligen Merkmalseigenschaften einen möglichen Kundennutzen zu.

Produkt	Tischdecke für den Kaffeetisch			
Merkmal	aus 100 % Leinen			
Merkmals-eigenschaften	• maschinenwaschbar, • glatte Faseroberfläche, daher Schmutz abweisend	• hohe Festigkeit der Faser	• dezenter Glanz	• unregelmäßige Garndichte kennzeichnet diese Naturfaser
erwarteter Kundennutzen	leichte Pflege	lange Haltbarkeit	gutes Aussehen	soll etwas Besonderes sein
	Kundin 1	Kundin 2	Kundin 3	Kundin 4

Aufgabe 5

Entwerfen Sie eine Verkaufssituation, in der Sie ein identisches Produkt zwei Kunden mit unterschiedlichen Ansprüchen vorlegen: Zeigen Sie, wie Sie in Verkaufsargumenten zum Material die verschiedenen Ansprüche berücksichtigen.

Beispiel:

Produkt: Fotoalbum aus Lederimitat (Kunststoff).

(1) Die erste Kundin – Typ extravagant – sucht ein Album als Geschenk.

Kundenberaterin: „Dieses Album besteht aus Lederimitat. Das Material wurde so verarbeitet, dass es dem echten Leder täuschend ähnlich sieht. Es wirkt daher sehr edel und ist trotzdem weitaus günstiger als Leder. Das Album ist durch sein Aussehen gut als Geschenk geeignet."

(2) Die zweite Kundin – Hausfrauentyp – sucht ein Album für Familienfotos.

Kundenberaterin: „Dieses Album besteht aus Kunststoff, der als Lederimitat verarbeitet wurde. Daher gleicht das Material echtem Leder sehr, ist aber weitaus unempfindlicher gegen Fingerabdrücke und Kratzer. Vor allem lässt es sich leicht pflegen. Daher ist es ideal für den Gebrauch in der Familie, wo viele Personen damit umgehen."

Aufgabe 6

In einem Fachgeschäft für Uhren/Schmuck herrscht Hochbetrieb. Eine Kundin, die den Laden gerade betreten hat, stellt fest, dass sie im Moment nicht bedient werden kann, da keine Verkäuferin frei ist. Sie blickt durch das Geschäft und geht zielstrebig auf den Schrank mit Korpuswaren zu. Dort betrachtet sie aufmerksam einen Kerzenleuchter. Nach einigen Minuten ist eine Verkäuferin frei, begibt sich zur Kundin und spricht sie an.

Welche der nachfolgenden Eröffnungsfragen halten Sie für geeignet?

(1) „Guten Tag, suchen Sie etwas Bestimmtes?"

(2) „Guten Tag, dieser dreiarmige Kerzenleuchter besteht aus 925er Sterlingsilber. Der Leuchter ist daher nicht nur ein Schmuckstück, sondern auch ein Wertgegenstand."

(3) „Guten Tag, suchen Sie einen dreiarmigen Kerzenleuchter?"

Aufgabe 7

Welche der nachstehenden Informationen sollten in einem Verkaufsargument besonders herausgestellt werden, wenn

a) ein Kunde Gartenstühle wünscht, die er auch im Freien stehen lassen kann?

(1) hochwertiger, massiver und witterungsbeständiger Kunststoff,
(2) durchgefärbtes, kratzfestes Material,
(3) brillanter Glanz,
(4) Rücken vierfach verstellbar,
(5) Raum sparend zusammenklappbar,
(6) stabiles Alu-Gestell,
(7) zwei Jahre Garantie.

b) ein Kunde sich kalorienbewusst ernähren möchte?
(1) besonders aromatisch,
(2) Magerstufe,
(3) naturrein,
(4) mit Natreen gesüßt,
(5) ohne Früchte,
(6) fertig zubereitet,
(7) fettarm,
(8) ohne Zucker.

c) eine Kundin eine Handtasche für besondere Anlässe wünscht?
(1) verstellbarer Trageriemen,
(2) echtes Glattleder,
(3) seitliches Innenfach mit Reißverschluss,
(4) Textilinnenfutter,
(5) matter Glanz,
(6) Magnetverschluss,
(7) Handyfach,
(8) mit Strass-Steinen besetzter Überschlag.

Aufgabe 8

Beurteilen Sie die Argumentation der Kundenberater(innen) in den Situationen 1 und 2.

Situation 1

Ein Kunde wünscht einen Teppichboden für die Diele. Der Kundenberater empfiehlt daraufhin einen Teppichboden aus 100 % Polyamid.

Jürgen: *Da kann ich Ihnen diesen Teppichboden aus Polyamid empfehlen. Polyamid ist sehr strapazierfähig, so dass Sie sehr lange Freude an Ihrem Boden haben werden.*

Tobias: *Da kann ich Ihnen diesen Teppichboden aus Polyamid empfehlen. Polyamid ist sehr trittelastisch, der Flor richtet sich immer wieder auf. Sie werden deshalb sehr lange Freude an diesem Boden haben.*

Situation 2

Eine Kundin sucht ein Uhrarmband, das sie bei der Hausarbeit bedenkenlos tragen kann.

Natalie: *Ich empfehle Ihnen ein solches Edelstahlarmband, denn Edelstahl ist sehr strapazierfähig. Sie können dieses Armband daher bei jeder Hausarbeit tragen.*

Simone: *Ich empfehle Ihnen ein solches Edelstahlarmband. Edelstahl ist unempfindlich gegenüber Feuchtigkeit und Reinigungsmitteln. Sie können dieses Armband daher bei jeder Hausarbeit tragen.*

6.2.2 Den Kundenanspruch „Sicherheit" aufgreifen

Sven ist Auszubildender in der Schreibwarenabteilung des City-Warenhauses. Er ist gerade mit dem Einräumen von Ware beschäftigt, als ein Kunde herantritt.

Kunde: *„Entschuldigung, wo finde ich Klebstoff?"*

Sven: *„Einen Gang weiter. Kommen Sie bitte, ich zeige Ihnen den Weg."*

(Sven führt den Kunden zu der Gondel mit den Klebstoffen und reicht ihm eine Schachtel Klebfix).

Kunde: *(wirft einen kurzen Blick auf die Schachtel) „Danke schön!" (geht zur Kasse)*

In diesem Augenblick nähert sich eine weitere Kundin in Begleitung ihrer vierjährigen Tochter und spricht Sven ebenfalls an.

Kundin: *„Guten Tag, ich suche eine Tube Alleskleber. Meine kleine Tochter bastelt nämlich so gerne."*

Sven: *(greift eine weitere Tube Klebfix und reicht Sie der Kundin) „Bitte schön!"*

Kundin: *(betrachtet die Herstellerangaben:*

und gibt die Schachtel kopfschüttelnd an Sven zurück) „Ich habe eigentlich an etwas anderes gedacht!"

Arbeitsauftrag

Entwickeln Sie unter Berücksichtigung der Ausgangssituation ein kundengerechtes Verkaufsargument.

Das sollten Sie beachten:

- Überlegen Sie zunächst, welche Erwartungen die Kundin an die Ware stellt.
- Gehen Sie auf diese Erwartungen unter Berücksichtigung folgender Produktinformationen ein: Sticky
  - auswaschbarer Alleskleber,
  - mit Vollwaschmittel bei 60° C auswaschbar,
  - keine Schädigung von Haut und Atemwegen, da ohne Lösungsmittel.

Aufgabe 1

Beim Kauf von Produkten hat der Kundenanspruch „Sicherheit" immer mehr an Bedeutung gewonnen. Er äußert sich u. a. in den folgenden Erwartungen an eine Ware:
Zuverlässigkeit, lange Lebensdauer, sorgfältige Verarbeitung, Schutz, Bewährtes, Umweltbewusstsein, Gesundheit.

a) Nennen Sie für jede der angegebenen Erwartungen ein Produkt aus Ihrer Ausbildungsbranche, das aufgrund seines Materials diesen Anspruch erfüllt.

b) Entwickeln Sie für eines der oben genannten Produkte eine unter Berücksichtigung des jeweiligen Kundenanspruchs kurze Verkaufssituation.

Aufgabe 2

Aus welchen der nachstehenden Kundenäußerungen wird der Anspruch „Sicherheit" erkennbar?

(1) „Haben Sie Rasenmäher von Wolf? Bei einem Vergleichstest haben sich diese Geräte als besonders leise herausgestellt."
(2) „Ich suche ein Geschenk für eine Hochzeit. Es sollte schon etwas Besonderes ein."
(3) „Ich trage schon seit Jahren nur Schuhe von Salamander."
(4) „Ein Bekannter hat mir den Skidachgepäckträger von Malco empfohlen. Den hat der nun mindestens schon fünf Jahre."
(5) „Sind diese Fliesen auch leicht zu reinigen?"
(7) „Ich möchte eine Flasche Weißwein in der Preislage um 10,00 € verschenken."

Produktmerkmale:
- **Material**
- **Herstellung**
- Optik
- Bedienung
- Maße
- Zeichen
- Herkunft

6.3 Das Produktmerkmal „Herstellung“

6.3.1 Mit dem Produktmerkmal „Herstellung“ argumentieren

Während Sascha, ein Auszubildender des City-Warenhauses einen Kunden berät, betritt ein Ehepaar mittleren Alters die Abteilung Herrenoberbekleidung und betrachtet das Angebot an Herrenhosen. Schließlich prüft es ausgiebig einige Cordhosen. Sascha hört das folgende Gespräch:

Kundin: *(wendet sich an ihren Mann und weist auf eine Hose) „Was hältst du denn von dieser?“*

Kunde: *(streicht mit der Hand über den Stoff) „Das Material fühlt sich sehr weich an. Die Hose trägt sich bestimmt sehr angenehm.“*

Kundin: *(genervt) „Weich, weich?! Den halben Tag verbringst du draußen auf Baustellen und dir ist wichtig, dass der Stoff weich ist?“*

Kunde: *„Schließlich trage ich die Hose von morgens bis abends. Außerdem bin ich Architekt, kein Bankangestellter im Anzug und ich will auch nicht wie einer aussehen. Bei diesem Beruf steht man nun mal ebenso häufig auf Baustellen, wie man im Büro sitzt.“*

Kundin: *„Eben. Erst das Sitzen im Büro, dann die Fahrerei zu den Baustellen – rein ins Auto, raus aus dem Auto. Und vor den Kunden stehst du dann in einer ausgebeulten Hose ... aber Hauptsache sie ist weich.“*

Kunde: *„Von wegen ausgebeult. Du weißt genau, dass mir ordentliche und saubere Kleidung wichtig ist. Das ist bei meinen Arbeitsplätzen aber nun mal nicht immer so einfach.“*

Kundin: *(schnippisch) „Ich weiß, …“*

Sascha hat seinen Kunden in der Zwischenzeit verabschiedet und wendet sich dem Ehepaar zu.

1. Arbeitsauftrag

Entwickeln Sie ein Verkaufsgespräch, in dem Sascha das Ehepaar kundengerecht berät.

1. Geben Sie zunächst an, für welchen Zweck der Kunde die Hose verwenden möchte und tragen Sie diesen in die unten stehende Tabelle ein.
2. Leiten Sie aus diesem Verwendungszweck mit Hilfe der Kundenäußerungen ab, welche Ansprüche von den Kunden an die Hose gestellt werden. Notieren Sie diese ebenfalls stichwortartig in der Tabelle.
3. Vervollständigen Sie die Tabelle:
   a) Ermitteln Sie mit Hilfe des beigefügten Informationsmaterials die Eigenschaften des Cord-Materials.
   b) Informieren Sie sich außerdem über die sich aus der Herstellung ergebenen Eigenschaften des Cord-Stoffes.
4. Setzen Sie Ihre Lösung in einem Verkaufsgespräch um.

Bedenken Sie:

- Die Kunden sind vom Nutzen der Cord-Hose zu überzeugen. Die Argumentation stützt sich dabei auf den von dem Kunden benannten Verwendungszweck. Im Verkaufsalltag ist es in diesem Zusammenhang jedoch kaum möglich, ein Verkaufsargument nur auf ein Produktmerkmal zu stützen. Vielmehr sind aus den diversen Produktmerkmalen diejenigen Eigenschaften herauszustellen, die die Hose für den Verwendungszweck geeignet machen, z. B.
  - „Diese Hose besteht aus, ..., so dass Sie ...“
  - „Das Besondere an diesem Cord-Stoff ist, dass ... . Dadurch haben Sie den Vorteil, dass, …“
- Es sind also nur die Produkteigenschaften aufzugreifen, die zum Verwendungszweck der Kunden passen.
- Formulieren Sie verständlich, positiv und im Sie-Stil.

Verwendungszweck			
Kundenansprüche			
Produktmerkmal	**Material**		**Herstellung**
Merkmalseigenschaften	Baumwolle	Baumwollmischungen	
erfüllte Kundenansprüche			

Cord (aus dem Englischen: „Schnur")
Cord wird aus Baumwolle oder Baumwollmischungen hergestellt. Cord aus 100 % Baumwolle ist in der Regel nicht einlaufsicher sowie weniger strapazierfähig und formbeständig. Aus diesem Grund werden häufig Mischungen aus Baumwolle und Polyester oder Baumwolle und Elasthan angeboten, die durch geringe Einlaufwerte, höhere Strapazierfähigkeit und Formbeständigkeit sowie verringerter Knitteranfälligkeit vorteilhaft sind.
Kennzeichen des Cord-Gewebes sind seine in Längsrichtung verlaufenden Rippen. Diese Rippen entstehen dadurch, dass der in Längsrichtung eingewebte Florfaden nach dem Weben in einem separaten Arbeitsprozess aufgeschnitten wird.
Durch dieses Verfahren wird das Gewebe besonders flauschig und erhält das typische sportliche Aussehen. Gleichzeitig wird die Haltbarkeit und Strapazierfähigkeit des Gewebes erhöht, so dass es u. a. auch unempfindlicher gegen Schmutz wird. Anhand der Rippenbreite werden verschiedene Cordarten unterschieden, wie z. B. Feincord mit 44 bis 50 Rippen je 10 cm Stoffe oder Breitcord mit 21 bis 24 Rippen je 10 cm Stoff.

2. Arbeitsauftrag

Entwerfen Sie eine Verkaufssituation, in der Sie einen Kunden über ein Produkt ihres Ausbildungssortimentes informieren. Geben Sie dabei über das Material und die Herstellung sowie der sich daraus jeweils ergebenden Eigenschaften des Produktes Auskunft.

Beachten Sie folgendes Vorgehen:

- Wählen Sie ein Produkt aus Ihrem Ausbildungssortiment aus, z. B.
  a) raffiniertes Sonnenblumenöl
  b) geflammte Granitfliesen
  c) Farbfernseher mit vergoldetem Front-Audio/Video-Anschluss

- Bestimmen Sie einen Kundentyp, beschreiben Sie diesen sowie dessen Ansprüche an das Produkt, z. B.
  a) Eine ca. 55-jährige, gut gekleidete, schlanke Dame steht in der Lebensmittelabteilung schon seit längerer Zeit unentschlossen vor dem Regal mit den Speiseölen. Von einem Verkäufer angesprochenen, erklärt sie ihr Problem: „Ich weiß einfach nicht, welches Öl ich nehmen soll. Fett ist ja nicht gesund, wissen Sie. Deshalb verwende ich Öl nur sehr sparsam und suche eine Sorte, die zu allen Gerichten passt."
  b) „Ich suche Fliesen für die Terrasse meines Neubaus. Die Fliesen sollten ein echter Blickfang sein, aber trotzdem einiges aushalten. Schließlich habe ich Kinder", äußert ein etwa 30-jähriger Mann gegenüber einem Kundenberater in einem Baumarkt.
  c) Ein ca. 60-jähriger Mann tritt an eine Kundenberaterin in der Hi-Fi-Abteilung mit folgendem Wunsch heran: „Guten Tag, ich suche einen neuen Farbfernseher, aber nicht mit dem ganzen technischen Schnickschnack. Wichtig ist mir nur, dass ich ohne Umstände meine Videokamera anschließen kann und dabei eine gute Bild- und Tonqualität habe.

- Wählen Sie aus den sich aus der Herstellung und dem Material des Produktes ergebenden Eigenschaften diejenigen Eigenschaften aus, die sich auf die Kundenansprüche beziehen:

a)	Produktmerkmale	– Herstellung: raffiniert – Nährstoffe: hoher Linolsäuregehalt – Vitamine: Vitamin-E-Gehalt
	Produkteigenschaften:	längere Haltbarkeit, milder Geschmack, fördert die Stoffwechselprozesse und den Muskelaufbau
	Kundennutzen:	lagerfähig, vielseitig verwendbar, gesundheitsfördernd
b)	Produktmerkmale	– Herstellung: geflammt – Material: Naturstein
	Produkteigenschaften:	auch bei Nässe hohe Trittsicherheit, robust, effektvolles Aussehen
	Kundennutzen:	für den Außenbereich geeignet, strapazierfähig
c)	Produktmerkmale:	– Herstellung: Front-AV-Anschluss – Material: Vergoldung
	Produkteigenschaften:	korrosionsbeständig, wartungsfrei, problemloser Anschluss von Videokamera, Spielekonsole, Digitalkamera etc.
	Kundennutzen:	dauerhaftes, störungsfreies Bild- und Tonerlebnis, einfache Handhabung

- Argumentieren Sie mit diesen Produkteigenschaften, indem Sie eine Verbindung zu den Kundenansprüchen herstellen. Betonen Sie also den Nutzen des Produktes für den Kunden:
  a) „Dieses Sonnenblumenöl ist für Sie das Richtige. Durch den Gehalt an Vitamin E und Linolsäure werden Ihrem Körper lebenswichtige Stoffe für den Muskelaufbau und den Stoffwechsel zugeführt, die er nicht selber bilden kann. Ein Vorteil ist deshalb auch der milde Geschmack, so dass Sie dieses Öl bei der Zubereitung zahlreicher Speisen verwenden können. Da das Öl warmgepresst wurde, sind auch angebrochene Flaschen mehrere Monate haltbar. Somit haben Sie jederzeit ein Öl für eine ausgewogene Ernährung zur Hand."
  b) „Schauen Sie sich mal diese Fliesen aus Granit an. Granit ist ein Naturstein, der zum einen strapazierfähig ist und bei dem zum anderen jede Fliese in Farbe und Struktur einmalig ist. Für den Außenbereich sind geflammte Granitfliesen geeignet. Die leicht raue Oberfläche ist das Ergebnis einer Hitzebehandlung, so dass diese auch bei Nässe rutschfest ist. Mit dieser Fliese gelingt es Ihnen, das Besondere mit dem Nützlichen zu kombinieren: Sie haben einen zweckmäßigen Bodenbelag von edlem Aussehen, auf dem sich auch Ihre Kinder sorglos bewegen können.
  c) „Ich empfehle Ihnen einen Farbfernseher mit einem Front-AV-Anschluss. Das heißt, der Anschluss für Ihre Videokamera befindet sich auf der Vorderseite des Gerätes, so dass Ihnen ein bequemes Ein- und Ausstöpseln der Kamera möglich ist. Durch die Vergoldung des Anschlusses ist dieser dauerhaft und wartungsfrei vor Sauerstoff geschützt. Auf dieses Weise ist eine störungsfreie Signalübertragung und somit eine erstklassige Bild- und Tonqualität gewährleistet. Sie können Ihre Aufnahmen also mit einem derartigen Anschluss problemlos und in erstklassiger Qualität genießen.

Aufgabe 1

Informieren Sie sich mit Hilfe des Internets über fünf Produkte Ihres Ausbildungssortimentes hinsichtlich ihrer Herstellung und der sich daraus ergebenden Eigenschaften (z. B. H-Milch, Cordhose, Umweltpapier) bzw. über fünf typische Herstellungsverfahren Ihrer Ausbildungsbranche und der sich daraus ergebenden Produkteigenschaften (z. B. Entkoffeinieren von Kaffee, Mercerisieren von Baumwolle, Härten von Stahl).

Aufgabe 2

Vertiefen Sie Ihre Kenntnisse über gängige Verfahren, die bei der Herstellung von Produkten in Ihrer Ausbildungsbranche eingesetzt werden, indem Sie eine Tabelle nach folgendem Muster erstellen:

Verfahren	Beschreibung	Zweck	Kundenanspruch	Produkte
z. B. Lebensmittel pasteurisieren	Erhitzen der Lebensmittel ca. 30 Sekunden auf 60° bis 80° C	Konservierung	Haltbarkeit	Milch
z. B. Textil mercerisieren	Behandlung von Baumwolle mit Natronlauge	dauerhafter Glanz, verbesserte Waschbarkeit	Geltungswert Gebrauchswert	Bettwäsche, Bekleidung

Aufgabe 3

In der Haushaltswarenabteilung betrachtet eine etwa 60-jährige Kundin ein Kaffeeservice mit Blumendekor unschlüssig. Die Kundenberaterin tritt heran und spricht die Kundin an:

Kundenberaterin: *„Dieses Service hat wirklich eine besonders schöne Farbkombination."*

Kundin: *„Ja, es ist wirklich schön, aber ich benötige Porzellan, das ich auch in die Spülmaschine geben kann."*

Kundenberaterin: *„Dieses Geschirr ist spülmaschinenfest."*

Kundin: *„Sind Sie sicher, dass das Dekor nicht zerstört wird, wenn ich das Geschirr über einen längeren Zeitraum regelmäßig in der Spülmaschine reinige?"*

Kundenberaterin: *„Das Tafelservice besitzt ein Unterglasurdekor, d. h., das Dekor wurde vor dem Glasieren auf den verglühten, aber noch nicht gesinterten Scherben aufgetragen. Nach dem Trocknen wurde das farbige Muster dann mit der Glasur überzogen und im Scharfbrand mit eingebrannt. Dazu wird jedes Porzellanteil in eine Kapsel aus Siliciumcarbid gestellt, damit es vor der direkten Einwirkung der Flammen geschützt ist."*

Kundin: *„Also, kann ich das Tafelservice nun regelmäßig in die Spülmaschine geben oder nicht?"*

Beurteilen Sie begründet die Verkaufsargumentation der Kundenberaterin.

Aufgabe 4

Prüfen Sie, welche der nachfolgenden Informationen zur Herstellung jeweils verkaufswirksam sind.

a) Bettwäsche aus mercerisierter Baumwolle
- (1) Dieses Verfahren wurde 1844 von John Mercer in England entwickelt.
- (2) Bei diesem Verfahren werden Baumwollgarne in 22–25 %ige Natronlauge gelegt.
- (3) Die mit Natronlauge vollgesogenen Fasern strecken sich; sie werden dauerhaft glatt und rund.
- (4) Durch eine chemische Behandlung wird die Baumwollfaser glatt und rund.
- (5) Die so behandelte Bauwolle hat einen dauerhaft seidenartigen Glanz, einen weichen Griff und läuft weniger ein.

b) Granulieren von Schmuck
- (1) Das Granulieren ist eine außerordentlich reizvolle Art der Schmuckverzierung und erfordert viel handwerkliches Geschick.
- (2) Kleine Kügelchen aus Gold und Silber werden auf dem Schmuck zu Ornamenten geordnet und aufgeschweißt.
- (3) Es handelt sich um eine der ältesten Techniken, um die Oberfläche von Schmuck oder Korpuswaren zu verschönern.
- (4) Die Granulation war schon um 2000 v. Chr. den Etruskern bekannt.

c) Entkoffeinieren von Kaffee
- (1) Durch ein kompliziertes Verfahren wird vor dem Rösten mit Hilfe von Wasser das Nervengift Koffein fast vollständig entzogen.
- (2) 15 Tassen entkoffeinierten Kaffees enthalten so viel Koffein wie eine Tasse unbehandelten Kaffees.
- (3) Der Geschmack des Kaffees bleibt erhalten.

Aufgabe 5

Eine Kundin betritt die Abteilung Heizung/Sanitär. Sie wirft einen kurzen Blick auf die ausgestellten Duschabtrennungen und spricht dann einen Kundenberater an.

Kundin: *„Entschuldigung junger Mann, können Sie mir bei den Duschabtrennungen weiterhelfen? Sie haben ja eine unglaubliche Auswahl. Bisher habe ich mich dafür natürlich auch nicht interessiert, aber jetzt bauen wir ja selber. Endlich die eigenen vier Wände, da soll natürlich alles stimmen und etwas Besonderes sein. Deshalb haben wir uns auch für eine Duschabtrennung aus Glas entschieden. Obwohl mein Mann erst dagegen war. Glas sei ihm im Badezimmer zu gefährlich, weil es ja splittern und sich jemand verletzten könnte. Dabei hat der bestimmt nur wieder den ollen rosa Duschvorhang von seiner Mutter aufhängen wollen. Aber ohne mich! Schließlich hat meine Freundin gesagt, dass nicht jedes Glas gefährlich sei. Allerdings habe ich lange überlegt, ob ich klares oder doch lieber mattes Glas wählen soll. Wissen Sie, meine Freundin hat eine Duschabtrennung aus mattem Glas. Der Raum wirkt dadurch gleich viel kleiner. Sie meint, das sei leichter zu pflegen. Doch ich denke, es muss auch etwas für das Auge sein. Zusammen mit unserem Granitboden und den weißen Fliesen sieht das bestimmt edel aus. Natürlich nur, wenn das mit den Deckenstrahlern wirklich klappt. Die Handwerker haben mir zwar versprochen, den Raum vernünftig auszuleuchten, aber die versprechen ja viel. Ständig muss man die kontrollieren. Das ist ein Stress. Manchmal denke ich, dass man die Arbeiten besser gleich selber machen könnte. Und die hinterlassen immer einen solchen Dreck, so dass ich jedes Mal Ordnung schaffen muss. Können Sie sich das vorstellen, auf einer Baustelle zu putzen? Dabei ist Putzen nun wirklich nicht meine Leidenschaft. Deshalb soll die Duschabtrennung ja auch pflegeleicht sein. Meine Freundin sagt, es gibt jetzt Duschabtrennungen mit so einem besonderen Effekt. Ach, wie heißt das doch gleich? Na ja, Sie wissen doch bestimmt, was ich meine, Sie sind schließlich der Fachmann. Was können Sie mir denn nun empfehlen?“*

Antworten Sie der Kundin mit der Methode des umschreibenden Zuhörens.

Aufgabe 6

Entwerfen Sie eine Verkaufssituation zur Kontaktaufnahme in einem Geschäft mit Vorwahl. Verwenden Sie dabei Informationen über die Herstellung eines Produktes aus Ihrem Ausbildungssortiment.

6.3.2 Den Kundenanspruch „Zweckmäßigkeit“ aufgreifen

In der Lebensmittelabteilung des City-Warenhauses steht ein junger Mann seit einiger Zeit vor den Reispackungen. Unentschlossen nimmt er immer wieder einzelne Packungen in die Hand, betrachtet diese und stellt sie wieder zur Seite. Schließlich spricht er den Auszubildenden Peter an.

Kunde: *„Entschuldigung, ich suche Reis, ganz einfachen Reis. Hier steht eine solche Auswahl, dass ich nicht weiß, welcher der Richtige ist.“*

Peter: *„Für welches Gericht benötigen Sie den Reis denn?“*

Kunde: *„Ach, einfach als Beilage zu meinem Fertiggericht. Ich habe ja in meiner Mittagspause nicht viel Zeit und Lust zum Kochen.“*

Peter: *?*

Arbeitsauftrag

Entwickeln Sie unter Berücksichtigung der Ausgangssituation ein kundengerechtes Verkaufsargument.

Das sollten Sie beachten:

- Überlegen Sie zunächst, welche Erwartungen der Kunde an die Ware stellt.
- Gehen Sie auf diese Erwartungen unter Berücksichtigung folgender Produktinformationen ein:
  Schnellkochreis im Kochbeutel:
  - Schnellkochreis wird durch eine Dampf- bzw. Wärmebehandlung vorgekocht und anschließend wieder getrocknet. Aus diesem Grund verkürzt sich die Kochzeit auf 3 bis 5 Minuten.
  - Reis im Kochbeutel ist bereits fertig portioniert. Die jeweils angegebene Reismenge befindet sich in einem Folienbeutel. Dieser ist mit kleinen Löchern versehen, so dass das Wasser in den Beutel eindringen und der Reis nicht anbrennen kann.

Aufgabe 1

Beurteilen Sie begründet, welcher Kundenberater in den folgenden Verkaufssituationen besser argumentiert.

Eine Kundin wünscht Bettwäsche, die beim Waschen nicht einläuft. Die Kundenberaterin empfiehlt daraufhin Bettwäsche aus mercerisierter Baumwolle.

Karin: *„Ich empfehle Ihnen Bettwäsche aus mercerisierter Baumwolle. Mercerisierte Baumwolle läuft nicht mehr ein, so dass Sie lange Freude an Ihrer Bettwäsche haben werden."*

Sonja: *„Ich empfehle Ihnen Bettwäsche aus mercerisierter Baumwolle. Die Baumwollfaser wurde bei diesem Verfahren so behandelt, dass sie sich bereits zusammengezogen hat. Auf diese Weise läuft die Faser beim Waschen nicht mehr ein und Sie haben lange Freude an Ihrer Bettwäsche."*

Petra: *„Ich empfehle Ihnen Bettwäsche aus mercerisierter Baumwolle. Bei diesem Verfahren wurden die Baumwollfasern zunächst in Natronlauge getaucht, so dass sie schrumpfen und anschließend wurden die Fasern noch kräftig gespannt. Auf diese Weise ist die Bettwäsche vor dem Einlaufen geschützt und Sie haben lange Freude daran."*

Aufgabe 2

Bei nahezu jedem Produkt ist im Non-Food-Sortiment der Gebrauchswert bzw. im Food-Sortiment die küchentechnische Verwertbarkeit für den Kunden bedeutsam. Gebrauchswert bzw. küchentechnische Verwertbarkeit werden u. a. durch die Herstellung des Produktes beeinflusst, wobei häufig nur die Unterschiede in der Herstellung zu verschiedenen Gebrauchswerten bei ansonsten gleichen Produkten führen.
Stellen Sie in einer Liste nach unten stehendem Muster solche Produkte Ihres Ausbildungsbetriebes gegenüber, die sich ausschließlich aufgrund ihrer Herstellung in ihrem Gebrauchswert unterscheiden.

Produkte		Bemerkungen
20-Minuten-Reis	Schnellkochreis	Schnellkochreis wird durch eine Dampf- bzw. Wärmebehandlung vorgekocht und anschließend wieder getrocknet. Aus diesem Grund verkürzt sich die Kochzeit auf 3 bis max. 5 Minuten.

Aufgabe 3

(1) *Kundenberater:* *„Guten Morgen, wie kann ich Ihnen helfen?"*
Kunde: *„Guten Morgen, ich interessiere mich für ein Handy. Mein erstes, wissen Sie!"*
Kundenberater: *„Sehr gerne. Wenn Sie einen ständigen Überblick über Ihre Kosten haben möchten und zudem nicht so häufig telefonieren, empfehle ich Ihnen ein Handy mit PrePaid-Karte. Hierbei bezahlen Sie ein Kontingent an Gesprächsminuten im Voraus, das Sie im Nachhinein abtelefonieren können."*
Kunde: *„Hm, ich brauche das Handy geschäftlich. Deshalb möchte ich schon unbegrenzt telefonieren können."*
Kundenberater: *…*

(2) *Kundenberater:* *„Guten Morgen, wie kann ich Ihnen helfen?"*
Kunde: *„Guten Morgen, ich interessiere mich für EIN Handy. Mein erstes, wissen Sie!"*
Kundenberater: *„Sehr gerne. Möchten Sie ein Handy mit PrePaid-Karte oder mit Vertrag?"*
Kunde: *…*

Nehmen Sie begründet Stellung, welche der beiden oben stehenden Vorgehensweisen der Kundenberater Sie für richtig halten.

6.4 Ein Produkt beschreiben

Zwei Monate sind vergangen, seitdem im City-Warenhaus in verschiedenen Abteilungen die Verkaufsform von Vollbedienung oder Vorwahl auf Selbstbedienung umgestellt wurde. Heute treffen sich die Bereichsleiter mit dem Leiter des Warenhauses, um über die ersten Erfahrungen mit diesen Neuerungen zu berichten.

Herr Bauer: *„Nun, meine Dame und meine Herren, wie reagieren denn unsere Kunden auf diese Veränderungen?“*

Herr Berns: *„Also, die Idee Frischwurst und auch Käse nicht nur an den Bedienungstheken anzubieten, sondern häufig nachgefragte Waren täglich frisch von uns abgepackt zusätzlich in Selbstbedienungstheken zu präsentieren, wird von unseren Kunden sehr gut angenommen.“*

Herr Blank: *„Ich bin von dem Erfolg unseres Konzeptes in vielen Abteilungen noch nicht so überzeugt. Zwar betrachten zahlreiche Kunden die Produkte nun zunächst selbstständig, aber trotzdem sprechen sie anschließend häufig die Kundenberater an. Die meisten Kunden wünschen dann zwar keine umfassende Beratung, sondern möchten einfache Auskünfte, z. B. aus welchem Material das Produkt sei oder was die Zeichen oder Symbole am jeweiligen Produkt bedeuten. Aber auch diese Auskünfte kosten Zeit und es fehlt an Personal.“*

Herr Berns: *„Natürlich gibt es solche Probleme auch in der Lebensmittelabteilung. Beim Wein klappt die Umstellung von Vorwahl auf Selbstbedienung beispielsweise nicht reibungslos. Da haben die Kunden weiterhin Informationsbedarf und ärgern sich, dass es an Kundenberatern fehlt.“*

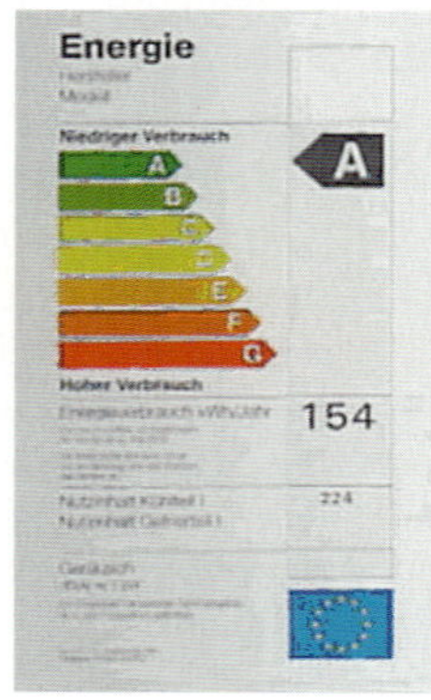

Herr Bauer: *„Wir müssen uns also überlegen, wie wir dem Kunden einfache Informationen vermitteln, so dass die Kundenberater auch tatsächlich entlastet werden.“*

Frau Bense: *„Bei Elektrogeräten und auch im Bereich Multimedia haben wir doch gute Erfahrungen damit gemacht, an den Produkten oder den Warenträgern kurze Beschreibungen der Produktmerkmale anzubringen. Auf diese Weise erhalten die Kunden schon grundlegende Informationen über das jeweilige Produkt. Das könnten wir doch auch in anderen Abteilungen ausprobieren.“*

Herr Berns: *„Das ist eine gute Idee…“*

Arbeitsauftrag

Wählen Sie ein Produkt aus Ihrer Ausbildungsbranche und beschreiben Sie dieses Produkt, so dass die Beschreibung interessierten Kunden des City-Warenhauses einen Überblick über wichtige Produkteigenschaften vermittelt.

Beachten Sie dabei folgende Punkte:

- Die Beschreibung des Produktes soll die Produktmerkmale Material, Herstellung, Optik, Bedienung, Zeichen, Maße/Größen und Herkunft umfassen.
- Nutzen Sie unterschiedliche Quellen, um sich über das jeweilige Produkt zu informieren.
- In der Regel lassen sich über ein Produkt und seine Eigenschaften zahlreiche Informationen zusammentragen. Berücksichtigen Sie jedoch nur Produkteigenschaften, die tatsächlich als Verkaufsargumente eingesetzt werden können.

Aufgabe 1

Geben Sie an, welchem Produktmerkmal sich die folgenden Produkteigenschaften zuordnen lassen.

(1) Rosenkohl lässt sich sehr gut einfrieren.
(2) Diese Bluse ist aus einer hautverträglichen Naturfaser.
(3) Mit einer 0,6 mm Mine ermöglicht dieser Stift ein feines Schriftbild.
(4) Diese Butter ist ein deutsches Erzeugnis.
(5) Bei 40 °C können Sie diese Hose ohne Bedenken in der Waschmaschine waschen.
(6) Das Papier wurde chlorfrei gebleicht.

Aufgabe 2

Entwerfen Sie eine Beschreibung für ein derzeitiges Trendprodukt aus Ihrer Ausbildungsbranche.

7 Der Preis im Verkaufsgespräch

7.1 Den Preis der Ware nennen

In der Abteilung Haushaltswaren/Elektrowaren/Werkzeuge des City-Warenhauses:
Eine Kundin steht vor dem Regal mit Schnellkochtöpfen. Offensichtlich kann sie das Preisschild nicht finden. Sie wendet sich daher an Frau Bayer, die in der Nähe Ware einräumt.

Kundin: *„Wie teuer ist dieser Schnellkochtopf?"*
Frau Bayer: *(kommt hinzu) „99,00 €."*
Kundin: *„99,00 € für einen Topf? – Ich glaube, ich muss mir das noch einmal überlegen."*
Frau Bayer: *„Ja, bitte."*
Kundin: *„Vielen Dank."*
Frau Bayer: *„Bitteschön."*

Arbeitsauftrag

Übertragen Sie die Verkaufssituation auf Ihre Branche. Formulieren Sie die Preisnennung verkaufsaktiver.
Bedenken Sie:
- Bevor der Preis genannt wird, sollte dem Kunden der Wert des Produktes deutlich gemacht worden sein.
- Außerdem sollte der Preis nicht als letzte Aussage des Kundenberaters im Raum stehen, weil das zuletzt Gehörte am besten im Gedächtnis verbleibt.
- Preise werden daher „eingepackt".

Aufgabe 1

Welche der nachstehenden Preisnennungen halten Sie für gelungen?
① „Dieser Pumps von Gabor ist aus hochwertigem Chevreau-Leder und kostet nur 89,00 €."
② „Die Uhr kostet 225,00 €. Sie hat ein kratzfestes Mineralglas und ist mit einer 333er Goldauflage versehen."
③ „Dieses Bordcase aus echtem Leder kostet 125,00 €. Durch die Größe von 45 Zentimetern können Sie es als Handgepäck mit ins Flugzeug nehmen und im Handgepäckfach verstauen."
④ „Diese Badezimmergarnitur ist leider etwas teurer. Durch die aufwändige Einhebeltechnik kommt der Preis auf 147,00 €. Dafür haben Sie aber den höchsten Bedienungskomfort."

Aufgabe 2

Wenn ein Kunde gleich zu Beginn eines Verkaufsgesprächs nach dem Preis fragt, hat der Kundenberater keine Gelegenheit gehabt, den Produktwert „aufzubauen". Welche der nachstehend dargestellten Verhaltensweisen eines Kundenberaters halten Sie in diesem Fall für günstig?

Kunde: *„Wie teuer ist denn so eine Digitalkamera?"*

① *Kundenberater:* *„Meinen Sie diese ‚CAMEDIA' von Olympus mit 4,5 Millionen Pixeln?"*
Kunde: *„Ja."*
Kundenberater: *„Dieses leistungsstarke Kompakt-Modell mit 3-fach-Zoom kostet 599,00 €. Die eingebaute 8-Megabyte-Karte kann bis zu 122 Bilder speichern. Im Nahbereich können Sie bis 20 cm an das Motiv herangehen. Der Video-Ausgang erlaubt es Ihnen, die Bilder auch am Fernsehgerät zu betrachten."*

② *Kundenberater:* *„Darf ich Ihnen die Kamera zunächst einmal etwas näher erklären?"*

③ *Kundenberater:* *„Diese Digitalkamera von Olympus hat einen Hochleistungsbildsensor mit 4,5 Millionen Pixel bei einer maximalen Bildauflösung von 1280 x 960 Pixel, d. h. Sie erhalten mit dieser Kamera gestochen scharfe Bilder, die Sie direkt am PC weiter bearbeiten oder auch über den Videoausgang am Fernseher betrachten können. Im Nahbereich können Sie bis 20 cm an das Motiv herangehen ..."*

④ *Kundenberater:* *„Die Kamera kostet 599,00 €."*

7.2 Einem Preiseinwand mit Verständnis begegnen

In der Abteilung Haushaltswaren/Eisenwaren/Werkzeuge des City-Warenhauses
Manchmal war es wirklich schwierig: Da hatte Frau Beyer der Kundin ausführlich die Vorzüge einer Ware erläutert und die Kundin war offensichtlich bereit zum Kauf. Doch zum Schluss kam immer diese Frage, die leicht alles wieder zunichte machte. Zum Beispiel:

Kundin: *„Und wie teuer ist dieser Schnellkochtopf?"*

In solchen Situationen dachte Frau Beyer immer: Bloß nicht einfach den Preis sagen, sondern ihn sorgfältig verpacken, damit er etwas in den Hintergrund gedrängt wird:

Frau Beyer: *„Dieser 8-Liter-Schnellkochtopf aus rostfreiem Edelstahl kostet 119,50 €. Zu dem Topf gehören noch zwei Einsätze und ein Aufsatzgestell für energiesparendes Garen mehrerer Gerichte in einem Topf".*

Kunde: *„119,50 € für einen Topf, das ist aber sehr teuer."*

Im Laufe der Zeit hatte Frau Beyer verschiedene Reaktionen ausprobiert, die aber leider alle nicht besonders erfolgreich waren. Zum Beispiel:

Frau Beyer: *„Ja, so sind die Preise halt."*

Meist war das das Ende des Verkaufsgespräches. Manchmal sagte sich Frau Beyer: Bloß nicht in die Defensive drängen lassen! Die Kunden haben oft völlig falsche Preisvorstellungen.

Frau Beyer: *„Nein, das ist doch nicht teuer. Es gibt Schnellkochtöpfe, die kosten 150,00 €."*

Manch eine Kundin ließ sich durch einen forschen Tonfall etwas einschüchtern. Viele Kundinnen reagierten aber eher patzig und es kam zu leichten Streitgesprächen.
Oft blieb dann nur der sichere Weg zum Sonderangebot.

Frau Beyer: *„Ich kann Ihnen auch einen normalen Brat-Topf aus unserer Werbung anbieten, der kostet nur 19,90 €."*

Wenn allerdings das Sonderangebot – wie in diesem Falle – nicht gut zum Kundenwunsch passte, waren die Erfolgsaussichten gering. Hinzu kam, dass die Abteilung vom Verkauf von Sonderangeboten auf Dauer nicht leben konnte.
Frau Ewald, ihre Arbeitskollegin, hat im Moment etwas Zeit – eine gute Gelegenheit, sie zu fragen:

Frau Beyer: *„Frau Ewald, wie machen Sie das eigentlich, wenn die Kunden den Preis beanstanden?"*

Frau Ewald: *„Ich meine, der Preiseinwand zeigt, dass der Kunde Interesse am Produkt hat. Ich nehme seinen Einwand daher sehr ernst. Genauer gesagt, ich gebe ihm zunächst einmal Recht."*

Frau Beyer: *„Sie schleimen sich ein."*

Frau Ewald: *„So würde ich das nicht nennen. Wir stehen doch dann zunächst einmal auf einer gemeinsamen Stufe. Nun beginne ich damit, den Preis zu begründen.*

Allerdings höre ich mir den Einwand des Kunden genau an. Wenn er z. B. sagt, der Preis sei unverschämt hoch, werde ich ihn darin nicht bestärken. Das wäre ja geradezu geschäftsschädigend. Ich mildere seinen Einwand etwas ab und sage z. B. ‚Ja, Sie haben Recht, verglichen mit einem Discounter liegt unser Preisniveau etwas höher.'"

Frau Beyer: *„Sie schleimen sich grässlich ein!"*

Frau Ewald: *„Nein, nein, ich bin dabei, den Preis verständlich zu machen. Denn jetzt kommt eine ganze Reihe von Produktvorteilen, die den Kunden hoffentlich davon überzeugen, dass das Produkt seinen Preis Wert ist."*

Frau Beyer: *„Und das funktioniert?"*

Frau Ewald: *„Ausprobieren, liebe Kollegin, ausprobieren!"*

Arbeitsauftrag

Reagieren Sie auf den Einwand eines Kunden gegen den Preis des Produktes angemessen.
Beachten Sie:
- Übertragen Sie die Situation auf Ihren Ausbildungsbetrieb.
- Bestätigen Sie den Kundeneinwand.
- Mildern Sie den Einwand etwas ab und weisen Sie auf geeignete Produktvorteile hin.

Aufgabe 1

Ermitteln Sie die beste der nachfolgenden Reaktionen eines Kundenberaters auf einen Kundeneinwand:

Kunde: *„70,00 € für eine Schreibunterlage, das ist aber sehr teuer."*

Kundenberater:

① *„Dafür haben Sie aber eine handgearbeitete Schreibtischunterlage aus wertvollen Materialien."*

② *„Für eine handgefertigte Schreibtischunterlage muss man heute so viel bezahlen."*

③ *„Dann nehmen Sie doch diese Schreibunterlage aus Kunststoff. Die kostet nur 11,50 €."*

④ *„Ja, aber die Schreibunterlage besteht aus hochwertigem Material und ist in Handarbeit gefertigt. Dieses Material bildet die ideale Ergänzung für Ihren Schreibtisch aus Eiche."*

⑤ *„Der Preis ist nicht niedrig. Allerdings besteht die Schreibunterlage aus hochwertigem Material und ist handgefertigt. Die Unterlage bildet die ideale Ergänzung für Ihren Schreibtisch aus Eiche."*

⑥ *„Sicher, die Unterlage ist nicht besonders billig. Dafür ist sie aber aus hochwertigem Material von Hand gearbeitet. Der Eichenschreibtisch und diese wertvolle Schreibtischunterlage ergänzen sich hervorragend."*

Aufklappbare Schreibtischunterlage aus starker Buchbinderpappe, mit Papier „Scriptura" bezogen, Reproduktion einer alten Original-Handschrift. Die Unterlage ist aus zwei Teilen gefertigt, die mittels eines Leinengelenks verbunden sind. Der obere Teil kann hochgeklappt werden. Auf dem darunter liegenden Teil sind Leinenlaschen zum Dahinterstecken von Papieren, Dokumenten etc. aufgeklebt. Eckenverstärkungen und Gelenk aus kaschiertem Leinen in bordeaux. Maße 50 x 35 cm, Gewicht 850 g. In Handarbeit im Veneto, Italien, gefertigt.

Aufgabe 2

Entscheiden Sie, ob der Verkäufer in der nachstehenden Situation versuchen soll,
- den Preis des Produkts zu verteidigen,
- oder ob er besser andere Ware vorlegt.

Kundenberater: *„Diese Fassadenfarbe aus 100 % Acrylat ist besonders deckfähig. Sie brauchen daher Ihre Hauswand nur einmal zu streichen."*

Kunde: *(schaut auf das Preisetikett) „Was, 59,00 € für einen Eimer Farbe! Das ist mir zu teuer."*

Kundenberater:

① *„Ja, diese Sorte ist etwas teurer als die gewöhnlichen Fassadenfarben. Sie haben aber dabei den Vorteil, dass Sie Ihre Wände erst in 10 Jahren wieder nachstreichen müssen."*

② *„Ich kann Ihnen auch eine preisgünstigere Sorte zeigen. Hier sehen Sie zum Beispiel eine Latexfarbe, die ebenfalls für den Außenanstrich geeignet ist. Den 16-Kilogramm-Eimer erhalten Sie für nur 19,50 €."*

Beachten Sie die Informationen zur Preisobergrenze im Informationsband.

Aufgabe 3

a) Ordnen Sie die nachstehenden Einwände nach der Art ihrer Zielsetzung.
① „89,00 € für eine Puppe?"
② „Haben Sie keine größere Auswahl?"
③ „Mir als Fachmann brauchen Sie das nicht zu erklären."
④ „Komme ich denn mit der komplizierten Technik wohl zurecht?"
⑤ „Nein, das ist mir zu teuer."
⑥ „Bei ... gibt es solche Jacken aber erheblich preiswerter."
⑦ „Das passt nicht zu meiner Einrichtung."
⑧ „Die Absätze sind viel zu hoch."
⑨ „Können Sie mir nicht jemanden schicken, der in diesem Bereich schon mehr Erfahrung hat?"
⑩ „Sind Sie sicher, dass das Service spülmaschinenfest ist?"
⑪ „Sechs Wochen Lieferzeit sind mir zu lang."

b) Geben Sie Beispiele für Kundeneinwände aus der Praxis Ihres Ausbildungsbetriebes.

Einwände gegen
- den Preis
- Produkteigenschaften
- das Geschäft
- das Personal

Aufgabe 4

In einem Teppichfachgeschäft:

Kunde:	*„Guten Tag, ich suche einen Teppich für mein Arbeitszimmer. Ist Herr Kohlmeier nicht da?“*
Kundenberater:	*„Mein Chef ist heute auf einer Messe. Vielleicht darf ich Ihnen helfen?“*
Kunde:	*„Ja – ich weiß nicht – können Sie das überhaupt schon? Sie haben doch hier wohl gerade erst angefangen?“*

Welche der nachfolgenden Antworten halten Sie für die beste?

① Teppiche verkaufen ist ein Kinderspiel. Das kann man schon nach vier Wochen."

② „Sie haben Recht, viel Ahnung habe ich noch nicht. Aber Sie können es ja mit mir einmal versuchen."

③ „Sie haben Recht, ich bin hier der jüngste Mitarbeiter. Trotzdem fühlten sich meine Kunden bisher gut beraten."

④ „Fragen Sie mal meinen Chef. Der kann Ihnen einiges über meine Qualitäten erzählen."

⑤ „Ja, ich bin erst seit kurzer Zeit hier tätig. Aber ich hatte bereits Gelegenheit, mich ausgiebig mit unserem Teppichsortiment zu beschäftigen."

Aufgabe 5

a) Wo gegen richten sich die beiden unten stehenden Einwände (Preis, Produkteigenschaften, Personal, Geschäft)?

b) Stellen Sie fest, ob die Kundeneinwände ausgeräumt oder ausgeglichen werden.

Einwand 1

Kunde:	*„Die Bluse wird aber erheblich knittern.«*
Kundenberater:	*„Ja, Sie haben Recht, Leinen neigt immer etwas zum Knittern. Allerdings hebt Leinen mit seinen vielen hervorragenden Eigenschaften diesen kleinen Mangel wieder auf, zum Beispiel durch seine ausgezeichnete Feuchtigkeitsaufnahme. Sie werden sich also in dieser Bluse immer frisch fühlen. Außerdem ist Leinen sehr haltbar, was der Bluse eine hohe Lebensdauer verspricht.“*

Einwand 2

Kunde:	*„Verglichen mit Ihrem Konkurrenten Homeier haben Sie aber nur eine geringe Auswahl.“*
Kundenberater:	*„Sie haben Recht, im Vergleich zu einem Fachgeschäft ist unser Sortiment flacher gehalten. Die Beschränkung auf gut laufende Artikel führt aber dazu, dass wir hohe Stückzahlen einkaufen können. Den daraus erfolgenden Preisvorteil geben wir voll an unsere Kunden weiter.“*

c) Bilden Sie entsprechende Beispiele aus Ihrem Ausbildungsbetrieb.

7.3 Einwände mit Serviceleistungen ausgleichen

Berufsschule Ratingen: Nachdem die Lehrerin, Frau Stephan, den Klassenraum betreten hat, meldet sich Annegret, Auszubildende in einem Elektrofachgeschäft:

Annegret: *„Frau Stephan, ich möchte einmal berichten, was mir gestern passiert ist. Und da das ständig vorkommt, sollten es auch die Übrigen in der Klasse wissen.“*

Frau Stephan: *„Bitte, Annegret.“*

Annegret: *„Ich habe gestern einen Kunden ausführlich über ein Fernsehgerät beraten. Den Preis habe ich – so wie wir es gerade gelernt haben – sorgfältig „eingepackt.“ „Dieses Markengerät von Sony kostet 590,00 €, es verfügt über …“ usw. Sie wissen ja. Daraufhin sagte der Kunde, das gleiche Gerät könne er im City-Warenhaus Bauer für 499,00 € bekommen. Das sind fast 100,00 € weniger. Ich finde, so kleine Einzelhandelsgeschäfte wie mein Ausbildungsbetrieb haben keine Chance, wenn der Konkurrent um die Ecke mit solchen Preisen an den Markt geht.“*

Klaus: *„Wir sind eben besser als ihr. Ihr könntet eure Mondpreise ja mal auf ein Niveau herunter fahren, das von Kunden akzeptiert wird. Im nächsten Prospekt bieten wir den Sony-Fernseher sogar für 479,00 € an.“*

Annegret: *„Meine Chefin hat gesagt, sie verdiene an einem solchen Gerät nur ein paar Euro, weil wir nicht genug Geräte beim Hersteller einkaufen und deshalb schlechte Bezugsbedingungen hätten.“*

„Aber die Kunden kommen ja nicht nur mit Vergleichspreisen des City-Warenhauses, sondern auch mit SATURN, MEDIA-Markt und Internet-Anbietern. Da können wir überhaupt nicht mithalten.“

„Ich glaube, meinem Ausbildungsbetrieb geht es nicht besonders gut. Vielleicht stehe ich schon bald auf der Straße. Ich finde das ungerecht.“

Frau Stephan: *„Aber Sie haben doch mehr anzubieten als das Produkt. Sie haben doch z. B. eine eigene Werkstatt.“*

Annegret: *„Ja, in unserer Werkstatt sind wirklich ganz tolle Leute, die viel können und für jedes Kundenproblem eine Lösung finden. Die bringen dem Kunden sogar das Gerät in die Wohnung, schließen es an und geben eine erste Einweisung. Gibt es Probleme, fährt ein Mitarbeiter der Werkstatt zum Kunden, holt das Gerät ab – übrigens auch am Samstag – und lässt noch ein Ersatzgerät da. Das sind natürlich Kosten, die sich in einem höheren Preis niederschlagen.“*

Frau Stephan: *„Das müsste man doch einem Kunden klar machen können.“*

Annegret: *„Ich weiß nicht, ob das so einfach ist.“*

Arbeitsauftrag

Verweisen Sie bei einer Preiseinwandbehandlung auf die Serviceleistungen des Einzelhandelsgeschäftes.

1. Antworten Sie auf die Aussage des Kunden aus dem Einstiegsbeispiel: „Das gleiche Gerät bekomme ich im City-Warenhaus für 499,00 €.“
2. Übertragen Sie die Situation auf Ihren Ausbildungsbetrieb und entwickeln Sie eine ähnliche Lösung.

Aufgabe 1

Erstellen Sie eine Übersicht mit den Serviceleistungen Ihres Ausbildungsbetriebes, die Sie bei einer Einwandbehandlung verwenden können.

8 Ein Ergänzungsangebot unterbreiten

Stefan und Klaus machen eine mehrtägige Wanderung. Sie übernachten in einem Zelt. Es ist Herbst und die Nächte sind schon empfindlich kühl. Stefan wälzt sich schon längere Zeit unruhig hin und her, richtet sich schließlich auf.

Klaus: *(der wegen der Unruhe aufgewacht ist) „Was ist los?"*

Stefan: *„Ich kann bereits in der zweiten Nacht vor Kälte nicht schlafen. Ich verstehe gar nicht, wie du das machst."*

Klaus: *„Entweder ist dein Schlafsack zu dünn, oder dir fehlt eine zusätzliche Unterlage."*

Stefan: *„Am Schlafsack kann es nicht liegen, er ist von bester Qualität und hat eine Daunenfüllung. Vielleicht hätte ich mir noch eine Schlafsackunterlage dazu kaufen sollen. Wie bist du bloß auf die Idee mit der Unterlage gekommen?"*

Klaus: *„Das war gar nicht meine Idee. Die Verkäuferin in dem Sportgeschäft hat mir das vorgeschlagen, nachdem ich ihr gesagt hatte, was wir vorhaben."*

Stefan: *„Das habe ich meinem Verkäufer auch gesagt. Aber dem ist das nicht eingefallen."*

Klaus: *„Pech gehabt."*

Zwei Methoden für ein Ergänzungsangebot
- Während des Hauptkaufs
- Nach dem Hauptkauf

In der Sportabteilung des City-Warenhauses, in dem Stefan seinen Schlafsack kaufte:
Wir schauen zurück und betrachten den Kauf des Schlafsackes daraufhin, an welchen Stellen der Kundenberater eine Schlafsackunterlage als Ergänzungsangebot zum Schlafsack hätte unterbreiten können.

Stefan: *„Ich suche einen Schlafsack für Zeltwandern."*

Herr Heuser: *„Für Übernachtungen im Zelt kann ich Ihnen z. B. diesen Yeti 2000 empfehlen. Mit nur 1.450 g Gesamtgewicht ist er besonders leicht und damit gut bei Ihrer Wanderung zu transportieren. Die Gesamtlänge von 220 cm garantiert Ihnen bis zu einer Körpergröße von 183 cm ausreichend Bewegungsfreiheit, aber keine überflüssigen Lufträume, die mitgewärmt werden müssten."*

Stefan: *„1,83 m, ja, das kommt hin."*

Herr Heuser: *„Der Schlafsack ist in der so genannten Mumienform gefertigt. Dadurch haben Sie im Schulter- und Beckenbereich mehr Bewegungsraum. Dies sichert Ihnen nicht nur die notwendigen Schlafbewegungen, sondern hält auch die Füllung elastisch, so dass sie ihre volle Isolationswirkung entfalten kann. Im Beinbereich wird der Schlafsack schmaler und damit ebenfalls wärmehaltender."*

Stefan: *„Ja, wärmen muss er, wir wollen nämlich jetzt im Herbst wandern. Da wird es nachts schon reichlich kalt."*

Herr Heuser: *„Dann ist die Füllung des Schlafsacks für Sie besonders wichtig. Sie besteht zu 70 % aus echter Entendaune. Daunen können ein Vielfaches ihres eigenen Volumens an Luft einschließen. Dadurch entsteht ein unübertroffenes Isoliervermögen bei kleinstem Gewicht. Auch wenn es draußen kälter wird, können Sie in diesem Schlafsack warm und entspannt schlafen und damit Kräfte für den nächsten Wandertag sammeln.*

Der äußere Bezugsstoff ist aus wasserabweisendem Polyamid gefertigt. Morgentau und Nebelfeuchte werden auf diese Weise von Ihnen ferngehalten. Der innere Bezugsstoff besteht aus hautsympathischer und atmungsaktiver Baumwolle, so dass Sie sich in dem Schlafsack auch sehr wohlfühlen werden.

Damit die isolierende Wirkung lange erhalten bleibt, ist die Füllung in Trapezkammern eingebettet, die eine gleichmäßige Verteilung der Daunen im Schlafsack sicherstellen. Dies ist Voraussetzung für eine gleichmäßige Wärmerückhaltung über die gesamte Fläche."

Stefan: *„Das klingt alles sehr gut. Was sind denn das für Streifen?"*

Herr Heuser: *„Die Streifen auf der Schlafsackunterseite besitzen kleine rutschfeste Gumminoppen. Durch das Eigengewicht des Schläfers wird verhindert, dass Sie z. B. auf leicht geneigtem Untergrund im Laufe der Nacht immer tiefer rutschen."*

Stefan: *„Wie teuer ist der Schlafsack?"*

Herr Heuser: *„Dieser Qualitätsschlafsack mit Wärmekragen und Innentasche kostet 149,00 €. Der umlaufende Zwei-Wege-Reißverschluss sorgt für zusätzlichen Komfort."*

Stefan: *„Gut, ich nehme ihn. Ein Transportbehälter gehört doch sicherlich dazu, oder?"*

Herr Heuser: *„Selbstverständlich. Zum Schlafsack gehört ein Zweistufen-Kompressionspack. Für die Wanderung lässt es sich sehr klein zusammenschnüren. Für die langfristige Lagerung sollten Sie mehr Raum geben, damit die Daunenfüllung ihr Bauschvermögen behält. Dann haben Sie an diesem Schlafsack viele Jahre Freude."*

Stefan: *„Wo ist die Kasse?"*

Herr Heuser: *„Wenn Sie mir bitte folgen würden?"*
(An der Kasse:) „Das macht dann 149,00 €."

Stefan: *„Einhundert, einhundertvierzig, einhundertfünfzig."*

Herr Heuser: *„Ein € zurück: Ich wünsche Ihnen viel Vergnügen bei Ihrer Zeltwanderung."*

Stefan: *„Vielen Dank. Auf Wiedersehen."*

Herr Heuser: *„Auf Wiedersehen."*

Arbeitsauftrag

Formulieren Sie zum obenstehenden Verkaufsgespräch ein Ergänzungsangebot
1. während des Hauptkaufs
2. nach dem Hauptkauf

So gehen Sie vor:

- Suchen Sie im Gesprächsverlauf eine geeignete Stelle, um während des Hauptkaufs ein Ergänzungsangebot zu machen. Verwenden Sie die untenstehenden Produktinformationen.
- Unterbreiten Sie alternativ ein Ergänzungsangebot nach dem Hauptkauf.
- Vergleichen Sie Ihre beiden Lösungen und beurteilen Sie, an welcher Stelle des Verkaufsgespräches ein Ergänzungsangebot am besten angebracht ist.

Informationen zur Schlafsackunterlage (Isomatte):

Die Matte hat zwei unterschiedliche Oberflächen: die obere aus texturiertem, rutschfesten Kunststoff, die untere aus dem leichteren, glatten und Schmutz abweisenden Nylon. Der Kern aus Vollschaum bietet effektive Isolierung. Es ist eine Allround-Matte für alle Jahreszeiten.
Die leichte Matte ist der Länge nach faltbar. Besonders kleines Packmaß: 26 x 15 cm Ø. Maße: 183 x 51 x 2,5 cm. Gewicht: 880 g.

Aufgabe 1

Welche der nachfolgenden Formulierungen halten Sie für geeignet, um nach dem Hauptkauf an der Kasse ein Ergänzungsangebot zu machen?

① „Darf es sonst noch etwas sein?"
② „Brauchen Sie noch Bohrer?"
③ „Zu diesem Rosenkranz gibt es auch ein passendes Täschchen. Dieses braune Täschchen zum Beispiel harmoniert farblich mit den Perlen des Rosenkranzes."
④ „Darf ich Ihnen zu dieser Garnitur auch einmal die passenden Kissen aus reiner Seide zeigen?"
⑤ „Soll ich Ihnen gleich einen Film einlegen?"
⑥ Kunde: „Ja, die Kamera nehme ich."
Kundenberater: „Möchten Sie gleich mit der Kamera fotografieren?"
Kunde: „Ja, dann benötige ich noch einen Film dazu."

Aufgabe 2

Sie verkaufen einer Kundin/einem Kunden ein Produkt aus Ihrem Sortiment. Gleichzeitig sind Sie bemüht, auch einen Ergänzungsartikel anzubieten.
Verwenden Sie als Ergänzungsartikel ein Produkt,

- das den Hauptartikel verschönert,
- das die Einsatzmöglichkeiten des Hauptartikels verbessert
- oder den Hauptartikel erst einsatzfähig macht.

Entscheiden Sie, ob Sie das Ergänzungsangebot während oder nach dem Hauptkauf aussprechen.

Aufgabe 3

Machen Sie geeignete Vorschläge zur Verteilung von Ergänzungsartikeln in Ihrem Ausbildungsbetrieb, damit Ergänzungsangebote während des Hauptkaufs unterbreitet werden können und die entsprechenden Produkte gleich zur Hand sind.

9 Ein Alternativangebot machen

In der Abteilung Haushaltswaren, Eisenwaren, Werkzeuge: Ein Kunde betritt die Abteilung und schaut sich suchend um. Herr Thomas geht auf den Kunden zu.

Kundenberater: „Guten Tag."
Kunde: „Guten Tag."
Kundenberater: „Was darf ich Ihnen zeigen?"
Kunde: „Ich suche eine Bohrmaschine von Bosch."
Kundenberater: „Bosch-Bohrmaschinen haben wir leider nicht. Wir führen nur METABO-Maschinen."
Kunde: „Schade. Können Sie mir sagen, wo ich Bosch-Geräte finden kann?"
Kundenberater: „Ja, schräg gegenüber befindet sich ein Baumarkt. Dort bekommen Sie, was Sie wünschen."
Kunde: „Vielen Dank und auf Wiedersehen."
Kundenberater: „Bitteschön, auf Wiedersehen."

Die Leiterin der Abteilung, Frau Bense, hat das Gespräch beobachtet und spricht Herrn Thomas an:

Frau Bense: „Das war ja keine besonders umsatzstarke Lösung des Kundenproblems. Oder glauben Sie, der Baumarkt schickt uns seine METABO-Kunden?"
Herr Thomas: „Was soll ich machen, wir führen nun mal keine Bosch-Produkte."
Frau Bense: „Aber unsere METABO-Maschinen sind doch gleichwertig. Sie hätten sie dem Kunden zumindest zeigen können. Da gibt es verschiedene Möglichkeiten, den Kunden zu überzeugen."
Herr Thomas: „Ich bin gespannt."
Frau Bense: „1. Sie führen den Kunden zu unserem Regal mit den Bohrmaschinen und stellen ihm eine METABO-Maschine vor, ohne näher auf seinen Wunsch nach Bosch-Maschinen einzugehen. Schließlich sucht der Kunde zunächst einmal eine Bohrmaschine.

2. Sie führen den Kunden zu unserem Regal und klären ihn dort darüber auf, dass wir Bosch nicht führen, aber ein vergleichbares Produkt anbieten können.

3. Sie klären den Kunden über unser Sortiment auf und fragen ihn dann, ob Sie ihn zu unserer Warenauswahl führen dürfen – das ist die kundenfreundlichste, aber nicht die verkaufsstärkste Lösung."

Herr Thomas: „Und Sie meinen, das führt zum Erfolg?"
Frau Bense: „Ich bitte Sie dringend, probieren Sie es doch einmal aus."

Arbeitsauftrag
Übertragen Sie die Situation auf Ihren Ausbildungsbetrieb und unterbreiten Sie einem Kunden ein Alternativangebot.

Aufgabe 1

Welche der nachstehenden Begründungen könnten von einem Kunden vorgebracht werden, der unbedingt eine Bohrmaschine von Bosch haben möchte?

1 Der Kunde hat schon einmal ein Produkt von Bosch gekauft und war damit sehr zufrieden.
2 Mit dem Namen „Bosch" verbindet der Kunde bestimmte positive Produkteigenschaften wie moderne elektronische Steuerung, Zuverlässigkeit und lange Lebensdauer.
3 Der Name „Bosch" bürgt allgemein für Qualität. Der Kunde kann sicher sein, ein Qualitätsprodukt zu erwerben.
4 Bosch-Maschinen werden vielfach von Handwerkern benutzt. Wer solch ein Gerät benutzt, gilt als „Profi".
5 Der Kunde nennt den Namen, weil ihm kein anderer eingefallen ist.

Aufgabe 2

Erstellen Sie eine Übersicht mit fünf Artikeln aus Ihrem Ausbildungssortiment und jeweils einem Alternativprodukt, das Sie nicht führen, wonach Kunden aber fragen könnten.
Begründen Sie, warum Kunden Ihre Artikel jeweils als wirkliche Alternative empfinden würden.

Aufgabe 3

Ein Kunde wünscht eine Wohnungseinrichtung mit Möbeln von Trüggelmann (Hersteller, der Stilmöbel nach überlieferten Formen nachbaut). Aus den Kundenäußerungen ist zu entnehmen, dass der Kunde etwas Besonderes sucht. Da Produkte dieses Herstellers nicht geführt werden, bietet die Verkäuferin als Alternativangebot Stilmöbel von Selva an.
Ordnen Sie die nachfolgenden Aussagen zu einem sinnvollen Alternativangebot:

Kundenberaterin:

① (auf dem Weg zur Stilmöbelabteilung) „Hinter dem Namen ‚Selva' verbirgt sich ein Hersteller, der Möbel nach antiken Vorbildern stilecht nachbildet. Selva verwendet dazu nur edle Hölzer, die nach traditionellen Verfahren verarbeitet werden. Handarbeit spielt bei der Fertigung von Selva-Möbeln noch eine große Rolle.

② Unser Haus präsentiert Ihnen auf einer ganzen Etage ein komplettes Stilmöbelprogramm unterschiedlicher Hersteller. Trüggelmann führen wir nicht. Für eine anspruchsvolle und stilgerechte Wohnungseinrichtung kann ich Ihnen zum Beispiel Möbel von Selva zeigen. Würden Sie mir bitte folgen?

③ Solche kunsthandwerklich gearbeiteten Möbel von Selva geben Ihrer Wohnung eine individuelle Note.

④ (vor einer Möbelgruppe von Selva) Dieser Schrank besteht zum Beispiel aus massiver Eiche. Die Oberfläche in gelaugter und gewachster Ausführung hat durch eine aufwändige Behandlung ein unübertroffenes Antik-Finish bekommen. Dazu passend sehen Sie hier die handgeschmiedeten Beschläge aus patiniertem Altmessing."

10 Den Kaufabschluss beschleunigen

Eine Kundin – gut gekleidet, etwa 55 Jahre alt, – hat sich schon zahlreiche Schuhmodelle zeigen lassen. Sie wünscht einen bequemen Schuh, den sie bei ihrer Berufstätigkeit anziehen kann, der aber auch elegant sein soll. Fünf Paar Schuhe hat sie nach den Anproben in die engere Wahl gezogen. Es fällt ihr aber schwer, sich für ein Paar zu entscheiden.
Frau Seifert bemüht sich darum, der Kundin die Entscheidung zu erleichtern.

Kundin:	*„Welche soll ich denn nun nehmen? Eigentlich gefallen sie mir alle ganz gut."*
Kundenberaterin:	*„Diese Schuhe mit den hohen Absätzen sehen zwar elegant aus, aber wenn Sie den ganzen Tag darin laufen müssen, tun Ihnen am Abend bestimmt die Füße weh."*
Kundin:	*„Sie haben Recht, also die nehme ich auf keinen Fall."*
Kundenberaterin:	*„Diese Schuhe haben die gleiche Absatzhöhe, und beide sind mit einem Fußbett ausgestattet. Die Schuhe von VARIO wirken aber viel klobiger als die von Lady-Gabor."*
Kundin:	*„Tatsächlich, sehr klobige Schuhe. Dann stellen wir die von VARIO auch einmal zur Seite."*
Kundenberaterin:	*„Sie sagten, dass Sie schon viele Schuhe in Bordeaux-Rot haben. Dieses Rot geht stark in den violetten Bereich, so dass Sie damit kaum eine größere Auswahl hätten."*
Kundin:	*„Richtig, von dieser Farbe habe ich genug."*
Kundenberaterin:	*„Dann bleiben noch diese beiden übrig."*
Kundin:	*„Wie teuer sind die denn?"*
Kundenberaterin:	*„Dieser Lady-Gabor-Schuh kostet 139,00 €."*
Kundin:	*„Oh, so viel wollte ich aber nicht anlegen. Und die anderen?"*
Kundenberaterin:	*„Die sind leider noch etwas teurer: 159,00 €. Vielleicht sollten Sie doch die eleganten mit den hohen Absätzen nehmen?"*
Kundin:	*„Damit mir die Füße wehtun?"*
Kundenberaterin:	*„Oder die von VARIO."*
Kundin:	*„Die Klobigen?"*
Kundenberaterin:	*„Die roten Schuhe waren doch auch sehr schön."*
Kundin:	*„Noch mehr Bordeaux-Rot?"*
Kundenberaterin:	*„Tja, ..."*
Kundin:	*„Also ich überlege mir das noch einmal. Vielen Dank und auf Wiedersehen."*

Arbeitsauftrag

Entwerfen Sie eine Verkaufssituation, in der Sie einem unschlüssigen Kunden die Kaufentscheidung erleichtern.

So sollten Sie vorgehen:

- Übertragen Sie die oben stehende Verkaufssituation auf Ihre Branche.
- Gehen Sie davon aus, dass einem Kunden am Ende des Verkaufsgespräches 3–5 Produkte zur Auswahl vorliegen und er sich nicht entscheiden kann.
- Verringern Sie die Auswahl in positiver Weise.
- Berücksichtigen Sie dabei die Ansprüche des Kunden, eventuell den Verwendungszweck, den er für das Produkt genannt hat oder gehen Sie auf Besonderheiten ein, die der Kunde während des Verkaufsgespräches zum Ausdruck gebracht hat.
- Geben Sie zum Schluss eine begründete Empfehlung.

11 Die Kaufentscheidung eines Kunden bestätigen

In der Abteilung Elektro/Tonträger/Computer
Frau Albers, eine Dame von 73 Jahren, ist Stammkundin des City-Warenhauses. Heute möchte sie eine Heizdecke für kalte Wintertage erwerben. Sie äußert allerdings Bedenken, weil sie sich Sorgen um ihre Sicherheit macht. Außerdem muss sie an ihre nicht allzu üppige Rente denken. Herr Thomas gelingt es aber durch sorgfältige Beschreibung der Funktionsweise der Decke, die Bedenken der Kundin zu zerstreuen. Auch vom Preis her kann Herr Thomas – wegen kleiner Farbabweichungen – ein günstiges Angebot machen.

Frau Albers: *„Gut, ich nehme die Decke."*

Herr Thomas: *„Da haben Sie eine schöne Decke erworben, an der Sie noch lange Freude haben werden. Wenn Sie bitte dort an der Kasse bezahlen möchten?"*

Frau Albers: *„Ja, gerne."*

(An der Kasse trifft Frau Albers auf Frau Beyer, die heute ausnahmsweise an der Kasse aushilft, und man plaudert ein wenig miteinander.)

Frau Albers im Verkaufsgespräch mit Herrn Thomas

Frau Beyer: *(als Herr Thomas die Decke bringt) „Oh, da haben Sie aber eine schöne Heizdecke erworben. Die wird Ihnen noch lange Freude machen."*

(Während Frau Beyer kassiert, erscheint Frau Bauer, die Ehefrau des Inhabers des City-Warenhauses und seit Jahren bekannt mit Frau Albers. Als sie die Decke und Frau Albers sieht:)

Frau Bauer: *„Guten Tag, Frau Albers. Wie geht es Ihnen?"*

Frau Albers: *„Danke, gut."*

Frau Bauer: *„Da haben Sie aber eine schöne Decke gekauft. Daran werden Sie noch lange Freude haben."*

(Wenn Herr Bauer im Verkaufsraum anwesend ist, lässt er es sich gewöhnlich nicht nehmen, ein paar Worte mit den Stammkunden des Hauses zu wechseln. Heute allerdings ist er ausschließlich in seinem Büro tätig.)

Was hätte Herr Bauer wohl zu Frau Albers gesagt, wenn er sie mit der Heizdecke gesehen hätte?

Arbeitsauftrag

Bestätigen Sie die Kaufentscheidung eines Kunden.

1. Formulieren Sie eine Kaufbestätigung, wie sie durch Herrn Thomas nach der Entscheidung der Kundin hätte vorgenommen werden können.
2. Übertragen Sie die Situation auf Ihren Ausbildungsbetrieb und bestätigen Sie die Kaufentscheidung eines Kunden. Beschreiben Sie vorher den Kunden und seine Ansprüche.

Aufgabe 1

Welchen der folgenden Aussagen stimmen Sie zu?

① Bei Kaufbestätigungen genügen allgemeine Aussagen. Dem Kunden muss das Gefühl vermittelt werden, etwas Gutes (Schönes) gekauft zu haben. Auch mehrmalige Bestätigungen sind sinnvoll.

② Der Kundenberater sollte besser auf die Kaufbestätigung verzichten, da der Kunde an der Kasse genug Bestätigung erfährt.

③ Zumindest der Kundenberater, der das Verkaufsgespräch geführt hat, kann den Kauf individuell, d. h. anspruchs- und verwendungsgerecht bestätigen.

④ In der Kaufbestätigung wird dem Kunden noch einmal vor Augen geführt, dass das gekaufte Produkt die Kundenansprüche erfüllt.

Aufgabe 2

Am Ende eines Verkaufsgespräches entschließt sich der Kunde nicht immer zum Kauf. Bemerkungen wie „Ich kann mich jetzt noch nicht entscheiden", „Da muss ich noch meinen Mann fragen" oder „Das muss ich mir erst noch einmal überlegen" enttäuschen dann den Kundenberater.

Welche der nachstehenden Antworten halten Sie in einem solchen Fall für gelungen?

① „Morgen sind Sie auch nicht schlauer als heute."

② „Lassen Sie sich ruhig Zeit."

③ „Ja, ja, das sagen alle, die nicht kaufen wollen."

④ „Gerne. Darf ich Ihnen noch diesen Prospekt mitgeben. Dort sind die wichtigsten Vorteile übersichtlich dargestellt."

⑤ „Gerne. Bringen Sie Ihren Mann doch einmal mit, dann kann er sich selbst von der Vorteilhaftigkeit der Ware überzeugen."

⑥ „Ja, bitte. Wir haben auch noch einige günstige Modelle da. Wenn Sie sich die einmal anschauen wollen?"

Aufgabe 3

Entwickeln Sie eine Situation aus Ihrem Ausbildungsbetrieb, in der ein Kunde sich nicht zum Kauf entschließt. Reagieren Sie auf die Entscheidung des Kunden angemessen und machen Sie deutlich, wie Sie versuchen, den Kunden an das Geschäft zu binden (z. B. durch eine Auswahlsendung).

12 Einen Artikel kundenorientiert umtauschen

In der Textilabteilung des City-Warenhauses

Eine Dame mittleren Alters betritt die Abteilung für Damenoberbekleidung des City-Warenhauses und spricht dort die Kundenberaterin, Frau Melcher, an.

Kundin: *„Entschuldigung, ich möchte etwas umtauschen. Können Sie mir da weiterhelfen?"*

Frau Melcher: *„Vielleicht! Worum geht es denn?"*

Kundin: *„Gestern habe ich hier bei Ihnen zu meinem Hosenanzug diese rote Bluse gekauft. Doch zu Hause habe ich entdeckt, dass die Bluse an einem Ärmel weiße Stellen hat. Da ist wohl der Stoff nicht richtig eingefärbt worden. So kann ich die Bluse auf keinen Fall tragen."*

Frau Melcher: *„Ach, wenn Sie den Blazer nicht ausziehen, sieht man die weißen Stellen bestimmt gar nicht."*

Kundin: *„Na hören Sie mal, Sie müssen mir mein Geld zurückgeben. Die Ware ist schließlich nicht in Ordnung."*

Frau Melcher: *„Stimmt, deshalb haben wir das auch dran geschrieben. Sehen Sie, dort am Ständer hängt ein Schild: Reduziert – 1b-Ware."*

Kundin: *„Und was heißt das jetzt? Ich war gestern in Eile und habe das Schild nicht gesehen."*

Frau Melcher: *„Na, das ist dann Ihr Problem!"*

City-Warenhaus Bauer

Reduziert!

1b-Ware

Mit kleinen Fehlern.

Arbeitsauftrag

Entwerfen Sie ein Verkaufsgespräch, in dem Sie das oben beschriebene Kundenproblem kundenorientiert lösen.

Das sollten Sie beachten:

- Informieren Sie sich über die Rechtslage.
- Stellen Sie die Kundenzufriedenheit in den Mittelpunkt, indem Sie Verständnis für die Situation der Kundin zeigen und einen kundenorientierten Lösungsvorschlag anbieten.

Aufgabe 1

Entscheiden Sie, ob es sich in den folgenden Fällen um einen Umtausch oder um eine Reklamation handelt.

① Ein Kunde erklärt, dass der von ihm gekaufte Fernseher für seine Schrankwand zu groß sei.
② Nach dem ersten Gebrauch hat ein Besen sämtliche Borsten verloren.
③ Eine Kundin hat einen Kinderpullover in der falschen Größe gekauft.
④ Das von einem Kunden erworbene Hemd passt farblich nicht zu seinem Anzug.
⑤ Da sie dasselbe Buch zweimal geschenkt bekommen hat, möchte die Kundin ein Exemplar zurückgeben.
⑥ Eine Kundin hatte bei der Anprobe eines Pullovers einen Webfehler entdeckt. In Absprache mit der Abteilungsleitung wurde ihr ein Preisnachlass von 20,00 € angeboten und die Kundin entschloss sich zum Kauf. Doch am nächsten Tag fordert sie die Rücknahme des Pullovers, weil ihr der Fehler doch zu auffällig sei.

Aufgabe 2

Entwickeln Sie ein Verkaufsgespräch, in dem Sie eine typische Umtauschsituation aus Ihrem Ausbildungsbetrieb und eine kundenorientierte Reaktion beschreiben.

Aufgabe 3

Entwerfen Sie für die folgenden Situationen geeignete Reaktionen der Kundenberater.

a) In einem Supermarkt

Nina ist Auszubildende in einem Supermarkt und zurzeit hinter der Käsetheke eingesetzt. Eine Kundin tritt heran.

Kundin: *„Guten Tag, mein Mann hat bei Ihnen heute Morgen Käse gekauft. Butterkäse. Fünf Scheiben Butterkäse. Dabei hat der mindestens 55 % Fett i.Tr. und wir müssen doch auf unser Cholesterin achten. Männer! Kann ich den Käse gegen fettarmen Käse umtauschen?"*

Nina: *???*

b) In einem Schuhfachgeschäft

Philipp, Auszubildender in einem Schuhfachgeschäft, erinnert sich noch genau an diesen Kunden. Eine halbe Stunde lang hatte dieser in der vergangenen Woche überlegt, ob er die Sportschuhe in Größe 44 oder lieber eine Nummer größer nehmen sollte. Schließlich hatte er sich für die Schuhe in Größe 44 entschieden. Mit diesen Schuhen inklusive Karton und Kassenzettel steht der Kunde nun wieder vor Philipp.

Kunde: *„Also, die Schuhe müssen Sie wieder zurücknehmen. Darin gehe ich keinen Schritt mehr; überall habe ich Blasen."*

Philipp: *„Sie haben die Schuhe also schon getragen?"*

Kunde: *„Natürlich, sonst wüsste ich ja nicht, dass die Dinger nicht passen. Meine beiden Füße sind total verpflastert, dabei soll Sport doch die Gesundheit fördern. Also nehmen Sie die Schuhe jetzt zurück?"*

Philipp: *???*

c) In einer Parfümerie

Es ist der erste Werktag nach Weihnachten und wie jedes Jahr bitten zahlreiche Kunden um einen Umtausch. Aus diesem Grund wird auch gerade Frau Kramer, eine langjährige Kundenberaterin, von einer Kundin angesprochen.

Kundin: *„Guten Morgen, ich möchte etwas umtauschen."*

Frau Kramer: *„Guten Morgen, was möchten Sie denn umtauschen."*

Kundin: *„Ich habe von meinem Mann zu Weihnachten dieses Parfum bekommen, aber das ist gar nicht meine Richtung."*

Frau Kramer: *„Das ist kein Problem, wir finden bestimmt einen angenehmen Duft für Sie. Geben Sie mir doch schon mal den Kassenbon."*

Kundin: *„Nun, den hat mein Mann bereits weggeworfen. Doch er hat das Parfum mit Sicherheit hier gekauft. Schließlich kaufen wir immer hier!"*

Frau Kramer: *???*

d) In einem Baumarkt

Stefan ist Auszubildender in einem Baumarkt und zurzeit im Servicebereich für Holzzuschnitte tätig. Nach den Maßangaben der Kunden schneidet er Regalböden, Arbeitsplatten für Küchen u. Ä. zu. Ein Schild weist die Kunden darauf hin, dass solche Holzzuschnitte grundsätzlich vom Umtausch ausgeschlossen sind. Dennoch äußert ein Kunde einen Umtauschwunsch.

Kunde: *„Entschuldigung, junger Mann. Ich habe bei Ihnen gestern diese Arbeitsplatte anfertigen lassen. Doch die Platte ist zehn Zentimeter zu kurz.*

Stefan: *„Das ist wirklich ärgerlich. Haben Sie noch den Auftragszettel?"*

Kunde: *(holt einen Zettel hervor) „Sehen Sie, hier steht es: 2,65 m x 0,50 m."*

Stefan: *„Augenblick bitte! (misst die Arbeitsplatte nach) Die Platte hat genau die Maße."*

Kunde: *„Oh je, da habe ich mich wohl um zehn Zentimeter vertan. Mit dieser Platte kann ich aber nichts anfangen. … Tauschen Sie mir die Platte wohl gegen eine andere um?"*

Stefan: *???*

Aufgabe 4

Nehmen Sie zu folgenden Aussagen aus Sicht des Einzelhändlers begründet Stellung.

a) „Wer umtauscht, verliert Umsatz."
b) „Jeder Kunde hat ein Recht auf Umtausch."
c) „Wer großzügig umtauscht, wird ausgenutzt."

Aufgabe 5

Sammeln Sie aus Sicht des Einzelhändlers Argumente für und gegen einen Umtausch von

a) Ware gegen Ware,
b) Ware gegen Gutschein,
c) Ware gegen Geld.

Lernfeld 3 Kunden im Servicebereich Kasse betreuen

1 Kaufvertrag beim Warenverkauf

1.1 Vom Kunden die Abnahme gekaufter Ware verlangen

In der Textilabteilung des City-Warenhauses:

Simone war wirklich nicht zu beneiden. Die Kundin redete ununterbrochen, ließ sich immer wieder neue Artikel zeigen, hastete hin und her und schuf ein großes Durcheinander. Simone hatte große Mühe, den Überblick zu behalten.

Kundin: *„Ach Gott, mein Mann wird sicher gegen solch eine Bluse etwas haben. Wissen Sie, junge Frau, er hat einen schrecklich konservativen Geschmack. – Ob ihm diese wohl gefällt? – Am besten nehme ich alle drei zur Auswahl mit. Das geht doch, oder?“*

Simone: *„Ja, selbstverständlich, ich stelle Ihnen einen Auswahlschein aus. Sie können sich dann zu Hause in Ruhe entscheiden.“*

Kundin: *„Diese Hose nehme ich auf jeden Fall. Stecken Sie mir mal die Länge ab? (Während Simone die Länge absteckt) Wie lange dauert die Änderung?“*

Simone: *„Übermorgen können Sie die Hose abholen.“*

Kundin: *„Dann bezahle ich sie auch übermorgen, ja?“*

Simone: *„Gerne. Wegen der Änderung muss ich Sie allerdings um eine Anzahlung von 15,00 € bitten.”*

Kundin: *„Ja, ja. Wegen des Rocks muss ich noch einmal bei Kremer vorbeischauen. Dort habe ich ein Modell gesehen, das mir eigentlich noch besser gefiel. Können Sie mir den gestreiften Rock so lange zurücklegen?”*

Simone: *„Ja, natürlich. Ich reserviere Ihnen den Rock für eine Stunde. Genügt das?“*

Kundin: *„Bestimmt. Ich habe mich schon fast entschieden. – Haben wir nun alles?“*

Simone: *„Sie wollten noch einen Hut. Den Hut mit der Schleife und das kleine Samthütchen hatten Sie in die engere Wahl gezogen.“*

Kundin: *„Ach ja, der Hut. Ich nehme den großen mit der Schleife. Aber abholen werde ich ihn zusammen mit der Hose, sonst muss ich zu viel schleppen.“*

Beide begeben sich zur Kasse, wo Simone den Änderungs- und den Auswahlschein erstellt. Während sie schreibt, nimmt die Kundin aus dem Trog gegenüber der Kasse eine Strumpfhose, betrachtet das Preisetikett mit einem Preis von 6,80 € und legt 21,80 € auf die Kassentheke.

Simone: *„Das ist der Änderungsschein für die Hose und dies ist der Auswahlschein für die Blusen. Die Anzahlung wird auf dem Änderungsschein vermerkt.* (Simone registriert die 21,80 € und übergibt der Kundin die Scheine und die Blusen verpackt in einer Tüte.) *Bitte schön.”*

Kundin: *„Danke, tschüs, bis gleich!”*

Die drei Blusen werden am nächsten Tag von einem jungen Mädchen gebracht („Sie haben meiner Mutter nicht gefallen.“). Von der Kundin selbst ist aber auch nach vier Wochen keine Reaktion festzustellen.

Kaufvertrag: zwei übereinstimmende Willenserklärungen

Angebot – Bestellung

Bestellung – Bestellungsannahme

Höflich im Ton oder bestimmt?

Arbeitsauftrag

Entwerfen Sie ein Schreiben an die Kundin, in dem Sie darum bitten, die gekaufte Ware abzuholen. Nennen Sie die/den Artikel in Ihrem Brief.

Briefdaten:
Absender: City-Warenhaus Bauer, Oberstraße 17, 40878 Ratingen
Empfänger: Frau Hildemarie Sommer, Auenweg 37, 40882 Ratingen
Tag des Kaufs: 05.10.20(0)
Briefdatum: 15.11.20(0)

Formulierungsvorschläge

- Ihre Bestellung oder: Erinnerung
- für den Text:
  Sie haben am …
  Diesen Artikel seit dem … zur Abholung bereit.
  Wir bitten Sie daher, … bis zum …
  oder: Wir fordern Sie auf, unverzüglich …

Aufgabe 1

Welche Verhaltensweisen sind bei angezahlter, aber nicht abgeholter Ware angebracht?

1 Der Kunde wird telefonisch oder schriftlich aufgefordert, die Ware abzunehmen.
2 Bei Waren von geringem Wert räumt der Einzelhändler die Ware ins Regal und behält die Anzahlung als Entschädigung für seine Bemühungen.
3 Die Ware wird eingeräumt, der Auszahlungsbetrag aber der Kundin erstattet, sofern es sich um leichtverkäufliche Ware handelt.
4 Der Einzelhändler besteht auf Abnahme der Ware, wenn der Kaufpreis höher liegt.

Aufgabe 2

Entscheiden Sie, ob in folgenden Situationen jeweils ein Kaufvertrag zustande gekommen ist.

1 Die Kundin im Einstiegsbeispiel sagt: „Ich nehme die grüne Bluse, wenn sie meinem Mann gefällt.“
2 Kundin: „Haben Sie auch diese schicken Kamelhaarmäntel, die in diesem Herbst so modern sind?“
Kundenberaterin: „ Ja, da kann ich Ihnen z. B. diesen Kamelhaarmantel mit Schalkragen zeigen.“
Kundin: „Oh ja, der sieht wirklich schick aus.“
3 Ein Blumengeschäft hat einen Automaten neben der Eingangstür stehen. Ein junger Mann wirft drei 2-€-Stücke ein und entnimmt dann einer Lade einen Blumenstrauß.
4 An einem Kiosk wird die Tageszeitung in einem Korb bereitgestellt. Die Kunden nehmen sich eine Zeitung und übergeben den Kaufpreis wortlos.
5 Kundenberater: „Für ein Mädchen ist das farbige Jugendzimmer sicherlich ansprechender.“
Kunde: „Ja, ich glaube das auch. Ich nehme es. Bezahlen kann ich es aber erst Anfang Dezember.“
Kundenbrater: „Das geht in Ordnung.“
6 Ein Kunde bestellt telefonisch einen Frühstückskorb. Weil der Geschäftsinhaber nicht anwesend ist, sagt der Auszubildende die Lieferung zu.

§ 56 HGB Ladenvollmacht

Aufgabe 3

Bestimmen Sie im nachfolgenden Verkaufsgespräch den genauen Zeitpunkt, in dem ein Kaufvertrag abgeschlosen wird.

Beachten Sie den Unterschied zwischen einem Angebot und einer Anpreisung.

Von ihrem Standort im Radio-/Phonogeschäft beobachtet Annemarie einen Kunden, der interessiert die Schaufensterauslage betrachtet. Dann öffnet er die Ladentür und betritt das Geschäft. Nach kurzer Orientierung begibt sich der Kunde zum Regal mit Kopfhörern und nimmt ein Paar in die Hand. Annemarie geht auf den Kunden zu.

Annemarie: *„Guten Tag. – Das sind Kopfhörer, wie sie Kinder und Jugendliche gern zum Walkman verwenden. Sie sind besonders leicht und sorgen für eine gute Wiedergabequalität.“*

Kunde: *„Ja, so etwas suche ich. In Ihrer Zeitungsanzeige heute Morgen haben Sie diese Kopfhörer angeboten. Als ich sie vorhin in Ihrem Schaufenster sah, fiel mir ein, dass sich meine Tochter so etwas zum Geburtstag wünscht.“*

Annemarie: *„Für Ihre Tochter empfehle ich Ihnen Kopfhörer in einer etwas knalligeren Farbe (sie holt aus einem Karton Kopfhörer in leuchtendem Orange). Kopfhörer in diesem Farbton sind gleichzeitig auch ein Schmuckstück, daher werden sie von Mädchen sehr geschätzt.“*

Kunde: *„Sie kennen sich da besser aus. Sind das auch die preisgünstigen aus dem Angebot?“*

Annemarie: *„Ja, das Paar für nur 19,80 €. (Sie betrachtet den Kunden, der nach der Preisnennung zustimmend nickt.) – Ich stelle Ihnen einen Kassenzettel aus, mit dem Sie an der Kasse bezahlen können.“*

Kunde: *„Ja, gerne.“*

Annemarie: *(Während sie den Kassenzettel schreibt:) „Ihre Tochter wird sich über die Kopfhörer bestimmt freuen.“*

Kunde: *„Das glaube ich auch.“ (Er nimmt den Kassenzettel und begibt sich zur Kasse, wo er die 19,80 € bezahlt.)*

Aufgabe 4

Stellen Sie fest, ob es sich bei folgenden „Angeboten“ um rechtswirksame Angebote handelt.

1 Ein Supermarkt wirbt in einer ganzseitigen Anzeige mit der Überschrift „Angebot der Woche“.
2 In einem Prospekt, der einer Tageszeitung beiliegt, bietet ein Textilgeschäft seine neue Winterware an.
3 Ein Haushaltswarengeschäft stellt in einer Vitrine, die zur Verschönerung einer Einkaufsstraße dient, Glas und Porzellan aus. Die Produkte sind mit Preisen versehen.
4 Das Warenangebot eines Selbstbedienungsgeschäftes liegt auf den Warenträgern für den Kunden bereit.
5 Aufgrund einer telefonischen Anfrage erhält ein Krankenhaus von einem Fachgeschäft für medizinischen Bedarf eine Zusammenstellung von Waren, die besonders preisgünstig angeboten werden.

Aufgabe 5

Hat die Kundenberaterin nach Ihrer Meinung in folgender Situation Recht?

Wie kommt in einem Selbstbedienungsgeschäft ein Kaufvertrag zustande?

Ein Kunde läuft mit seinem Einkaufswagen durch ein Selbstbedienungsgeschäft und kauft ein. Kurz vor der Kasse kommen ihm offensichtlich Bedenken, ob er überhaupt genug Geld dabei hat, denn er schaut zweifelnd in sein Portmonee. Dann nimmt er zwei teure Flaschen Spirituosen aus seinem Wagen und stellt sie ins Regal zurück. „Moment mal“, ruft da eine Kundenberaterin: „Gekauft ist gekauft!“

Aufgabe 6

Einer Kundin gefällt eine attraktiv dekorierte Rock-Blazer-Kombination im Schaufenster so gut, dass sie sie unbedingt haben möchte, und zwar sofort. Der Einzelhändler ist bereit, die Kombination nach dem Dekorationswechsel in einer Woche zu verkaufen.

Kundin: *„Wenn Sie die Waren im Schaufenster anbieten, müssen Sie sie mir auch verkaufen."*

Einzelhändler: *„'Müssen'? Ich muss Ihnen gar nichts verkaufen. Fragen Sie mal einen Rechtsanwalt, der wird Ihnen meine Aussagen bestätigen.*

a) Wer hat Recht, die Kundin oder der Einzelhändler? Begründen Sie Ihre Antwort.
b) Beurteilen Sie die Reaktion des Einzelhändlers auf den Wunsch der Kundin.
c) Halten Sie schriftlich fest, wie Sie der Kundin antworten würden. Übertragen Sie den Fall eventuell auf die eigene Branche. Die nachfolgenden Formulierungen sollen Ihnen ein paar Anregungen geben.

Einzelhändler A: „Verstehen Sie bitte, dass ich für die Dekoration viel Geld bezahlt habe. Wenn ich die Kombination herausnehme, muss ich erneut den Dekorateur bestellen. Dann verdiene ich an der Ware keinen Pfennig mehr."

Einzelhändler B: „Es freut mich sehr, dass Ihnen die Kombination so gut gefällt. Sie wird Ihnen auch hervorragend stehen. Attraktive Produkte dieser Art zeigen aber auch anderen Kunden die modische Aktualität unseres Hauses. Daher kann ich Ihnen – das ist rechtlich abgesichert – die Kombination erst in einer Woche überlassen, wenn neu dekoriert wird. Wenn Sie mir Ihre Adresse sagen, rufen wir Sie ..."

Aufgabe 7

a) Schildern Sie zwei unterschiedliche Arten, nach denen in Ihrem Ausbildungsbetrieb Kaufverträge mit Kunden geschlossen werden.
b) Halten Sie schriftlich fest, wie in einem Geschäft
- mit Bedienungssystem,
- mit Vorwahlsystem und
- mit Selbstwahlsystem (Selbstbedienungssystem)

Kaufverträge gewöhnlich zustande kommen.

Aufgabe 8

Immer mehr Konsumenten nutzen das Internet für den Einkauf von Waren.

a) Beschreiben Sie den Aufbau der Internet-Seite des Versandhauses.
b) Begründen Sie, wie beim Internet-Einkauf Kaufverträge zustande kommen.

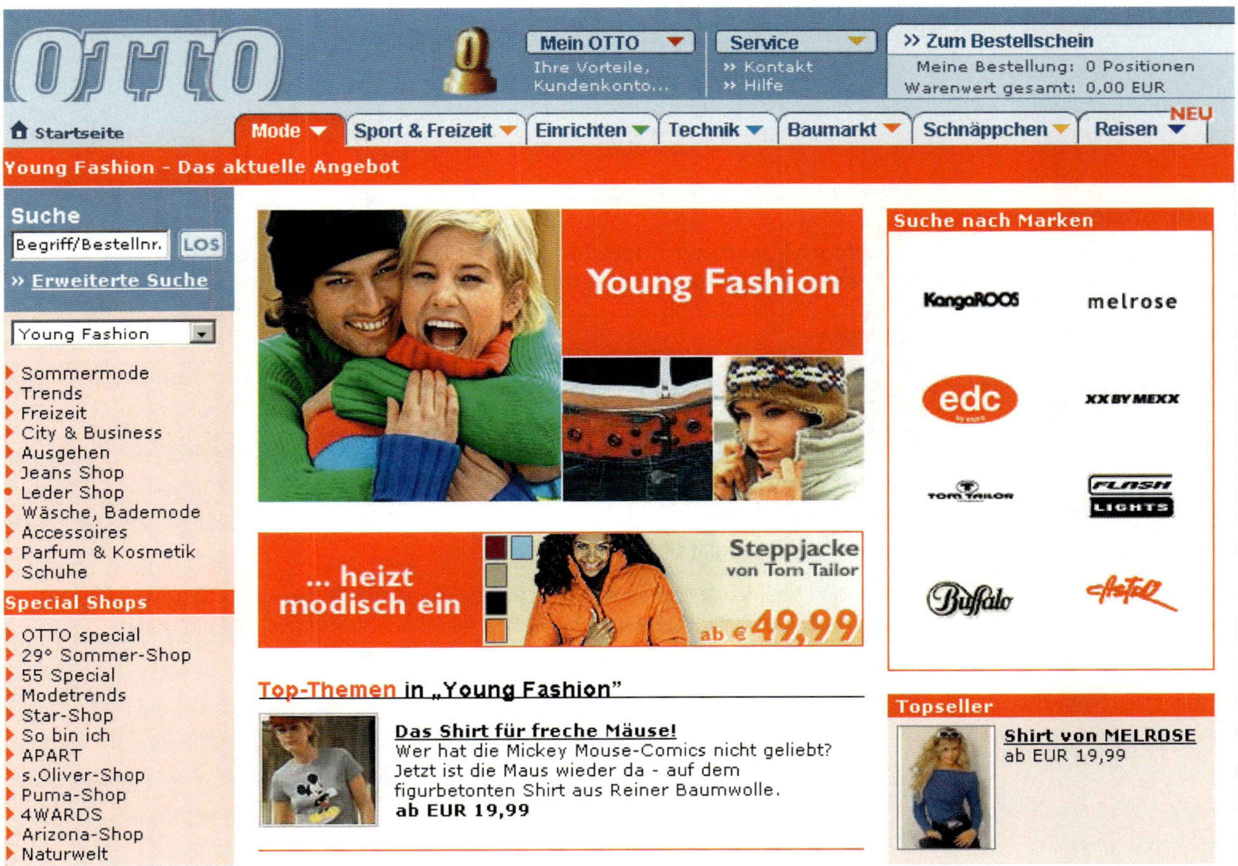

Aufgabe 9

Prüfen Sie, ob in der nachfolgend beschriebenen Situation zwischen Thomas und Herrn Kirch ein Kaufvertrag zustande gekommen ist.

Der 18-jährige Auszubildende Thomas hat seinen Führerschein gemacht und möchte sich ein Auto kaufen. In der Zeitung findet er unter der Rubrik Gebrauchtwagen folgende Anzeige:

> Gelegenheitskauf
> 100 000 km
> TÜV neu
> VB 3.500,– €
> Tel. 09877 45699

Thomas meldet sich noch am gleichen Tag telefonisch auf diese Anzeige und einigt sich mit dem Verkäufer, Herrn Kirch, dass er das Auto am nächsten Tag abholen und bezahlen wird.
Tags darauf: Thomas klingelt, Herr Kirch öffnet ihm die Tür:

Thomas:	*Guten Tag Herr Kirch, ich bin gekommen, das Auto abzuholen. Das Geld, die 3.500,00 €, habe ich dabei.*
Herr Kirch:	*Oh, das tut mit leid. Aber das Auto habe ich bereits heute Morgen an jemand anderen verkauft.*
Thomas:	*Wie verkauft? Wir hatten doch verabredet, dass ich heute bezahle und den Wagen abhole.*
Herr Kirch:	*Ja, das schon. Aber schließlich konnte ich doch nicht wissen, ob Sie auch wirklich kommen. Außerdem hat mir der andere Käufer mehr gezahlt als Sie. Schließlich hatten wir ja nichts schriftlich vereinbart. Wie gesagt, es tut mir leid, aber Sie wissen ja, wer zuerst kommt, mahlt zuerst.*

Aufgabe 10

Aus einem Kaufvertrag entstehen vier Pflichten:
1. rechtzeitige Aushändigung der Ware
2. Aushändigung mangelfreier Ware
3. Annahme (Abholung) der Ware
4. Bezahlung der Ware

Ordnen Sie die Pflichten den Vertragspartnern (Käufer/Verkäufer) zu.

Kaufvertragspflichten

Verkäufer	**Käufer**

Aufgabe 11

Auf welche der folgenden Kaufvertragsarten treffen die unten stehenden Aussagen zu? Tragen Sie die Ziffer vor der jeweils zutreffenden Kaufvertragsart in das Kästchen ein.

Kaufvertragsarten	**Aussagen**	
① Kauf gegen Anzahlung/ Vorauszahlung		Der Kunde zahlt den Kaufpreis in mehreren Teilbeträgen Der Kunde bezahlt den Kaufbetrag mit seiner Bankkarte.
② Barkauf		Der Kunde erhält die Ware gegen Rechnung und hat 30 Tage Zeit, die Rechnung auszugleichen.
③ Zielkauf		Eine Kundin bezahlt 20,00 €, damit man ihr die Ware für 1 Tag zurücklegt. Noch am gleichen Tag zahlt sie den Restbetrag.
④ Ratenkauf		Nach einer telefonischen Bestellung überweist ein Kunde den Kaufbetrag. Nach Eingang des Geldes schickt der Einzelhändler die bestellte Ware per Post zum Kunden.

Aufgabe 12

Prüfen Sie, ob es sich in den nachfolgenden Fällen jeweils um einen Verbrauchsgüterkauf handelt.

① Der Inhaber des Einzelhandelsgeschäftes „Dies & Das", Herr Sendzek, erwirbt in einem Baumarkt einen Hochdruckreiniger. Das Gerät wird zur Reinigung des Geschäftes von Herrn Sendzek eingesetzt.

② Frau Daniel kauft für ihre Familie frisches Gemüse für die Zubereitung des Mittagessens.

③ Der Inhaber des Schmuckgeschäftes Bayer kauft von seinem Kunden, Herrn Volks, eine Auswahl an Familienschmuck aus einer Erbschaft. Nach gründlicher Aufbereitung werden die Schmuckstücke im Geschäft den Kunden zum Kauf angeboten.

④ Die Auszubildende Ayse aus dem City-Warenhaus Bauer erwirbt in einem Textilgeschäft eine farblich passende Kombination aus Bluse und Hose.

⑤ Das frisch verheiratete Ehepaar Gerdes erwirbt vom Einzelhandelsgeschäft Thonfeld ein Grundstück, das direkt neben dem Betriebsgelände des Geschäftes liegt, um darauf ein Einfamilienhaus für sich zu bauen.

1.2 Den Verkauf eines Artikels zum falsch ausgezeichneten Preis ablehnen

Im City-Warenhaus Bauer gibt es einen Schuh-Shop, in dem Schuhe zu günstigen Preisen in Selbstbedienung angeboten werden. Ein Kunde kommt mit einem Paar Schuhe zur Kasse.

Kunde: *„Die hätte ich gern."*

Kundenberaterin: *„Sehr gerne."* (Die Kundenberaterin fährt mit einem elektronischen Lesestift über das Etikett. In der Anzeige der Computerkasse erscheint aber nicht der ausgezeichnete Preis von 19,90 €, sondern ein Preis von 39,90 €.) *„Oh, ich sehe gerade, dass die Schuhe falsch ausgezeichnet sind. Der tatsächliche Preis lautet 39,90 €."*

Kunde: *„Sie wollen mich wohl auf den Arm nehmen. Auf dem Schuh steht 19,90 €."*

Kundenberaterin: *„In meiner Computerkasse steht, dass der Preis 20,00 € höher ist."*

Kunde: *„ Ich weiß nicht, was in Ihrem Computer gespeichert ist – interessiert mich auch nicht."*

Kundenberaterin: *„Ich habe heute Morgen diese Schuhe mit Preisen ausgezeichnet. Dabei habe ich mich wohl vertan. Es kann doch mal vorkommen, dass man sich irrt."*

Kunde: *„Sie bieten hier Schuhe für 19,90 € an und zu diesem Preis habe ich die Schuhe gekauft."*

Kundenberaterin : *„Aber ich kann an meiner Kasse gar keinen anderen Preis als 39,90 € erfassen."*

Kunde: *„Das ist Ihr Problem. Ich will den Schuh zu dem Preis haben, zu dem Sie ihn hier ins Regal gestellt haben."*

Kundenberaterin : *„Ich kann das nicht!"*

Kunde: *„19 Euro 90!"*

Arbeitsauftrag

Lehnen Sie den Wunsch des Kunden ab, und bestehen Sie darauf, nur zum Preis von 39,90 € zu verkaufen. Übertragen Sie die Situation eventuell auf Ihre Branche. Klären Sie zunächst Ihre Rechtslage und entwerfen Sie dann eine geeignete Formulierung.

Lösungshilfen:

1. Prüfen Sie zunächst, ob ein Kaufvertrag vorliegt. Achten Sie dabei auf die Aussagen der Kundenberaterin.
2. Sollte ein Kaufvertrag bestehen, stellen Sie fest, ob eine Anfechtung des Vertrages möglich ist.
3. Bedenken Sie bei der Antwort auf die Kundenforderung, dass laute Streitgespräche einem Geschäft schaden. Äußern Sie daher Verständnis für den Kunden.

Aufgabe 1

Welchen Rat würden Sie Peter in folgender Situation geben?

Im Büro des Reifenhändlers Kranich:

Peter: *Guten Tag, ich möchte mein Auto abholen. Es sollten neue Reifen montiert werden. Aber wie ich sehe, ist noch nichts gemacht worden.*

Sekretärin: *Gut, dass Sie da sind. Wir hatten schon versucht, Sie zu erreichen. Aber wir konnten Ihre Telefonnummer nicht finden. Unser Meister möchte Sie noch sprechen, bevor er mit der Montage beginnt. (nach kurzer Zeit erscheint der Meister.)*

Meister: *Guten Tag, als wir die Reifen auswechseln wollten, haben wir gesehen, dass vorne und hinten das Profil einseitig abgelaufen ist. Neue Reifen zu montieren, ohne dass vorher eine Spurvermessung vorgenommen wird, ist sinnlos. Aber man kann so schon sehen, dass sich was verzogen hat.*

Peter: *Ich habe mich auch schon gewundert, dass die Reifen so schnell ablaufen.*

Meister: *Wieso, haben Sie beim Fahren denn nichts gemerkt?*

Peter: *Ich hab das Auto erst vor einem halben Jahr beim Autohaus Melzig gekauft. Es ist auch mein erstes Auto.*

Meister: *Aber Sie müssen doch nach dem Unfall gemerkt haben, dass der Wagen beim Lenken anders reagiert.*

Peter: *Bei welchem Unfall? Ich habe keinen Unfall mit dem Auto gehabt. Und vorher war der Wagen unfallfrei. Das habe ich schriftlich in meinem Kaufvertrag.*

Meister: *Da hat man Sie reingelegt.*

Peter: *(wütend) … das lass ich mir nicht bieten!*

Aufgabe 2

Motivirrtum – Irrtum in der Erklärung

Stellen Sie fest, ob die nachfolgenden Kaufverträge anfechtbar sind.

1 Kunde: „Ich glaubte, dieser Handrasenmäher hielte mich körperlich fit. Aber heute, nach 14 Tagen, sehe ich doch, dass ich mich damals geirrt habe. Es ist mir zu anstrengend, ich brauche einen Elektrorasenmäher. Den Kaufvertrag über den Handrasenmäher fechte ich wegen Irrtums in der Erklärung an."

2 Ein Kunde hatte eine Klemm-Leseleuchte erworben. Nun will er den Kaufvertrag anfechten, weil er die Leuchte für das Kinderzimmer als zu gefährlich ansieht. Er meint, sein Sohn könne die Leuchte mit der heißen Glühbirne herunterziehen und das Zimmer in Brand setzen.

3 Zu Beginn des Sommerschlussverkaufs wird die Sommerware im Preis herabgezeichnet. Gleichzeitig trifft bereits die neue Herbst- und Winterware ein, die ebenfalls mit Preisen zu versehen ist. Eine neu hereingekommene Jacke, die aussieht wie ein Sommermodell, wird von der Kundenberaterin irrtümlich als Sommerware mit 199,00 € statt mit 299,00 € ausgezeichnet. Eine Kundin erwirbt diese Jacke. Die Kundenberaterin stellt darüber einen Kassenzettel aus. An der Kasse bemerkt der Geschäftsinhaber den Irrtum.

Aufgabe 3

In einem Werbeprospekt waren zwei Preise vertauscht worden mit der Folge, dass eine Kamera im Werte von 980,00 € mit 480,00 € angeboten wurde. Welche Vorgehensweise halten Sie für angebracht, wenn der Einzelhändler den Verkauf der Kamera für 480,00 € gegenüber den Kunden ablehnen möchte:

1 Er erklärt, dass Prospekte Anpreisungen darstellen, die nicht zu einem rechtsverbindlichen Angebot des Einzelhändlers führen.

2 Er fechtet den bestehenden Kaufvertrag wegen Irrtums an.

3 Er beruft sich auf seine Vertragsfreiheit.

Aufgabe 4

In einem Sportfachgeschäft: Der Kundenberater hatte einem Kunden verschiedene Tennisschläger zur Auswahl und zum Ausprobieren mitgegeben. Nach einem weiteren Beratungsgespräch, in dem der Kundenberater die Vorzüge der verschiedenen Schläger noch einmal hervorhebt, entscheidet sich der Kunde für ein Produkt.

Kunde: *„Ja, ich nehme doch diesen Schläger."*

Kundenberater: *„Ich glaube auch, dass er Ihrer Spielstärke am besten gerecht wird. Ich hole Ihnen eben den gleichen Schläger vom Lager. Würden Sie bitte schon zur Kasse gehen? Ich komme sofort nach."*

Der Kunde begibt sich zur Kasse. Der Kundenberater kommt nach kurzer Zeit und schreibt einen Kassenzettel aus.

Kundenberater: *„So, das macht dann 156,00 €."*

Der Kunde bezahlt, anschließend übergibt der Kundenberater dem Kunden den Schläger.

a) Bestimmen Sie den genauen Zeitpunkt, zu dem Kundenberater und Käufer die Kaufvertragspflichten übernommen haben (Verpflichtungsgeschäft).

b) Zu welchem Zeitpunkt haben Kundenberater und Käufer die Pflichten aus dem Kaufvertrag erfüllt (Erfüllungsgeschäft)?

1.3 Waren an Kinder und Jugendliche verkaufen

In der Schreibwarenabteilung des Warenhauses:

Jutta konnte sich noch sehr gut an die beiden Kinder erinnern. Das Mädchen war etwa 8 Jahre alt und machte einen sehr vernünftigen und selbstsicheren Eindruck. An ihrer Hand führte sie einen etwa 5-jährigen Jungen, offensichtlich ihr Bruder. Das Mädchen hatte ein Schüleretui für die Schule zum Preis von 18,00 € gekauft. Außerdem nahmen sich beide ein Tütchen mit Sammelbildern aus dem Regal. Für 1 € gab es in einer kleinen Tüte 6 Bilder zum Sammeln und Tauschen. Der Junge war so ungeduldig, dass er das gekaufte Tütchen mit Bildern von wild ausschauenden Fantasiegestalten noch im Geschäft öffnete. Nun jedoch ist die Mutter der beiden am Telefon.

Mutter: *„Wie kamen Sie bloß auf die Idee, meinen Kindern diese unsinnigen Sammelbilder zu verkaufen!"*

Jutta: *„Entschuldigen Sie, aber diese Bilder werden täglich in großer Zahl von Kindern ..."*

Mutter: *(unterbricht Jutta) „Andere Kinder interessieren mich nicht. Haben Sie sich einmal angesehen, was für ein brutales Zeug Sie einem 5-jährigen Kind in die Hand gedrückt haben?"*

Jutta: *„Ich ..."*

Mutter: *„Hören Sie gut zu! Meine Tochter taucht gleich bei Ihnen auf und gibt Ihnen die Bilder – besser gesagt, was von ihnen noch übrig geblieben ist – und das Etui zurück. Und Sie händigen meiner Tochter die 20,00 € aus. Verstanden?"*

Geschäftsfähigkeit

Arbeitsauftrag

Klären Sie die Rechtslage über die Wirksamkeit der Kaufverträge zwischen Jutta und den beiden Kindern und geben Sie begründete Empfehlungen, wie sich Jutta gegenüber den Forderungen der Mutter verhalten soll.

Aufgabe 1

Prüfen Sie, ob in folgenden Fällen ein rechtswirksamer Kaufvertrag zustande gekommen ist.

Taschengeldparagraf

1 Der kleine Peter ist zwar erst vier Jahre alt, aber wenn er von seiner Tante ein 50-Cent-Stück bekommt, läuft er ins nahe Lebensmittelgeschäft, legt das Geldstück auf die Theke und erhält dafür Bonbons.
2 Ein Zehnjähriger erwirbt für 46,00 € eine Lokomotive für seine elektrische Eisenbahn.
3 Susanne ist 17 Jahre alt und Kundenberaterin in einem Möbelgeschäft. Heute hat sie einem Kunden für 12.000,00 € eine Schrankwand verkauft.
4 Eine 16-jährige Auszubildende mit 520,00 € Monatseinkommen kauft sich einen italienischen Designer-Pullover für 280,00 €.
5 Nach 5 Monaten hatte der Realschüler Frank (15 Jahre) so viel von seinem Taschengeld gespart, dass er sich den lang gewünschten CD-Player für 150,00 € kaufen konnte.
6 Regelmäßig kommt die kleine Elisabeth (6 Jahre) ins Lebensmittelgeschäft, händigt einen Einkaufszettel aus und übergibt ein Portmonee, das ihr von ihrer Mutter mitgegeben wurde. Daraufhin wird ihr die auf der Einkaufsliste genannte Ware ausgehändigt.

Aufgabe 2

Der Einzelhändler Groß war sich sicher, dass der junge Mann, der das Rennrad für 2.300,00 € gekauft hatte, nach seinem Aussehen mindestens 20 Jahre alt war. Nun steht der Vater mit dem völlig demolierten Fahrrad im Geschäft („Mein Sohn hatte mit dem Fahrrad einen Unfall.") und verlangt die Herausgabe der 2.300,00 €, weil sein Sohn erst 17 Jahre alt sei.

Wie beurteilen Sie die Chancen des Einzelhändlers, die 2.300,00 € zu behalten?

Aufgabe 3

Prüfen Sie die Rechtslage in der nachfolgend beschriebenen Situation.

Im Verkaufsraum des Einzelhandelsgeschäftes Motor Kranz. Der 17-jährige Henning betrachtet schon einige Zeit den Motorroller. Ein Kundenberater kommt auf ihn zu:

Kundenberater: *Gefällt Ihnen der Roller?*

Henning: *Ja sehr. Aber 2.400,00 € ist auch ein stolzer Betrag. Ich überlege schon die ganze Zeit, wie ich es finanzieren soll.*

Kundenberater: *Sie sehen sehr jung aus, entschuldigen Sie die Frage, aber sind Sie schon 18?*

Henning: *Noch nicht, aber in 2 Monaten.*

Kundenberater: *Wenn Sie erst 17 Jahre alt sind, darf ich Ihnen den Roller ohne Einwilligung Ihrer Eltern nicht verkaufen.*

Henning: *Wieso, das ist doch mein Geld. Ich bekomme 500,00 € Ausbildungsvergütung. Seit einem Jahr spare ich für den Roller. Außerdem, mit 17 Jahren kann ich mit meinem Taschengeld doch kaufen, was ich will.*

Kundenberater: *Solch ein Betrag geht aber über das Taschengeld hinaus. Vor kurzem hatte ich den gleichen Fall. Ich hab den Vertrag mit dem 17-Jährigen gemacht. Am nächsten Tag waren seine Eltern bei meinem Chef und haben sich darüber beschwert, dass wir an Minderjährige teure Sachen verkaufen. Nicht noch einmal mit mir. Wir können den Vertrag ja schon soweit fertig machen. Wenn Ihre Eltern dann unterschreiben, ist alles klar.*

Henning: *Meine Eltern lassen wir besser aus dem Spiel. Wenn der zu zahlende Betrag zu hoch ist, können wir das doch in Form von Ratenzahlungen machen. Sie bieten diese Zahlungsform an. Hier steht doch, 24 Monatsraten à 100,00 €; und 100,00 € im Monat bewegen sich doch im Rahmen meines Taschengeldes, oder?*

Aufgabe 4

Sind die nachfolgenden Verträge nichtig oder anfechtbar?

1 Ein sechsjähriges Kind kauft sich für 1,00 € Kaugummi.

2 Auf einem Markt werden Schmuckteile aus 585er Gold angeboten, obwohl es sich nur um 333er Gold handelt.

3 Ein Artikel wurde irrtümlich zu einem falschen Preis ausgezeichnet. Erst nach Abschluss des Kaufvertrages wird der Irrtum an der Kasse entdeckt.

Aufgabe 5

Beurteilen Sie folgenden Fall.

Frank hat sich 2 Tage vor seinem 18. Geburtstag eine teure Hi-Fi-Anlage für 1.200,00 € in einem Hi-Fi-Geschäft gekauft. Nachdem er die Kosten für seine Geburtstagsparty überschauen kann, stellt sich seine finanzielle Situation als katastrophal dar. Daraufhin geht er in das Hi-Fi-Geschäft:

Frank: *Vor einigen Tagen habe ich diese Hi-Fi-Anlage bei Ihnen gekauft. Damals war ich noch keine 18 Jahre alt. Jetzt bin ich volljährig. Der Kaufvertrag ist schwebend unwirksam. Ich verweigere die Zustimmung zu meinem Kauf und verlange das Geld zurück.*

> *BGB § 108 (Vertragsabschluss ohne Einwilligung)*
> *(1) Schließt der Minderjährige einen Vertrag ohne die erforderliche Einwilligung des gesetzlichen Vertreters, so hängt die Wirksamkeit des Vertrages von der Genehmigung des Vertreters ab.*
> *(2) Ist der Minderjährige unbeschränkt geschäftsfähig geworden, so tritt seine Genehmigung an die Stelle der Genehmigung des Vertreters.*

1.4 Dem Kunden das Eigentum an einer Ware verschaffen

In der Zweiradabteilung des City-Warenhauses Bauer.

Christian Blume hat im City-Warenhaus eine Chopper VS 1400 erworben. Erfreulicherweise war das Warenhaus bei der Finanzierung des Kaufs behilflich. Bei einem Preis von 4.395,00 € war eine Anzahlung von 1.395,00 € zu leisten. Der Restbetrag konnte in 12 Monatsraten zu je 250,00 € beglichen werden. Allerdings blieb der Kfz-Brief bis zur endgültigen Bezahlung im Warenhaus; denn erst mit der letzten Rate war Christian Eigentümer des Motorrades geworden. Im Kaufvertrag, der im Warenhaus in solchen Fällen immer schriftlich abgeschlossen wird, lautete eine Formulierung: „Die Ware bleibt bis zur endgültigen Bezahlung unser Eigentum."

Kauf unter Eigentumsvorbehalt

Besitz – Eigentum

Heute ist die letzte Rate auf dem Konto des Warenhauses eingegangen, so dass der Fall nun abgeschlossen werden kann. Der Kunde erhält den Kfz-Brief und ein freundliches Werbeschreiben mit Hinweisen auf attraktive Angebote und Neuheiten.

> **Arbeitsauftrag**
> Entwerfen Sie einen Brief an den Kunden Blume, in dem Sie ihm mitteilen, dass er mit der Zahlung der letzten Rate Eigentümer des Motorrads geworden ist. Nutzen Sie die Gelegenheit, um den Kunden auf die neuen Motorrad-Modelle und attraktives Zubehör aufmerksam zu machen.

Absender: City-Warenhaus Bauer, Oberstraße 17, 40878 Ratingen
Empfänger: Christian Blume, Kolpingstraße 17, 40878 Ratingen
Motorrad: Chopper VS 1400, Kennzeichen: ME-M-4890

Lösungshilfen:
- Dank für die pünktlichen Zahlungen
- Hinweis auf den beigefügten Kfz-Brief
- Eigentumserwerb
- Hinweis auf neue Modelle/Zubehör
- Einladung zur Besichtigung/Probefahrt

Aufgabe 1

Stellen Sie fest, ob in folgenden Fällen der Einzelhändler oder der Kunde Eigentümer bzw. Besitzer der Waren ist.

1 Ein Kunde hat sich drei Teppiche zur Auswahl in seine Wohnung legen lassen.
2 In einem Möbel-Mitnahmemarkt hat ein Kunde einen Kinderschreibtisch gekauft und selber in seinem Pkw verstaut.
3 Aufgrund einer telefonischen Bestellung wird einem Kunden ein Ersatzteil per Post übersandt und durch den Postboten zugestellt. Die Ware ist noch nicht bezahlt.
4 Einem Kunden wird eine Ware für 1 Tag zurückgelegt, weil er an einem Kauf interessiert ist.
5 Weil eine Kundin nicht genug Geld bei sich hatte, leistete sie für den Blazer eine Anzahlung. Der Artikel wurde bis zur endgültigen Bezahlung zurückgelegt.
6 Die Uhr eines Kunden wird in einem Uhren-Schmuck-Geschäft repariert.
7 Ein Kunde hat ein Fernsehgerät gekauft und bezahlt. Kundenberater: „Ich bringe Ihnen das Gerät zu Ihrem Auto. Wenn Sie bitte noch einen kleinen Augenblick warten wollen?"

Aufgabe 2

In einem Warenhaus hat sich eine Kundin für eine bestimmt Vase entschieden. Sie bittet die Kundenberaterin, die Vase als Geschenk einzupacken. Die Kundenberaterin nimmt die Vase mit zur Kasse und registriert den Kaufpreis. Beim Einpacken geschieht ihr leider ein Missgeschick: Die Vase fällt zu Boden und zerbricht.

Kundin: *„Schade, die schöne Vase. Im Regal steht aber noch ein ähnliches Exemplar. Das hole ich mir eben."*

Kundenberaterin: *„Ja, gerne. Ich muss Ihnen die zweite Vase allerdings zusätzlich berechnen, denn die erste Vase hatte ich bereits registriert."*

Beurteilen Sie die Situation. Ist die Kundin verpflichtet, die zerbrochene Vase zu bezahlen? Bedenken Sie, wer Eigentümer der Vase war, als sie zerbrach.

Aufgabe 3

Schildern Sie, zu welchem Zeitpunkt in Ihrem Ausbildungsbetrieb bei einem gewöhnlichen Verkauf von Waren die Eigentumsübertragung erfolgt.

Aufgabe 4

Ein Elektrofachgeschäft verkauft hochwertige Elektrogeräte nur unter Eigentumsvorbehalt. Welche der unten stehenden Aussagen trifft auf diesen Sachverhalt zu?

Verkauf unter Eigentums-vorbehalt

1 Der Kunde behält sich vor, das Eigentum an dem Gerät erst dann zu erwerben, wenn es ihm tatsächlich gefällt. Der Kunde hat damit ein Rückgaberecht.
2 Der Einzelhändler überträgt dem Kunden das Eigentum an der Ware erst, nachdem sie vollständig bezahlt worden ist. Der Verkäufer hat im Falle unzureichender Zahlung als Eigentümer ein Rücknahmerecht an der Ware.
3 Der Kunde bleibt immer nur Besitzer des Gerätes. Er hat es im Grunde nur gemietet, auch wenn der volle Kaufpreis bezahlt worden ist.

Aufgabe 5

Ein Juwelier, der auch gelegentlich alten Schmuck ankauft, der ihm von Kunden angeboten wird, stellt nach einem Hinweis der Polizei fest, dass er gestohlenen Schmuck erworben hat. Mit welchen Konsequenzen muss der Einzelhändler rechnen?

1 Die Polizei wird den Schmuck herausfordern und dem wahren Eigentümer übergeben, da man an gestohlenen Gegenständen kein Eigentum erwerben kann.
2 Der Juwelier hat einen rechtmäßigen Kaufvertrag abgeschlossen. Durch die Einigung und die Übergabe der Ware ist er Eigentümer geworden. Der Schmuck gehört ihm.

2 Die Servicequalität erkunden

Der Geschäftsführer Herr Bauer ist erstaunt. Ständig kommen ihm Beschwerden unzufriedener Kunden zu Ohren. Immer wieder hört das Personal Beschwerden der Kundschaft, dass man sich in anderen Geschäften viel wohler fühle. Auch die Kassiererinnen hören immer häufiger, dass die Einkaufsatmosphäre nicht mehr so sei wie früher. Nun jedoch ist Herr Bauer es leid. Er beschließt den Einsatz einer Fragebogen-Aktion, um in Erfahrung zu bringen, welche Beschwerden die Kunden haben und was sie wünschen. „Nur auf diese Weise“, so Herr Bauer zu seinen Abteilungsleitern, „haben wir die Chance, uns voll und ganz auf die Wünsche der Kundschaft einzustellen.“ Gesagt, getan. In Zusammenarbeit mit der Verwaltungsleiterin Frau Dehn entwickelt Herr Bauer einen Fragebogen für die beabsichtigte Umfrage, der überall an den Kassen ausgelegt wird, um von den Kunden ausgefüllt zu werden. Zusätzlich zu den Fragen haben die Kunden die Möglichkeit, Anregungen für Verbesserungen zu geben.

Fragebogen…				Ihre Meinung ist uns wichtig!
Alter	15–25	25–35	35–50	50 +
	☐	☐	☐	☐
Kriterien	++	+	○	○○
Die Qualität der Ware stimmt	☐	☐	☐	☐
Die Preise sind angemessen	☐	☐	☐	☐
…	…	…	…	…
Sonstiges	___			
	(Platz für Anmerkungen)			

Nach einer Woche liegen die Ergebnisse vor. Frau Dehn hat die Fragebögen schon einmal vorsortiert und legt Herrn Bauer nun eine ganz typische Auswahl vor.

Bedeutung der Fragebogen-Symbole:

++	=	trifft voll und ganz zu
+	=	trifft überwiegend zu
o	=	trifft nicht zu
oo	=	trifft überhaupt nicht zu

Arbeitsauftrag

Analysieren Sie die Ergebnisse der Fragebogen-Aktion und leiten Sie aus den Ergebnissen Empfehlungen für Verbesserungsvorschläge im Service-Bereich an die Geschäftsleitung ab. Nutzen Sie für die Auswertung der Fragebögen die Vorlage.

Protokoll der Fragenbogen-Auswertung	
Durchschnittliche Altersgruppe	☐
Durchschnittliche Einschätzung…	
… der Qualität	___
… des Preisniveaus	___
… der Freundlichkeit des Personals	___
… der Werbung	___
… der Aktionsideen	___
Sonstige Anregungen	___
	___
	___

Fragebogen… **Ihre Meinung ist uns wichtig!**

Alter	15–25	25–35	35–50	50 +
	☐	☐	☒	☐
Kriterien	++	+	○	○○
Die Qualität der Ware stimmt	☐	☒	☐	☐
Die Preise sind angemessen	☐	☒	☐	☐
Das Personal ist freundlich	☒	☐	☐	☐
Die Werbung spricht mich an	☒	☐	☐	☐
Die Aktionsideen sind gut	☐	☒	☐	☐

Sonstiges: *Kann man bei Ihnen keine Punkte sammeln? An der Kasse ist es immer ziemlich hektisch.*

Fragebogen… **Ihre Meinung ist uns wichtig!**

Alter	15–25	25–35	35–50	50 +
	☐	☐	☐	☒
Kriterien	++	+	○	○○
Die Qualität der Ware stimmt	☐	☒	☐	☐
Die Preise sind angemessen	☐	☒	☐	☐
Das Personal ist freundlich	☐	☒	☐	☐
Die Werbung spricht mich an	☐	☐	☒	☐
Die Aktionsideen sind gut	☐	☒	☐	☐

Sonstiges: *Weil ich so groß bin, muss ich die Kleidung, die ich bei Ihnen gekauft habe ändern lassen. Ziemlich teuer.*

Fragebogen… **Ihre Meinung ist uns wichtig!**

Alter	15–25	25–35	35–50	50 +
	☐	☐	☐	☒
Kriterien	++	+	○	○○
Die Qualität der Ware stimmt	☐	☒	☐	☐
Die Preise sind angemessen	☒	☐	☐	☐
Das Personal ist freundlich	☒	☐	☐	☐
Die Werbung spricht mich an	☐	☒	☐	☐
Die Aktionsideen sind gut	☐	☒	☐	☐

Sonstiges: *So bin ich zufrieden, aber an der Kasse geht es so schnell, dass ich nicht mitkomme. Mehr Rücksicht auf alte Leute.*

Fragebogen… **Ihre Meinung ist uns wichtig!**

Alter	15–25	25–35	35–50	50 +
	☐	☒	☐	☐
Kriterien	++	+	○	○○
Die Qualität der Ware stimmt	☐	☒	☐	☐
Die Preise sind angemessen	☐	☒	☐	☐
Das Personal ist freundlich	☐	☒	☐	☐
Die Werbung spricht mich an	☐	☒	☐	☐
Die Aktionsideen sind gut	☐	☐	☒	☐

Sonstiges: *Ich würde gerne in Ruhe einkaufen, habe aber ein kleines Kind. Kann man da nichts machen?*

Fragebogen… **Ihre Meinung ist uns wichtig!**

Alter	15–25	25–35	35–50	50 +
	☐	☐	☐	☒
Kriterien	++	+	○	○○
Die Qualität der Ware stimmt	☐	☐	☒	☐
Die Preise sind angemessen	☐	☒	☐	☐
Das Personal ist freundlich	☐	☒	☐	☐
Die Werbung spricht mich an	☒	☐	☐	☐
Die Aktionsideen sind gut	☐	☒	☐	☐

Sonstiges: *Für alte Leute wie mich ist Ihr Geschäft nichts. Nirgendwo etwas zum Aussuchen. Und dabei gehe ich so gerne einkaufen.*

Fragebogen… **Ihre Meinung ist uns wichtig!**

Alter	15–25	25–35	35–50	50 +
	☐	☐	☒	☐
Kriterien	++	+	○	○○
Die Qualität der Ware stimmt	☐	☒	☐	☐
Die Preise sind angemessen	☐	☒	☐	☐
Das Personal ist freundlich	☐	☐	☒	☐
Die Werbung spricht mich an	☐	☒	☐	☐
Die Aktionsideen sind gut	☐	☐	☒	☐

Sonstiges: *Sagen Sie Ihren Mitarbeitern bitte mal, dass sie beim Einpacken von Waren etwas aufpassen sollen.*

Aufgabe 1

Beurteilen Sie die folgende Situation:
Eine junge Frau hat sich in der Abteilung Porzellanwaren mehrere hochwertige Figuren zur Dekoration ihres Wohnzimmers ausgesucht. An der Kasse wird sie jedoch etwas unsicher.

Kundin: *Tja, jetzt weiß ich gar nicht, wie ich die Figuren sicher nach Hause bekommen soll.*

Kundenberaterin: *Das ist kein Problem. Ich packe sie Ihnen gerne ein.*

Kundin: *Ach, das würden Sie tun?*

Kundenberaterin: *Selbstverständlich. Sehen Sie hier. Ich habe hier einen Karton. Dort lege ich die Figuren unten rein und stopfe Zeitungspapier darüber. Damit kann bestimmt nichts passieren.*

Aufgabe 2

Ein junges Paar hat in der Abteilung Möbel eine Kommode zum Preis von 879,00 € gekauft.

Kundin: *Wir wohnen im dritten Stockwerk. Könnten Sie uns die Kommode vielleicht liefern?*

Kundenberater: *Kein Problem. Für die Lieferung müssten wir Ihnen dann jedoch 22,00 € berechnen.*

Kunde: *Ach so. Naja, geht wohl nicht anders. Unser Auto ist nämlich zu klein. Könnten Sie uns die Kommode vielleicht auch aufbauen lassen?*

Kundenberater: *Aber klar. Ich schreibe es auf den Lieferschein. Das kostet dann aber noch mal 50,00 €.*

Kunde: *Ach so!? Das kommt auch noch dazu???*

Verdeutlichen Sie dem Kunden, dass er für die angebotenen Dienstleistungen bezahlen muss.

Aufgabe 3

Beurteilen Sie die Situation:
Draußen regnet es. Eine Kundin steht am Ausgang des City-Warenhauses und schaut besorgt zum Himmel. Eine Kundenberaterin steht in der Nähe und ist mit Aufräumarbeiten beschäftigt.

Kundin: *Hätte ich doch bloß nicht meinen Regenschirm vergessen. Da werden ja all meine Sachen nass.*

Kundenberaterin: *Aber das ist doch kein Problem. Sie können bei uns einen Regenschirm bekommen. Wir bieten diesen Service extra für unsere Kunden an, falls man sich mal mit dem Wetter verschätzt hat. Sehen Sie mal hier, die Regenschirme haben sogar einen Aufdruck mit dem Namen unseres Warenhauses.*

Kundin: *Ach, das ist ja toll. Dann geben Sie mir doch bitte einen mit.*

Kundenberaterin: *Gerne. Dann hätte ich aber von Ihnen gerne ein Pfand in Höhe von 3,00 €.*

Kundin: *Was? 3,00 € Pfand? Jetzt trage ich schon Werbung für Ihr Geschäft und soll dafür auch noch 3,00 € bezahlen?*

Aufgabe 4

Häufig weiß der Kunde gar nicht, welche Service-Leistungen ein Einzelhändler anbietet. Um sich gegenüber dem Mitbewerber zu profilieren, muss der Einzelhändler seine Service-Leistungen jedoch deutlich herausstellen. Entwickeln Sie geeignete Vorschläge, wie man die Kundschaft an der Kasse auf Service-Angebote aufmerksam machen kann.

Aufgabe 5

Ein Kunde hat sich für den Kauf einer CD entschieden.

Kassiererin: *Das macht 16,99 €. Möchten Sie eine Tüte?*

Kunde: *Ja bitte. Sagen Sie, kann ich bei Ihnen auch diesen Gutschein einlösen?*

Kassiererin: *Selbstverständlich. Er ist ja auch auf unser Haus ausgestellt worden. Oh, ich sehe, dass dies ein Gutschein über 50,00 € ist.*

Kunde: *Stimmt, aber was ist denn damit?*

Kassiererin: *Mit dem Gutschein ist alles in Ordnung. Aber die CD kostet ja nur 16,99 €.*

Kunde: *Richtig. Die Differenz können Sie mir doch bar auszahlen.*

Kassiererin: *Da muss ich Sie leider enttäuschen. Wir haben an der Kasse die Anweisung, dass eine Bar-Auszahlung nicht möglich ist.*

Kunde: *Na so was, das habe ich ja noch nie erlebt. Aber was mache ich denn dann?*

a) Beschreiben Sie die Abwicklung einer Zahlung mit Gutschein.
b) Schildern Sie, welche Möglichkeit die Kassierkraft dem Kunden im vorliegenden Fall anbieten könnte.

c) Erläutern Sie, welche Vorteile sich der Einzelhändler durch die Ausstellung von Gutscheinen verspricht.

d) Bei der Einlösung eines Gutscheins stellt die Kassiererin fest, dass die Höhe des Gutscheins nicht ausreicht, um den gewünschten Artikel vollständig zu bezahlen. Beschreiben Sie das korrekte Verhalten in einem solchen Fall.

Aufgabe 6

Beurteilen Sie die folgende Situation: Ein Kunde erscheint an der Hauptkasse. Die Kassiererin ist gerade mit der Tagesabrechnung beschäftigt, als sie von dem Kunden angesprochen wird.

Kunde:	*Guten Tag, ich habe gehört, dass ich bei Ihnen das Service-Heft des Ratinger Werberings bekommen kann.*
Kassiererin:	*Guten Tag, da haben Sie richtig gehört. In diesem City-Service-Heft finden Sie Gutscheine zahlreicher Einzelhändler unserer Innenstadt. Gegen Vorlage dieser Gutscheine bekommen Sie im gesamten Monat April 5 % Rabatt auf alle Artikel, die Sie dort kaufen.*
Kunde:	*Das ist ja toll. Solch ein Service-Heft hätte ich gerne.*
Kassiererin:	*Aber selbstverständlich. Füllen Sie doch bitte dieses Antragsformular aus und unterschreiben Sie es. Dann schicken wir Ihnen das Service-Heft innerhalb von 3 Tagen nach Hause.*

Antrag

Hiermit beantrage ich das City-Service-Heft des Ratinger Werberings. Bitte schicken Sie mir das City-Service-Heft an die untenstehende Anschrift. Durch meine Unterschrift ermächtige ich den Ratinger Werbering zur Weitergabe der Informationen an die Mitglieder des Werberings.

Name, Vorname: ______________________

Straße, Haus-Nr. ______________________

PLZ, Wohnort ______________________

Telefon-Nr. ______________________

E-Mail-Adresse: ______________________

Beruf: ______________________

Arbeitgeber: ______________________

Familienstand: ______________________

Personen im Haushalt: ______________________

Hobbys: ______________________

____

____

Datum, Unterschrift

Aufgabe 7

Reagieren Sie in angemessener Weise auf das Verhalten des Kunden: Ein Kunde hat in der Teppichabteilung einen Teppich für sein Wohnzimmer gekauft. Leider passt der Teppich nicht genau ins Zimmer und muss an zwei Stellen zugeschnitten werden.

Kundenberater:	*Das ist für uns kein Problem. Das machen wir kostenlos. So etwas gehört bei uns zum Kundendienst. Haben Sie eine Skizze des Wohnzimmers dabei, damit ich den Teppich auch genau zuschneiden kann?*
Kunde:	*Also, das nenne ich ‚Service'. Hört sich prima an. Könnten Sie mir dann nicht auch gleich den Teppichrand ketteln?*
Kundenberater:	*Aber selbstverständlich. Das sieht dann wirklich toll aus. Dafür muss ich Ihnen jedoch einen Preis berechnen. 2,55 € je laufenden Meter.*
Kunde:	*Ach. So viel? Ich dachte es wäre billiger. Könnten Sie es denn nicht etwas günstiger machen?*

Aufgabe 8

Service ist ‚Dienst am Kunden'. Alles, was dem Kunden den Einkauf schmackhafter und einfacher macht, kann unter dem Begriff ‚Service' zusammengefasst werden.

a) Wodurch unterscheidet sich der Service des Discounters vom Service des Warenhauses?

b) Nennen Sie jeweils drei Beispiele von
- **ba)** technischen Service-Leistungen
- **bb)** warenunabhängigen Service-Leistungen
- **bc)** Service-Leistungen im Zahlungsbereich

Durchschnittsrechnen

Aufgabe 9

Anlässlich einer Kundenbefragung hat ein Einzelhandelsgeschäft Fragebögen in folgender Anzahl zurückerhalten:

Montag	68	Donnerstag	105
Dienstag	85	Freitag	98
Mittwoch	94	Samstag	45

Berechnen Sie, wie viele Fragebögen durchschnittlich pro Tag zurückgekommen sind.

Aufgabe 10

Silke hat eine Ausbildung zur Kauffrau im Einzelhandel begonnen und erhält monatlich 393,20 € auf ihrem Bankkonto gutgeschrieben. Von ihren Freundinnen und Freunden erfuhr sie, dass die Ausbildungsvergütung bei allen unterschiedlich hoch ist. Elena, die eine Ausbildung zur Großhandelskauffrau begonnen hat, erhält 472,40 €, während Jürgen, der Bankkaufmann werden möchte, 698,00 € ausgezahlt bekommt. Beate werden im ersten Jahr ihrer Ausbildung zur Industriekauffrau monatlich 546,00 € auf dem Bankkonto gutgeschrieben.

Berechnen Sie:

a) Wie viel € werden auf die beiden Bankkonten von Silke und Elena durchschnittlich im Monat überwiesen?

b) Wie viel verdienen Silke, Elena, Beate und Jürgen durchschnittlich im Monat netto?

Aufgabe 11

Silke hat von ihrer Berufsschule die Nachricht erhalten, dass sie der Fachklasse EU1 in Raum 135 zugeteilt worden ist. Am ersten Schultag findet sie sich dort ein und stellt mit Überraschung fest, dass der Raum hoffnungslos überfüllt ist. Ihr Klassenlehrer, Herr Neumann, erklärt, dass von den anwesenden 32 Schülern 5 nicht angemeldet waren. Ähnliche Verhältnisse ergeben sich auch in den Parallelklassen:

EU1 32 Schüler(innen) EU3 26 Schüler(innen)
EU2 25 Schüler(innen) EU4 29 Schüler(innen)

Stellen Sie den gerechten Ausgleich in den Klassenstärken der Klassen EU 1–4 her.

Aufgabe 12

a) In den nachfolgend aufgeführten 6 Fachklassen einer berufsbildenden Schule ist die Anzahl der zu unterrichtenden Schüler unterschiedlich hoch: 24; 26; 29; 27; 19; 31. Errechnen Sie, wie viele Schüler in den Klassen im Durchschnitt unterrichtet werden.

b) Die in a) erwähnten Fachklassen erhalten eine unterschiedliche Anzahl von Stunden Unterricht in der Woche:

Klasse 1 11 Stunden	**Klasse 3** 10 Stunden	**Klasse 5** 8 Stunden
Klasse 2 8 Stunden	**Klasse 4** 13 Stunden	**Klasse 6** 10 Stunden

Wie viel Stunden Unterricht werden in den 6 Klassen im Durchschnitt gegeben?

Aufgabe 13

Im Januar möchte Silke wissen, wie hoch die Telefonkosten im Durchschnitt aller Monate bis zu und nach Beginn ihrer beruflichen Ausbildung im letzten Jahr waren. Sie vergleicht die in einem Ordner abgehefteten Rechnungen, indem sie die Rechnungsbeträge in eine Tabelle einträgt:

Januar	19,78 €	Mai	26,84 €	September	121,76 €
Februar	23,20 €	Juni	28,52 €	Oktober	114,05 €
März	15,34 €	Juli	43,86 €	November	105,18 €
April	22,62 €	August	87,93 €	Dezember	99,24 €

a) Wie viel € Telefonkosten hatte Silke im Durchschnitt aller Monate von Januar bis Juli zu zahlen?

b) Wie hoch waren die Telefonkosten im Durchschnitt nach Beginn der beruflichen Ausbildung?

c) Wie viel € hat Silke im Durchschnitt aller Monate im letzten Jahr an die Telefongesellschaft überwiesen?

Aufgabe 14

In der Abteilung Elektro/Tonträger/Computer des City-Warenhauses liegen über Wäschetrockner folgende Daten zum 31.12. vor:

Datum	Bestand in Stück	Datum	Bestand in Stück	Datum	Bestand in Stück
01. Januar	38	31. März	36	30. Juni	42
31. Oktober	26	31. Dezember	16		

Der Bezugspreis (Einkaufspreis) für einen Rechner beträgt 340,00 €. Berechnen Sie
a) den durchschnittlichen Lagerbestand in Stück.
b) den durchschnittlichen Lagerbestand in €.

Aufgabe 15

Rechenverfahren: Gewogener Durchschnitt

In einer Kundenbefragung wird die Service-Qualität eines Einzelhandelsgeschäftes wie folgt beurteilt:

Schulnote	Kundenzahl
1	18
2	36
3	44
4	12
5	4
6	1

Berechnen Sie die Schulnote, mit der die Kunden die Service-Qualität einschätzen (gewogener Durchschnitt), indem Sie die Anzahl der Nennungen bei den Schulnoten berücksichtigen.

Aufgabe 16

In einem Klassengespräch in der Berufsschule erfährt Silke, dass ihre Mitschüler unterschiedliche Beträge ausgezahlt bekommen. Die Schüler ihrer Einzelhandelsklasse erhalten folgende Ausbildungsvergütungen (netto):

7 Schüler	550,20 €	1 Schüler	548,20 €
12 Schüler	498,00 €	1 Schüler	530,40 €
4 Schüler	472,00 €		

Ermitteln Sie das durchschnittliche Einkommen aller Schüler der Klasse aus dem Einstiegsbeispiel.

Aufgabe 17

Berechnen Sie die Anzahl von Unterrichtsstunden, die die Schüler der Klassen 1 bis 6 im Durchschnitt wöchentlich haben:

Klasse 1: (24 Schüler)	11 Stunden	Klasse 4: (27 Schüler)	11 Stunden
Klasse 2: (26 Schüler)	9 Stunden	Klasse 5: (19 Schüler)	9 Stunden
Klasse 3: (29 Schüler)	10 Stunden	Klasse 6: (32 Schüler)	10 Stunden

Aufgabe 18

In einer Klasse erhalten die Schüler jede Woche von ihren Eltern folgendes Taschengeld:

7 Schüler	18,00 €	5 Schüler	20,00 €
4 Schüler	22,00 €	6 Schüler	25,00 €
2 Schüler	30,00 €		

a) Berechnen Sie den Betrag, der im Durchschnitt als Taschengeld gezahlt wird.
b) Ermitteln Sie, wie viel € alle Schüler der Klasse im Durchschnitt erhalten.

Aufgabe 19

Im neuen Schuljahr sind 416 Auszubildende aus dem Einzelhandel, dem Großhandel, der Industrie und aus Kreditinstituten in 16 Klassen eingeschult worden.
Berechnen Sie die durchschnittliche Klassenstärke.

Aufgabe 20

Eine Fragebogenaktion in 100 ausgesuchten Familien, die sich auf die Ausgaben für Ernährung und Wohnen bezog, ergab folgende Zahlen:

24 Familien	1.650,00 €	16 Familien	2.480,00 €	17 Familien	2.200,00 €
20 Familien	1.950,00 €	23 Familien	1.750,00 €		

Errechnen Sie die durchschnittlichen Ausgaben aller 100 Familien.

3 An der Kasse kundenorientiert handeln

Andrea Baumeister, Auszubildende im 1. Lehrjahr, soll zum ersten Mal an der Hauptkasse mithelfen. Bisher hatte sie nur an Nebenkassen Erfahrungen sammeln können. An der Hauptkasse war aber erheblich mehr zu tun – nun ja, das sollte sie halt kennen lernen.

Frau Everding, die Leiterin der Hauptkasse, hatte Andrea eingewiesen und auf die wichtigsten Problemsituationen vorbereitet.

Eine Kundin nähert sich der Kasse:		Nun steht die Kassenleiterin in der Nähe, beobachtete Andrea und denkt:
		„Andrea wird doch wohl zuerst grüßen?!“
Andrea:	*„Guten Morgen!?“*	„Gut gemacht!“
Kundin:	*(legt eine Tasche auf die Theke) „Guten Morgen. Eine Sporttasche für meine Enkelin. Jeden Tag Volleyball, da muss eine große Tasche her.“*	Kaufbestätigung! „Jetzt könnte sie eigentlich auf die Energy-Drinks als Zusatzangebot hinweisen. Sie stehen direkt an der Kasse.“
Andrea:	*„Diese neuen Farben gefallen Mädchen besonders gut. Mag Ihre Enkelin vielleicht auch solche Energy-Drinks als Fitness-Schub aus der Dose?“*	„Gut!“ „Oh je!“
Kundin:	*„Nein, nein, ich glaube so etwas habe ich bei ihr noch nie gesehen.“*	
Eine zweite Kundin war mittlerweile hinzu getreten. Jetzt klingelt allerdings das Telefon:		„Ruhe bewahren! Sie wird sich bestimmt bei beiden entschuldigen.“
Andrea:	*....*	
Andrea:	*(am Telefon) „Guten Morgen, City-Warenhaus Bauer...“*	„Grußformel mit 4 Bestandteilen – OK.“
Kundin:	*(am Telefon) „Wenders, guten Morgen, heute soll eine Änderung für mich fertig sein. Kann ich die abholen?“*	„Auf dem Kleiderständer hinter dir nachsehen. Kundenfreundlich antworten!“
Andrea:	*„Einen kleinen Augenblick, ich schaue sofort nach....“*	„Gut!“
Ein Ehepaar reiht sich an der Kasse ein.		
Kunde:	*„Das wird ja heute wieder lange dauern.“*	„Erst entschuldigen, dann die Ja-aber-Methode!“
Andrea:	*„Entschuldigen Sie bitte, ich verstehe, dass...“*	„Sie kann es!“
Andrea:	*(zur ersten Kundin:) „Das macht dann 89,00 €.“*	
Kundin:	*(legt 100,00 € auf die Kassentheke)*	„Bedanken!, Geld vor die Kasse legen, Rückgeld, Dank, Verabschiedung!“
Andrea:	*...*	„Nicht schlecht. Noch irgendwelche Serviceleistungen?“
Andrea:	*(Zur zweiten Kundin gewandt:) „Guten Morgen!?“*	„Freundlich Lächeln!“
Kundin:	*(Legt wortlos einen Baby-Strampler mit wunderschönen Motiven aus dem Prospekt dieser Woche auf die Kassentheke.)*	„Kaufbestätigung, ein paar freundliche Worte!“
Andrea:	*(Während sie die Artikelnummer einscannt:): ...*	
Wieder klingelt das Telefon. Eine Kundin will wissen, ob die Herrenhemden aus dem Prospekt der letzten Woche noch im Angebot sind.		„Bloß nicht wegrennen! Durchstellen!“
Andrea:	*...*	
Andrea:	*(Zum Ehepaar gewandt, das ein Paar Herren-Sommer-Sandalen mit Gesundheitsfußbett auf die Theke legt) ...*	„Der Herr ist schlecht gelaunt.“

Eine weitere Kundin tritt hinzu. Sie wird von Frau Melcher aus der Textilabteilung begleitet, die mehrere Kleidungsstücke sorgfältig auf die Theke legt.

Frau Melcher: „Vielen Dank. Meine Kollegin wird Ihnen nun weiter helfen."

Andrea: „Guten Morgen."

Kundin: „Morgen. Puh, bis wir das erst mal alles zusammen hatten. Jetzt habe ich für mindestens 600,00 € eingekauft. Bevor Sie das in die Kasse geben, müssen wir noch über einen Rabatt reden."

Andrea: „Gerne. Darf ich fragen, ob Sie eine Kundenkarte aus unserem Hause haben? ..."

„Sie wird doch wohl hartnäckig bleiben! Die Kundin hat eine Kundenkarte. Die kleinen Geschenke („Danke-Socken", Pikkolo u. Ä.) stehen unter der Theke."

„Weiter so!"

Arbeitsauftrag

Trainieren Sie kundenfreundliches Verhalten an der Kasse.

1. Vervollständigen Sie die oben stehenden Dialoge zwischen Andrea und den Kunden.
2. Entwickeln Sie eine vergleichbare Kassensituation bezogen auf Ihren Ausbildungsbetrieb.

Aufgabe 1

a) Beurteilen Sie die beiden nachfolgenden Telefongespräche in Hinblick auf ihre Kundenorientierung.

Gespräch Nr. 1

Kunde: *Sie wollten für mich Staubsauger-Beutel nachbestellen und mich bis gestern telefonisch benachrichtigen. Ich habe aber bisher nichts von Ihnen gehört. Ich brauche die Beutel dringend!*

Kundenberaterin: *Sagen Sie mir bitte Ihren Namen.*

Kunde: *Weiß, Stefanie Weiß.*

Kundenberaterin : *Dann muss ich erst mal nachschauen, ob ich Ihren Auftrag im Computer finden kann. Einen Augenblick bitte.*

Gespräch Nr. 2

Kunde: *Sie wollten für mich Staubsauger-Beutel nachbestellen und mich bis gestern telefonisch benachrichtigen. Ich habe aber bisher nichts von Ihnen gehört. Ich brauche die Beutel dringend!*

Kundenberaterin: *Das tut mir sehr leid. Sagen Sie mir bitte Ihren Namen?*

Kunde: *Weiß, Stefanie Weiß.*

Kundenberaterin : *Haben Sie bitte einen kleinen Augenblick Geduld Frau Weiß. Der Computer sagt mir gleich, wie es um Ihre Nachbestellung steht. Wir können dann sofort überlegen, wie Sie schnellstens an Ihre Staubsauger-Beutel kommen.*

b) Entwerfen Sie drei unterschiedliche Situationen, in denen sich Kunden telefonisch mit einer Bitte an Sie wenden. Antworten Sie kundenorientiert, so dass die Kunden Ihre Servicebereitschaft deutlich erkennen.

Die folgenden (oder ähnliche) Begriffe helfen Ihnen bei Ihrer Aufgabe:

- sofort
- gerne
- schnell
- selbstverständlich
- kommen Ihnen entgegen
- freuen uns, Ihnen ...
- natürlich
- für Sie ...

Aufgabe 2

Entwickeln Sie zwei Verkaufssituationen:

a) Unterbreiten Sie einem Kunden/einer Kundin ein Ergänzungsangebot.

b) Machen Sie einem Kunden/einer Kundin ein Zusatzangebot.

Aufgabe 3

Antworten Sie auf die folgenden Kundenwünsche nach einem Preisnachlass angemessen. Versuchen Sie den Ursprungspreis zu halten und dem Kunden allenfalls mit einer Kleinigkeit entgegen zu kommen.

a) Kundin: „Eine Bekannte sagte mir, Sie gewähren jedem Kunden 10 % Rabatt."

b) Kunde: „Bei einem Einkaufsbetrag von 400,00 € können Sie mir ja zumindest die Hose kostenlos ändern." (Die Änderung kostet 10,00 €).

Aufgabe 4

Stellen Sie die Situation an der Kasse eines Lebensmittelsupermarktes dar: Mehrere Kunden warten darauf, ihre Waren auf das Band legen zu können. Die Mitarbeiterin/der Mitarbeiter an der Kasse begrüßt jeden Kunden, bemüht sich um ein paar persönliche Worte und verabschiedet den Kunden.

Rechenverfahren: Dreisatzrechnen

Aufgabe 5

Für Änderungen an Textilien soll im Textilfachgeschäft eine kleine Preisliste entwickelt werden. Die Änderungsschneiderei berechnet für eine 15-Minuten-Einheit Arbeitszeit 7,50 €. Für die jeweiligen Änderungen werden folgende Arbeitszeiten angesetzt:

Leistung	Arbeitszeit in Minuten
Hose kürzen, normal	20
Hose kürzen, Originalsaum	25
Ärmel kürzen pro Arm	15
Rock mit Falten kürzen	30

a) Berechnen Sie die Preise, die auf der Preisliste für die genannten Leistungen ausgewiesen werden müssen. Das Geschäft berechnet die Preise, die an die Änderungsschneiderei zu zahlen sind.

b) Entwerfen Sie mit den Leistungen und Preisen eine attraktiv gestaltete Preisliste, die man an der Kasse aushängen kann.

Aufgabe 6

Regelmäßig werden im Baumarkt „Heim & Hobby" samstags und bei besonderen Verkaufsaktionen Schülerinnen und Schüler als Aushilfen eingesetzt, damit ausreichend Personal für die Kunden zur Verfügung steht. Claudia Hoffs hat beim letzten Einsatz für 16 Stunden 144,00 € erhalten. Diesmal sind 22 Stunden abzurechnen. Welchen Betrag bekommt sie ausbezahlt?

Aufgabe 7

Bianca, 17 Jahre alt, hat am 01.08.20(0) eine Ausbildung zur Kauffrau im Einzelhandel begonnen. Die dreimonatige Probezeit hat sie hinter sich, und sie ist froh, dass sie in ihrem Ausbildungsbetrieb bleiben kann, da dieser Betrieb für eine gründliche Ausbildung bekannt ist.

Auf einer betriebsinternen Schulung wurde den Auszubildenden folgendes Informationsblatt zur Urlaubsregelung gegeben:

1. Der Urlaub dient der Erhaltung und Wiederherstellung der Arbeitskraft des Arbeitnehmers.
2. Urlaubsjahr ist das Kalenderjahr.
3. Der Urlaub beträgt im Kalenderjahr
   bis zum vollendeten 20. Lebensjahr 30,
   nach dem vollendeten 20. Lebensjahr 32,
   nach dem vollendeten 23. Lebensjahr 34,
   nach dem vollendeten 30. Lebensjahr 36 Werktage.
4. Jeglicher Urlaubsanspruch entsteht erstmalig nach Ablauf einer dreimonatigen ununterbrochenen Zugehörigkeit zu demselben Betrieb.
5. Für das Urlaubsjahr, in dem das Arbeitsverhältnis beginnt oder endet, steht dem Arbeitnehmer für jeden vollen Beschäftigungsmonat 1/12 des Jahresurlaubs zu.
6. Bruchteile von Urlaubstagen sind auf volle Urlaubstage aufzurunden.

Berechnen Sie den Urlaubsanspruch von Bianca für das Jahr 20(0) mit Hilfe der Dreisatzrechnung.

Aufgabe 8

Bestimmen Sie die Gesamturlaubswerktage:

a) Manfred, 19 Jahre alt, 4 Monate Betriebszugehörigkeit

b) Stefan, 24 Jahre alt, 8 Monate Betriebszugehörigkeit

Aufgabe 9

In einem Einzelhandelsunternehmen sind folgende Arbeitnehmer beschäftigt:

Beschäftigte		
Anzahl	**Lebensjahre**	**Betriebszugehörigkeit**
3	17	jeweils 5 Monate
2	18	8 und 12 Monate
2	19	6 und 9 Monate
6	22	jeweils 4 Jahre
1	24	6 1/2 Jahre

Bestimmen Sie die Gesamturlaubszeit (Anzahl der Urlaubswerktage).

Aufgabe 10

Ein Abteilungsleiter erhält bei einem monatlichen Umsatz von 50.600,00 € eine Prämie von 455,40 €. Wie hoch wäre die Prämie bei einem Umsatz von 36.000,00 €?

Aufgabe 11

Ein Ausbildungsbetrieb hat monatliche Gehaltsaufwendungen für sieben Beschäftigte in Höhe von 13.475,00 €. Es werden zwei neue Kollegen zu den geltenden Bedingungen eingestellt. Berechnen Sie, mit welchen Gehaltsaufwendungen das Unternehmen ungefähr rechnen muss.

Aufgabe 12

In einer Sonderaktion wurden zwölf Elektrobohrer der Marke „Latos“ zu insgesamt 675,00 € an einen Kunden verkauft. Eine Woche später wünscht der Kunde weitere fünf Maschinen aus dieser Aktion zum alten Preis je Bohrer. Berechnen Sie den Verkaufspreis der fünf Elektrobohrer.

Aufgabe 13

Die KuBo GmbH zahlte im vorherigen Jahr ihren 15 Mitarbeitern insgesamt 1.080,00 € Prämie. In diesem Jahr wurden zusätzlich zwei Kollegen eingestellt. Wie viel € Prämie muss die KuBo GmbH insgesamt zahlen, wenn jeder Mitarbeiter den gleichen durchschnittlichen Prämienbetrag wie im vorherigen Jahr erhalten soll?

Aufgabe 14

Die Verkaufsprämie für eine Filialleiterin betrug im April 278,00 € bei einem Monatsumsatz von 139.000,00 €. Errechnen Sie die Verkaufsprämie für den Monat Mai unter Berücksichtigung einer Umsatzsteigerung von 6.000,00 €.

Aufgabe 15

Sandra, Martin und Marion haben den Auftrag, drei Paletten Margarine auszuzeichnen und einzuräumen. Der Abteilungsleiter erwartet, dass diese Arbeit wie immer in 90 Minuten erledigt ist. Als sich die drei an die Arbeit machen wollen, werden Martin und Marion an die Kasse gerufen. Sandra steht nun allein vor der Arbeit. Sie beschwert sich. Daraufhin wird ihr die Auszubildende Petra zur Mitarbeit geschickt.

Berechnen Sie die Zeit, die Sandra und Petra benötigen, um die Ware auszuzeichnen und einzuräumen.

Rechenverfahren: Dreisatz mit ungeradem Verhältnis

Hilfsfragen zu Aufgabe 15

- Wie viele Arbeitskräfte werden gewöhnlich benötigt, damit der erteilte Auftrag in 90 Minuten erledigt ist?
- Wie viel Zeit hätte Sandra voraussichtlich gebraucht, wenn sie die Arbeit alleine hätte erledigen müssen?

Aufgabe 16

Der Ausbildungsbetrieb von Bianca schließt um 18:30 Uhr. Oftmals verlässt der letzte Kunde den Verkaufsraum wesentlich später, so dass die Aufräumungsarbeiten entsprechend später beginnen können. Im Durchschnitt sind Bianca und vier weitere Kollegen 24 Minuten mit den Aufräumungsarbeiten beschäftigt, so dass sie dann in den verdienten Feierabend gehen können. Am 13. September fehlt ein Kollege wegen Krankheit. Wie lange wird heute die Aufräumungsarbeit dauern?

Aufgabe 17

Ihr Ausbildungsbetrieb erhält um 16:00 Uhr den Auftrag, 30 Artikel zu verpacken, die bis 18:00 Uhr zum Abholen fertig sein müssen. Der Chef beauftragt damit gewöhnlich drei Auszubildende, die dies in 120 Minuten auch schaffen. Wann ist die Sendung verpackungsfertig, wenn zwei weitere Auszubildende damit beauftragt werden?

Aufgabe 18

Mit fünf Mitarbeitern dauerte die Durchführung einer Werbeaktion im vergangenen Geschäftsjahr sechs Tage. Mit wie vielen Tagen wird man in diesem Jahr für das gleiche Vorhaben rechnen müssen, wenn nur drei Mitarbeiter zur Verfügung stehen?

– Schätzen Sie ungefähr ab, wie viel Zeit Sandra und Petra voraussichtlich für das Auszeichnen und Einräumen der drei Paletten Margarine benötigen.

Aufgabe 19

Für Inventurarbeiten benötigten im Vorjahr sieben Angestellte sechs Tage. In diesem Jahr sollen die Inventurarbeiten in vier Tagen beendet sein. Entscheiden Sie, wie viele Angestellte nun für diese Arbeiten abzustellen sind.

Wegen Inventur geschlossen

Aufgabe 20

In den vergangenen sechs Tagen wurden von einem Artikel durchschnittlich 700 Stück verkauft. Wie viele Tage reicht der gleiche Vorrat bei einem durchschnittlichen Tagesbedarf von 525 Stück?

Aufgabe 21

Der Bestand an Fotokopierpapier reicht bei einem Tagesbedarf von 72 Blatt noch 90 Tage. Wie lange wird der Vorrat reichen, wenn der Tagesbedarf um die Hälfte steigt?

Aufgabe 22

Rechenverfahren: Zusammengesetzter Dreisatz

Ein Warenhaus bietet in jedem Frühjahr auf dem Parkplatz in einem großen Zelt Pflanzen und Gartenbedarf an. Dafür wurden im letzten Jahr vier Mitarbeiter für sechs Arbeitstage bei täglich acht Stunden Arbeitszeit aus anderen Abteilungen abgezogen. Die Abteilung „Gartenbedarf" wurde dafür mit 4.200,00 € Personalkosten belastet. In diesem Jahr soll die Aktion zwölf Arbeitstage dauern. Allerdings werden wegen einer verringerten Verkaufsfläche nur drei Mitarbeiter benötigt. Die Arbeitszeit wird durch Konzentration auf verkaufsstarke Zeiten auf sechs Stunden täglich reduziert.

Der Leiter der Buchhaltung hat nun festzustellen, in welcher Höhe der Abteilung „Gartenbedarf" in diesem Jahr Personalkosten für den Verkauf im Zelt zugerechnet werden müssen.
Er geht davon aus, dass er die Kosten vom letzten Jahr (4.200,00 €) auch in diesem Jahr als Umrechnungsgrundlage nehmen kann. Errechnen Sie die Personalkosten, die der Abteilung „Gartenbedarf" in diesem Jahr durch den Zeltverkauf zugerechnet werden.

Lösungshilfen:

- Fassen Sie den Personaleinsatz und die belasteten Personalkosten beim Zeltverkauf im letzten Jahr in einem Satz zusammen.
  Wenn ??? Mitarbeiter an ??? Arbeitstagen jeweils ??? Stunden täglich eingesetzt werden, entstehen Personalkosten in Höhe von ??? €.
- Wie lauten die Bedingungen in diesem Jahr?
- Stellen Sie überschlägig fest, ob die diesjährigen Personalkosten höher oder niedriger ausfallen als im letzten Jahr. Prüfen Sie dazu die Umrechnungsbedingungen (Mitarbeiter, Arbeitstage, Arbeitszeit) jeweils gesondert.
- Stellen Sie die mathematische Beziehung zwischen der veränderten Mitarbeiterzahl und den Personalkosten in Form eines Dreisatzes dar.
  Werden ??? Mitarbeiter eingesetzt, entstehen Personalkosten in Höhe von ??? €; bei ...
- Wie ist Ihrer Meinung nach die Aussage zu verstehen, dass die Abteilung „Gartenbedarf" mit 4.200,00 € Personalkosten „belastet" wird?

Aufgabe 23

Zur Eröffnung einer neuen Zweigstelle lässt ein Warenhausunternehmen Rosen an die Kunden verteilen. Am ersten Tag verteilen zwei Mitarbeiter in fünf Stunden 4.500 Rosen. Am zweiten Tag soll nur noch ein Mitarbeiter eingesetzt werden, der acht Stunden lang Rosen verteilt.
Wie viele Rosen muss das Warenhaus für den zweiten Tag bereithalten, wenn man davon ausgeht, dass sich der Kundenzulauf ähnlich wie am ersten Tag verhält?

Aufgabe 24

Für die Einrichtung einer Filiale sollen sechs Angestellte bei einer Arbeitszeit von täglich acht Stunden zwölf Tage lang eingesetzt werden.
Auf wie viele Tage kann man die vorgesehene Einrichtungszeit verkürzen, wenn man die tägliche Arbeitszeit um eine Stunde verlängert und zusätzlich zwei Mitarbeiter einsetzt?

Aufgabe 25

Zur Durchführung einer Inventur brauchen sechs Angestellte vier Tage mit einer Arbeitszeit von jeweils acht Stunden täglich.
Auf wie viele Stunden muss die tägliche Arbeitszeit heraufgesetzt werden, um infolge der Erkrankung von zwei Angestellten die Bestandsaufnahme in fünf Tagen auszuführen?

Aufgabe 26

Wenn eine neue Filiale mit vier Arbeitskräften besetzt wird, die täglich je 7,5 Stunden arbeiten, fallen im Monat 6.450,00 € Lohnkosten an.
Wie hoch sind die monatlichen Lohnkosten, wenn sieben Personen eingesetzt werden, die täglich aber nur je fünf Stunden arbeiten?

Aufgabe 27

Für eine Schreibarbeit von 500 Seiten benötigen zwei Schreibkräfte 40 Stunden, wenn sie 240 Anschläge pro Minute schreiben.
Wie viele Stunden benötigen drei Schreibkräfte für 450 Seiten, wenn sie 220 Anschläge pro Minute schreiben?

Aufgabe 28

Während einer Werbeaktion werden an vier Tagen 70 Flaschen Wein benötigt, wenn an die Kunden stündlich 50 Probiergläser ausgegeben werden.
Wie viele Flaschen werden benötigt, wenn die Aktion nur an drei Tagen läuft und stündlich nur 45 Proben ausgegeben werden?

Aufgabe 29

Mit der Renovierung seines Ladens beauftragt ein Einzelhandelsgeschäft einen Malerbetrieb, der sechs Handwerker zwölf Tage bei einer täglichen Arbeitszeit von acht Stunden einsetzen will.
Die Arbeiten sollen jedoch schon innerhalb von acht Tagen erledigt sein.
Wie viele Handwerker sind nötig, wenn täglich neun Stunden gearbeitet werden kann?

Aufgabe 30

In einem Warenhaus befinden sich 35 Kassen, an denen im Durchschnitt 240 Kunden pro Tag bezahlen.
Wie viele weitere Kassen müssten eingerichtet werden, um die durchschnittliche Zahl der Kunden wegen kürzerer Wartezeiten auf 200 zu senken?

Aufgabe 31

In den vergangenen vier Monaten sind für das Faxgerät insgesamt 18 Papierrollen eingesetzt worden. Heute soll der Bedarf an Faxrollen für die nächsten zwölf Monate bestellt werden.
Mit welcher Verbrauchsmenge ist bei gleich bleibender Nutzung des Faxgerätes zu rechnen?

Aufgabe 32

Die Geschäftsfläche eines Einzelhandelsgeschäftes ist von 180 m² um 40 m² erweitert worden. Bisher sind Sachaufwendungen für Geschäftsräume (Energie, Reinigungsmittel u. Ä.) in Höhe von 16.200,00 € entstanden.
In welcher Höhe werden voraussichtlich zukünftig Sachaufwendungen für Geschäftsräume entstehen, wenn die Erweiterung der Geschäftsfläche berücksichtigt wird?

Aufgabe 33

In einem Getränkemarkt werden den Kunden Kostproben einer Weinsorte angeboten. Der Weinvorrat reicht für sechs Verkaufstage, wenn durchschnittlich 200 Proben pro Tag ausgegeben werden.
Für wie viele Tage würde der Weinvorrat reichen, wenn an einem Tag im Durchschnitt 150 Glas Wein ausgeschenkt würden?

Aufgabe 34

In der Lebensmittelabteilung eines Warenhauses wurden bisher für täglich 8.000 Kunden bei einer durchschnittlichen Einkaufszeit von 20 Minuten 600 Einkaufswagen benötigt.
Wie viele Einkaufswagen wird das Warenhaus zusätzlich beschaffen müssen, wenn nach einem Umbau mit täglich 9.000 Kunden gerechnet wird, die durchschnittlich 25 Minuten für einen Einkauf benötigen?

4 Zahlungsverkehr an der Kasse

4.1 Kundenzahlungen kassieren

Gedränge – das hat Sabrina schnell gelernt – herrscht an der Kasse immer. Vor allem hier in der Lebensmittelabteilung. „Naja, immer noch besser, als wenn kein Kunde käme“, denkt Sabrina und beginnt damit, die Artikel des nächsten Kunden über den Scanner zu ziehen. Aus dem Augenwinkel sieht sie, wie der Kunde immer weitere Artikel aufs Band legt, während Sabrina immer weiter kassiert. Alles geht ziemlich schnell, aber trotzdem beschweren sich die hinteren Kunden schon wieder. „Geht das nicht etwas schneller?“ „Können Sie vielleicht noch eine weitere Kasse aufmachen?“

Es darf einfach nicht wahr sein. Sabrina gibt schon ihr Bestes, und trotzdem meckern die Kunden. „Das macht dann 18,32 €“, sagt sie zu dem Kunden. Der Kunde kramt in seinem Portmonee und zieht einen 200-€-Schein hervor. „Haben Sie es nicht vielleicht etwas kleiner?“, fragt Sabrina den Kunden und ist dabei ein wenig erschrocken über den großen Schein. „Leider nicht“, sagt der Kunde. Sabrina zögert und weiß einen Moment lang nicht, was sie tun soll. Dann jedoch nimmt sie den Schein an und legt ihn vor die Kasse. Sie gibt dem Kunden das Wechselgeld zurück und beginnt schon wieder damit, die Artikel der nächsten Kundin über den Scanner zu ziehen. Sabrina hat kaum Zeit, nachzudenken. Aber ein leiser Zweifel bleibt.

Methodischer Vorschlag: Spielen Sie den Kassiervorgang als Rollenspiel durch

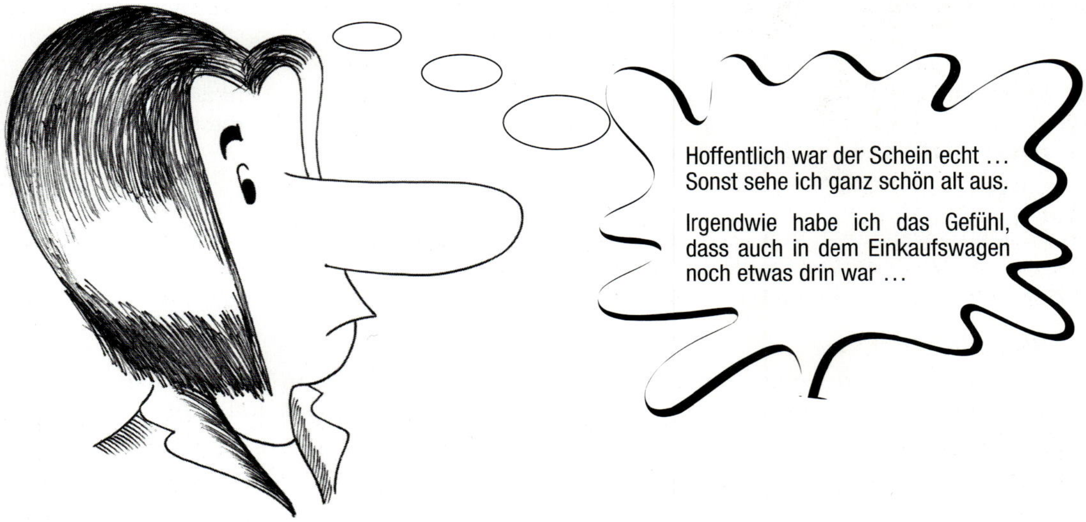

Arbeitsauftrag

Entwickeln Sie eine Kassieranweisung für richtiges Verhalten beim Kassendienst (Berücksichtigen Sie dabei Ihre eigenen Erfahrungen).

Aufgabe 1

Sie befinden sich an der Kasse und nennen einem Kunden den zu zahlenden Betrag von 23,76 €. Der Kunde sagt zu Ihnen „Ich habe es leider nicht kleiner“ und übergibt Ihnen einen 100-€-Schein. Sie bedanken sich freundlich und nehmen den Schein entgegen. Geben Sie an, in welcher Stückelung Sie dem Kunden das Wechselgeld zurückgeben.

50 €, 20 €, 5 €, 1 €, 20 cent, 2 x 2 cent mit Kassenzettel

76,24 € zurück

Aufgabe 2

Man unterscheidet die neuen Euro-Banknoten in „kleine“ und „große“ Stückelung.

a) Verdeutlichen Sie die allgemeinen Sicherheitsmerkmale, über die alle Euro-Banknoten verfügen.

b) Stellen Sie die besonderen Sicherheitsmerkmale der „kleinen“ Stückelung und „großen“ Stückelung in einer Übersicht gegenüber.

Aufgabe 3

Ein Kunde bezahlt an Ihrer Kasse seinen Einkauf von 12,79 € mit einem 200-€-Schein. Sie kennen den Kunden nicht und wissen im Augenblick nicht, ob sie den Geldschein bedenkenlos annehmen können. Da Sie jedoch an der Kasse nicht viel Zeit haben, den Geldschein intensiv zu prüfen, müssen Sie in wenigen Augenblicken die Echtheit des Scheins prüfen. Geben Sie an, anhand welcher Merkmale Sie die Echtheit eines 200-€-Scheins in wenigen Sekunden während des Kassiervorgangs prüfen können.

- Wasserzeichen, Hologramm, Sicherheitsfaden, Papier.

Aufgabe 4

Wie üblich zieht Sabrina die Artikel über den Scanner, als plötzlich ein Artikel aus der Verkaufsaktion auf dem Laufband angefahren kommt, bei dem die Preisauszeichnung fehlt. Normalerweise ertönt ein Pieps-Ton, sobald der Artikel registriert wurde, doch hierbei ertönt überhaupt nichts. „Da fehlt der Preis", sagt Sabrina zu der Kundin, worauf die Kundin antwortet: „Ich glaube, das waren 15,98 €..." Sabrina bedankt sich und gibt den Preis über die Kassentastatur ein. Beurteilen Sie, ob Sabrina sich in dieser Situation richtig verhalten hat. Nein, sie hätte jemanden rufen müssen der gucken geht wieviel dieser Artikel kostet

Aufgabe 5

Als Sabrina weiter kassiert, zieht sie einen Artikel über das Laufband, bei dem der EAN-Code leider nicht mehr vom Scanner gelesen werden kann. Erläutern Sie, wie Sabrina sich in einer solchen Situation richtigerweise verhalten sollte. Drückt auf löschen, dann gibt sie den Zahlencode ein der unter dem EAN-Code steht

Aufgabe 6

Eigentlich machte der Kunde einen ganz netten Eindruck, doch nun wird es unangenehm. „Das macht 14,79 €", hatte Sabrina zu dem jungen Mann gesagt und war sich sicher, dass er ihr einen 50-€-Schein gegeben hatte. Also gab sie ihm das Wechselgeld auch auf 35,21 € heraus. „Moment mal", sagte der junge Mann jedoch, „ich habe Ihnen einen 100-€-Schein gegeben..." Sabrina stutzte: „Aber das war doch nur ein 50-€-Schein..." Erläutern Sie, was Sabrina hätte tun sollen, damit das Missverständnis erst gar nicht auftaucht. sie hätte sagen müssen wieviel sie bekommen hat bzw.: 50 € hätte sie zu den Kunden sagen müssen

Aufgabe 7

Sabrina hatte das sichere Gefühl, dass der Geldschein, den man ihr soeben zur Bezahlung hingelegt hatte, nicht echt war. Aber wie sollte sie sich nun verhalten? Sollte Sie den „Fälscher" ansprechen? Vielleicht war er ja auch ganz harmlos und wusste noch nicht einmal, dass die Banknote gefälscht war. Vielleicht wusste er es jedoch auch ganz genau und die Situation war sogar gefährlich... Was sollte Sabrina bloß tun?

sie hätte die Klingel betätigen müssen damit der Marktleiter kommt.

Aufgabe 8

„Den Karton mit den Dosen lasse ich im Einkaufswagen", sagte die Kundin und lud die anderen Artikel auf das Laufband. „Wie viele Dosen haben Sie denn?", fragte Sabrina, als die Dosen an der Reihe waren. Die Kundin antwortete: „Das sind sechzehn Dosen." Sabrina nahm eine Dose in die Hand, zog sie über den Scanner und gab die Zahl 16 in die Kasse ein. Die Kundin bezahlte und verschwand. Aber irgendwie hatte Sabrina das Gefühl, dass es mehr als sechzehn Dosen waren. Naja, die Kundin war weg, und zum Zählen hatte Sabrina ohnehin kaum Zeit, oder? Beurteilen Sie Sabrinas Verhalten.

sie hätte aufstehen müssen und gucken müssen wieviele Dosen es sind und ob was anderes noch im Korb ist

4.2 Eine Zahlung mit „Electronic-cash" abwickeln

Es ist Montagmorgen, das City-Warenhaus Bauer hat gerade geöffnet, und Sabrina hat an der Kasse Platz genommen. In Gedanken geht sie noch einmal alle Kassenanweisungen durch, die der Abteilungsleiter ihr immer wieder eingeredet hat: Erst muss die gesamte Ware aufs Band, dann begrüßen wir freundlich den Kunden, dann erfassen wir die Preise für die Artikel und schließlich nennen wir den Kaufpreis. Außerdem müssen wir in den Einkaufswagen sehen, in den Spiegel blicken usw. Sabrina kann es schon auswendig. Hoffentlich klappt es nicht nur in Gedanken, sondern auch in der Realität. Kaum sitzt sie an der Kasse, kommt auch schon der erste Kunde.

Sabrina kennt sich inzwischen aus. Sie hat der Kollegin, von der sie an der Kasse eingewiesen wurde, ja mehrfach aufmerksam zugesehen. Deswegen ist „Electronic-cash" für sie kein Fremdwort mehr. Freundlich erklärt sie dem Kunden, welche einzelnen Schritte er durchführen muss, damit er mit „Electronic-cash" bezahlen kann.

Zuerst scannt sie den Artikel, dann bestätigt der Kunde den Kaufpreis, anschließend wird die Bankkarte ins Lesegerät eingegeben, der Kunde gibt seine PIN ein, und dann müsste es eigentlich mit der Zahlung schon klappen. Aber irgendetwas muss schief gegangen sein, denn ein wenig später sitzen alle ratlos vor dem Display …

So ein Mist!!! **Und was jetzt??**

Vorhin hat Sabrina dem Kunden doch noch gesagt, wie er alles machen muss. Und trotzdem hat es mit dem „Electronic-cash" nicht geklappt. Ganz schön peinlich. Der Kunde ist ziemlich sauer. Wer weiß, was passiert ist … Wenn Sabrina doch nur wüsste, woran es gelegen hat.

Arbeitsauftrag

Reagieren Sie in angemessener Weise auf eine Situation, in welcher die Zahlung des Kunden mit „Electronic-cash" nicht durchgeführt werden konnte.

Aufgabe 1

Von Kreditinstituten und Händlern wird „Electronic-cash" empfohlen, Kunden sind dabei aber noch etwas misstrauisch. Erarbeiten Sie die unterschiedlichen Pro-und-Contra-Standpunkte für diese Form des Zahlungsverkehrs. Nutzen Sie hierzu die unten stehende Tabelle.

a) Erarbeiten Sie Vorteile und Nachteile von „Electronic-cash" für den Einzelhändler und halten Sie sie schriftlich fest.

b) Erarbeiten Sie anschließend Vorteile und Nachteile von „Electronic-cash" für den Kunden und halten Sie diese ebenfalls schriftlich fest.

Entwickeln Sie Argumente, mit denen Sie als Einzelhändler den Kunden davon überzeugen wollen, mit „Electronic-cash" zu bezahlen.

	Vorteile ...	Nachteile ...
... für den Einzelhändler		
... für den Kunden		

Aufgabe 2

Betrachten Sie die unten stehende Tabelle. Sie zeigt die Tagesumsätze, die Yasmin an ihrer Kasse mit „Electronic-cash" gemacht hat.

a) Wie hoch ist der Umsatz?

b) In welcher Höhe fallen für den Einzelhändler Buchungsgebühren an?

c) Wie hoch ist der Umsatz, nachdem die Gebühren abgezogen wurden?

Kassenlosung	Electronic-cash	Kasse 1 Frau Röder
Buchungs-Nr.	**Uhrzeit**	**Betrag (€)**
1	08:15	249,00
2	09:32	75,43
3	09:34	88,61
4	10:46	15,00
5	11:32	31,80
6	11:46	115,78
7	14:49	132,44
8	16:28	75,33
9	18:22	65,90

Aufgabe 3

Bis zu welchem Betrag können Electronic-cash-Kunden täglich kaufen?

Aufgabe 4

Ein Kunde möchte an der Kasse mit seiner Bankkarte und Eingabe der PIN bezahlen. Zeigen Sie in dem unten stehenden Schaubild mit Hilfe nummerierter und beschrifteter Pfeile den Zahlungsablauf mit „Electronic-Cash“ nach.

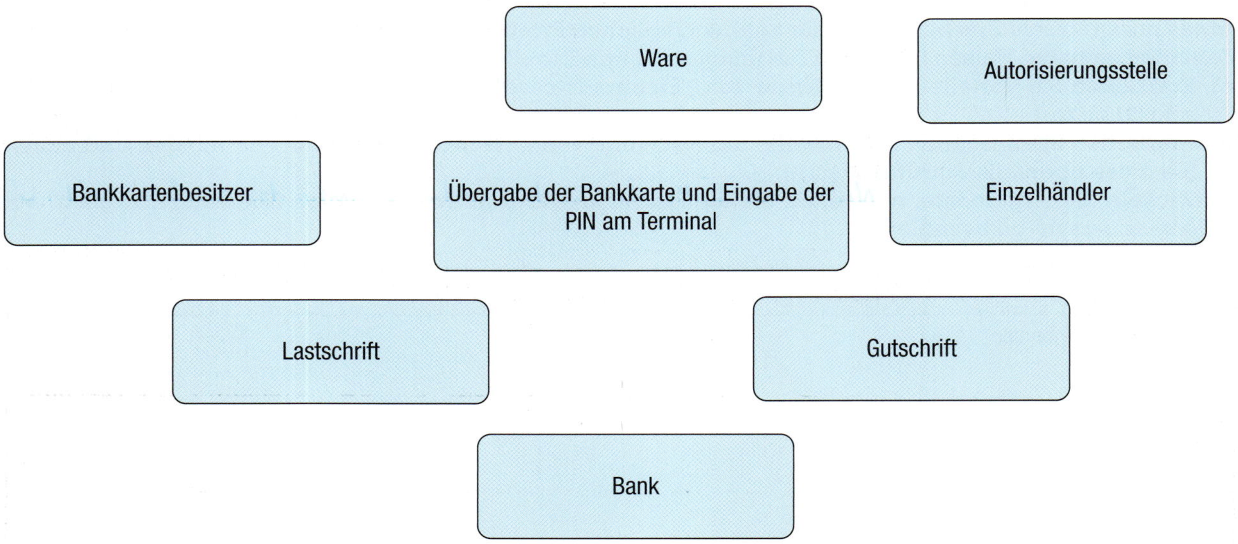

4.3 Kundenzahlungen mit Bankkarte abwickeln

Gegen Mittag wird das Gedränge an der Kasse des City-Warenhauses Bauer immer schlimmer, Sabrina hat alle Hände voll damit zu tun, den Überblick zu behalten. Ein junger Mann, schätzungsweise Mitte 30, legt seine Ware auf das Laufband, Sabrina zieht die Artikel über den Scanner und nennt dem Kunden wie üblich den Kaufbetrag. „Das macht 58,32 €.“ Der Kunde antwortet: „Sie haben dort so ein Hinweis-Schild hängen. Kann ich also auch mit Bankkarte bezahlen?“ Sabrina stutzt. „Ja, selbstverständlich, das können Sie...“ Wenn dort ein Schild hängt, wird es wohl stimmen, sagt sie sich. Allerdings ist sie etwas unsicher, ob sie auch alles richtig behalten hat, was man ihr zur Kartenzahlung erklärt hat. Sabrina lässt sich vom Kunden die Bankkarte aushändigen, drückt auf der Kassentastatur die Taste „Bankkarte“ und zieht die Karte durch das Karten-Lesegerät.

POZ-Lastschrift

Kostenstelle: 28632
Dt. Bankkarte (int.)
Konto: 0193501400/ 6 / 0112
BLZ: 50070010

Summe EUR	58,32
Summe EUR	58,32
Terminal-ID:	91299932
Trace-Nr.: 001539	Beleg: 0151
Ref.-Parameter:	0001610104
Pruefsumme:	1520/K

Kas:001/0010 Bon0015 PC01
Dat.15.05.20(0) Zeit13:24:33

Normalerweise ist das alles sicherlich kein Problem, und Sabrina würde dem Kunden einen Kassenbon geben und ihm anschließend einen Lastschriftbeleg zur Unterschrift vorlegen. Doch als sie die Karte durch das Lesegerät zieht, erscheint auf dem Kassendisplay folgende Mitteilung „Lesefehler. Bitte wiederholen." Sabrina bekommt einen Riesenschrecken. Damit hat sie überhaupt nicht gerechnet. Der Kunde merkt ihre Reaktion und fragt: „Ist etwas nicht in Ordnung?" „Doch, doch..." Sabrina wird hektisch und zieht die Karte mehrfach eilig durch das Lesegerät. Aber es will einfach nicht klappen. „Was ist das bloß für eine Karte?", ruft sie wütend. Die anderen Kunden blicken irritiert, während Sabrina immer weitere Fehlversuche startet und zunehmend wütender wird.

Arbeitsauftrag

Stellen Sie fest, aus welchen Gründen die Zahlung mit Bankkarte unter Unterschrift des Kunden nicht funktioniert haben könnte und reagieren Sie in angemessener Weise auf das entstandene Problem. Nutzen Sie zu diesem Zweck die folgende Übersicht.

Mögliche Störungen	Korrekte Verhaltensweisen

Aufgabe 1

Um sicherzugehen, dass die Bankkarte für die Bezahlung der gekauften Ware auch genutzt werden kann, muss sich die Kassierkraft von ihrer Gültigkeit überzeugen. Geben Sie an, an welchen Merkmalen eine Kassierkraft die Kartengültigkeit überprüfen kann.

Aufgabe 2

Ein Kunde möchte seinen Einkauf über einen Betrag von 74,73 € mit Bankkarte bezahlen. Sabrina führt die Karte des Kunden durch das Kartenlesegerät, als auf dem Kassendisplay der Hinweis „BITTE PERSONALAUSWEIS PRÜFEN" erscheint. Sabrina bittet den Kunden freundlich um Aushändigung des Personalausweises, während der folgende Beleg ausgedruckt wird.

a) Füllen Sie den nebenstehenden „langen" Beleg beispielhaft mit den Personalien Ihres Tisch-Nachbarn aus.

b) Welchen Sinn macht es, „von Fall zu Fall" die Personalien der Kunden auf einem Beleg schriftlich festzuhalten?

POZ-Lastschrift

Kostenstelle: 28632
Dt. Bankkarte (int.)
Konto: 0193501400/ 6 / 0112
BLZ: 50070010

Summe EUR

Summe EUR

Terminal-ID: 91299932
Trace-Nr.: 001539 Beleg: 0151
Ref.-Parameter: 0001610104
Pruefsumme: 1520/K

Name ____________________

Straße ____________________

Ort ____________________

Kas:001/0010 Bon0015 PC01
Dat.15.05.20(0) Zeit13:24:33

Aufgabe 3

Durch seine Unterschrift erlaubt der Kunde dem Einzelhändler, den Kaufbetrag von seinem Girokonto einzuziehen.

a) Stellen Sie fest, was man unter „Einzugsermächtigung" versteht.

b) Wie sollte sich ein Kunde verhalten, wenn er feststellt, dass der Einzelhändler einen viel zu hohen Geldbetrag von seinem Konto einbehalten hat?

c) Suchen Sie nach weiteren Beispielen von Zahlungen und Rechnungen (vielleicht auch aus Ihrem Privatbereich), für die sich die Zahlung per Einzugsermächtigung eignet.

Aufgabe 4

Zahlung mit Bankkarte und Unterschrift des Kunden wird auch „POZ“ genannt. Erklären Sie, worin das Risiko dieser Zahlungsart besteht.

Aufgabe 5

Stellen Sie dar, welche Möglichkeit der Einzelhändler hat, sich bei Zahlung mit Bankkarte und Unterschrift (kurz: POZ) gegen das Risiko eines Zahlungsausfalls abzusichern, um bei fehlendem Guthaben auf dem Konto des Zahlers trotzdem an sein Geld zu kommen.

4.4 Eine Zahlung mit GeldKarte abwickeln

Zahlen mit GeldKarte? Alles kein Problem:
„Immer passend! Immer flüssig! Die GeldKarte macht unabhängig von abgezähltem Kleingeld!“

So hatte Herr Bode den Werbetext aus der Bank-Broschüre in Erinnerung, den er über den Zahlungsverkehr mit der GeldKarte gelesen hatte. Ein bisschen misstrauisch gegenüber diesen modernen Zahlungsmöglichkeiten war er ja schon. Doch nun stand er an der Kasse und sah das GeldKarten-Symbol. Nachdem Yasmin Röder ihm erklärt hatte, was er tun soll, passierte dieses Missgeschick. Dass seine Karte kein Guthaben aufweisen sollte, war schon ein starkes Stück!!!

Wie konnte so etwas nur passieren?

> **Arbeitsauftrag**
>
> Reagieren Sie in angemessener Weise auf das Missgeschick des Kunden und formulieren Sie geeignete Aussagen für eine Kassiererin, um den Kunden zu beruhigen.

Aufgabe 1

Immer zahlreichere Händler bieten ihren Kunden die Zahlung mit GeldKarte an.

a) Welche Vorteile bietet die GeldKarte für Händler und Kunden?
b) Was spricht gegen die Verwendung der GeldKarte?

Aufgabe 2

Diskutieren Sie in Arbeitsgruppen die folgende Aussage: „Die GeldKarte ist eine sehr unsichere Angelegeheit, weil jeder, der eine verloren gegangene Bankkarte mit GeldKarten-Funktion findet, Zugriff auf das Girokonto des eigentlichen Kartenbesitzers hat.“ (Besprechen Sie in Ihrer Gruppe, ob Sie selbst die GeldKarten-Funktion benutzen werden).

Aufgabe 3

Beschreiben Sie, was man unter einer „elektronischen Geldbörse“ versteht.

Aufgabe 4

Sie möchten an einem Ladeterminal Ihren GeldKarten-Chip aufladen. Bis zu welchem Betrag können Sie das Geld auf den Chip laden?

Aufgabe 5

Beschreiben Sie, welche Arbeitsschritte Sie durchführen müssen, um den GeldKarten-Chip aufzuladen.

Aufgabe 6

Halten Sie in der unten stehenden Tabelle die wichtigsten Unterschiede zwischen den Vorgehensweisen bei den einzelnen Zahlungsarten fest.

Electronic-cash (POS)	POZ-Zahlungen	GeldKarte (mit Chip)

Aufgabe 7

Im Laufe eines Tages wurden folgende Einkäufe im Rahmen des elektronischen Zahlungsverkehrs abgewickelt. Stellen Sie die anfallenden Gebühren gegenüber für den Fall, dass

- sämtliche Zahlungen über Electronic-cash
- sämtliche Zahlungen über die GeldKarten-Funktion

abgewickelt worden wären und ermitteln Sie, welche der beiden Zahlungsarten im vorliegenden Fall günstiger ist.

Einkäufe in €	Electronic-cash	GeldKarte
127,23		
23,75		
44,88		
83,56		
117,38		
121,64		
91,32		

4.5 Eine Kundenkarte ausstellen

Eine Kundin begibt sich mit einer Jacke zur Kasse. Die Kassiererin nimmt die Jacke entgegen, erfasst mit einem Lesegerät den Kaufbetrag und nennt der Kundin den Preis.

Kassiererin: *Das macht dann 79,90 €. Haben Sie vielleicht die Kundenkarte unseres Hauses dabei?*

Kundin: *Was? Eine Kundenkarte? Nein, so etwas habe ich nicht.*

Kassiererin: *Wären Sie denn eventuell daran interessiert?*

Kundin: *Ach, wissen Sie, ich komme so selten bei Ihnen einkaufen. Für mich lohnt sich das kaum.*

Kassiererin: *Ach, das würde ich nicht sagen.*

Kundin: *Nein, ganz bestimmt. Ich wohne in der Nachbarstadt und kaufe nur gelegentlich bei Ihnen ein, wenn ich meine Tochter besuche. Mit einer Kundenkarte müsste ich ja ständig zu Ihnen kommen, damit ich etwas davon hätte.*

Kassiererin: *Das ist überhaupt kein Problem. Sie könnten die Kundenkarte trotzdem nutzen und müssen nicht auf die vielen Vorteile verzichten, die wir Ihnen damit bieten.*

Kundin: *So? Was wäre das denn alles?*

Kassiererin: *Schauen Sie doch mal hier. Diese Broschüre zeigt Ihnen, welche Vorteile wir Ihnen mit unserer Kundenkarte bieten.*

Kundin: *Das hört sich ja tatsächlich interessant an. Und ich habe keinerlei Verpflichtung zum Kauf?*

Kassiererin: *Aber nein. Vielleicht darf ich Ihnen die Vorteile einmal erläutern?*

Arbeitsauftrag

Überzeugen Sie die Kundin vom Nutzen der Kundenkarte.

a) Beraten Sie die Kundin über die Vorteile, die das City-Warenhaus mit der Kundenkarte bietet.
b) Füllen Sie das Antragsformular stellvertretend für die Kundin mit den Daten Ihres Tischnachbarn aus und stellen Sie auch die vorläufige Sofortkarte aus.
c) Erläutern Sie, welche Vorteile sich das City-Warenhaus durch die Vergabe von Kundenkarten verspricht.

☒ **Ja, hiermit beantrage ich die für mich kostenlose Vorteilskarte.**

Frau ☐ **Herr** ☐ **Titel** ____ Bitte in Druckbuchstaben ausfüllen.

Vorname

Name

Geburtsdatum des Antragstellers

Straße

PLZ / Ort

Meine Hobbies
☐ Kunst ☐ Reisen
☐ Kultur ☐ Familie
☐ Essen/Trinken ☐ Sport

Telefon

E-Mail

Vorname und Name des Partners

Geburtsdatum des Partners

Geburtsdatum 1. Kind **w** **m** **Vorname**

Geburtsdatum 2. Kind **w** **m** **Vorname**

Vorteilskarten-Kundennummer
808 072782 2

Geburtsdatum 3. Kind **w** **m** **Vorname**

Datum/Unterschrift

City-Warenhaus Bauer

Unterschrift Karteninhaber/in

Diese Karte ist Eigentum des Herausgebers. Sie ist sorgfältig aufzubewahren. Diebstahl, Beschädigung, Verlust oder sonstiges Abhandenkommen ist der City-Warenhaus Bauer GmbH unverzüglich anzuzeigen. Die Vorteilskarte ist nicht übertragbar. Die Benutzung der Karte unterliegt den bei ihrer Ausstellung geltenden Bedingungen. Sollten Sie diese Karte finden, senden Sie diese bitte an:

City-Warenhaus Bauer
Oberstraße 17
40878 Ratingen

Aufgabe 1

Üblicherweise werden Kunden an der Kasse gefragt, ob sie eine Kundenkarte des Einzelhändlers haben. Sofern sich der Kunde im Besitz einer Kundenkarte befindet, legt er diese nun an der Kasse vor.

a) Beschreiben Sie den Ablauf an der Kasse, wenn der Kunde seine Kundenkarte vorlegt.

b) Wägen Sie die Vorteile und Nachteile einer Kundenkarte sowohl für den Einzelhändler als auch für den Kunden gegeneinander ab. Erstellen Sie dazu eine Übersicht nach folgendem Muster:

Sicht des Einzelhändlers

Vorteile	Nachteile

Sicht des Kunden

Vorteile	Nachteile

Aufgabe 2

Kundenkarten werden von Einzelhändlern als Instrument zur stärkeren Kundenbindung eingesetzt. Schildern Sie, welche Möglichkeiten ein Einzelhändler hat, sich bei einem Kunden, der über eine Kundenkarte verfügt, in Erinnerung zu bringen, um ihn – möglichst individuell – anzusprechen.

Aufgabe 3

Trotz zahlreicher Vorteile reagieren zahlreiche Kunden auf die Frage nach ihrem Interesse an einer Kundenkarte zurückhaltend. Dies trifft vor allen Dingen dann zu, wenn es sich um eine Kundenkarte handelt, die gleich bei mehreren Unternehmen genutzt werden kann. Schildern Sie, welche Risiken sich für den Kunden dahinter verbergen könnten.

Aufgabe 4

Im City-Warenhaus Bauer werden regelmäßig die Umsätze von Kunden, die eine Kundenkarte besitzen, verglichen mit den Umsätzen jener Kunden, die (noch) keine Karte verwenden. Als Stichprobe wurden jeweils die ersten Montage der Monate Mai, Juni, Juli ausgewählt.

Datum 20(0)	Umsatz gesamt in €	Anzahl Kunden	Umsatz mit Karte in €	Anzahl Kunden	Umsatz ohne Karte in €	Anzahl Kunden
03.05.	25.400,00	410	10.160,00	158	15.240,00	252
07.06.	26.200,00	433	11.004,00	168	15.196,00	265
05.07.	24.700,00	388	10.621,00	154	14.079,00	234

a) Werten Sie die Stichprobe aus und ergänzen Sie die nachfolgende Tabelle.
b) Erläutern Sie das Ergebnis der Stichprobe.

Datum 20(0)	Durchschnitts-umsatz je Kunde/€	Durchschnitts-umsatz mit Karte/€	Durchschnitts-umsatz ohne Karte/€	Käufer mit Kundenkarte in % aller Kunden
03.05.				
07.06.				
05.07.				

Aufgabe 5

Das Haushaltswarenfachgeschäft Hermsen erzielte im Jahre 20(0) folgende Umsätze:

Warengruppe	Umsatz/€
A	125.580,00
B	206.595,00
C	
D	164.550,00
Gesamt	627.900,00

a) Wie viel Umsatz wurde mit der Warengruppe C erzielt?
b) Welchen Anteil am Gesamtumsatz in Prozent hatte die Warengruppe A?

Aufgabe 6

Im City-Warenhaus Bauer wurden im Monat April 21 Fläschchen Pikkolo-Sekt an Kunden verschenkt, die an der Kasse einen Preisnachlass verlangten. Im Monat Mai waren es 28 Fläschchen. Berechnen Sie die Veränderung in Prozent.

Aufgabe 7

Ermitteln Sie in der nachfolgenden Übersicht
a) die Umsatzanteile der einzelnen Warengruppen in Prozent.
b) die Umsatzveränderungen in € und in Prozent.

Warengruppe		Umsatz 20(-1) €	Anteil %	Umsatz 20(0) €	Anteil %	Umsatz-veränderungen	
						€	%
I	Tourenräder	426.400,00		445.000,00			
II	Rennsporträder	606.800,00		747.600,00			
III	Fahrrad-Zubehör	246.000,00		231.400,00			
IV	Sportbekleidung	360.800,00		356.000,00			

Aufgabe 8

Ergänzen Sie anhand der folgenden Informationen die untenstehende Übersicht zur Personalleistung (Umsatz pro beschäftigte Person) des Zweirad-Centers Breuer. Runden Sie auf volle €. Beurteilen Sie anschließend die Personalleistung des Betriebes im Vergleich zum Branchendurchschnitt.

Jahr	Personalbestand	Umsatz €	Umsatz pro Person	Branchen durchschnitt/€	Abweichung vom Branchendurchschnitt in %
20(0)	11	1.780.000,00		180.500,00	
20(-1)	10	1.640.000,00		178.000,00	

Welcher Wert ist beim Vergleich zum Branchendurchschnitt mit 100 % gleichzusetzen?

Aufgabe 9

Der Umsatz eines Einzelhandelsgeschäftes entwickelte sich laut unten stehender Übersicht:

Jahr	20(-3)	20(-2)	20(-1)	20(0)
Mio. €	9,7	10,9	11,5	11,9
Veränderung in €				
Veränderung in %				

Berechnen Sie die jährlichen Veränderungsraten in € und in Prozent jeweils verglichen mit dem Vorjahr.

Welcher Wert ist mit 100 % gleichzusetzen?

Aufgabe 10

Das Sortiment eines Einzelhandelsgeschäftes wurde um 1.200 Artikel auf 13.600 Artikel erweitert. Wie viel Prozent beträgt die Steigerung?

Aufgabe 11

Der Abholpreis eines Möbelmarktes für ein Kinderzimmer beträgt 4.560,00 €. Bei Zustellung des Zimmers bis zum Haus des Kunden wird ein pauschaler Zuschlag in Höhe von 100,00 € erhoben.
Um wie viel Prozent erhöht sich dadurch der Abholpreis?

Aufgabe 12

Bei einer Werbeaktion wird der Preis eines Pullovers von 180,00 € auf 135,00 € reduziert. Wie viel Prozent beträgt die Preisermäßigung?

Aufgabe 13

Im Jahre 20(-1) betrug der Umsatz eines Einzelhandelsgeschäftes 980.000,00 €. Im Jahre 20(0) konnte der Umsatz auf 1.150.000,00 € gesteigert werden.
Wie viel Prozent beträgt der Umsatzzuwachs?

Aufgabe 14

Von den 360 Kunden, die das Textilfachgeschäft Alfred Werner befragt, welcher Gesichtspunkt ihnen der wichtigste bei der Entscheidung sei, wo sie einkaufen, antworteten:

Kundenzahl	Aussagen	Prozentanteil
126	„niedrige Preise"	
108	„hohe Qualität der Ware"	
72	„freundliches Personal"	
54	„umfangreiche Service-Leistungen"	
360		

Berechnen Sie die Kundenaussagen als Prozentanteile.

Aufgabe 15

Ein Getränkemarkt möchte die Mehrweg-(Rücklauf-)Quote seiner Getränkeflaschen berechnen. Zu diesem Zweck sind für einen Monat alle Warenbewegungen (Verkäufe in Stück und Leergutrückgabe in Stück) für vier Warengruppen erfasst worden.
Berechnen Sie anhand der nachstehenden Angaben die Mehrweg-Quote in Prozent des Absatzes.

Warengruppe	**Absatz in Stück** (Flaschen)	**Leergutrückgabe** (Flaschen)	**Mehrweg-Quote** in %
Bier	95.400	86.814	
Mineralwasser	86.200	80166	
Fruchtsaft	21.600	17.280	
Wein	550	264	

Aufgabe 16

Eine Kundenberaterin erhält ein Bruttogehalt von 1.800,00 €. Es wurden 1.422,00 € auf ihr Bankkonto überwiesen.
Wie viel Prozent betragen die Abzüge?

4.6 Kundenzahlungen mit Kreditkarte abrechnen

Ein Kunde hat sich in der Lederwarenabteilung des City-Warenhauses für einen Reisekoffer im Wert von 399,00 € entschieden und steht nun an der Kasse. Andrea hilft heute an der Kasse aus.

Kunde: *„Kann ich mit einer Kreditkarte bezahlen? An Ihrer Tür steht das Zeichen von VISA."*

Andrea: *„Da möchte ich lieber Frau Seifert dazu holen. Würden Sie bitte einen Augenblick warten?"*

Kunde: *„Natürlich."*

Frau Seifert: *„Guten Tag, selbstverständlich akzeptieren wir Kreditkarten von Unternehmen, mit denen wir vertraglich verbunden sind. Aber es wäre uns trotzdem lieber, Sie bezahlten bar oder mit Ihrer Bankkarte."*

Kunde: *„Ich habe diese Kreditkarte, damit ich nicht immer Bargeld mit mir herumtragen muss. Außerdem habe ich für die Kreditkarte eine Gebühr bezahlt. Darum möchte ich sie auch ausnutzen."*

Frau Seifert: *„Ich kann Sie gut verstehen, daher möchte ich Ihnen einen Vorschlag machen: Sie bezahlen mit Bankkarte und ich gewähre Ihnen einen Barzahlungsrabatt von 3 %."*

Kunde: *„Am liebsten wäre es mir, ich könnte mit der Kreditkarte bezahlen und bekäme die 3 %. Es ist doch egal, ob Sie das Geld von meiner Bank oder von der Kreditkartenorganisation überwiesen bekommen oder etwa nicht?"*

Arbeitsauftrag

Antworten Sie dem Kunden freundlich, aber in einer Weise, dass das Geschäftsinteresse des City-Warenhauses gewahrt bleibt.

1. Berechnen Sie die Auswirkungen auf den Gewinn, den das City-Warenhaus mit dem Verkauf der Reisetasche erzielt,
   – wenn dem Kunden ein Barzahlungsrabatt von 3 % auf den Bruttoverkaufspreis eingeräumt wird,
   – wenn der Kunde mit Kreditkarte bezahlt und zusätzlich den Barzahlungsrabatt erhält.
2. Setzen Sie den Einstiegsdialog fort.

Hinweis: Die Kreditkartenorganisation erhält eine Provision von 5 % vom Betrag, den das Geschäft mit dem Kunden abrechnet.

Ursprüngliche Kalkulation der Reisetasche

	€	
Bezugspreis	180,00	Einkaufspreis des Einzelhändlers für die Ware
Handlungskostenzuschlag	126,90	Anteilige Handlungskosten (für Personal, Miete, Energie usw.)
Selbstkostenpreis	306,90	Preis, den der Einzelhändler für das Produkt aufwenden muss
Gewinn	**28,39**	**Unterschied zwischen Nettoverkaufspreis und Selbstkostenpreis**
Nettoverkaufspreis	335,29	= 100 % (Verkaufspreis ohne Umsatzsteuer)
Umsatzsteuer 19 %	63,71	= 19 % (Umsatzsteuer, hier 19 % von 335,29 €)
Bruttoverkaufspreis	399,00	= 119 % (Preis, mit dem das Produkt ausgezeichnet wird)

Kalkulation der Reisetasche unter Beachtung von Rabatt und Provision

	€		
Bezugspreis	180,00		
Handlungskostenzuschlag	126,90		
Selbstkostenpreis	306,90		
Gewinn			
Nettoverkaufspreis			
Umsatzsteuer 19 %			
tatsächlich erzielter Bruttoverkaufspreis		119 %	←
Provision der Kreditkartenorganisation			
Bruttoverkaufspreis, den der Kunde zahlt			→ 100 %
Barzahlungsnachlass für den Kunden			
Bruttoverkaufspreis (Auszeichnungspreis)		100 %	

Aufgabe 1

Beschreiben Sie jeweils den Ablauf vom Kauf bis zum Geldeingang beim Einzelhändler, wenn ein Kunde mit Bankkarte (POZ-Verfahren) bzw. mit Kreditkarte bezahlt. Stellen Sie die Abläufe auch grafisch dar.

Aufgabe 2

a) Ein Kunde kauft am Montag, den 19. Juni 20(0) per Kreditkarte bei einem Einzelhändler für 800,00 € ein. Wann etwa kann der Einzelhändler mit dem Geldeingang rechnen, wenn folgende Konditionen der Kreditkartenorganisation gelten?

1. Der Einzelhändler reicht die Leistungsbelege einer Woche am Samstag der Kreditkartenorganisation ein.
2. Die Organisation benötigt eine Woche für die Abrechnung, so dass der Verrechnungsscheck am Montag der darauffolgenden Woche beim Einzelhändler eintrifft.
3. Das Wertstellungsdatum wird von der Bank auf den dritten Tag nach Vorlage des Schecks festgesetzt.

b) Beurteilen Sie die Zeitdauer im Vergleich mit der Bar- bzw. Bankkarten-Zahlung.

Aufgabe 3

Mit welchen der nachfolgenden Aussagen lässt sich die Provisionsberechnung durch die Kreditkartenorganisation begründen?

1 Die Organisation der Zahlungsabwicklung ist sehr aufwändig.
2 Die Kreditkartenorganisation gewährt dem Kreditkarteninhaber einen Kredit.
3 Die Kreditkartenorganisation gewährt dem Einzelhändler einen Kredit.
4 Mit der Provision werden die Sonderleistungen, die mit der Kreditkarte verbunden sind (z. B. Versicherungen), finanziert.

Aufgabe 4

Entscheiden Sie, welche Aussagen zutreffen.

1 Jeder voll Geschäftsfähige, der eine Kreditkarte bekommen möchte, erhält diese auf Antrag.
2 Die „Eurocard" ist eine Unterform der „Euroscheck-Karte"
3 Die Vertragsunternehmen rechnen in der Regel einmal im Monat mit der Kartenorganisation ab.
4 Die Kartenorganisation rechnet gewöhnlich einmal in der Woche mit dem Karteninhaber ab.
5 Die Vertragsunternehmen können mit Umsatzsteigerungen rechnen.

Aufgabe 5

Entscheiden Sie, ob die folgenden Aussagen richtig oder falsch sind.
Es trifft zu, dass
1 Kreditkarten für Karteninhaber und für Einzelhändler mit zusätzlichen Kosten verbunden sind, die bei Barzahlung nicht entstanden wären;
2 ein Karteninhaber, dem die Karte gestohlen wurde, mit erheblichen Verlusten rechnen muss;
3 dem Karteninhaber durch den Zeitpunkt der Belastung der Rechnungsbeträge auf seinem Konto Zinsvorteile entstehen;
4 Kreditkarten auch Versicherungsschutz für Reiseversicherungen enthalten können.

Aufgabe 6

Gelegentlich wird behauptet, Kreditkarten würden die Karteninhaber dazu verführen, mehr zu kaufen als sie sich eigentlich finanziell erlauben können. Wie beurteilen Sie diesen Vorwurf?

Aufgabe 7

Lebensmittel und Verlagserzeugnisse: 7 % Umsatzsteuer

Waren sind mit folgenden Preisen ausgezeichnet worden.

Auszeichnungspreis in €	enthaltene Umsatzsteuer
416,50	19 %
14,28	19 %
9,99	7 %
4.599,00	19 %
3,98	7 %

Wie viel Umsatzsteuer in € ist in diesen Beträgen jeweils enthalten? Berücksichtigen Sie die unterschiedlichen Umsatzsteuersätze.

Aufgabe 8

a) Ein Preis, mit dem eine Ware ausgezeichnet ist, enthält 53,20 € (= 19 %) Umsatzsteuer. Ermitteln Sie
  aa) den Nettoverkaufspreis
  ab) den Bruttoverkaufspreis.
b) Der Preis eines Lebensmittels enthält 1,12 € Umsatzsteuer (7 %). Ermitteln Sie
  ba) den Nettoverkaufspreis
  bb) den Bruttoverkaufspreis.

Aufgabe 9

Auf einem Kassenbon ist ein Umsatzsteuerbetrag von 12,73 € (19 %) ausgewiesen worden. Wie hoch ist in diesem Fall
a) der Nettobetrag
b) der Bruttobetrag?

Aufgabe 10

Betrachten Sie die folgende Darstellung (Grafik) des Umsatzsteuer-Systems und bearbeiten bzw. beantworten Sie die folgenden Aufgaben und Fragen.
a) Beschreiben Sie den Weg des Stahlrohrs/Fahrrades.
b) Welchen Verlauf nehmen die Zahlungen?
c) Warum zahlt die Fahrradfabrik Union nur 79,80 € an das Finanzamt?
d) Welchen Betrag erhält das Finanzamt insgesamt?
e) Wie viel € Umsatzsteuer zahlt F. Kunde?
f) Wie viel € muss das Fachgeschäft Zweirad-Möller aus „eigener Tasche“ an Umsatzsteuer entrichten?

Das Umsatzsteuer-System

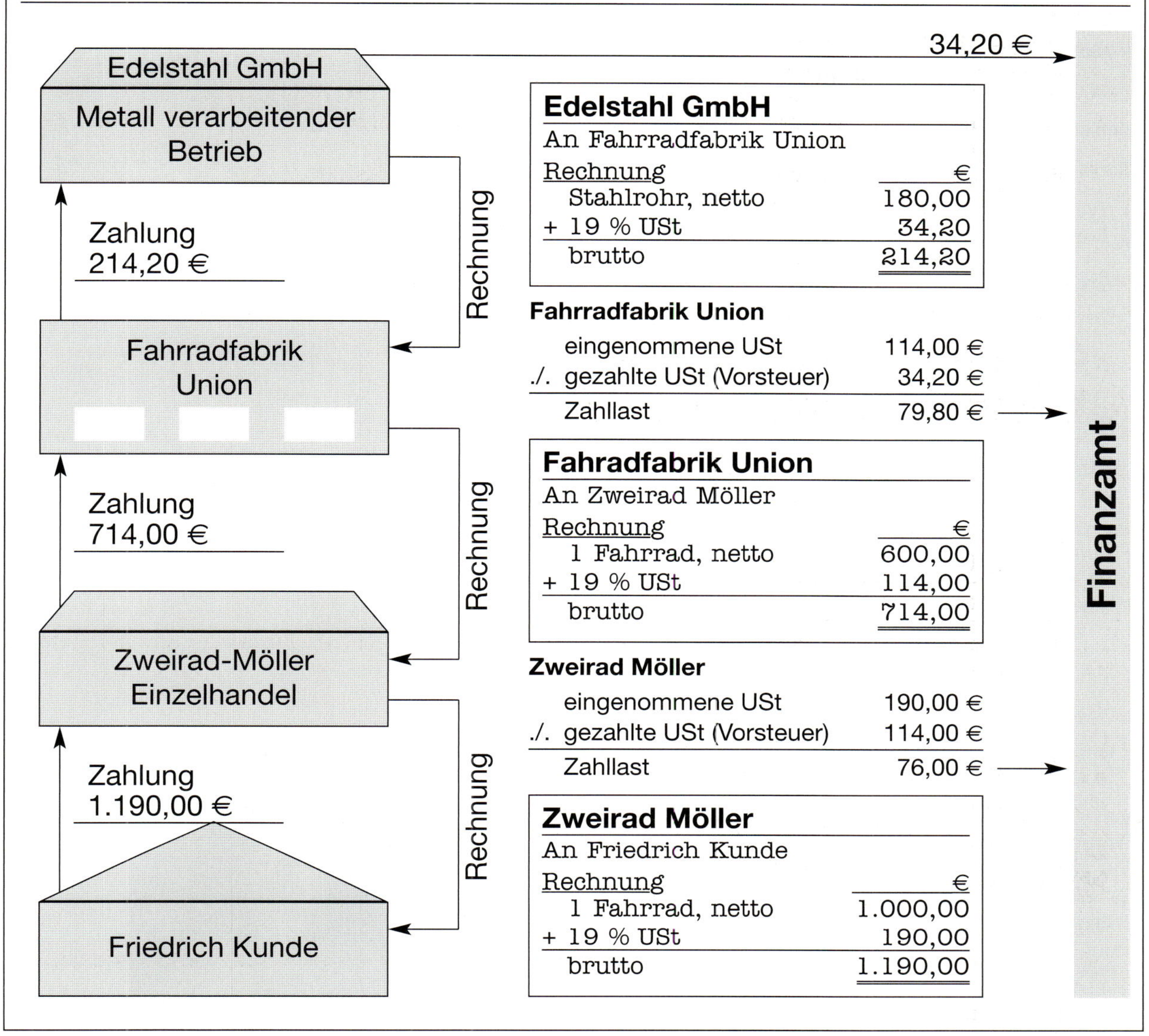

Aufgabe 11

Der Jahresumsatz eines Einzelhandelsgeschäftes beträgt 465.450,00 € und liegt damit um 7 % höher als im Vorjahr. Berechnen Sie den Vorjahresumsatz und die Umsatzsteigerung in €.

Aufgabe 12

Bei einem Teilzahlungskauf zahlt eine Kundin für eine Geschirrspülmaschine einschließlich eines Teilzahlungsaufschlages von 9 % 904,70 €.

a) Wie viel € betragen der Aufschlag und der eigentliche Verkaufspreis?

b) Wie viel € hätte die Kundin gespart, wenn sie bei Barzahlung 3 % Skonto ausgenutzt hätte?

Aufgabe 13

Das Gehalt eines Angestellten beträgt nach einer Gehaltserhöhung um 4 % 2.964,00 €. Wie hoch ist die Gehaltserhöhung, und wie hoch war sein altes Gehalt?

Aufgabe 14

Aus der Kundenkartei eines Kunden sind folgende Informationen zu entnehmen:
Im Jahre 20(0) verringerten sich die Umsatzerlöse gegenüber dem Vorjahr 20(-1) um 10 %. Im nachfolgenden Jahr 20(+1) gingen die Erlöse um weitere 5 % gegenüber dem Jahr 20(0) zurück, und zwar auf 40.425,00 €. Ermitteln Sie die Umsätze mit dem Kunden von 20(-1) bis 20(+1).

		€		%	%
Umsatz 20(-1)	**1. Jahr**		=	**100**	
Umsatz-Minderung			=	**– 10**	
Umsatz 20(0)	**2. Jahr**		=	**90** →	**100**
Umsatz-Minderung			=		**– 5**
Umsatz 20(+1)	**3. Jahr**		=		**95**

a) Tragen Sie den gegebenen €-Wert an entsprechender Stelle in die Aufstellung ein.
b) Berechnen Sie die fehlenden Werte mit Hilfe der Dreisatzrechnung.

Aufgabe 15

Der Gesamtumsatz eines Unternehmens zeigte in den zurückliegenden Jahren folgende Entwicklung:
– 20(0) eine Steigerung des Umsatzes um 15 % gegenüber 20(-1);
– 20(+1) eine Minderung des Umsatzes um 10 % gegenüber 20(0);
– der Umsatz im Jahre 20(+1) belief sich auf 1.138.500,00 €.
Wie hoch war der Umsatz im Jahre 20(-1)?

Aufgabe 16

Ein nicht absetzbarer Warenposten wird sechs Monate nach dem Einkauf um 30 % im Preis herabgesetzt. Für eine Sonderangebotsaktion wird der Preis vier Monate später noch einmal um 20 % ermäßigt. Schließlich wird der immer noch vorhandene Posten nach einer weiteren Preisherabsetzung um 10 % für 1.260,00 € in einem „Super-Sonderangebot" angeboten.
Wie hoch war der ursprüngliche Verkaufspreis?

4.7 Belege für Kunden erstellen

Das City-Warenhaus Bauer hat mehrere Nebenkassen über die Verkaufsfläche verteilt. Alle Sonderfälle werden aber an der Hauptkasse erledigt, weil dort alle notwendigen Formulare vorhanden sind.
Andrea hat nun folgende Fälle zu bearbeiten:

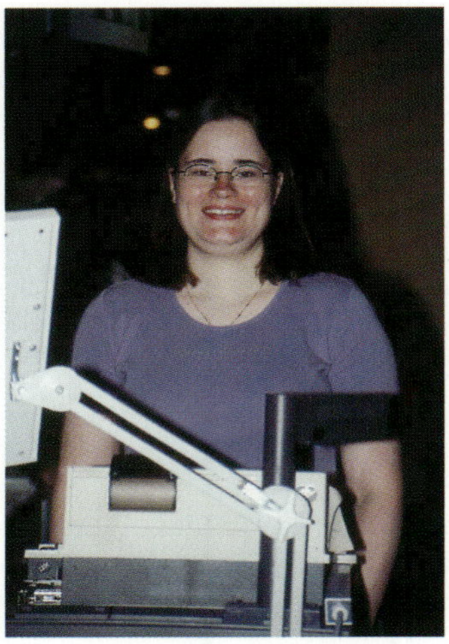

Fall 1
Eine Kundin wünscht eine Quittung über eine Jacke, die sie vor zwei Monaten im City-Warenhaus zum Preis von 198,00 € gekauft hat. Bei einer Geburtstagsfeier hatte ein Bekannter leider ein Glas Rotwein umgestoßen und dadurch ihre Jacke ruiniert. Der Bekannte will den Vorfall seiner Haftpflichtversicherung melden, damit Schadenersatz geleistet wird. Die Quittung muss die Umsatzsteuer von 19 % gesondert ausweisen.
Weitere Daten:
- Kauf vermutlich am 10.09.20(0)
- Name der Kundin: Ellen Weinhold, Christinenstraße 33, 40880 Ratingen
- Laufende Nr. der Quittung 328

Fall 2
In der Abteilung Sport bedient Frau Dünsing einen Kunden:

Kunde: *„Ich hätte gerne 20 Pedal-Plattensätze SH50 von Shimano und 10 Pedal-Reflektorsätze PD 51."*
Frau Dünsing: *„Sehr gerne."*
Kunde: *„Das ist für den Radsportclub Ratingen."*
Frau Dünsing: *„Würden Sie dann bitte mit zur Hauptkasse gehen. Dort lasse ich für Sie den Lieferschein ausstellen.*

Nachdem Frau Dünsing die Waren geholt hat, gehen sie gemeinsam zur Hauptkasse.

Andrea: *(Als Frau Dünsing und der Kunde an die Kassentheke herantreten) „Guten Tag."*

Kunde: *„Guten Tag."*

Frau Dünsing: *(zu Andrea) „Stellen Sie bitte für diese Produkte einen Lieferschein für den Radsportclub Ratingen aus. Die Adresse ist in der Kundendatei."*

Andrea: *(Nachdem sie den Lieferschein ausgefüllt hat) „Würden Sie dann bitte hier unterschreiben?"*

Kunde: *(Während er die Unterschrift leistet:) „Unser Trainer sagt, er braucht die Rechnung schnellstens."*

Frau Dünsing: *„Ich lasse die Rechnung sofort fertig machen."*

Kunde: *Sehr schön.*

Frau Dünsing: *(Übergibt dem Kunden das Original des Lieferscheins und die Produkte:) „Bitte schön. Und viel Erfolg beim Turnier am Sonntag."*

Kunde: *„Ich glaube, wir haben gute Chancen. Vielen Dank und auf Wiedersehen."*

Frau Dünsing: *„Auf Wiedersehen."*

Andrea: *„Auf Wiedersehen."*

Frau Dünsing: *„Stellen Sie bitte aufgrund dieser Lieferschein-Durchschrift die Rechnung aus. Die Pedal-Plattensätze kosten pro Stück 18,50 €, ein Reflektorsatz 27,50 €, einschließlich Umsatzsteuer. Die Umsatzsteuer ist gesondert auszuweisen."*

Andrea: *„Ich werde das sofort erledigen."*

Fall 3

Frau Melcher aus der Abteilung Textilien tritt mit einer Kundin an die Hauptkasse:

Andrea: *„Guten Tag."*

Kundin: *„Guten Tag."*

Frau Melcher: *„Andrea, würdest du bitte dieser Kundin einen Auswahlschein für das T-Shirt ausstellen.*

Andrea: *„Sehr gerne. Sagen Sie mir bitte ihre Adresse?"*

Kundin: *„Eva Stelzer, Poststraße 19, 40878 Ratingen"*

Andrea: *„Vielen Dank. Der Beleg ist gleich fertig. Reicht Ihnen die Auswahlfrist von 3 Tagen?"*

Kundin: *„Ja, natürlich."*

Andrea: *„Würden Sie bitte hier unterschreiben?"*

Arbeitsauftrag

Erstellen Sie die Belege für die Fälle 1 bis 3.
Das heutige Datum ist der 10.11.20(0).

Belege

Nr. **Quittung**

Nettobetrag ______ EUR

\+ Umsatzsteuer ____ % ______ EUR

Bruttobetrag ______ EUR

von

für

dankend erhalten.

______________________ den ______________________

Buchungsvermerk: ______________________
Unterschrift des Empfängers

City-Warenhaus Bauer

40878 Ratingen
Oberstraße 17
Tel.: 02102 56742-0
FAX 02102 56733
E-Mail: City-Warenhaus@t-online.de

Datum:

Bestellung vom:

Lieferschein-Nr.	**Kunden-Nr.**

Menge	**Artikel-Nr.**	**Bezeichnung**

gepackt am	durch	Unterschrift des Empfängers

Daten:
Adresse: Radsportclub Ratingen, Kölner Str. 278, 40885 Ratingen
Kunden-Nr. 129
Lieferschein-Nr. 1188/20(0)
Pedal-Plattensätze SH 50, Artikel-Nr. 42-33-28-322, Pedal-Reflektorsatz PD 51, Artikel-Nr. 42-33-17-232

City-Warenhaus Bauer

40878 Ratingen
Oberstraße 17
Tel.: 02102 56742-0
FAX 02102 56733
E-Mail: City-Warenhaus@t-online.de

Datum:

Bestellung vom:

Rechnungs-Nr.	**Kunden-Nr.**

Menge	**Artikel-Nr.**	**Bezeichnung**	**Einzelpreis/€**	**Gesamtpreis/€**

Wir gewähren ein Zahlungsziel von 30 Tagen nach Rechnungsdatum.

Bankverbindung: Sparkasse Ratingen, Konto-Nr. 4565052000 BLZ 30151660

Andrea stellt fest, dass die letzte Rechnung mit der Nr. 1.243/20(0) versehen worden war.

City-Warenhaus Bauer

40878 Ratingen
Oberstraße 17
Tel.: 02102 56742-0
FAX 02102 56733
E-Mail: City-Warenhaus@t-online.de

	Datum:
Auswahlschein-Nr.	**Kunden-Nr.**

Menge	**Artikel-Nr.**	**Bezeichnung**	**Einzelpreis/€**	**Gesamtpreis/€**

Es bediente Sie:

Ware erhalten:

Ware, die innerhalb von drei Tagen nicht zurückgegeben worden ist, gilt als verkauft.
Bei Umtausch oder Rückgabe bitte diesen Beleg mitbringen.

Daten:
Artikel: Artikel-Nr. 21-15-13-288, Damen-T-Shirt 1/2 Arm, Preis 24,95 €; letzte Auswahlschein-Nr. 212

Aufgabe 1

Welche der folgenden Aussagen treffen für einen Lieferschein, welche für eine Rechnung zu?

1 Gibt vor allem Auskunft über die Zusammensetzung des Preises.
2 Dient als Begleitpapier für eine Warenlieferung.
3 Auf diesem Papier quittiert der Empfänger den Erhalt der Ware.
4 Die Ware wird nach Menge und Art beschrieben.

Aufgabe 2

a) Welche rechtliche Verpflichtung geht eine Kundin ein, wenn sie ein Produkt zur Ansicht mit nach Hause nimmt?
b) Welche Folgen stellen sich laut Auswahlschein oben ein, wenn die Auswahlfrist von drei Tagen überschritten ist?

Aufgabe 3

Auf verschiedenen Quittungen sind die nachfolgenden Beträge enthalten. Berechnen Sie die jeweils fehlenden Beträge.

	Nettoverkaufspreis	**Umsatzsteuer (19 %)**	**Bruttoverkaufspreis**
Quittung 1	44,81		
Quittung 2		15,20	
Quittung 3			199,00

Kreditverkäufe = Verkäufe gegen Rechnung

Aufgabe 4

Berechnen Sie den Prozentanteil der Barverkäufe sowie der Kreditverkäufe am Umsatz. Ergänzen Sie dazu die nachstehende Tabelle.

Jahr	Umsatz €	Barverkäufe €	Anteil %	Kredit-verkäufe €	Anteil %	Branchen-durchschnitt (Kreditverkäufe)
20(0)	1.780.000,00	1.386.620,00		393.380,00		23,8
20(-1)	1.640.000,00			334.560,00		23,3
20(-2)	1.580.000,00		80,2			22,9

Aufgabe 5

Eine Kundenberaterin des City-Warenhauses Bauer erhält auf einen leicht beschädigten Artikel 10 % Preisnachlass. Nach Abzug ihres Personalrabatts von 15 % zahlt sie für diesen Artikel noch 137,70 €. Wie viel € betrug der ursprüngliche Auszeichnungspreis dieses Artikels?

5 Kassenauswertungen

5.1 Die Tageseinnahmen an der Kasse ermitteln

Frau Dehn, die Leiterin der Verwaltung des City-Warenhauses, kommt wie jeden Abend kurz nach Geschäftsschluss mit einer Umsatzstatistik zur Kasse in die Abteilung Elektro/Tonträger/Computer, an der Klaus, Auszubildender im 1. Lehrjahr, alleine steht. Die Arbeitskollegin, Frau Gerdes, die für die Kasse zuständig ist, muss noch einen etwas verspäteten Kunden bedienen.

Frau Dehn: *„Können Sie mir schon die Umsatzzahlen des heutigen Tages nennen?“*

Klaus: *„In der Kasse sind etwa 1.500,00 €.“*

Frau Dehn: *„Das ist ja schön, aber ich möchte nicht wissen, was in der Kasse ist, sondern was heute an Waren über die Kasse verkauft wurde.“*

Klaus: *„Das kann ich Ihnen leider nicht sagen. Das hat mir bisher auch noch niemand gezeigt.“*

Frau Dehn: *(Holt ein Formular aus der Kassenschublade und eine Mappe mit verschiedenen Belegen) „Hier haben Sie das Formular für den Kassenbericht. Außerdem benötigen Sie noch diese Belege. Heute Mittag sind z. B. 3.000,00 € aus der Kasse genommen und zur Bank gebracht worden.“*

Formular siehe nächste Seite

Klaus: *„Das Geld haben wir für verkaufte Waren bekommen, also muss es – Moment? – wieder zum Kassenbestand hinzugerechnet werden.“*

Frau Dehn: *„Genau. Und der Rechnungsbetrag vom 10.08., den der Kunde heute bar bezahlt hat?“*

Klaus: *„Das haben wir nicht heute verkauft, sondern vor 14 Tagen. Der Betrag muss also – wenn ich es mir genau überlege? ...“*

Frau Dehn: *„Ich sehe, Sie kommen alleine zurecht. Sonst fragen Sie Frau Gerdes.“*

Arbeitsauftrag

Füllen Sie anhand der nachfolgenden Angaben den unten stehenden Kassenbericht aus und berechnen Sie die Barverkäufe des Tages.
Darauf sollten Sie besonders achten:

- Der Kassen-Schlussbestand ist der Betrag, der am Ende des Geschäftstages noch in der Kasse ist.
- Mit Hilfe des Kassenberichts soll vor allem ermittelt werden, welche Einnahmen durch Barverkäufe erzielt worden sind.
- Ausgaben, die aus der Kasse heraus bezahlt wurden, haben die Einnahmen aus Barverkäufen verändert.
- Einnahmen, die nicht durch Barverkäufe am Abrechnungstag entstanden sind, müssen wieder herausgerechnet werden.

Datum 25. August 20(0),
Kassenbericht Nr. 196
Wechselgeld vom Vortag: 300,00 €

	€
Kassen-Schlussbestand bei Geschäftsschluss	1.451,00
Belege *)	
Barkauf eines speziellen Reinigungsmittels	6,00
Geldentnahme des Geschäftsinhabers für private Zwecke	300,00
Wareneinkauf per Nachnahme	249,00
Hausfracht für eine Warenlieferung wird bar bezahlt	29,00
Kunde bezahlt Rechnung Nr. 245/20(0) vom 10.08.20(0) bar	150,00
Bankeinzahlung	3.000,00
Eine Garage, die zum Geschäftshaus gehört, wird an einen Nachbarn untervermietet. Ein neuer Mieter zahlt seine erste Miete bar.	30,00

*) Weil die Hauptkasse zeitweise ausgefallen war, wurden einige Zahlungen über die Nebenkasse abgewickelt.

Kassenbericht	**vom**	**Nr.**
		€
Kassen-Schlussbestand		
	€	
Ausgaben		
1. Zahlungen für Wareneinkäufe		
Zwischensumme:		→
2. Geschäftsausgaben		
Zwischensumme:		→
3. Privatentnahmen		
Zwischensumme:		→
4. Sonstige Ausgaben (z. B. Bankeinzahlungen)		
Zwischensumme:		→
Summe		
abzüglich Anfangsbestand (Wechselgeld)		
= Kasseneingang		
abzüglich sonstige Einnahmen		
= Barverkäufe		

Aufgabe 1

Erstellen Sie aus den folgenden Angaben den Kassenbericht Nr. 142 vom 05.06.20(0) für ein Textilfachgeschäft.
Kassen-Schlussbestand des Vortages (Wechselgeld): 245,50 €

	€
Kassen-Schlussbestand bei Geschäftsschluss	560,00
Barkauf von Blumen zur Geschäftsdekoration	20,00
Paketgebühren an den Zusteller vom Paketdienst	9,50
Hausfracht für eine Warenlieferung wird bar bezahlt	29,00
Kunde bezahlt Rechnung vom 28.05.20(0) bar	370,00
Bankeinzahlungen (mittags, nachmittags)	5.700,00
Süßigkeiten für die Kinderabteilung (als kleine Aufmerksamkeit) bar eingekauft	15,00
Eine Mitarbeiterin erhält ein Tagegeld für den Messebesuch bar ausgezahlt	30,00
Reparaturmaterial im Baumarkt bar eingekauft	12,50
Mineralwasser zur Erfrischung der Kunden bar bezahlt	25,00

Aufgabe 2

a) Stellen Sie fest, ob die Kasse zum Schluss des Geschäftstages einen Fehlbetrag oder einen Überschuss ausweist. Vergleichen Sie dazu den Ist-Kassenbestand mit dem Soll-Kassenbestand lt. Ausdruck der Registrierkasse.

b) Berechnen Sie die Barverkäufe des Tages.

Das Formular zur Kassenabrechnung befindet sich unten.

Informationen zur Kassenabrechnung Nr. 208 vom 13.09.20(0)

Die abendliche Kassenzählung ergibt folgendes Bild:

Geldscheine (€)	Hartgeld (€)
3 x 200,00	18 x 2,00
7 x 100,00	17 x 1,00
17 x 50,00	15 x 0,50
20 x 20,00	8 x 0,20
25 x 10,00	21 x 0,10
– x 5,00	10 x 0,05
	5 x 0,02
	15 x 0,01

Ausdruck der Registrierkasse:

Zweirad-Center Breuer
Steinstraße 24, 40212 Düsseldorf
Tel. 02111 56742-0

20(0)-09-13 MON

Finanzbericht

Barverkäufe	5.280,95 €
Anzahl Artikel	310
Anzahl Kunden	135

In der Kassenlade liegt eine vom Chef unterschriebene Quittung über eine Bargeldentnahme in Höhe von zusammen 2.000,00 €. Wechselgeld zu Beginn des Tages: 200,00 €. Ein Kunde hat seine Rechnung vom 05.09.20(0) über 210,00 € bar an der Kasse beglichen. Paketzustellkosten über 17,00 € wurden direkt aus der Kasse bezahlt.

Kassenabrechnung

Datum:

Bargeldbestand (Scheine und Hartgeld) in €

	x 0,01 =	
	x 0,02 =	
	x 0,05 =	
	x 0,10 =	
	x 0,20 =	
	x 0,50 =	
	x 1,00 =	
	x 2,00 =	
	x 10,00 =	
	x 20,00 =	
	x 50,00 =	
	x 100,00 =	
	x 200,00 =	
	x 500,00 =	
Barbestand zum Geschäftsschluss		

Kassen-Schlussbestand	
+ Ausgaben	
+ Bankeinzahlungen	
– Wechselgeld	
– bezahlte Kundenrechnungen	
= Barverkäufe (Ist-Bestand)	
+ Barverkäufe laut Registrierkasse (Soll-Bestand)	
Kassendifferenz	
– Fehlbetrag	
+ Überschuss	

Soll-Bestand: Betrag, der in der Kasse sein soll.
Ist-Bestand: Betrag, der tatsächlich in der Kasse ist

Aufgabe 3

Bei der Kassenabrechnung an einem Aktionstisch wird festgestellt, dass
112 Artikel zu je 12,75 €
287 Artikel zu je 9,95 € verkauft wurden.
Am Morgen befanden sich 270,00 € Wechselgeld in der Kasse. Am Abend beträgt der Ist-Bestand der Kasse 4.452,65 €. Berechnen Sie

a) die Barverkäufe des Tages
b) die Kassendifferenz

Aufgabe 4

Ermitteln Sie rechnerisch anhand der folgenden Angaben die Barverkäufe des Tages.
Wechselgeld 150,00 €, bezahlte Kundenrechnungen 185,00 €, Bankeinzahlungen 2.500,00 €, Geschäftsausgaben 79,00 €, Zahlungen für Wareneinkäufe 310,00 €, für private Zwecke entnimmt die Inhaberin 100,00 €, Kassen-Schlussbestand 1.355,60 €.

Kassenbericht	**vom**	**Nr.**
		€
Kassen-Schlussbestand		
	€	
Ausgaben		
1. Zahlungen für Wareneinkäufe		
Zwischensumme:		→
2. Geschäftsausgaben		
Zwischensumme:		→
3. Privatentnahmen		
Zwischensumme:		→
4. Sonstige Ausgaben (z. B. Bankeinzahlungen)		
Zwischensumme:		→
Summe		
abzüglich Anfangsbestand (Wechselgeld)		
= Kasseneingang		
abzüglich sonstige Einnahmen		
= Barverkäufe		

5.2 Kassenauswertungen vergleichen

Herr Sander betreibt als Mieter im City-Warenhaus ein Fotogeschäft. Jeden Abend nach Geschäftsschluss liefert ihm seine elektronische Registrierkasse verschiedene Berichte, die über den Geschäftsverlauf des Tages wichtige Auskünfte geben.
Vor allem der Vergleich mit den Tageszahlen des Vorjahres gibt Hinweise auf die Entwicklung des Betriebes. Heute, am Montag, den 11. September 20(0), hat sich Herr Sander fünf Berichte ausdrucken lassen (siehe unten). Die wird er mit den Berichten vom Montag der 37. Woche des Jahres 20(-1) vergleichen. Sein Ziel ist es, Hinweise für die Führung seines Geschäftes zu erhalten. Diese Hinweise können sich z. B. auf das Sortiment, die Preispolitik, auf die Ladenöffnungszeiten oder den Personaleinsatz beziehen.

Weil nur jeweils ein Verkaufstag betrachtet wird, ist die Aussagekraft der Auswertungen für eine längerfristige Entwicklung natürlich begrenzt. Herr Sander hat aber den Eindruck, dass der 11. September ein typischer Geschäftstag war.

Kalender: September 20(-1)					
Woche	35	36	37	38	39
Montag		6	13	20	27
Dienstag		7	14	21	28
Mittwoch	1	8	15	22	29
Donnerstag	2	9	16	23	30
Freitag	3	10	17	24	
Samstag	4	11	18	25	
Sonntag	5	12	19	26	

Kalender: September 20(0)					
Woche	35	36	37	38	39
Montag		4	11	18	25
Dienstag		5	12	19	26
Mittwoch		6	13	20	27
Donnerstag		7	14	21	28
Freitag	1	8	15	22	29
Samstag	2	9	16	23	30
Sonntag	3	10	17	24	

Kassenauswertung Montag, 11. Sept. 20(0)

Foto Sander
Oberstraße 17, 40878 Ratingen
Tel. 0 21 02 4 53 62

20(0)-09-11 MON
Finanzbericht

Gesamtbetrag brutto	1.473,00 €
Gesamtbetrag netto	1.237,82 €
Gesamtbetrag Ust.	235,18 €
Anzahl Artikel	84
Anzahl Kunden	32
Artikelzahl pro Kunde	2,6
Bruttoumsatz pro Kunde	46,03 €
Barumsatz	885,20 €
Kundenzahl	23
Electronic-Cash	544,75 €
Kundenzahl	7
Geldkarte	3,05 €
Kundenzahl	1
Kreditkarte	40,00 €
Kundenzahl	1
Nr.	0212
Zeit	19:05

Foto Sander
Oberstraße 17, 40878 Ratingen
Tel. 0 21 02 4 53 62

20(0)-09-11 MON
Verkäuferbericht

01 Sander	
Gesamtbetrag brutto	544,50 €
Anzahl Artikel	14
Gesamtbetrag netto	457,56 €
03 Vormann	
Gesamtbetrag brutto	368,26 €
Anzahl Artikel	32
Gesamtbetrag netto	309,46 €
04 Alici	
Gesamtbetrag brutto	560,24 €
Anzahl Artikel	38
Gesamtbetrag netto	470,79 €
Nr.	0212
Zeit	19:05

Foto Sander
Oberstraße 17, 40878 Ratingen
Tel. 0 21 02 4 53 62

20(0)-09-11 MON

Warengruppenbericht

WG 1 Fotokameras	Anzahl Artikel	13
	Umsatz	602,30 €
	Umsatz %	40,8
WG 2 Objektive	Anzahl Artikel	17
	Umsatz	456,10 €
	Umsatz %	31
WG 3 Kamerazubehör	Anzahl Artikel	36
	Umsatz	281,70 €
	Umsatz %	19,1
WG 4 Aufnahmematerial	Anzahl Artikel	5
	Umsatz	32,85 €
	Umsatz %	2,2
WG 5 Laborartikel	Anzahl Artikel	1
	Umsatz	24,75 €
	Umsatz %	1,7
WG 6 Projektion	Anzahl Artikel	12
	Umsatz	75,30 €
	Umsatz %	5,1
Summe Artikel		84
Summe Umsatz		1.473,00 €
Nr.		0212
Zeit		19:05

Wetter am 11. Sept. 20(0): bewölkt

Foto Sander
Oberstraße 17, 40878 Ratingen
Tel. 0 21 02 4 53 62

20(0)-09-11 MON

Rohrergebnisbericht

WG 1 Fotokameras	Rohergebnis	41,24
	Betrag	208,73 €
WG 2 Objektive	Rohergebnis	36,21
	Betrag	138,80 €
WG 3 Kamerazubehör	Rohergebnis	40,52
	Betrag	95,91 €
WG 4 Aufnahmematerial	Rohergebnis	29,12
	Betrag	8,04 €
WG 5 Laborartikel	Rohergebnis	32,50
	Betrag	6,76 €
WG 6 Projektion	Rohergebnis	31,38
	Betrag	19,86 €
Summe Rohergebnis Betrag		478,10 €
Rohergebnis %		38,62
Nr.		0212
Zeit		19:00

Foto Sander
Oberstraße 17, 40878 Ratingen
Tel. 0 21 02 4 53 62

20(0)-09-11 MON

Stundenfrequenz

09:00 – 10:00					
Umsatz	88,10 €	Artikel	4	Kunden	1
10:00 – 11:00					
Umsatz	142,60 €	Artikel	7	Kunden	2
11:00 – 12:00					
Umsatz	177,45 €	Artikel	10	Kunden	3
12:00 – 13:00					
Umsatz	69,24 €	Artikel	4	Kunden	2
13:00 – 14:00					
Umsatz	86,81 €	Artikel	5	Kunden	2
14:00 – 15:00					
Umsatz	136,53 €	Artikel	8	Kunden	3
15:00 – 16:00					
Umsatz	193,50 €	Artikel	10	Kunden	4
16:00 – 17:00					
Umsatz	263,22 €	Artikel	15	Kunden	6
17:00 – 18:00					
Umsatz	221,43 €	Artikel	13	Kunden	5
18:00 – 19:00					
Umsatz	94,12 €	Artikel	8	Kunden	4
Summe	1.473,00 €		84		32
Nr.				0212	
Zeit				19:05	

Kassenauswertung Montag, 13. Sept. 20(-1)

Foto Sander
Oberstraße 17, 40878 Ratingen
Tel. 0 21 02 4 53 62
20(-1)-09-13 MON
Finanzbericht

Gesamtbetrag brutto	1.654,80 €
Gesamtbetrag netto	1.390,59 €
Gesamtbetrag Ust.	264,21 €
Anzahl Artikel	89
Anzahl Kunden	38
Artikelzahl pro Kunde	2,3
Bruttoumsatz pro Kunde	43,55 €
Barumsatz	1.078,30 €
Kundenzahl	30
Electronic-Cash	388,00 €
Kundenzahl	5
Geldkarte	42,50 €
Kundenzahl	1
Kreditkarte	146,00 €
Kundenzahl	2
Nr.	0211
Zeit	18:54

Foto Sander
Oberstraße 17, 40878 Ratingen
Tel. 0 21 02 4 53 62

20(-1)-09-13 MON
Verkäuferbericht

01 Sander	
Gesamtbetrag brutto	527,66 €
Anzahl Artikel	16
Gesamtbetrag netto	443,41 €
02 Binder	
Gesamtbetrag brutto	411,30 €
Anzahl Artikel	30
Gesamtbetrag netto	345,63 €
04 Alici	
Gesamtbetrag brutto	715,84 €
Anzahl Artikel	43
Gesamtbetrag netto	601,55 €
Nr.	0211
Zeit	18:54

Wetter am 13. Sept. 20(-1): sonnig

Foto Sander
Oberstraße 17, 40878 Ratingen
Tel. 0 21 02 4 53 62
20(-1)-09-13 MON
Warengruppenbericht

WG 1 Fotokameras	Anzahl Artikel	12
	Umsatz	599,03 €
	Umsatz %	36,2
WG 2 Objektive	Anzahl Artikel	15
	Umsatz	481,54 €
	Umsatz %	29,1
WG 3 Kamerazubehör	Anzahl Artikel	33
	Umsatz	297,87 €
	Umsatz %	18,0
WG 4 Aufnahmematerial	Anzahl Artikel	10
	Umsatz	104,25 €
	Umsatz %	6,3
WG 5 Laborartikel	Anzahl Artikel	5
	Umsatz	74,47 €
	Umsatz %	4,5
WG 6 Projektion	Anzahl Artikel	14
	Umsatz	97,64 €
	Umsatz %	5,9
Summe Artikel		89
Summe Umsatz		1.654,80 €
Nr.		0211
Zeit		18:54

Foto Sander
Oberstraße 17, 40878 Ratingen
Tel. 0 21 02 4 53 62
20(-1)-09-13 MON
Rohrergebnisbericht

WG 1 Fotokameras	Rohergebnis	41,96
	Betrag	211,21 €
WG 2 Objektive	Rohergebnis	38,47
	Betrag	155,67 €
WG 3 Kamerazubehör	Rohergebnis	40,93
	Betrag	102,46 €
WG 4 Aufnahmematerial	Rohergebnis	41,34
	Betrag	36,22 €
WG 5 Laborartikel	Rohergebnis	44,93
	Betrag	28,12 €
WG 6 Projektion	Rohergebnis	41,55
	Betrag	34,09 €
Summe Rohergebnis Betrag		567,77 €
Rohergebnis %		40,83
Nr.		0211
Zeit		18:54

Außerdem hat sich Herr Sander überlegt, die Tageszahlen zu einer aussagekräftigen Wochenstatistik zu verdichten, damit Trends deutlicher erkennbar werden und notwendige betriebswirtschaftliche Maßnahmen rechtzeitig getroffen werden können.

Dazu sollen aus den fünf Kassenauswertungen die wichtigsten Daten ausgesondert und jeweils zu einer Übersicht mit den Zahlen von Montag bis Samstag zusammengestellt werden. Außerdem wäre es wünschenswert, auch die Vorjahreszahlen in dieser Übersicht ablesen zu können.

Mit den Zahlen vom 11. September (und dem Vergleichstag des Vorjahres) soll die Wochenübersicht beginnen.

Foto Sander
Oberstraße 17, 40878 Ratingen
Tel. 0 21 02 4 53 62

20(-1)-09-11 MON
Stundenfrequenz

09:00 – 10:00			
Umsatz	215,40 €	Artikel 8	Kunden 4
10:00 – 11:00			
Umsatz	210,85 €	Artikel 9	Kunden 4
11:00 – 12:00			
Umsatz	224,77 €	Artikel 14	Kunden 5
12:00 – 13:00			
Umsatz	90,50 €	Artikel 5	Kunden 3
13:00 – 14:00			
Umsatz	104,83 €	Artikel 6	Kunden 3
14:00 – 15:00			
Umsatz	152,41 €	Artikel 8	Kunden 4
15:00 – 16:00			
Umsatz	194,63 €	Artikel 11	Kunden 4
16:00 – 17:00			
Umsatz	256,89 €	Artikel 14	Kunden 6
17:00 – 18:00			
Umsatz	180,16 €	Artikel 10	Kunden 3
18:00 – 19:00			
Umsatz	24,36 €	Artikel 4	Kunden 2
Summe	1.654,80 €	89	38
Nr.			0211
Zeit			18:84

Arbeitsauftrag

Nutzen Sie die Kassenauswertungen für die Führung des Fotogeschäftes Sander.

1. Erstellen Sie eine Wochenübersicht, in der die wichtigsten Daten der Kassenauswertungen zusammengefasst werden können.
2. Vergleichen Sie die Kassenauswertungen vom 11. Sept. 20(0) mit den Berichten vom Vorjahr mit dem Ziel, Hinweise zur Führung des Geschäftes zu erhalten. Formulieren Sie geeignete Empfehlungen an den Geschäftsinhaber.

Vorschlag

Zusammenfassende Darstellung der Kassenauswertungen						
Jahr	Basisdaten			usw.		
Tag	Umsatz (brutto)/€	Anzahl Artikel	Anzahl Kunden	usw.		
20(0) Mo. 09-11						
20(-1) Mo. 09-13						
20(0) Die. 09-12						
20(-1) Die. 09-14						

Aufgabe 1

Stellen Sie dar, wie das Programm der elektronischen Registrierkasse folgende Werte errechnet:

a) Nettoumsatz (Gesamtbetrag netto)
b) Artikelzahl pro Kunde
c) Nettoumsatz pro Kunde
d) Rohergebnis in Prozent bei Fotokameras

Aufgabe 2

Ergänzen Sie anhand folgender Zahlen den nebenstehenden Finanzbericht:

- Nettoumsatz pro Kunde 47,55 €
- Umsatzsteuer 19 %
- Anzahl der Kunden 27
- Artikelzahl pro Kunde 3

Finanzbericht	
Gesamtbetrag brutto	
Gesamtbetrag netto	
Gesamtbetrag Ust.	
Anzahl Artikel	
Anzahl Kunden	
Artikelzahl pro Kunde	
Nettoumsatz pro Kunde	

Aufgabe 3

Warum bereitet der Verkäuferbericht beim Vergleich von 2 Verkaufstagen Schwierigkeiten?

Aufgabe 4

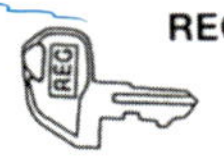

REG Schlüssel

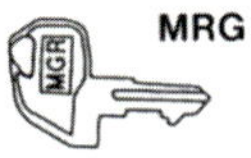

MRG Schlüssel

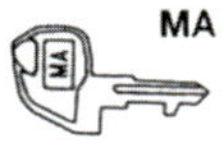

MA Schlüssel

Eine elektronische Registrierkasse verfügt über drei unterschiedliche Schlüssel:

- REG-Schlüssel = Bedienerschlüssel
- MRG-Schlüssel = Kassenaufsicht-Schlüssel
- MA-Schlüssel = Chefschlüssel

Geben Sie Beispielsituationen aus der Praxis, in denen diese Schlüssel eingesetzt werden.

Aufgabe 5

Welche Bedeutung hat der Bericht „Stundenfrequenz“ für ein Einzelhandelsgeschäft?

Aufgabe 6

Bei der Dokumentation der Kassenauswertungen wird häufig noch die aktuelle Wetterlage ergänzt. Welchen Einfluss hat Ihrer Meinung nach das Wetter auf den Geschäftsverlauf eines Verkaufstages?

6 Lieferer- und Artikelstammdaten für das Warenwirtschaftssystem erfassen

WWS = Warenwirtschaftssystem

Im City-Warenhaus Bauer sind mehrere Scannerkassen über die Verkaufsfläche verteilt. Alle Verkäufe werden an den Kassen artikelgenau erfasst. Da auch die Wareneingänge für jedes Produkt festgehalten werden, gibt das Warenwirtschaftssystem jederzeit Auskunft z. B. über die Verkäufe des Tages oder über den aktuellen Warenbestand.

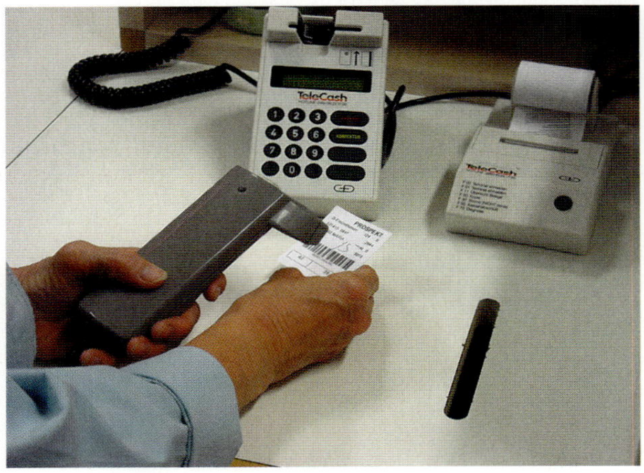

Heute trifft in der Warenannahme eine Sendung mit Herren-Sweatshirts ein. Nach der äußerlichen und inhaltlichen Prüfung der Sendung wird die beigefügte Rechnung zur Verwaltung weitergereicht. Beim Vergleich der Rechnung mit der Bestellung werden keine Abweichungen festgestellt. Somit können die Produkte in das Warenwirtschaftssystem des City-Warenhauses Bauer übernommen werden.

Lothererstammdaten
Artikelstammdaten
Warenzugang

Da die Waren von einem neuen Lieferanten bezogen worden sind, müssen zunächst die Stammdaten des Lieferers und des Artikels erfasst werden. Anschließend ist der Warenzugang in das System einzugeben. Das Programm liefert für diese Arbeiten vorgefertigte Masken, in die die richtigen Angaben einzutragen sind.

Eingangsrechnung

E.T.L.

J. Esser GmbH
Textilien

Bochumer Straße 145
04357 Leipzig

Telefon 0341 45788
Fax 0341 45770
E-Mail: Esser.Tex@t-online.de
Internet: www.Esser-Tex.de

Esser Textilien, Bochumer Straße 145, 04357 Leipzig

City-Warenhaus Bauer
Oberstraße 17
40878 Ratingen

Bank	Volksbank Leizig
BLZ	860 956 04
Konto	244 568 02

Rechnung Nr. 00-75-455 Frau Reinders Datum 03.02.20(0)

Position	Zahl	Art	Einzelpreis €	Gesamt €
01	20	Artikel-Nr. 1487-09 Aloa-Mavi Rundhals-Sweatshirt mit Rückenprint, 100 % Baumwolle, Farben dunkelblau Größen je 5 x S, M, L, XL sortiert	17,45	349,00
		Rabatt 5 %		17,45
		Nettopreis		331,55
		+ 19 % Umsatzsteuer		62,99
		Bruttopreis		394,54

Lieferung frei Haus, Rechnung zahlbar innerhalb von 30 Tagen netto Kasse.

Arbeitsauftrag

Tragen Sie die Lieferer- und Artikelstammdaten in die Eingabemasken des Warenwirtschaftssystems ein und erfassen Sie den Wareneingang von 20 Sweatshirts.

Zusatzinformationen:

Lieferer-Nummer: 34

Bereichs- und Abteilungsnummer: Siehe Organigramm im Informationshandbuch

Artikelnummer: Sie setzt sich wie folgt zusammen:

Abteilungsnummer	Warengruppen-Nr.	Lieferer-Nr.	laufende Nr.
	= 54		= 12

Umsatzsteuerschlüssel: 19 % = 01, 7 % = 02

Mindestbestand: 4

Bezugspreis: Listenpreis laut Rechnung (17,45 €) minus Rabatt plus Bezugskosten (falls der Lieferer sie berechnet)

Verkaufspreis (VK) brutto: Die Abteilung Textilien kalkuliert mit einem Zuschlag von 95 % auf den Bezugspreis. Der errechnete Preis wird auf 95 Cent aufgerundet.

Eingabemaske des Warenwirtschaftssystems: Liefererdatei

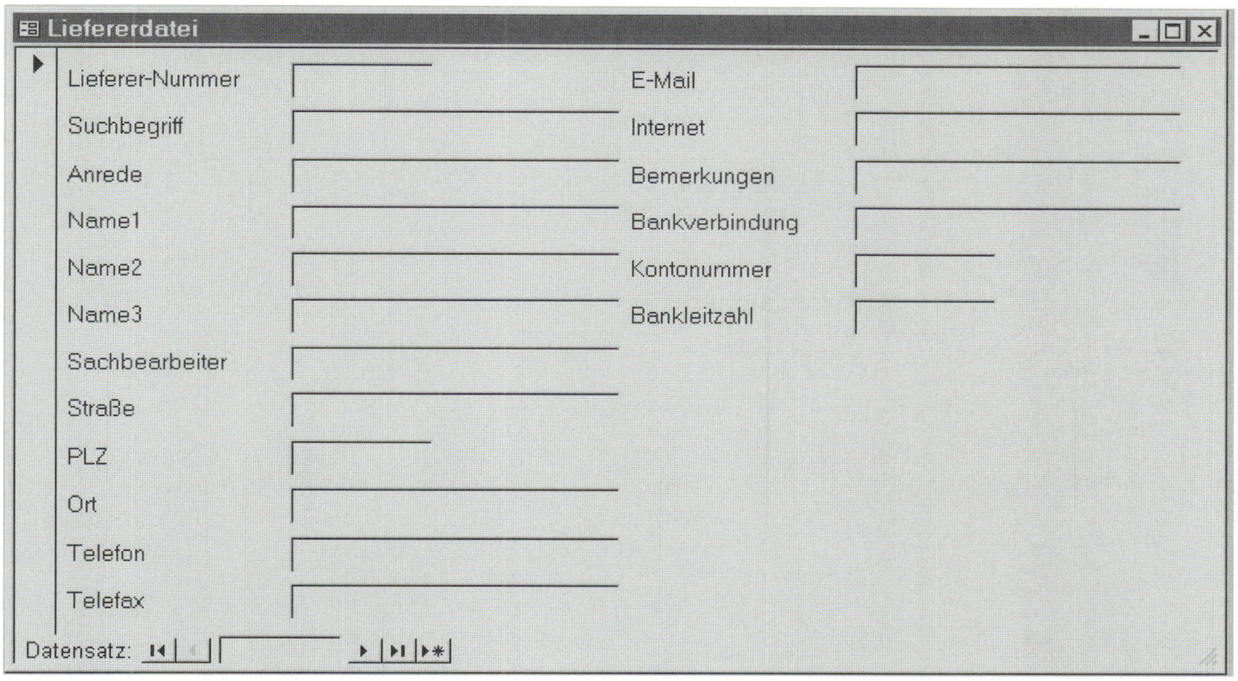

Eingabemaske des Warenwirtschaftssystems: Artikeldatei

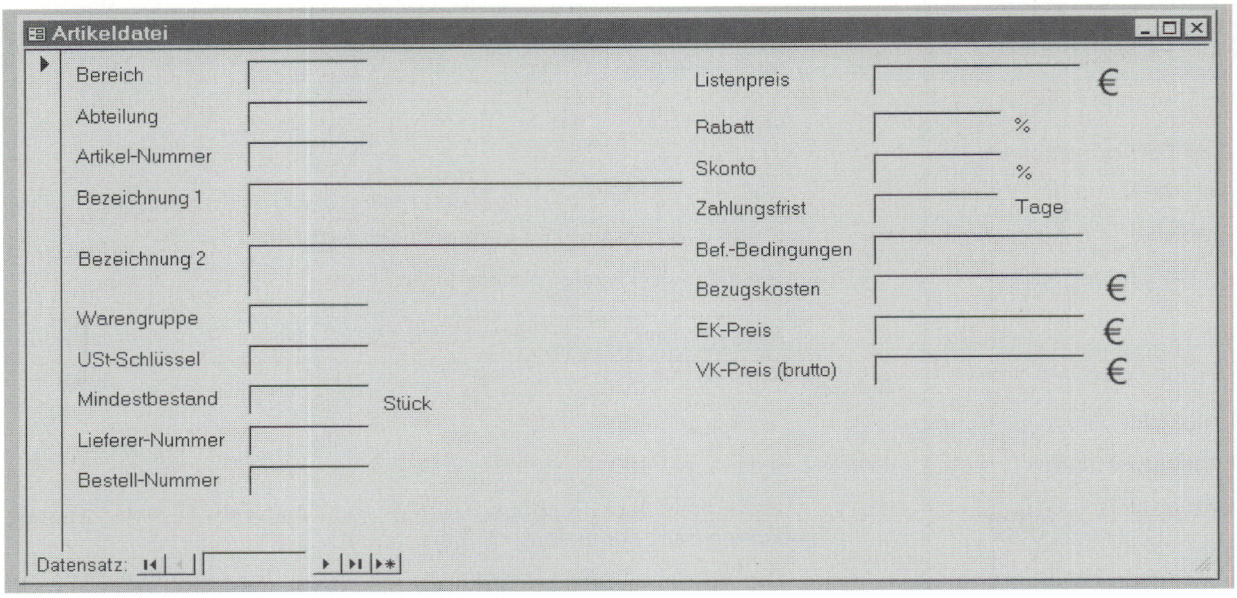

Die grau unterlegten Felder werden gewöhnlich vom Warenwirtschaftsprogramm automatisch ausgefüllt.

Eingabemaske des Warenwirtschaftssystems: Lagerbewegungen

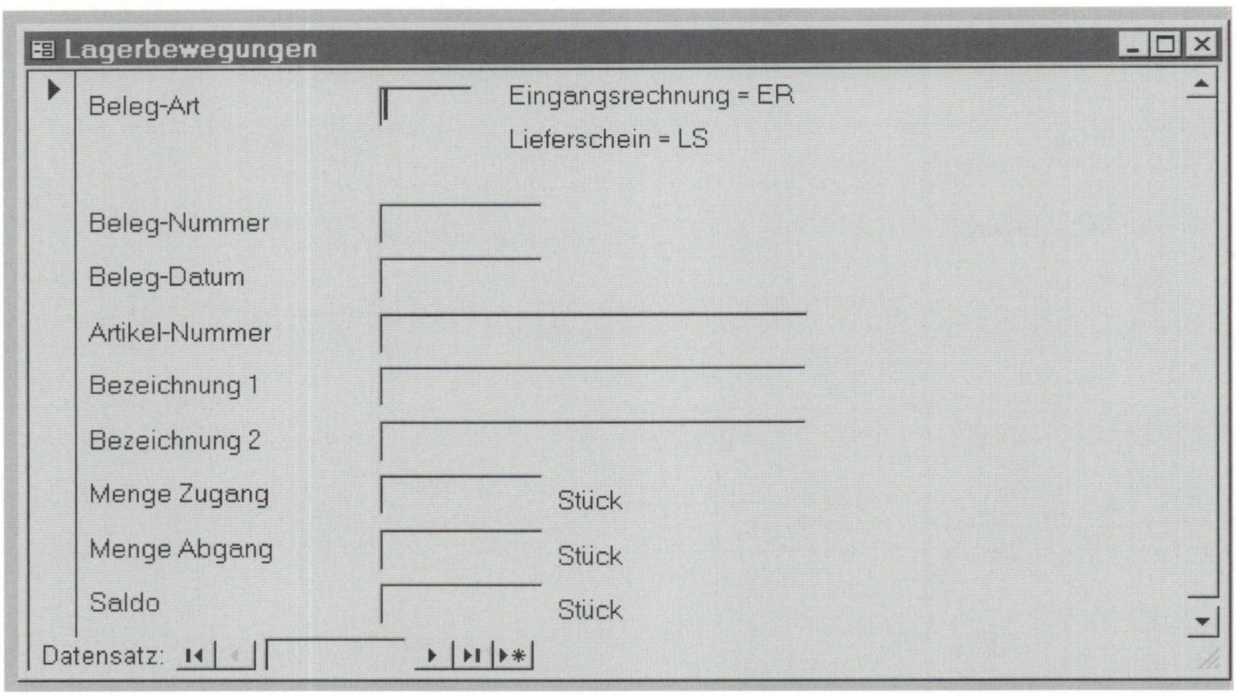

Sommersaison: März bis August

Aufgabe 1

Ende Mai lässt sich Frau Yildirim, die Leiterin des Bereichs 2 im City-Warenhaus, den Statusbericht über die bezogenen Rundhals-Sweatshirts (siehe oben) aus dem Warenwirtschaftssystem ausdrucken:

Artikelstatus (Auszug)

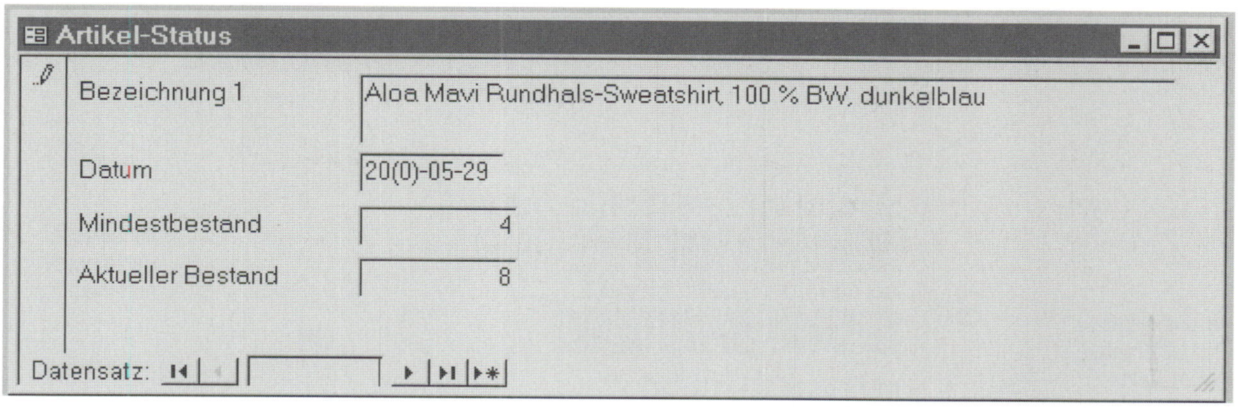
Artikel-Status

Bezeichnung 1	Aloa Mavi Rundhals-Sweatshirt, 100 % BW, dunkelblau
Datum	20(0)-05-29
Mindestbestand	4
Aktueller Bestand	8

Datensatz:

Entscheiden Sie, ob
- der Artikel nachbestellt werden soll, weil unter normalen Verkaufsbedingungen der Vorrat bald erschöpft sein wird,
- nichts unternommen werden soll, weil mit dem Abverkauf der restlichen Artikel bis zum Ende der Saison zu rechnen ist,
- die Artikel besonders präsentiert werden sollten, um den Verkauf zu beschleunigen, damit am Ende der Saison keine schwer verkäufliche Sommerware mehr vorhanden ist,
- die Preise der Produkte gesenkt werden sollten, damit am Ende der Saison der Bestand auf Null gesunken ist.

Aufgabe 2

Bei der Inventur im City-Warenhaus werden folgende Zahlen für Damen-Sommermäntel festgestellt:

Warenbestand laut Inventur	**Nr.**	**Warenbezeichnung**	**Stück**
	781	*Damen-Sommermäntel*	*11*
Warenbestand laut Warenwirtschaftssystem (Auszug)	Aktueller Bestand 12		

a) Worauf könnten die Abweichungen zwischen Inventurbestand und Bestand des Warenwirtschaftssystems zurückzuführen sein?

b) Welche Zahl ist für die weiteren Entscheidungen des Unternehmens maßgebend?

Aufgabe 3

Betrachten Sie den nebenstehenden EAN-Code und stellen Sie fest, welche Unterschiede zwischen der EAN und der Artikelnummer der Textilabteilung des City-Warenhauses (siehe oben) bestehen.

4 000417 025005

Aufgabe 4

Ein Textilfachgeschäft arbeitet mit folgender Artikelnummer:

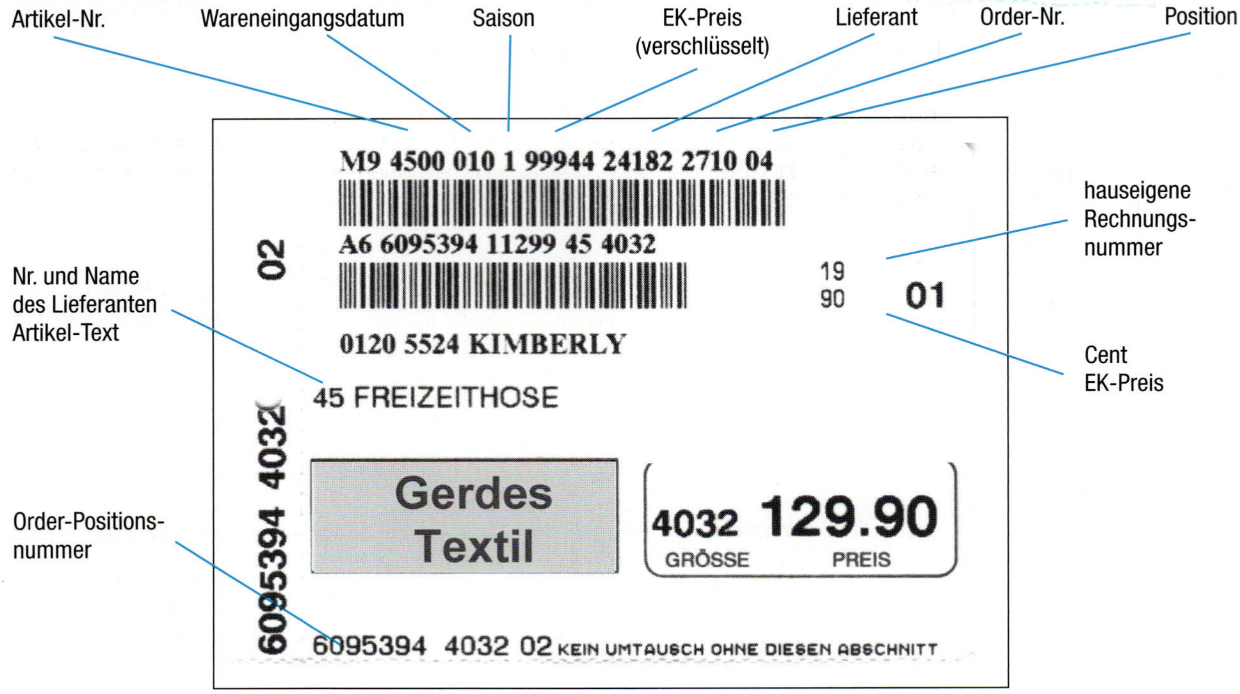

a) Welche Vorteile ergeben sich aus der Verwendung dieser umfangreichen Nummer?
b) Wo sehen Sie Schwierigkeiten im Umgang mit der Artikelnummer?

Lernfeld 4 Waren präsentieren

1 Verkaufsraumgestaltung

1.1 Ein Selbstbedienungsgeschäft verkaufsaktiv gestalten

Die Lebensmittelabteilung des City-Warenhauses soll neu gestaltet werden. Dazu sind die Warenträger so im Verkaufsraum anzuordnen, dass sich ein flüssiger Kundenstrom ergibt und die Kunden angehalten werden, möglichst den gesamten Verkaufsraum zu durchwandern. Der Eingangsbereich und die Anordnung der Kassen sollen unverändert bleiben, ebenso die Fleisch- und Käsetheke.

beispielhafte Warenträger

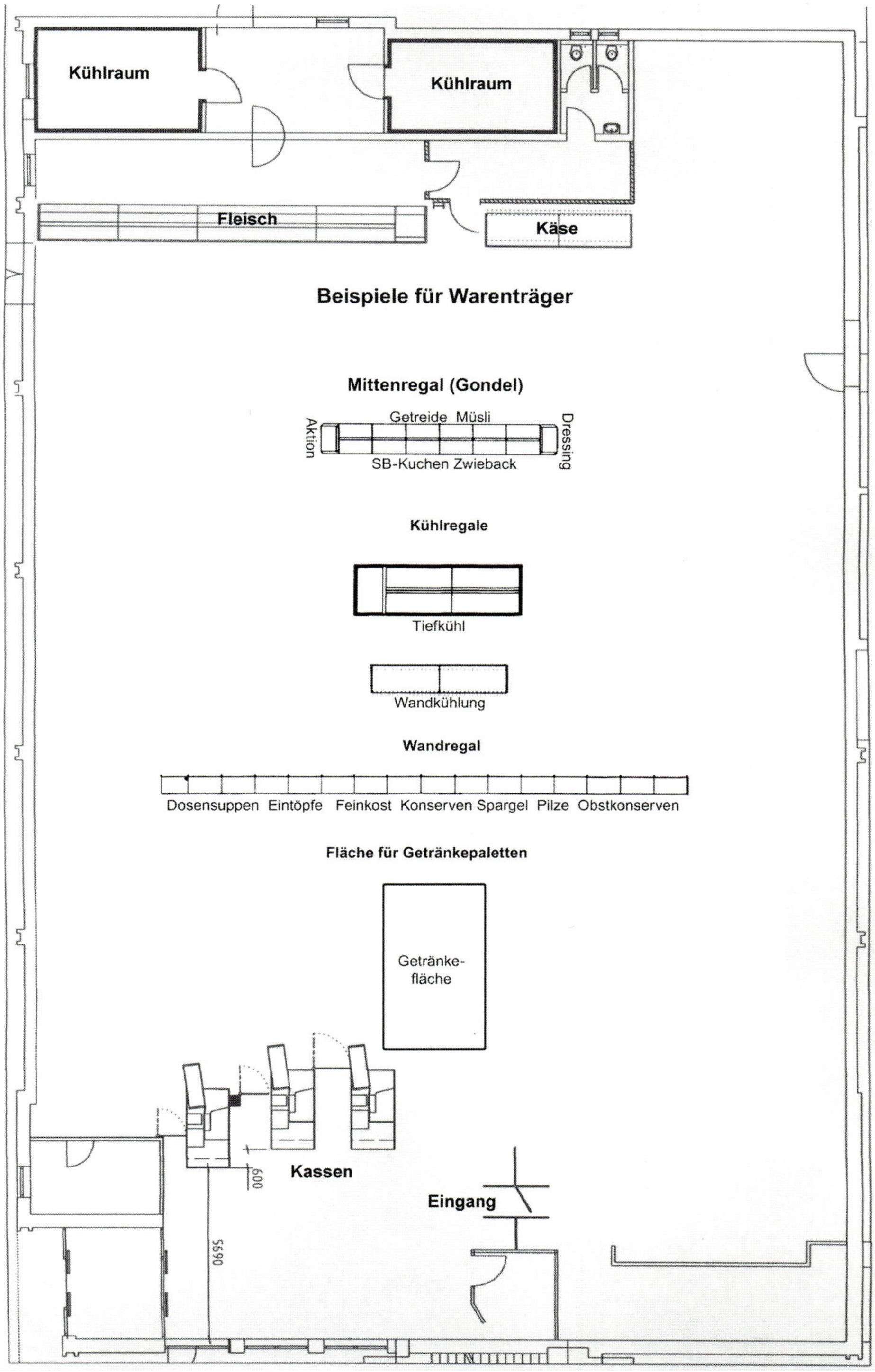

Arbeitsauftrag

Gestalten Sie den Verkaufsraum neu, indem Sie die Warenträger sinnvoll im Geschäft verteilen.
Beachten Sie: Die Grundfläche und die Warenträger befinden sich auf den folgenden beiden Seiten.

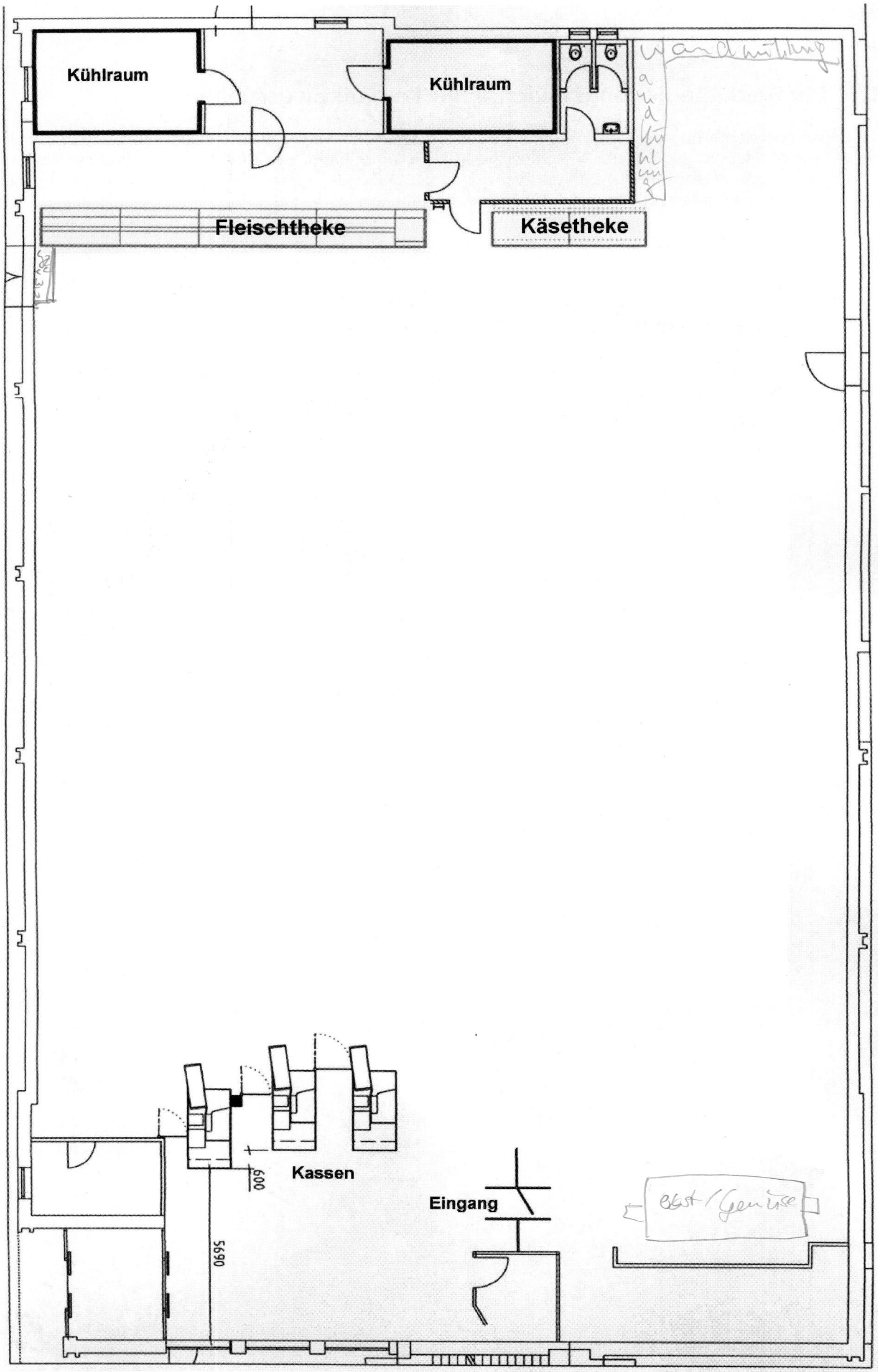
Kühlraum
Kühlraum
Fleischtheke
Käsetheke
Kassen
600
Eingang
5690

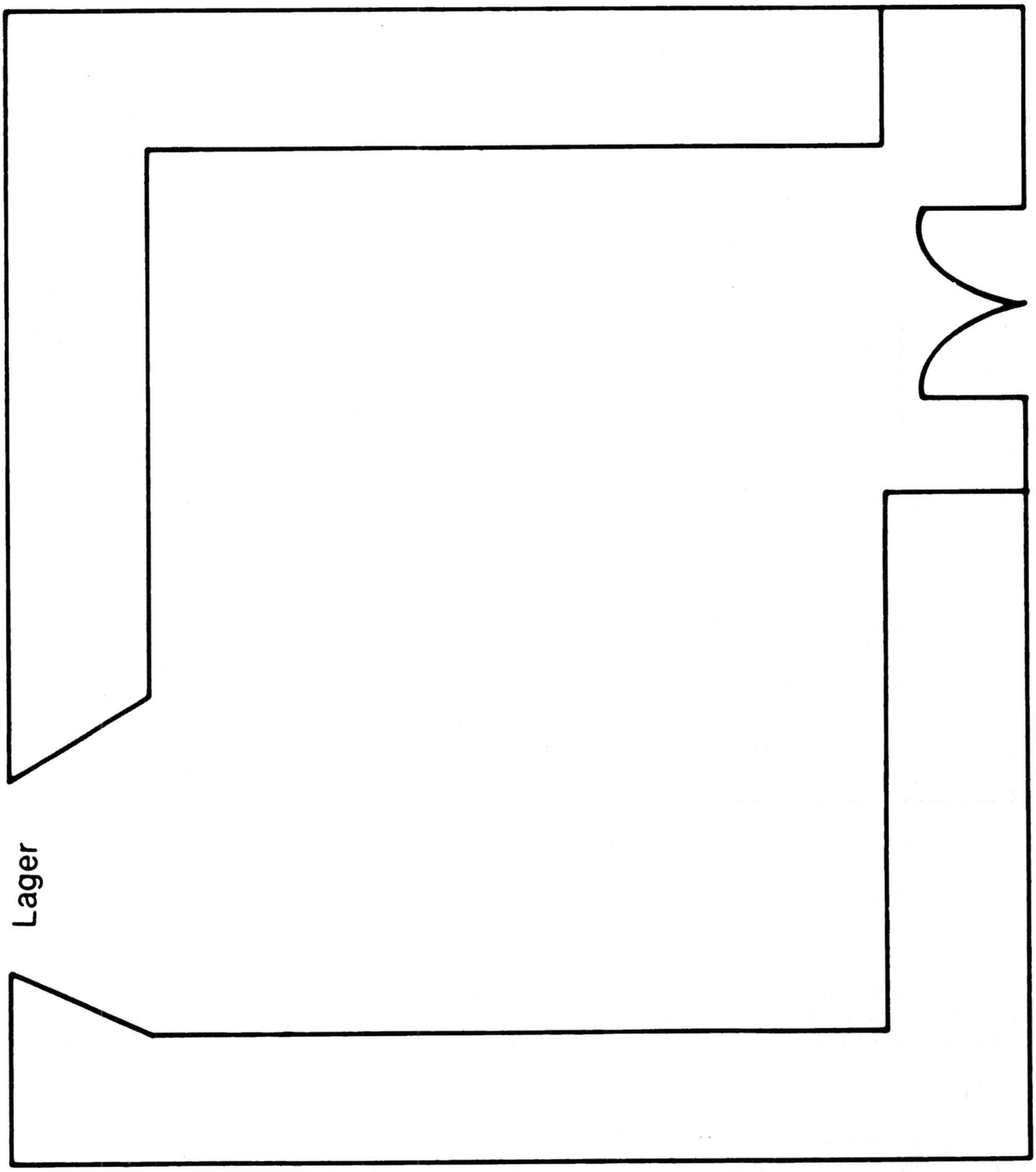
Lager

Korpuswaren = Produkte mit einem „Körper“, z. B. Silbervasen, Kerzenleuchter

Aufgabe 2

In einem Fachgeschäft für Uhren und Schmuck

Der Geschäftsinhaber ist mit der Gestaltung des Verkaufsraumes unzufrieden. Er und seine Kundenberaterinnen beklagen die große Unruhe, die im Geschäft herrscht, wenn zwei oder drei Kunden gleichzeitig bedient werden müssen. Alle sind der Meinung, dass mit der Verkaufsraumgestaltung etwas nicht stimme. So sieht der Grundriss des Verkaufsraumes aus:

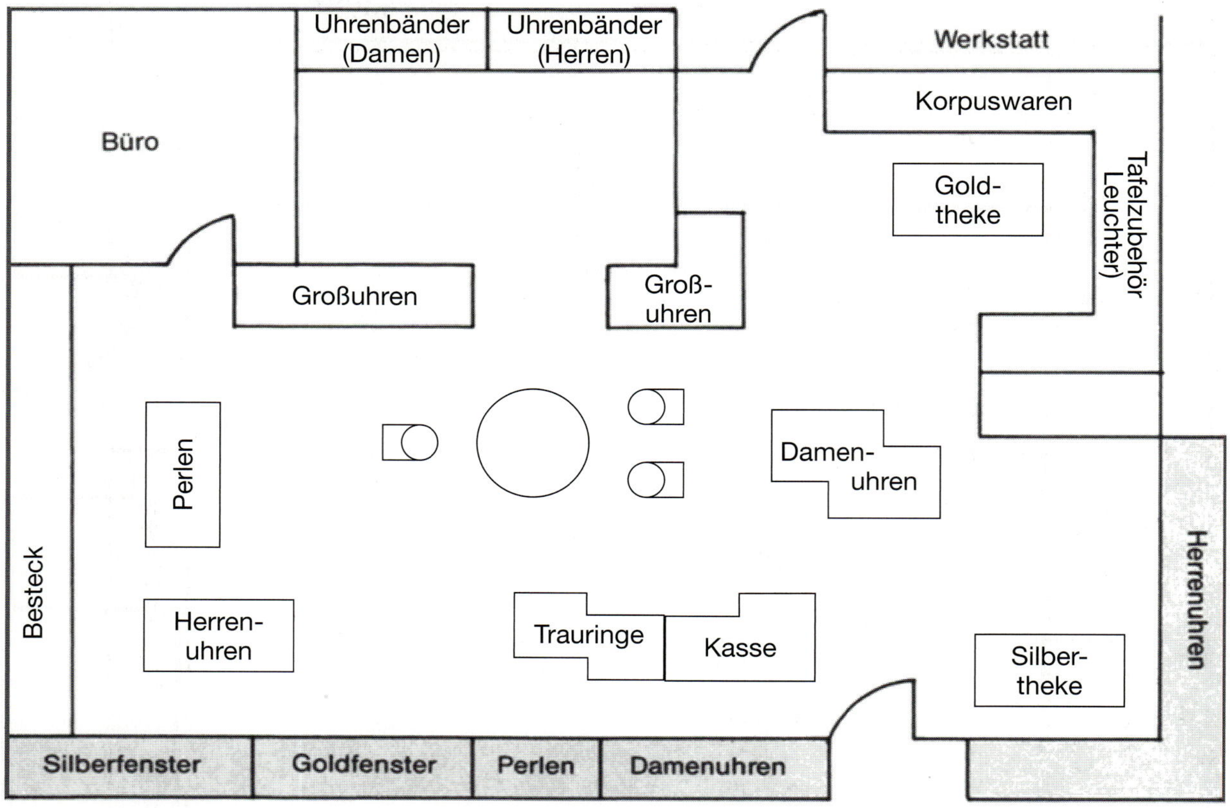

Machen Sie Vorschläge für die Neugestaltung des Verkaufsraumes und entwerfen Sie einen neuen Warenträgerplan. Der Grundriss befindet sich auf der nächsten Seite.

Beachten Sie folgende Hinweise:

- Die im Raum befindlichen Warenträger und den Tisch können Sie **frei bewegen**.
- Die **Warengruppen** (z. B. Perlen, Korpuswaren, Großuhren) können Sie nach eigenen Vorstellungen auf die Warenträger verteilen.
- Die **Wandregale** sind fest installiert. Die **Schaufenster** sollen unverändert bleiben.
- Damit der Eingang ständig beobachtet werden kann, soll die **Kasse** ihren jetzigen Platz behalten.
- Ein großer Teil der verkaufsfähigen Ware befindet sich im **Schaufenster** und muss regelmäßig für die Kunden geholt werden.
- **Großuhren** werden meistens von mehreren Kunden gleichzeitig gekauft (z. B. von einem Ehepaar). Sie erfordern daher Platz für die Beratung.
- **Trauringe** verlangen ebenfalls ein langes Beratungsgespräch (sorgfältige Auswahl durch die Kunden, Beratung über Gravuren u. Ä.).

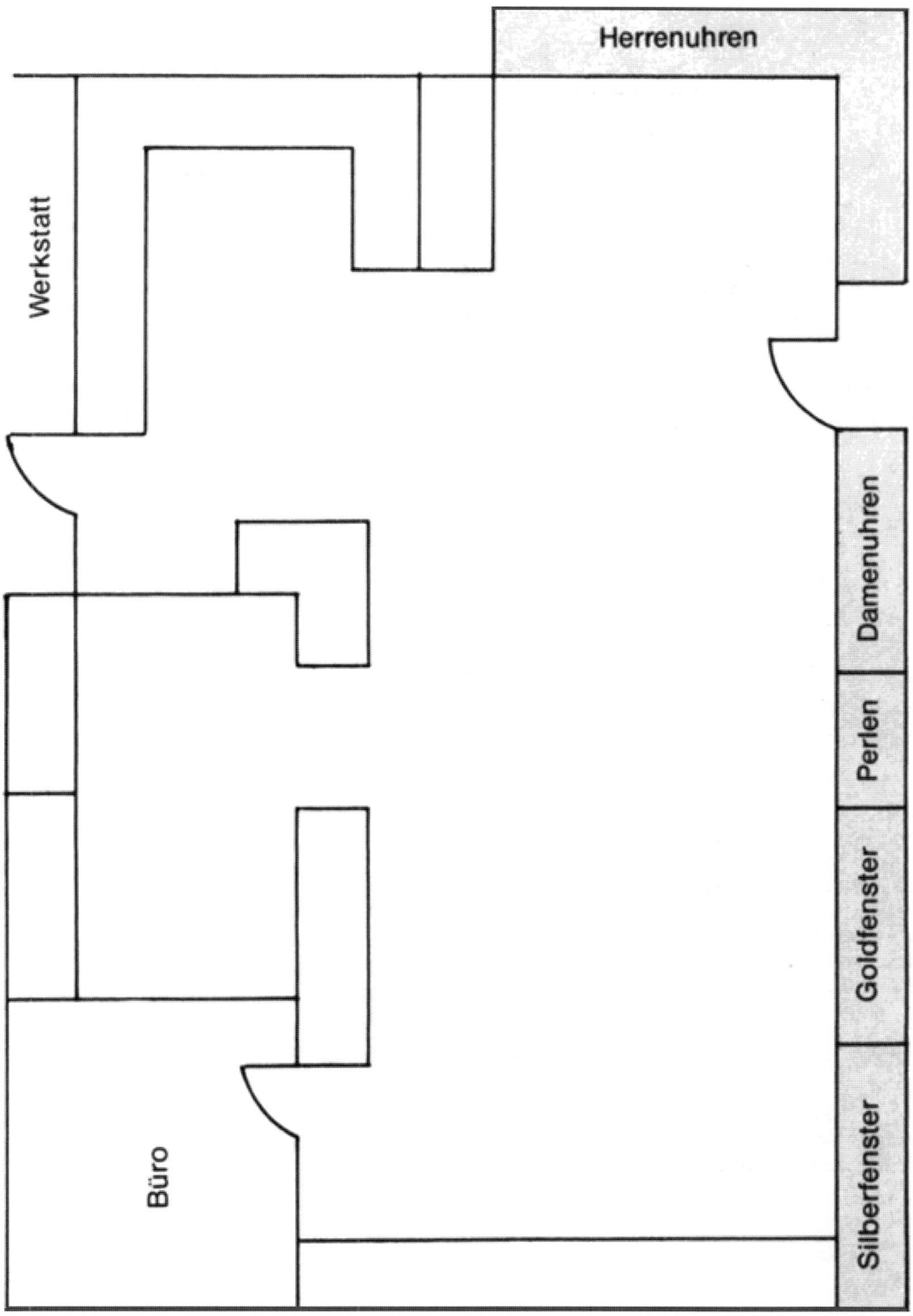
Herrenuhren
Werkstatt
Damenuhren
Perlen
Goldfenster
Büro
Silberfenster

Aufgabe 3

In einem Haushaltswarenfachgeschäft

Die Inhaberin des Geschäftes hat ein zusätzliches Ladenlokal übernommen, das sie in Vorwahl betreiben will. Nach einer Besichtigung der Räumlichkeiten fertigt sie einen Grundriss des Geschäftsraumes an (siehe unten). Zusammen mit ihren beiden Kundenberaterinnen überlegt sie, wie die Warengruppen am besten im Verkaufsraum verteilt werden können.

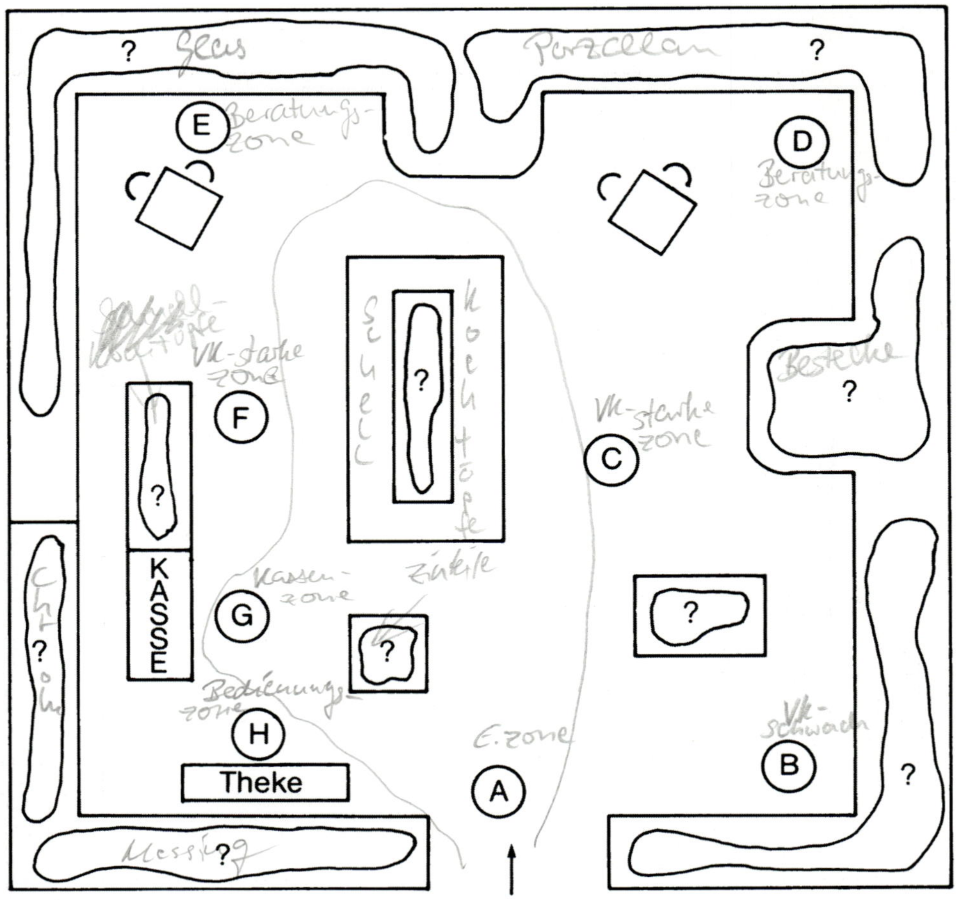

a) Ermitteln Sie den vermeintlichen Kundenlauf, der sich aus der Anordnung der Warenträger ergibt, und zwar unabhängig von der Frage, welche Warengruppen auf den entsprechenden Warenträgern untergebracht werden.

Verkaufszonen siehe Informationsband.

b) Kennzeichnen Sie die Verkaufszonen, indem Sie diese den Buchstaben A bis H auf dem Geschäftsgrundriss zuordnen.

c) Verteilen Sie die Warengruppen auf die Warenträger, wobei die Besonderheiten der einzelnen Waren zu berücksichtigen sind (siehe nachfolgend). Verwenden Sie den unten stehenden Grundriss.

Glas und Porzellan	Sie bedürfen einer ausgiebigen Beratung. Da viele Kunden das Geschäft gerade wegen dieser Waren betreten, sollten sie im hinteren Teil des Ladenraumes untergebracht werden, damit der Kunde möglichst den ganzen Raum durchwandert (langer Kundenweg); die Unterbringung dieser beiden Warengruppen ist daher unstrittig, nämlich Glas hinten links, Porzellan hinten rechts.
Bestecke	Sie erfordern eine ausgiebige Beratung; sie sind wertvoll, werden daher zum Teil in Schubladen aufbewahrt, um für den Kunden nicht zugänglich zu sein.
Chrom-, Messing- und Zinnteile	Sie sind gesondert zu platzieren, da sie gut verkäuflich sind und als Blickfang dienen sollen.
Schnellkochtöpfe	Sie sind beratungsintensiv; mit Schnellkochtöpfen wird ein hoher Gewinn erzielt, weshalb möglichst viele Kunden an ihnen vorbeigeführt werden sollen.

Metallwaren (Töpfe, Pfannen)	Sie benötigen keine verkaufsaktiven Plätze, da der Kunde sie bei Bedarf auch sucht.
Geschenkartikel	Sie sind kundeninteressant und zugleich mit hoher Gewinnspanne kalkuliert (also auch einzelhandelsinteressant).
Haushaltsbedarf, Kleinwaren	Diebstahlgefährdet und außerdem Impulskaufprodukte.
Saisonbedarf (Campingwaren, Grillartikel, Weihnachtsartikel u. Ä.)	Er erfordert im Augenblick keine besondere Platzierung; erst in der entsprechenden Jahreszeit wird er besonders herausgestellt.

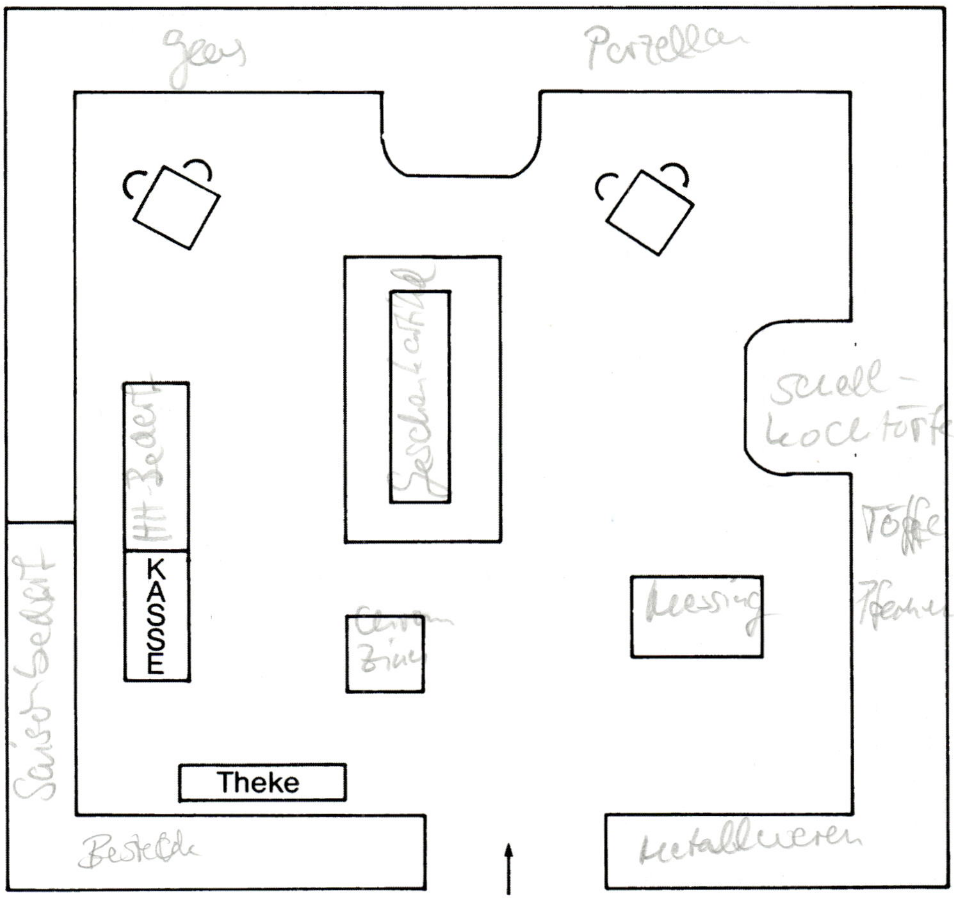

Aufgabe 4

Beurteilen Sie folgende Aussagen von zwei Einzelhändlern:

Einzelhändler A

„Einmal im Monat wird mein Geschäft umgeräumt. Andernfalls nehmen die Kunden immer nur den gleichen Weg und sehen auch nur einen kleinen Teil meines Sortiments. Sie wissen ja: Umwege erhöhen die Ortskenntnisse. Nach kurzer Eingewöhnungszeit kommen die Kunden wieder zurecht. Dafür haben sie aber viele neue Sortimentsteile kennen gelernt.“

Einzelhändler B

„Bei mir bleibt alles an seinem Platz. Ich will es den Kunden so bequem wie möglich machen.“

Aufgabe 5

In einem Selbstbedienungs-Baumarkt

Der Grundriss des Baumarktes sieht folgendermaßen aus.

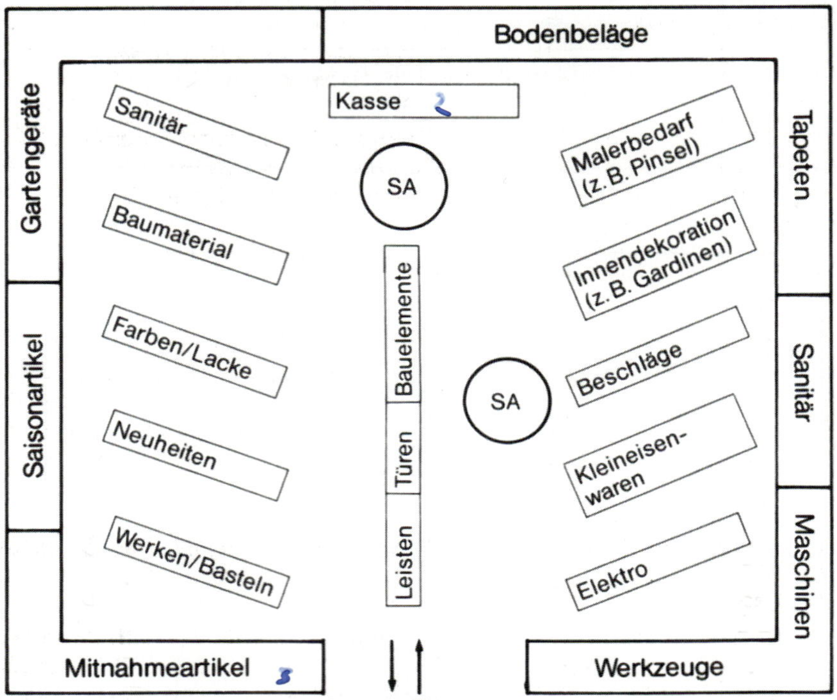

Beurteilen Sie die Anordnung der Warenträger sowie die Verteilung der Warengruppen und entdecken Sie mindestens sieben Fehler.

Beachten Sie folgende Hinweise

- Werkzeuge und Maschinen sind einzelhandelsinteressant.
- Bauelemente, Türen und Leisten sind hochformatige Suchkaufartikel.
- Bodenbeläge erfordern hohen Platzbedarf und intensive Beratung.
- Gartengeräte sind kundeninteressant.
- Mitnahmeartikel sind Impulskaufprodukte.
- Sonderangebote (SA) sind kundeninteressante Wochenangebote aus der Werbung.

Aufgabe 6

Welche Maßnahmen des Einzelhändlers verbessern die Orientierung der Kunden im Geschäft?

- [ ] Der Verkaufsraum wird regelmäßig umgestaltet.
- [x] Die Hauptkundenwege sind deutlich erkennbar.
- [x] Niedrige Warenträger sorgen für Überblick.
- [ ] Die Warenträger sind besonders hoch, damit der Kunde nicht von seinem Weg abgelenkt wird.
- [x] Hinweisschilder weisen den Kunden auf die Warengruppen hin.
- [x] Die Warengruppen sind deutlich voneinander getrennt und für den Kunden gut erkennbar.
- [x] Der Kunde wird auf seinem gesamten Weg durch den Verkaufsraum mit zahlreichen Lautsprecherdurchsagen auf Sonderangebote und Neuheiten in den verschiedenen Warengruppen aufmerksam gemacht.
- [ ] Die Warenträger und Warengruppen sind nach der Suchlogik der Kunden angeordnet.

Aufgabe 7

Die fünf Sinne des Menschen: Siehe das Thema „Warenvorlage" im Informationsteil

Entwickeln Sie Vorschläge, wie in der Verkaufsraumgestaltung Ihres Ausbildungsbetriebes/Ihrer Ausbildungsabteilung die fünf Sinne des Kunden angesprochen werden können.

Aufgabe 8

a) Die verkaufsschwachen Zonen eines Textilfachgeschäftes (siehe Abbildung unten) sollen durch vier Erlebnisinseln mit attraktiven Produkten aufgewertet werden, damit die Kunden auch diese Stellen des Geschäftes aufsuchen. Legen Sie begründet fest, an welchen Stellen des Verkaufsraumes diese Erlebnisinseln eingerichtet werden sollten.

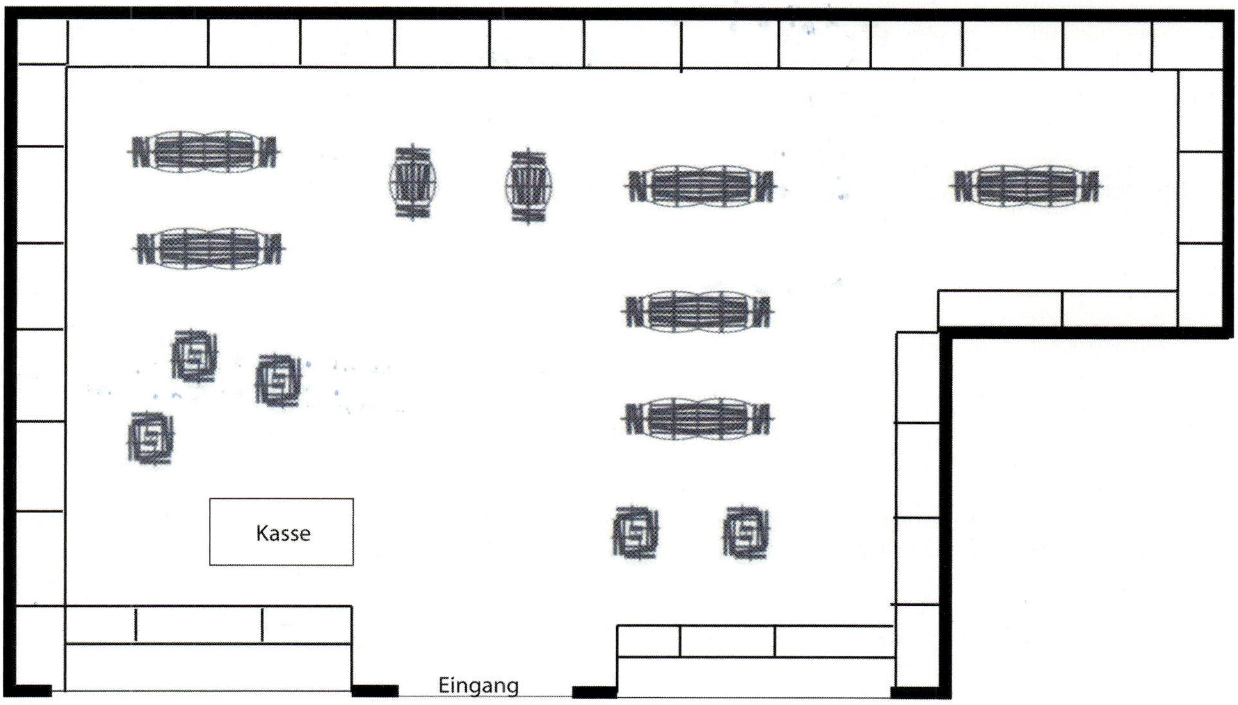

b) Entwerfen Sie von Ihrem Ausbildungsbetrieb/von Ihrer Ausbildungsabteilung eine kleine Handskizze und bestimmen Sie den Standort für drei bis fünf Erlebnisinseln.

c) Entwickeln Sie Vorschläge, wie zwei dieser Erlebnisinseln attraktiv gestaltet werden können.

Aufgabe 9

Ergänzen Sie die nachfolgenden Sätze zu sinnvollen Aussagen über das Kundenverhalten in Geschäften mit Selbstwahl:

Das Schritttempo von Kunden, die das Geschäft betreten, muss zunächst gebremst werden. Dazu eignen sich so genannte Stopper mit kundeninteressanten Produkten. Kunden bewegen sich im Verkaufsraum vorzugsweise rechtsorientiert. Blick und Griff des Kunden sind nach ~~rechts~~ links orientiert. Aus der bevorzugten Laufrichtung des Kunden folgt, dass die Mitte des Verkaufsraumes unbeachtet wird.

Die Mitte ist daher durch Artikel auf- ~~ab-*)~~ zuwerten, die für den Kunden ~~Einzelhändler~~ interessant sind. Es gilt der Grundsatz, in verkaufsstarke Zonen kommen Produkte (richtige Lösung bitte ankreuzen),

- [x] die für die Kunden interessant sind (z. B. preisgünstige Sonderangebote)
- [ ] die für den Einzelhändler interessant sind (z. B. gut kalkulierte Markenware)

*) Nichtzutreffendes streichen

Aufgabe 10

Geben Sie zu den folgenden Sortimentsteilen jeweils ein Beispiel aus Ihrem Ausbildungssortiment:

erklärungsbedürftige Produkte	Kaffeemaschinen
Diebstahl gefährdete Produkte	Spirituosen
Suchkaufprodukte	Süßigkeiten
Impulskaufprodukte	✓ Wurst ↑
Plankaufprodukte	Brot
Sonderangebote	Obst
Magnetangebote	Milch
empfindliche Produkte	
Neuheiten	Joghurts

Aufgabe 11

Geben Sie jeweils zwei Beispiele aus Ihrem Ausbildungssortiment
Salat u. S. dressing
Konfitüre u. Knäckebrot

a) für eine Verbundplatzierung

b) für eine gemischte Platzierung (Stamm- und Zweitplatzierung)

Aufgabe 12

Machen Sie an einem Beispiel aus Ihrem Ausbildungssortiment deutlich, wie Sie bei der Verkaufsraumgestaltung die Suchlogik der Kunden beachten.

Aufgabe 13

Erläutern Sie anhand der nachfolgenden Abbildung das Arenaprinzip.

1.2 Eine Vertragsfläche planen

Frau Melcher, die Leiterin der Abteilung Textilien, und Herr Bauer wollen der Warengruppe Wäsche/Strümpfe ein neues Gesicht geben. Seit mehreren Jahren ist hier alles unverändert geblieben. Die Umsätze sind in den letzten Monaten sogar zurückgegangen. Es muss also etwas geschehen.

Erste Vorentscheidungen sind bereits getroffen worden:

Zwei führende Wäschelieferanten sollen in der Wäscheabteilung spezielle Vertragsflächen erhalten, die nur für Produkte dieser Hersteller reserviert sind, damit deren Marken besonders herausgestellt werden können. Mit dem Hersteller **Triumph** sind die Verhandlungen bereits abgeschlossen.

Vor der Neuplanung:
Ein Blick auf die Warengruppe Strümpfe.

Das Unternehmen wird seine Waren auf 30 m² Verkaufsfläche auf eigenen Warenträgern darbieten und dabei selber entscheiden, welche Produkte präsentiert werden.

Dafür garantiert Triumph dem City-Warenhaus einen bestimmten Umsatz und ein bestimmtes Rohergebnis pro Quadratmeter. Frau Melcher hatte zwar einige Bedenken, dass der Lieferer auf seiner Fläche bei der Warenbestückung weitgehend allein das Sagen hat, war aber letztlich doch einverstanden.

Mit dem Lieferer **Schiesser** sind noch endgültige Vereinbarungen zu treffen (siehe unten).

Herr Bauer verspricht sich von den Markenflächen vor allem Folgendes:
- Eine höhere Attraktivität der Warengruppe Wäsche durch die spezielle Flächengestaltung zweier führender Wäschehersteller.
- Einen Image-Gewinn für die gesamte Abteilung Textilien und schließlich auch für das City-Warenhaus.
- Durchführung gemeinsamer Marketingaktivitäten (Werbung, Verkaufsförderung) in Kooperation mit den Herstellern.
- Eine deutlichere Profilierung gegenüber den Mitbewerbern, weil innerhalb der Stadt Ratingen Vertragsflächen dieser Lieferer nur im City-Warenhaus bestehen.

Alter Grundriss der Warengruppe Wäsche

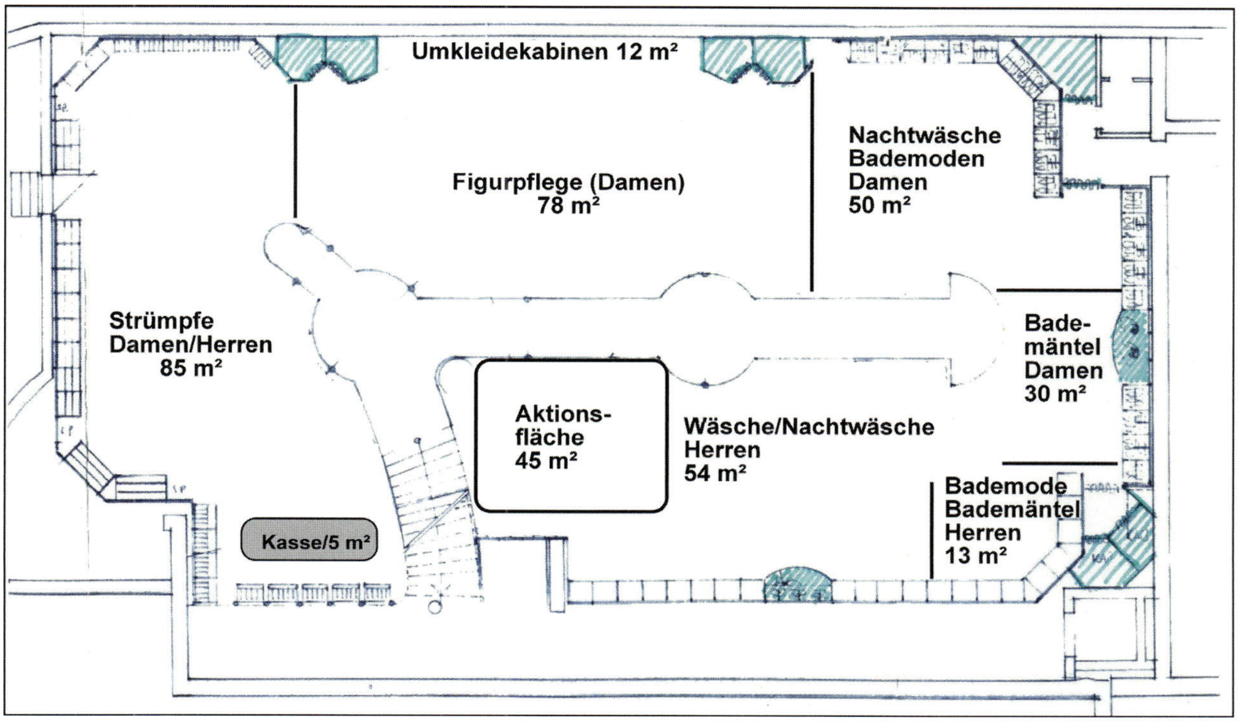

Was soll an der bestehenden Flächenaufteilung verändert werden?

- Die **Kasse** (25 m²) wird rechts neben der Treppe angesiedelt (siehe Planungsgrundriss unten).
- Die **Aktionsfläche** verschwindet, dafür wird Aktionsware auf die gesamte Fläche verteilt. Bei der Planung ist diese Fläche nicht mehr zu berücksichtigen.
- Die **Umkleidekabinen** werden zusammengelegt (siehe Planungsgrundriss).
- Es wird eine neue Fläche **„Junge Wäsche“** (34 m²) angelegt.
- Mit dem Lieferer **Triumph** ist die Einrichtung eines **Corners** vereinbart worden (30 m²). Auch die Position dieser Vertragsfläche ist bereits festgelegt (siehe Planungsgrundriss).
- Mit dem Lieferer **Schiesser** wird über eine Vertragsfläche für Damen- (31 m²) und Herrenwäsche (44 m²) verhandelt. Die Position dieser Flächen ist noch nicht entschieden. Der Lieferer wünscht, dass die Flächen gegenüber liegen. Frau Melcher und Herr Bauer wollen aber selber über die günstigste Lage entscheiden. Die einzelnen Warengruppen müssen für den Kunden in einem sinnvollen Zusammenhang dargeboten werden.
  Schiesser bietet für die Vertragsfläche unterschiedliche Service-Standards an:

Einkaufslimit = Betrag, bis zu dem Ware eingekauft werden darf (vom Geschäft, von der Abteilung, für eine Warengruppe). Aus Sicht des Herstellers ist das vereinbarte Limit ein Mindest-Einkaufsbetrag.

Service-Paket 1: Schiesser stellt lediglich Display-Material zur Verfügung. Die Warenträger werden vom Einzelhändler beschafft. Die Einkaufshoheit liegt allein beim Einzelhändler.

Service-Paket 2: Display-Material und Warenträger werden von Schiesser zur Verfügung gestellt. Der Einzelhändler erhält eine Umsatz- und Rohergebnisgarantie, die Flächenplanung einschließlich der Festlegung bestimmter Einkaufslimits wird gemeinsam durchgeführt.

Service-Paket 3: Display-Material und Warenträger vom Hersteller; Flächenplanung und Warenbestückung liegen allein in der Hoheit von Schiesser; der Einzelhändler erhält eine Umsatz- und Rohergebnisgarantie.

Geplante Flächenaufteilung

Veränderte bisherige Flächenelemente	m²	Neue Flächenelemente	m²
Nachtwäsche Damen	24	Junge Wäsche	34
Strümpfe	51	Triumph-Corner	30
Figurpflege	48	Schiesser Damen	31
Wäsche/Nachtwäsche/Bademäntel Herren	37	Schiesser Herren	44
Bademode/Bademäntel Damen	36		
Kasse	25	Gesamtfläche	**372**
Umkleidekabinen	12		

So könnten die Vertragsflächen von Schiesser aussehen (nebeneinander liegend).

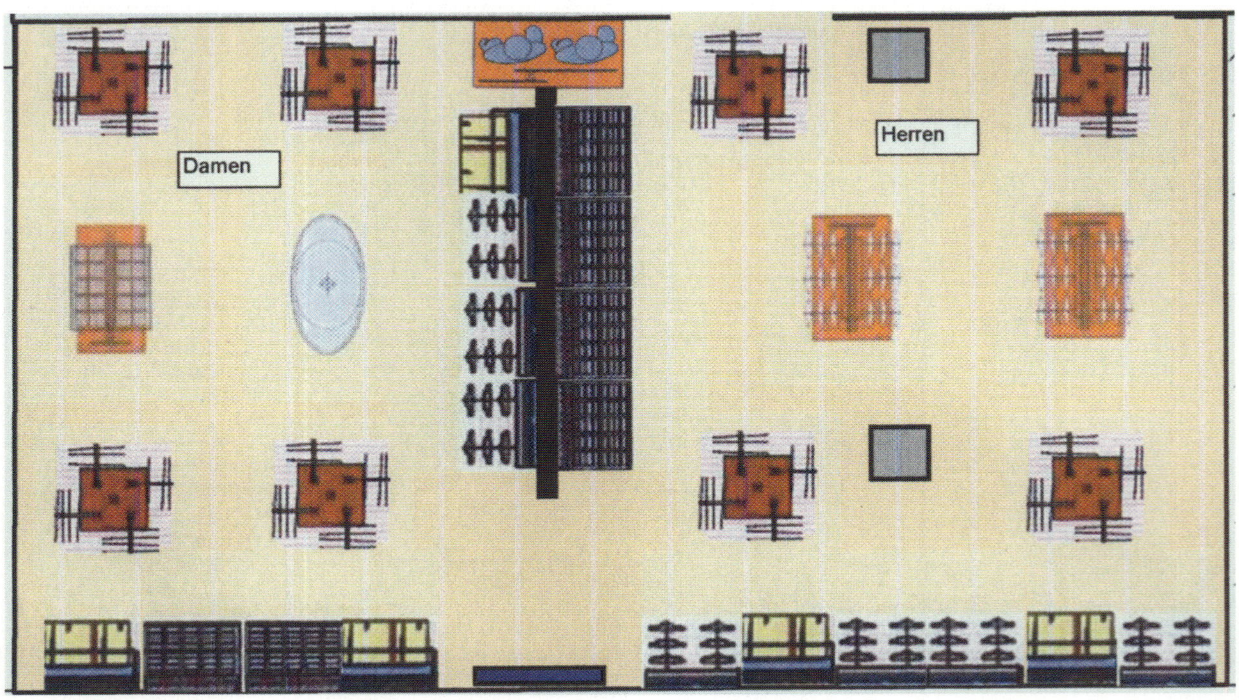

Der Grundriss befindet sich auf der nächsten Seite.

Herr Bauer erwartet von Frau Melcher als Abteilungsleiterin Vorschläge, wie die Verhandlungen mit Schiesser aus ihrer Sicht geführt werden sollen.

Arbeitsauftrag

Versetzen Sie sich in die Lage von Frau Melcher und entwickeln Sie Vorschläge für die Einbindung von zwei Vertragsflächen in die Wäscheabteilung des City-Warenhauses.

1. Treffen Sie eine begründete Entscheidung für die Lage der Schiesser-Vertragsflächen im Abteilungsgrundriss und passen Sie die Lage der übrigen Warengruppen entsprechend an.
2. Entscheiden Sie sich für eines der drei Service-Pakete des Lieferers.

Aufgabe 1

Frau Melcher hatte anfangs Bedenken, dass der Lieferant Triumph die Bestückung der Vertragsfläche mit Waren in eigener Verantwortung übernimmt. Welche Gründe könnten Frau Melcher Ihrer Meinung nach zu dieser kritischen Haltung bewogen haben?

Aufgabe 2

Im Einzelhandel werden heute unterschiedliche Flächenkonzepte umgesetzt (Shop-in-Shop, Corner, Concessions, Franchising). Welches Konzept wird auf den Vertragsflächen von Schiesser verwirklicht?

Aufgabe 3

Um welches Flächenkonzept handelt es sich in den nachfolgend beschriebenen Situationen?

Situation 1

Der Händler überlässt einem Hersteller gegen Entrichtung einer meist umsatzabhängigen Miete eine bestimmte Fläche seines Geschäfts. Der Hersteller verkauft die Ware auf einer mit eigenen Ladenbauelementen ausgestatteten Fläche mit (häufig) eigenem Personal und auf eigene Rechnung, d. h. die volle Verkaufsverantwortung liegt beim Hersteller.

Situation 2

Auf einer vom übrigen Geschäft optisch abgegrenzten Fläche wird eine spezielle Marke präsentiert und verkauft. Die Größe der Fläche liegt häufig zwischen 40 und 100 m². Die Fläche ist mit speziellen Ladenbauelementen (z. B. Fußboden, Regale, Theke, Tische, Schränke) des Herstellers ausgestattet. Vielfach werden die Bestückung der Regale mit Waren, Lieferzeiten und Umsätze gemeinsam geplant. Werbung und Verkaufsförderung liegen weiterhin in der Hoheit des Einzelhändlers.

Situation 3

Verkaufsfläche in einer Größenordnung zwischen 5 bis 40 m². Ladenbauelemente stammen vom Hersteller; gemeinsame Planung der Fläche (Bestückung, Lieferzeiten, Umsätze).

Aufgabe 4

a) Hersteller sind heute sehr daran interessiert, mit Einzelhändlern Vereinbarungen über Vertragsflächen zu schließen. Wie lässt sich Ihrer Meinung nach dieser Wunsch der Hersteller erklären?

b) Nennen Sie Beispiele für Flächenkonzepte aus Ihrem Ausbildungsbetrieb oder aus Geschäften, die Sie kennen.

Aufgabe 5

Beurteilen Sie folgenden Sachverhalt:
Eine bestimmte Verkaufsfläche ist mit Wäsche **verschiedener** Hersteller bestückt. Ein Hersteller ist der Verwalter (Manager) dieser Fläche. Er entscheidet also auch (in enger Kooperation mit dem Einzelhändler), welche und wie viele Konkurrenzprodukte auf dieser Fläche angeboten werden.

Stichwort: Category Management
Category = Warengruppe

Planungsgrundriss
Maßstab: 1 cm = ca. 1 m

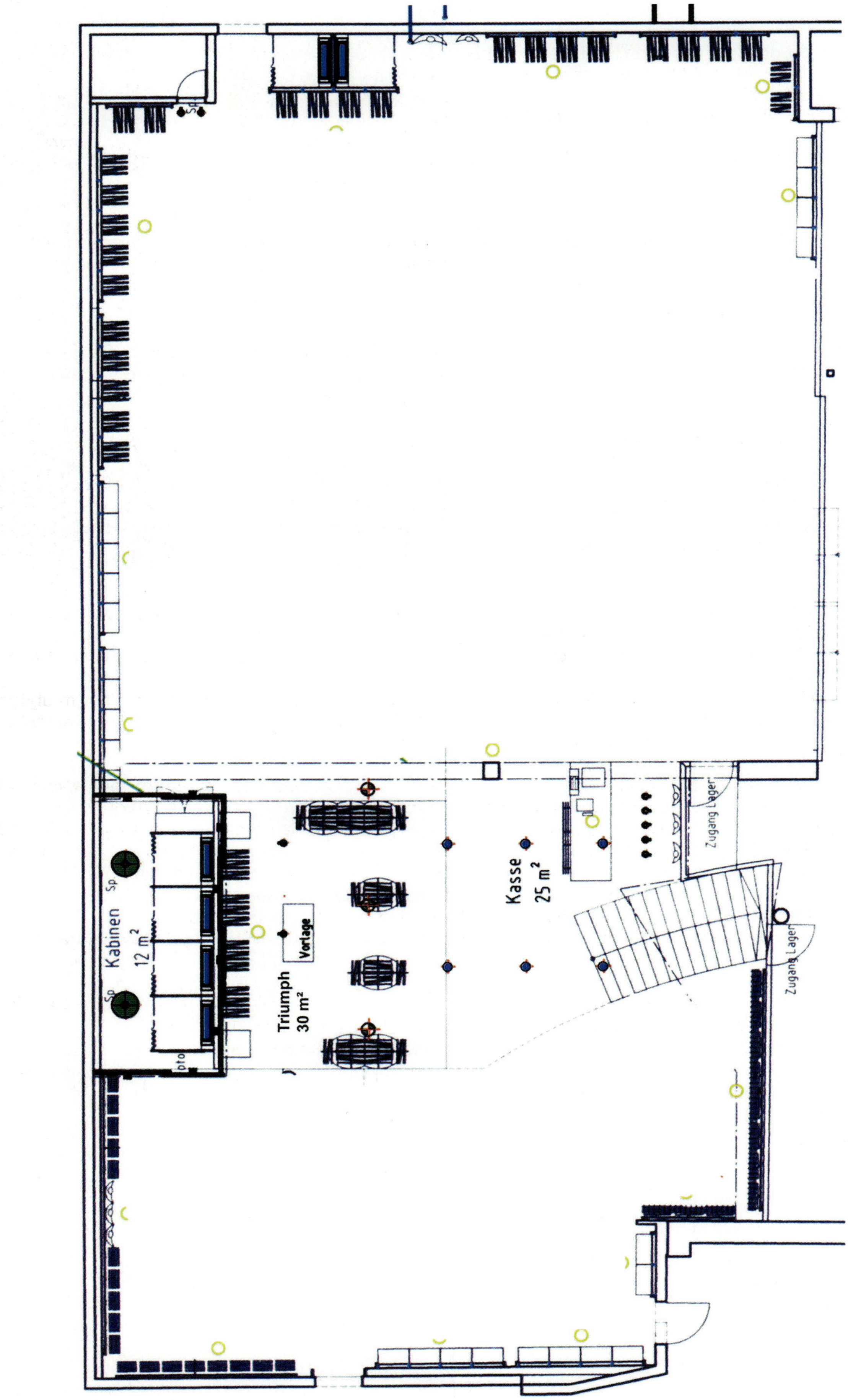

2 Warenpräsentation – Waren im Kreuzblock präsentieren

In der Lebensmittel-Abteilung des City-Warenhauses wird den Kunden eine Auswahl von Cornflakes und Müsli-Produkten angeboten. Auf zwei Regalen zu je 1 m Breite mit jeweils fünf Regalböden werden folgende Marken präsentiert:

- Kellogg's Cornflakes, Markenprodukt, Marktführer, hochpreisig
- Nestlé Cornflakes, Markenprodukt als Alternative zu Kellogg's
- Hipp Cornflakes, Markenprodukt, mittleres Preisniveau
- Schwartau, Früchte-Riegel, Markenprodukt, mittleres Preisniveau
- Brüggen Cornflakes, preiswerter Anbieter
- „Gut & Günstig", Handelsmarke des Einkaufsverbandes, dem das City-Warenhaus angeschlossen ist, preisgünstig
- Müsli der Marke „Gut & Günstig", Handelsmarke, unteres Preisniveau

Die Waren werden in Produktblöcken nach folgendem Prinzip dargeboten:

- Sichtzone: hochpreisig
- Greif-/Reckzone: mittlere Preislage
- Bückzone: preisgünstig

Der oberste Regalboden liegt auf einer Höhe von 1,60 m.

Allerdings ist das Präsentationsprinzip nicht vollständig eingehalten worden; manche Produkte wurden auch schon mal auf einen Platz gestellt, der gerade frei war.
Alle Produkte werden mit dem gleichen Zuschlagssatz kalkuliert, d. h. je höher der Preis, um so höher der Gewinn für den Einzelhändler.
In den beiden Regalen verändert sich der Umsatz seit Monaten nicht mehr – ganz im Gegensatz zum übrigen Sortiment. Auch neue Produkte und begleitende Werbung der Hersteller in verschiedenen Medien (Fernsehen, Zeitschriften) haben keine erkennbare Umsatzveränderung erbracht.

Herr Berns, der Leiter der Abteilung, überlegt daher zusammen mit der 1. Kraft, Frau Jevic, die Präsentation der Waren zu verändern. Die Waren sollen mit Beginn des kommenden Monats (Juni) im **Kreuzblock** präsentiert werden, um die führenden Marken (vor allem Kellogg's) stärker herauszustellen und die Orientierung des Kunden über das Cornflakes-Angebot zu verbessern. Dadurch soll die Kundenzufriedenheit mit dem Geschäft verbessert werden. Bei der Umplatzierung der Produkte sind vor allem zwei Gesichtspunkte zu beachten:

- Der Kunde muss deutliche **Markenblöcke** wahrnehmen können.
- Er muss in der Waagerechten **ähnliche Produkte** zur leichteren Auswahl vorfinden (auch die preisgünstigen Alternativen).

Damit die Wirksamkeit der neuen Präsentation festgestellt werden kann, hat Herr Berns aus dem Warenwirtschaftssystem des City-Warenhauses die folgenden Zahlen zusammengestellt.

Auswertung	**Warengruppe**	Cerealien	**Warenart**	Cornflakes/Müsli	**Mai 20(0)**

Umsatzsteuer 7 %

Rohergebnis für die gesamte Stückzahl

Produkt	**Absatz (Stück)**	**Vk-Preis brutto**	**Vk-Preis netto**	**Bezugspreis**	**Rohergebnis gesamt**
Kellogg's	30	2,99		2,33	
Kellogg's	45	2,79		2,14	
Kellogg's	54	2,49		1,94	
Kellogg's	66	2,39		1,87	
Summe Kellogg's	**195**	–	–	–	
Nestlé	36	2,79		2,21	
Nestlé	84	2,59		2,07	
Summe Nestlé	**120**	–	–	–	
Schwartau	15	2,29		1,71	
Summe Schwartau	**15**	–	–	–	
Hipp	12	1,79		1,42	
Hipp	14	1,69		1,34	
Summe Hipp	**26**	–	–	–	
Gut & Günstig	66	1,49		1,26	
Gut & Günstig	75	0,99		0,86	
Summe G & G	**141**	–	–	–	
Brüggen	90	1,09		0,91	
Summe Brüggen	**90**	–	–	–	
Summe Regal	**587**	–	–	–	

Arbeitsauftrag

Gestalten Sie das vorhandene Regal so um, dass aus der Präsentation von Produktblöcken eine Präsentation im Kreuzblock wird. Ermitteln Sie auch das erzielte Rohergebnis vor der Umstellung der Warenpräsentation (Monat Mai).

Hinweise:
- Auf der nächsten Seite befinden sich die beiden Regale in der ursprünglichen Zusammenstellung.
- Darunter sind die Produkte noch einmal genauer beschrieben worden.
- Verwenden Sie für die Präsentation im Kreuzblock die leeren Regale.

fruity 2,29
fruity 2,29
Kellogg's Special K Choco 2,79
Kellogg's Special K Red Fruit 2,79
Kellogg's Special K Red Fruit 2,79
Kellogg's Toppas 2,39
Kellogg's Chocos 2,39
Kellogg's Chocos 2,39
Magix 2,79
Honig-Bienchen 2,79
Nestlé Fitness 2,79
Nestlé Nesquik 2,59
Nestlé Nesquik 2,59
Nestlé Clusters 2,79
Nestlé Lion 2,79
Kellogg's Frosties 2,79
Kellogg's Corn Flakes Vollkorn 2,39
Kellogg's Corn Flakes Vollkorn 2,39
Kellogg's Choco Krispies 2,49
Kellogg's Choco Krispies 2,49
Nestlé Cini Minis 2,59
Nestlé Cini Minis 2,59
Nestlé Trio 2,59
Kellogg's Frosties 2,39
Kellogg's Smacks 2,79
Kellogg's Smacks 2,79
Kellogg's Smacks 2,39
Kellogg's Smacks 2,39
20% MEHR! Kellogg's Frosties 2,99
20% MEHR! Kellogg's Frosties 2,99
Kellogg's Crunchy Nut Corn Flakes 2,39
Kellogg's Crunchy Nut Corn Flakes 2,39
Kellogg's Smacks 2,39
Kellogg's Smacks 2,39
Kellogg's Corn Flakes 2,79
Kellogg's Corn Flakes 2,79
HiPP Honey Moby 1,69
HiPP Crispy Crogo 1,79
Brüggen 1,09
Brüggen 1,09
Gut & Günstig Crunchy Müsli 1,49
Gut & Günstig Fruits Müsli 1,49
Kellogg's Corn Flakes 2,79
Kellogg's Corn Flakes 2,79
Kellogg's Corn Flakes 2,79
Kellogg's Corn Flakes 2,79
Brüggen Crunchy Flakes 1,09
Brüggen Crunchy Flakes 1,09
Gut & Günstig Corn Flakes 0,99
Gut & Günstig Corn Flakes 0,99

Ausgangslage

Schwartau Früchteriegel Apfel 2,29	Schwartau Früchteriegel Orange 2,29	Kellogg's Spezial Schokostücke 2,79	Kellogg's Spezial Red Fruit 1 % Fett 2,79	Kellogg's Spezial Red Fruit 1 % Fett 2,79	Kellogg's Toppas Vollkorn 2,39	Kellogg's Chocos 2,39	Kellogg's Chocos 2,39	Kellogg's Disney Magix Schoko 2,79	Kellogg's Honig-Bienchen 2,79
Nestlé Fitness Vollkorn 2,79	Nestlé Nesquik Schoko 2,59	Nestlé Nesquik Schoko 2,59	Nestlé Clusters Mandeln 2,79	Nestlé Lion Schoko/Karamel 2,79	Kellogg's Frosties Tigerkissen 2,79	Kellogg's Cornflakes Vollkorn Schoko 2,39	Kellogg's Cornflakes Vollkorn Schoko 2,39	Kellogg's Choco Krispies 2,49	Kellogg's Choco Krispies 2,49
Nestlé Cini Minis Zimt 2,59	Nestlé Cini Minis Zimt 2,59	Nestlé Trio Honig/Karamel 2,59	Kellogg's Frosties 2,39	Kellogg's Smacks SchokoTresor 2,79	Kellogg's Smacks SchokoTresor 2,79	Kellogg's Smacks 2,39	Kellogg's Smacks 2,39	**20 % mehr** Kellogg's Frosties 2,99	**20 % mehr** Kellogg's Frosties 2,99
Kellogg's Crunchy Nut Honig & Nüsse 2,39	Kellogg's Crunchy Nut Honig & Nüsse 2,39	Kellogg's Smacks 2,39	Kellogg's Smacks 2,39	Kellogg's Cornflakes Die Originalen 2,79	Kellogg's Cornflakes Die Originalen 2,79	Hipp Honey Moby mit Honig 1,69	Hipp Crispy Croco 1,79	Brüggen Shellinos Schoko 1,09	Brüggen Shellinos Schoko 1,09
Gut & Günstig Cruncy Müsli 1,49	Gut & Günstig Fruit Müsli 1,49	Kellogg's Cornflakes Die Originalen 2,79	Kellogg's Cornflakes Die Originalen 2,79	Kellogg's Cornflakes Die Originalen 2,79	Kellogg's Cornflakes Die Originalen 2,79	Brüggen Crunchy Flakes mit Erdnüssen 1,09	Brüggen Crunchy Flakes mit Erdnüssen 1,09	Gut & Günstig Cornflakes 0,99	Gut & Günstig Cornflakes 0,99

Aufgabe 1

Vergleichen Sie die abgebildeten Daten des Cornflakes-Regals für den Monat Juni 20(0) mit dem Vormonat.

Rohergebnis für die gesamte Stückzahl

Auswertung	**Warengruppe**	Cerealien	**Warenart**	Cornflakes/Müsli	**Juni 20(0)**

Umsatzsteuer 7 %

Produkt	**Absatz (Stück)**	**Vk-Preis brutto**	**Vk-Preis netto**	**Bezugspreis**	**Rohergebnis gesamt**
Kellogg's	43	2,99	2,79	2,33	
Kellogg's	48	2,79	2,61	2,14	
Kellogg's	60	2,49	2,33	1,94	
Kellogg's	72	2,39	2,23	1,87	
Summe Kellogg's	**223**	–	–	–	
Nestlé	45	2,79	2,61	2,21	
Nestlé	94	2,59	2,42	2,07	
Summe Nestlé	**139**	–	–	–	
Schwartau	10	2,29	2,14	1,71	
Summe Schwartau	**10**	–	–	–	
Hipp	10	1,79	1,67	1,42	
Hipp	11	1,69	1,58	1,34	
Summe Hipp	**21**	–	–	–	
Gut & Günstig	77	1,49	1,39	1,26	
Gut & Günstig	61	0,99	0,93	0,86	
Summe G & G	**138**	–	–	–	
Brüggen	110	1,09	1,02	0,91	
Summe Brüggen	**110**	–	–	–	
Summe Regal	**641**	–	–	–	

Aufgabe 2

a) Entwerfen Sie für ein Regal mit Produkten aus Ihrem Ausbildungssortiment eine Warenpräsentation als Kreuzblock.

b) Erläutern Sie anschließend aus Ihrer Sicht die möglichen Vor- oder auch Nachteile dieser Art der Warenpräsentation.

Aufgabe 3

Welcher Anspruch an die Warenplatzierung ist Kunden besonders wichtig?

- [x] geringer Suchaufwand
- [ ] zusätzliche Kaufanregungen
- [ ] Ansprechendes optisches Erscheinungsbild des Verkaufsraums
- [ ] jugendliches Verkaufspersonal

Aufgabe 4

Wann liegt ein Impulskauf vor?

- [ ] Wenn der Entschluss zum Kauf des Artikels außerhalb des Geschäftes getroffen wird.
- [ ] Wenn ein Kunde nur Produkte kauft, die auf seinem Einkaufszettel stehen.
- [x] Wenn der Entschluss zum Kauf des Artikels im Geschäft getroffen wird.
- [ ] Wenn eine Kunde bei PLUS kauft.

Aufgabe 5

Welche Aussage ist richtig? Eine kundenorientierte Warenplatzierung …

- [ ] führt den Einzelhändler zwangsläufig in die Insolvenz;
- [x] schafft eine langfristige Kundenbindung;
- [ ] liegt vor, wenn sich Kunden beim Einkauf nach den Preisen der Mitbewerber orientieren;
- [ ] stellt das kurzfristige Interesse des Einzelhändlers nach einem hohen Gewinn in den Vordergrund.

Aufgabe 6

Welche Aussage zur Warenpräsentation ist falsch?

- [ ] Die Produktbeschriftung muss von der Zugriffsseite gut lesbar sein.
- [ ] Mehrfachplatzierungen in einem Regal führen zu Mehrverkäufen.
- [x] Die Schauseite eines Produkts gehört in die Richtung des Kunden.
- [ ] Klare Warenblöcke erleichtern dem Kunden die Orientierung.

Aufgabe 7

Welche Reihenfolge in der Verkaufswirksamkeit der Regalzonen (absteigend) ist richtig?

- [x] Sichtzone - Greifzone - Bückzone - Reckzone
- [ ] Sichtzone - Greifzone - Reckzone - Bückzone
- [ ] Sichtzone - Reckzone - Greifzone - Bückzone
- [ ] Sichtzone - Reckzone - Bückzone - Greifzone

Aufgabe 8

Bei welcher Blockbildung wird folgendes Prinzip verwirklicht:

vertikale Markenblöcke – horizontale Produktlinien?

- [ ] Herstellerblock
- [ ] Produktblock
- [x] Kreuzblock
- [ ] Schreibblock

Aufgabe 9

Welche Aussage ist falsch?

- [ ] Hochwertige Produkte gehören auch auf hochwertige Regalplätze.
- [x] Mussartikel sind getrennt von Impulsartikeln zu präsentieren.
- [ ] Zusammengehörige Serien im „Band“ präsentieren.
- [ ] Kundeninteressante Artikel werten schwache Regalplätze auf.

Aufgabe 10

Welche Aussage zur Präsentation preisgünstiger Produkte ist falsch?

- [ ] Sie können in der Bückzone präsentiert werden.
- [ ] Die Präsentation in der Schütte ist angemessen.
- [ ] Sie sind kundeninteressant und damit nicht für verkaufsstarke Zonen sinnvoll.
- [x] Sie sollten als Einzelstücke herausgestellt werden.

Aufgabe 11

Welche Rangfolge in der Verkaufsaktivität gilt bei waagerechter Betrachtung eines Regal für die Regalteile **links (1)- Mitte (2) – rechts (3)**

- [ ] 2 - 1 - 3
- [x] 2 - 3 - 1
- [ ] 1 - 2 - 3
- [ ] 3 - 1 - 2

Aufgabe 12

Welches Präsentationsprinzip gilt in einem Bedienungsgeschäft?

- [x] verkäufergerechte Warenpräsentation
- [ ] saisongerechte Warenpräsentation
- [ ] kundengerechte Warenpräsentation
- [ ] warengerechte Warenpräsentation

Aufgabe 13

In welchem Fall liegt eine Verbundpräsentation vor?

- [ ] Bündelung von Waren, die die gleiche Größe aufweisen.
- [x] Bündelung von Waren, die der Kunde häufig gemeinsam einkauft.
- [ ] Bündelung von Waren, die in einem Karton dargeboten werden.
- [ ] Verbindung der Ware mit einem Sicherungsetikett.

Aufgabe 14

Kunden, die vor einem Regal stehen, verhalten sich häufig in ähnlicher Weise. Welche Aussage ist falsch?

- [ ] Der Kunde schaut zunächst in die Sichtzone und von dort in die Greifzone.
- [ ] Kunden orientieren sich senkrecht und vergleichen waagerecht.
- [x] Kunden blicken von oben nach unten (von der Reck- bis zu Bückzone).
- [ ] Der Kunde greift eher nach rechts als nach links.

Aufgabe 15

In einem Fachgeschäft für Uhren und Schmuck

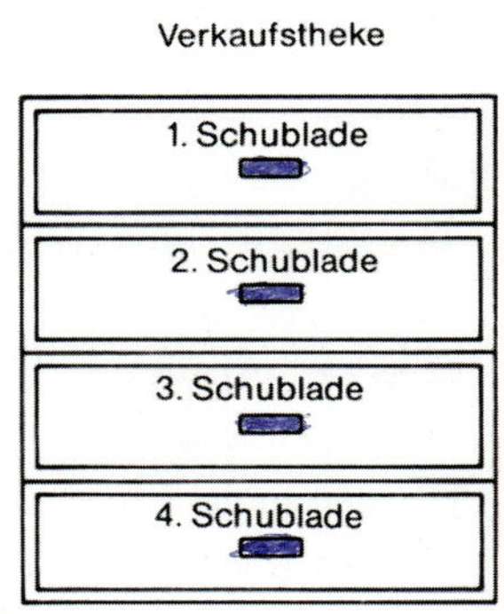

Karin, seit einigen Wochen Auszubildende, hatte von ihrem Ausbilder den Auftrag erhalten, eine Verkaufstheke mit Collierketten aufzuräumen und zu reinigen. Gründlich, wie Karin ist, hatte sie die Theke komplett ausgeräumt und die Ketten wahllos auf der Theke ausgebreitet. Nach der Reinigung legte sie die Schmuckteile wieder in die Schublade, allerdings so, wie es ihr gerade in den Sinn kam. Ihr Ausbilder, der ihre Arbeit begutachtete, schüttelte den Kopf und rief Karin zu sich: „Unsere Kunden möchten die Waren vorgelegt bekommen, ohne dass Sie erst lange suchen müssen. Stellen Sie sich vor, Sie müssten erst alle Schubladen durchsehen, bevor Sie einer Kundin passende Ketten vorlegen können!“
Karin erhielt nun den Auftrag, die Collierketten zu ordnen und überlegt in den Schubladen unterzubringen. Es handelte sich dabei um folgende Ketten, die alle aus Gelbgold bestanden:

- Schwere, aufwändig verarbeitete Collierketten in hohen Preislagen, die von Kunden selten verlangt werden.
- Schlichte Ketten aus 585er Gold in unterschiedlichen Längen und Mustern der niedrigen Preislagen, die sehr gefragt sind. Beim Verkauf geht es zunächst um die Länge, dann um das Muster (Kordelmuster, Flachpanzer u. Ä.).
- Einfache Ketten aus 333er Gold in unterschiedlichen Längen und Mustern der untersten Preislage, die von Kunden am häufigsten verlangt werden. Beim Verkauf gilt die gleiche Reihenfolge wie oben.
- Jugendliche Ketten, die aus einer einfachen Kette und einem kleinen Schmuckteil in unterschiedlichen Ausführungen (Tiermotive, Steine u. Ä.) bestehen sowie in verschiedenen Längen und in mittleren Preislagen vorrätig sind. In der Kundennachfrage stehen sie an dritter Stelle. Auch hier gilt beim Verkauf die gleiche Reihenfolge.

a) 1.

a) Erstellen Sie einen Plan für die Verteilung der vier Warenarten aus dem Beispiel oben auf vier Schubladen einer Verkaufstheke. Geben Sie auch an, in welcher Anordnung die Ketten innerhalb der Schubladen liegen sollen. Begründen Sie Ihre Ansicht.

b) Welche der nachstehend erwähnten Sortimentsmerkmale haben Sie beim Verteilen berücksichtigt?

① Materialunterschiede
② Preisunterschiede
③ Unterschiede in Form/Größe/Muster
④ Verschiedene Herstellernamen
⑤ Unterschiedliche Verwendungszwecke der Artikel
⑥ Umsatzhäufigkeit
⑦ Eignung der Produkte als Blickfang für den Kunden/ als Dekorationsmittel des Geschäftes

c) Wie ändert sich die Anordnung, wenn die Verkaufstheke mit einer Glasplatte abgedeckt ist, die den Blick auf die oberste Schublade ermöglicht?

d) Schildern Sie an einem Beispiel, nach welchen Gesichtspunkten in Ihrem Ausbildungsbetrieb die Waren in einer Verkaufstheke angeordnet werden bzw. angeordnet werden könnten, wenn die Waren in der Verkaufsform „Bedienung" angeboten würden.

Aufgabe 16

a) In einem Lederwarenfachgeschäft hat sich die Inhaberin entschlossen, von der Verkaufsform Bedienung auf die Verkaufsform Vorwahl umzustellen. Welche der nachfolgenden Gründe könnten die Inhaberin zu diesem Schritt veranlasst haben?

① Personaleinsparung, da der Kunde Aufgaben des Verkäufers übernimmt.
② Konzentration der Verkaufstätigkeit auf die Kundenberatung.
③ Kunden wünschen engeren Kontakt zur Ware.
④ Der enge Kontakt zur Ware führt häufig zu Impulskäufen.
⑤ Die Waren kommen besser zur Geltung.
⑥ Viele Kunden möchten sich die Ware zunächst (oder sogar ausschließlich) selbst anschauen.
⑦ Der Kunde soll sich im Geschäft wohlfühlen; er soll nicht überrumpelt werden.

b) Schildern Sie am Beispiel einer Warengruppe, nach welchen Gesichtspunkten in Ihrem Ausbildungsbetrieb Waren in Vorwahl präsentiert werden bzw. präsentiert werden könnten, wenn in der Verkaufsform Vorwahl verkauft würde.

Aufgabe 17

In der Schreibwarenabteilung eines Warenhauses befindet sich das auf der folgenden Seite abgebildete Regal mit Ordnern und Papierkörben. Es enthält zahlreiche Fehler in der Warenpräsentation.

a) Stellen Sie die Fehler fest.

b) Entwerfen Sie ein Regal mit korrekter Anordnung der Produkte.

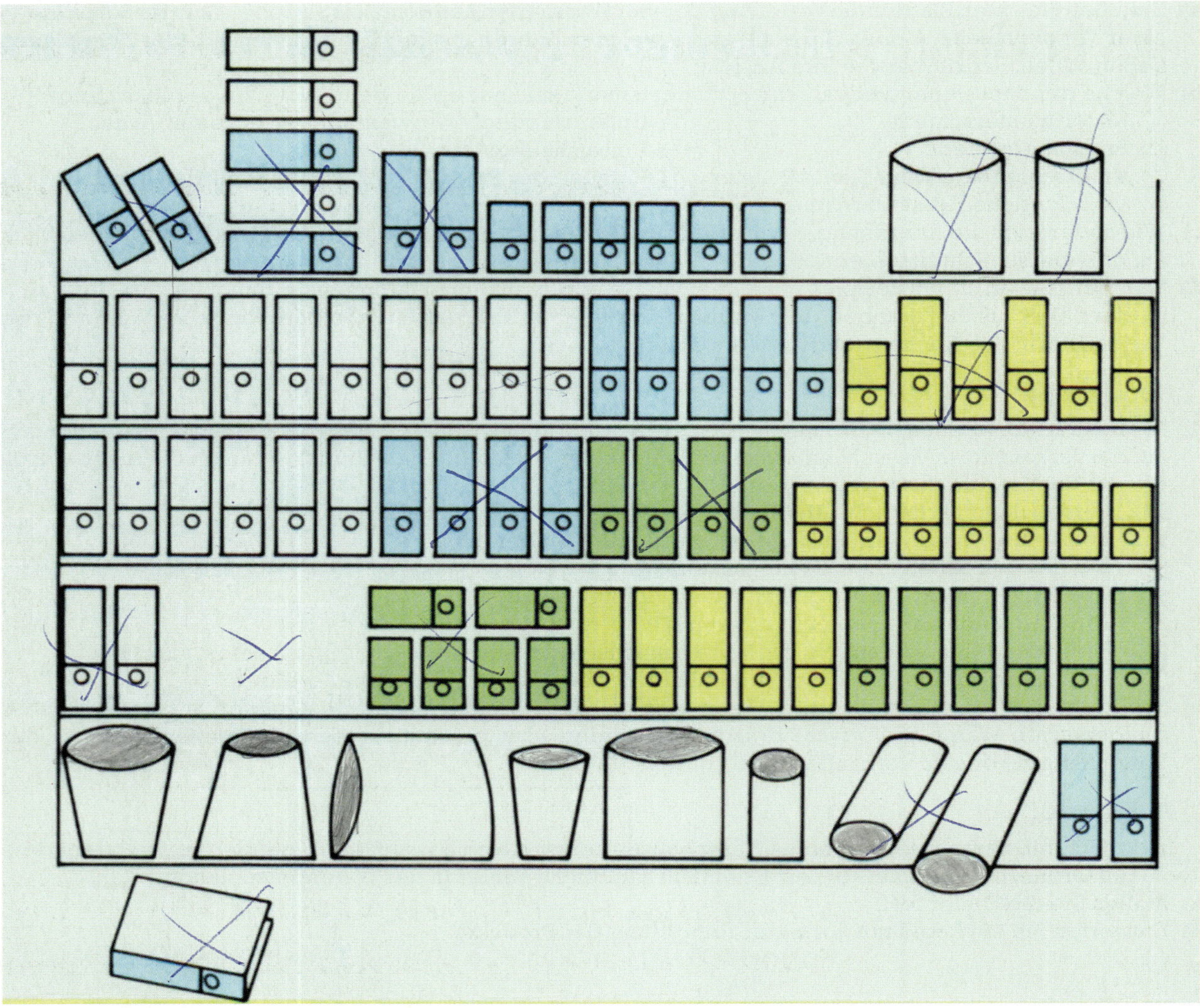

Aufgabe 18

In der Elektroabteilung eines Warenhauses befindet sich das auf der folgenden Seite abgebildete Regal. Es ist wie folgt belegt:

Gondelkopf (Regalkopf)

- Oben befinden sich Partyleuchten-Sets (mit hoher Gewinnspanne kalkuliert).
- Unten liegen einige Kartons mit noch nicht ausgepackter Ware.

Längsseite

- Im ersten Drittel sind die preisgünstigen Glühlampen aus der Werbung untergebracht (Normalform matt und klar, Kerzenform, Kugelform); ganz unten befinden sich Küchenlampen, die man selbst zusammenbauen kann (gut kalkuliert).
- Im zweiten Drittel steht oben ein Schild mit dem Hinweis auf Energiesparlampen, deren Absatz gefördert werden soll.
  Darunter folgen zwei Regale mit Strahlern; im vorletzten Regal liegen Partyleuchten (zwei unterschiedliche Sorten, jeweils in Dreierpackungen).
  Ganz unten werden Weihnachtsketten dargeboten (das Weihnachtsgeschäft läuft auf vollen Touren).
- Im letzten Drittel des Regals befinden sich die Markenglühlampen (gut kalkuliert). Unten sind die Energiesparlampen untergebracht.

klein B.

a) Beschreiben Sie die Laufgewohnheiten der Kunden in der Abbildung.
b) Stellen Sie fest, welche Mängel in der Warenpräsentation zu finden sind.

Aufgabe 19

In der Spielwarenabteilung eines Warenhauses ist ein Warenträger mit Spielzeugautos so platziert, dass die Kunden gewöhnlich auf die Mitte des Regals zulaufen.

Auf der linken Seite des Regals sind batteriebetriebene Autos (Standardmodelle) untergebracht. Die Mitte des Regals enthält Autorennbahnen für das laufende Weihnachtsgeschäft. Rechts stehen die zurzeit besonders beliebten funkferngesteuerten Fahrzeuge.

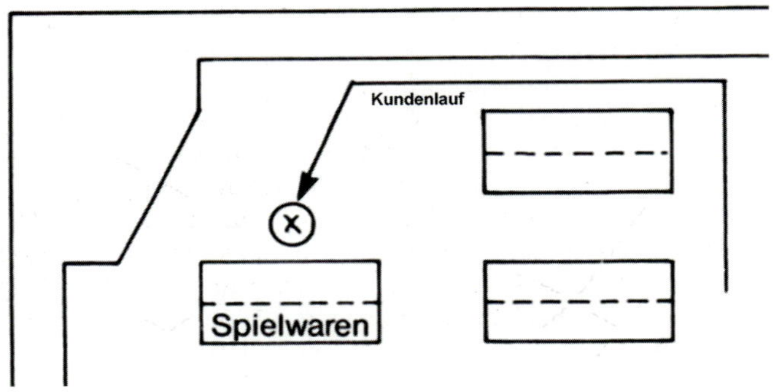

Das Regal ist folgendermaßen belegt:

Fahrzeuge mit Zubehör (z. B. Baufahrzeuge mit Baustelle) Preise: 30,00 bis 40,00 €	Rennbahnen in dekorativer Großpackung Preise: 50,00 bis 100,00 €	Funkgesteuerte Autos Spitzenmodelle Preise: bis 300,00 €
Einzelautos Preise: 20,00 bis 30,00 €	Autorennbahnen mit mittlerem Preisniveau Preise: 30,00 bis 50,00 €	Funkgesteuerte Autos Mittelklassemodelle Preise: 80,00 bis 150,00 €
Kleine batteriebetriebene Autos Preise: 8,00 bis 20,00 €	Batterien | Autorennbahnen für Kleinkinder (einfach) Preise: 20,00 bis 30,00 €	Funkgesteuerte Autos einfache Ausführung Preise: 70,00 bis 80,00 €

Entwerfen Sie einen neuen Belegungsplan für das Spielwarenregal, das verkaufsaktiv gestaltet sein soll und beantworten Sie dazu die nachfolgenden Fragen:

a) Wie bewegt sich der Kunde, wenn er auf die Längsseite eines Regals zugeht? Geht er
① zur rechten Regalseite, weil er nach rechts orientiert ist (Rechtsgriff, Rechtsblick),
② zur linken Regalseite, weil er sich gewöhnlich im Linkslauf bewegt,
③ zunächst zur Regalmitte, um sich dort zu orientieren, und dann nach rechts, weil er rechtsorientiert ist,
④ zunächst zur Regalmitte, um sich dort zu orientieren, und dann nach links, weil er den Linkslauf bevorzugt?

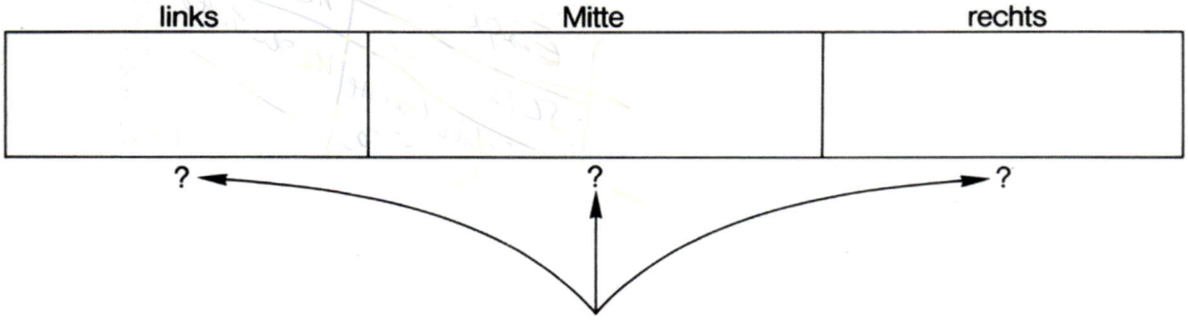

b) Aus der Laufrichtung der Kunden ergibt sich eine Rangfolge in der Verkaufswirksamkeit der Regalteile (links, Mitte, rechts). Welches Regalteil hat die größte Verkaufswirksamkeit, welches die zweitgrößte?

c) Welche der nachstehend genannten Konsequenzen sind aus den Laufgewohnheiten der Kunden für die Warenpräsentation zu ziehen? Bedenken Sie, dass der Kunde einen möglichst großen Teil des Sortiments sehen soll.
① Die Regalmitte muss durch kundenattraktive Produkte aufgewertet werden.
② Die Regalenden (linke und rechte Seite) müssen aufgewertet werden, insbesondere die linke Seite.
③ Deutliche senkrechte Blöcke mit einheitlicher Gestaltung oder auffälliger Farbgebung an den Regalenden setzen Akzente, die den Kunden auf diese Regalteile aufmerksam machen.
④ Werden die Artikel zu waagerechten „Bändern" zusammengestellt, betrachtet der Kunde automatisch das gesamte Regal.
⑤ Sonderangebote gehören in die Regalmitte, da dort der höchste Absatz gewährleistet ist.
⑥ Sonderangebote gehören an die Regalenden, damit die wenig verkaufsaktiven Plätze aufgewertet werden.
⑦ Die Regalenden können auch durch auffällige Schilder die Aufmerksamkeit der Kunden auf sich ziehen.

d) Warum sind die Batterien im Regal mit Spielzeug untergebracht?

Aufgabe 20

a) Auto-Feuerlöscher eines bestimmten Herstellers verkaufen sich schlecht. Sie sollen daher nicht mehr im Sortiment bleiben. Der Restbestand soll „abverkauft" werden. Welche der nachstehenden Maßnahmen halten Sie in welcher Reihenfolge für geeignet?
① Man unternimmt nichts und wartet, bis der letzte Feuerlöscher seinen Käufer gefunden hat.
② Die Preise für Feuerlöscher werden herabgesetzt.
③ Die Feuerlöscher werden am Gondelkopf oder in der Sichtzone besonders platziert.
④ Die Preissenkung wird mit der Sonderplatzierung kombiniert.

b) Verschiedene Topfserien sollen in einem Regal untergebracht werden. Die Serien unterscheiden sich nur im Dekor. Zu jeder Serie gehören sechs unterschiedlich große Töpfe (Suppen-, Gemüse-, Fleischtopf usw.). Welche der folgenden Darbietungsarten im Regal ist zweckmäßig?
① Senkrechte Blockbildung nach Dekoren, wobei die großen Töpfe unten und die kleinen Töpfe oben stehen.
② Waagerechte Platzierung der Serien nach Dekoren (als „Band"), innerhalb des Bandes nach Topfgrößen sortiert.

c) Personenwaagen werden in verschiedenen Farben angeboten. Der Farbton ist durch ein kleines Loch an der Packungsseite zu erkennen. Welche der nachstehenden Präsentationsarten halten Sie für sinnvoll?
① Mit dem Packungsbild nach vorne, damit der Kunde sieht, dass es sich um eine Personenwaage handelt.
② Mit dem Farbloch nach vorne, damit der Kunde sofort die richtige Farbe auswählen kann.

d) Hochwertige Kosmetikartikel werden in Schüttdekoration im unteren Regalbereich dargeboten, d. h. ungeordnet in einem Korb, der in das Regal eingehängt wird. Nehmen Sie zu dieser Art der Warenpräsentation Stellung.

e) Regelmäßig erscheint in einem Lebensmittelsupermarkt der Bezirksleiter. Er überprüft dann unter anderem die Warenpräsentation nach den Vorgaben der Zentrale. Stichprobenartig nimmt er auf Regalböden und auf den Produkten mit dem Zeigefinger „Staubproben". Manche meinen, der Bezirksleiter sei überempfindlich gegenüber Staub. Schließlich laufen ständig Menschen durch die Regalreihen. Da kann es unmöglich immer „blitzblank" sein. Nehmen Sie zu dieser Meinung Stellung.

Aufgabe 21

Stellen Sie fest, welche Fehler in der Warenpräsentation am Gemüseregal gemacht worden sind.

Aufgabe 22

Auch auf diesem Außenstand sind Fehler festzustellen. Beschreiben Sie die Fehler.

Aufgabe 23

Welche Art der nebenstehenden Präsentationen ist jeweils vorzuziehen? Begründen Sie Ihre Lösungen.

Lernfeld 5 Werben und den Verkauf fördern

1 Ein Schaufenster dekorieren

Im Verkaufsraum der Haushaltswarenabteilung des City-Warenhauses Bauer:

Frau Beyer: *„Womit kann ich Ihnen helfen?“*

Kundin: *„Ich hätte gerne eine Auskunft zu dem Kaffeeservice im Schaufenster, das mit den bunten Rändern für 165,00 €. Gibt es dazu auch das passende Sahnekännchen?“*

Frau Beyer: *„Ja selbstverständlich. Aber das müsste doch auch in der Schaufensterauslage vorhanden sein.“ (Die Kundenberaterin geht nach draußen. Die Kundin folgt ihr.)*

Frau Beyer: *„Sehen Sie dort vorne links hinter der Glasvase steht das Sahnekännchen – passend zum Service.“*

Kundin: *„Tatsächlich. Jetzt stehe ich doch fünf Minuten vor dem Schaufenster und sehe den Wald vor lauter Bäumen nicht. Entschuldigen Sie bitte.“*

Frau Beyer: *„Aber dafür bin ich doch da. Das kann schließlich jedem passieren.“*

Kurze Zeit später unterhält sich Frau Beyer mit Herrn Thomas über den Vorfall:

Herr Thomas: *„Die Kundin hat ja wirklich Recht. Ich habe mir gerade noch mal das Schaufenster unserer Abteilung angesehen. Das ist tatsächlich völlig überladen.“*

Frau Beyer: *„Aber gerade im Haushaltswarenbereich gibt es so viele verschiedene Artikel, zum Teil auch etliche Neuheiten. Da müssen wir doch unseren Kunden einen Überblick verschaffen, was man so alles im Geschäft kaufen kann.“*

Herr Thomas. *„Aber wäre hier nicht weniger mehr? Ich meine, es soll doch auf bestimmte besondere Artikel aufmerksam und neugierig machen, was es noch an anderen interessanten Dingen im Geschäft gibt. Das Schaufenster soll den Kunden veranlassen, ins Warenhaus zu gehen. Vielleicht kann ich mir ja mal ein paar Gedanken machen. Das Neugestalten eines Fensters würde mir sehr viel Freude machen.“*

Frau Beyer: *„Das passt gut. Unsere Bereichsleiterin hat mir erst gestern mitgeteilt, dass wir unser Fenster überarbeiten sollen.“*

Arbeitsauftrag

Gestalten Sie das oben abgebildete Schaufenster als Themenfenster neu.

- Stellen Sie anhand des Modells eine Faustskizze für Ihren Entwurf her.
- Gehen Sie dabei in folgenden Teilschritten vor:
  1. Schritt: Denken Sie sich einen geeigneten Blickfang aus (z. B. passend zur Jahreszeit)
  2. Schritt: Ordnen Sie die Werbeobjekte um den Blickfang an.
  3. Schritt: Benutzen Sie zur Dekoration Hilfsmittel wie Plakate, Schaufensterpuppen oder andere Gegenstände, die zum Thema passen.
  4. Schritt: Die Glasfassade kann zur Beschriftung dienen, z. B. als Hinweis auf Serviceleistungen.
  5. Schritt: Wählen Sie eine geeignete Beleuchtung aus (z. B. Betonung des Blickfangs durch eine punktuelle Spotbeleuchtung).

Aufgabe 1

Für welche der nachfolgenden Geschäfte sind „Qualitätsfenster" angebracht?

1 Schmuckgeschäft
2 Lebensmitteldiscounter
3 Exklusives Schuhfachgeschäft
4 Autohaus
5 Fotofachgeschäft

Aufgabe 2

Nehmen Sie in einem kurzen zusammenhängenden Text Stellung zu der Behauptung „Schaufenster und Verkaufsraum stellen die Visitenkarte des Einzelhändlers dar".

Aufgabe 3

In welchen Branchen könnten folgende Ereignisse zur Schaufenstergestaltung genutzt werden?

1 Olympische Spiele
2 Erntedankfest
3 Muttertag
4 Jahr des Kindes
5 Hundertster Todestag eines Dichters oder Malers
6 Französische Woche

Aufgabe 4

Wofür kann man im Schaufenster neben dem eigentlichen Warensortiment bzw. einzelnen Waren außerdem noch werben?

2 Eine Anzeige entwerfen

2.1 Eine Anzeige gestalten

In der Abteilung Textilien des City-Warenhauses Bauer:

Herr Bauer: *„Nachdem wir beim letzten Schlussverkauf mit unserer Standardanzeige herausgekommen sind, habe ich diesmal doch das Gefühl, dass wir etwas Besonderes für unsere Herrenmodenabteilung machen sollten, um im Anzeigendschungel des Schlussverkaufes bestehen zu können."*

Frau Yildirim: *„Wie wäre es denn, wenn wir eine Riesenanzeige mit ganz neuer Gestaltungskonzeption herausbringen würden? Ich hätte da schon ein paar Ideen."*

Herr Bauer: *„Nein, das halte ich für wenig ratsam. Nicht nur aus wirtschaftlichen, sondern auch aus Gründen der Glaubwürdigkeit muss die Anzeige weiterhin der Marktbedeutung unserer Abteilung entsprechen. Ich habe gestern noch mit meinen Geschäftsfreunden darüber gesprochen, und wir sind einmütig zu der Erkenntnis gekommen, dass man besser kleckern als klotzen kann. Lieber mehrere kleine Anzeigen als wenige große. Zumindest in der Größe sollten wir nichts verändern."*

Frau Yildirim: *„Aber wie sollen wir etwas Besonderes machen, wenn die Kontinuität im Vordergrund steht. Dann soll doch bestimmt auch unser „Firmenmännchen" weiterhin als Blickfang dienen?"*

Herr Bauer: *„Ja unbedingt, um langfristig einen Erinnerungswert zu erzielen. Ein Vorteil für uns ist, dass ich schon vor Wochen eine günstige Platzierung, auf der Titelseite des „Tagesblatt"-Lokalteiles zum nächsten verkaufsoffenen Samstag ausgehandelt habe, nämlich oben rechts. Hinzu kommt, dass wir gegen einen relativ geringen Aufpreis eine zusätzliche Farbe mit einbeziehen können."*

Frau Yildirim: *„Das bedeutet, unser „Abteilungsmännchen“ könnte durch die Farbe blickfangmäßig noch deutlicher betont werden. In Kombination mit einer prägnanten Überschrift wie „Bei uns stehen die Preise Kopf“ würde das sehr effektvoll sein.“*

Herr Bauer: *„Die Überschrift gefällt mir, denn damit kann man noch einen Schritt weitergehen und die „auf dem Kopf stehenden Preise“ grafisch dadurch unterstützen, dass man über dieser Headline das Firmenmännchen tatsächlich im Kopfstand abbildet. So könnten wir mit den üblichen Elementen eine originelle und scheinbar neue Anzeige präsentieren.“*

Arbeitsauftrag

Ergänzen Sie nachfolgend vorgestellte Anzeigenkampagne des Warenhauses Bauer für die Textilabteilung mit passenden Texten als Untertitel.

Hilfen zur Gestaltung der Anzeigen:

1. Aus welchen Teilen besteht die nebenstehende Standardanzeige?
2. Welche Funktion (Aufgabe) hat die Figur?
3. Welche ihrer Merkmale führen zu einem Wiedererkennungswert?
4. Welchen Vorteil hat diese Zeichnung?
5. In welchem Bezug steht der Slogan zur Zeichnung?
6. Welche feste Größe ist in ihm enthalten. Betrachten Sie dazu die anderen unten abgebildeten Anzeigen.

Anlass: Kirmes

Anlass: Karneval

Anlass: Nikolaustag

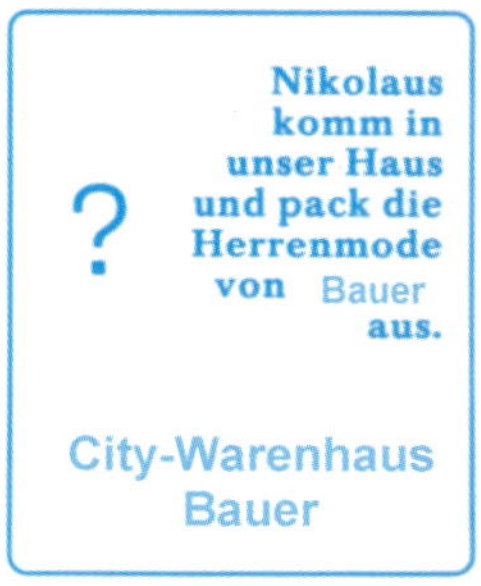

Aufgabe

Entwerfen Sie eine entsprechende Titelseite einer Zeitungsbeilage für die Textilabteilung des City-Warenhauses Bauer.

2.2 Einen Anzeigentext schreiben

In der Lebensmittelabteilung des City-Warenhauses hat sich der Bereichsleiter nach einem intensiven Gespräch mit Herrn Bauer überlegt, eine Feinkostabteilung zur Steigerung des Umsatzes einzurichten. Er ruft die Auszubildende Sabrina aus dem dritten Ausbildungsjahr zu sich.

Herr Berns: *„Sabrina, ich erinnere mich daran, dass du doch auf dem Mittelstufenzeugnis eine Zwei im Fach Deutsch erreicht hast. Da habe ich jetzt ein interessantes Projekt für dich. Wir werden in unserer Lebensmittelabteilung einen großen Feinkostbereich eröffnen. Dafür benötigen wir eine Anzeigenserie. Das wäre doch was für dich. Du sprühst doch auch sonst vor Fantasie. Jetzt kannst du sie mal für unser Warenhaus einsetzen."*

Sabrina: *„Ja, okay. Das macht mir bestimmt Spaß. Aber wie stellen Sie sich das denn etwas genauer vor?"*

Herr Berns: *„Ich habe bisher folgende Überlegungen angestellt: Die Überschriftenfrage lösen wir, indem wir über insgesamt vier Anzeigen vor der Neueröffnung am 01.10. jeweils die Zeitspanne bis zu diesem Ereignis nennen: „In drei Wochen!" „In zehn Tagen!", „In einer Woche!", „Morgen!". Damit ist die wichtigste Werbeinformation enthalten. Außerdem erweckt dies die Neugier des Lesers, der sich fragt, was denn „in ... Tagen" wohl sein wird."*

Sabrina: *„Das ist schon mal eine gute Idee. Aber wie groß soll die Anzeige denn werden? Wie viel Text darf ich denn da hinein schreiben?"*

Herr Berns: *„Ich habe dir hier weitere Informationen für unsere Anzeigenstrategie auf einem Zettel notiert. Und jetzt ran an die Arbeit."*

Notizzettel des Herrn Berns

1. Zielgruppe und deren Ansprüche an eine Feinkostabteilung bestimmen
Ansprüche im Lebensmittelbereich:

- Küchentechnische Verwendbarkeit (Zweckmäßigkeit und Bequemlichkeit)
- Gesunde Ernährung
- Sicherheit
- Preiswürdigkeit
- Experimentierfreude
- Gefühl (Genuss, Geschmack, Farbe, Form)
- Geltungsdrang

2. Textumfang und Textstruktur festlegen
Regel: Bequemlichkeit muss dem Kunden schon in der Werbung geboten werden: Nur kurze textliche Informationen sind schnell und bequem zu fassen.

Anzeigenstrategie „Feinkost im City-Warenhaus Bauer":
Die Anzeige soll einspaltig sein (Zeitungen sind in der Senkrechten in Spalten aufgeteilt). Damit ist die Breite des Anzeigentextes auf maximal 25 Anschläge (1 Anschlag = 1 Buchstabe, zwischen zwei Wörtern bleibt ein Anschlag frei, der aber mitgezählt wird) pro Zeile festgelegt. Der Textumfang wird außerdem durch die Anzahl der Zeilen bestimmt, die (ohne Headline und Firmenschriftzug) auf ungefähr 30 (± 5) Zeilen begrenzt sein sollte, damit genügend Informationen gegeben werden können, ohne den Leser mit zu viel Text zu überfordern. Um letzteres Ziel zu erreichen, sollen auch ein bis zwei Absätze (Leerzeilen) in den Text einfließen.

3. Sich der Werbesprache bedienen
Anzeigenstrategie „Feinkost im City-Warenhaus Bauer":
Um möglichst viele Informationen im Text verarbeiten zu können, sollen die Sätze kurz und zum Teil unvollständig sein, d. h. der Text soll in wenigen Sätzen viele Firmenvorzüge aufzählen.
(Beispiel für einen Halbsatz: „In einem Rahmen, der schon das Umschauen zum Genuss macht", oder „Der die Übersicht erleichtert".)
Die Reizwirkung von bestimmten Adjektiven und Substantiven soll verstärkt genutzt werden. Beispiel:

- Kombination ausdrucksvoller Adjektive und Substantive: („deftige, herzhafte Leckerbissen", „eindrucksvolle Atmosphäre", „appetitliches Angebot", „begeisternde Auswahl", „elegante, kundenfreundliche Atmosphäre")
- Superlative: („vom Guten nur das Beste")

- Wortzusammensetzungen: („Feinschmecker-Paradies“, „Feinkost-Angebot“, „Feinkost-Paradies“, „Großangebot an Delikatessen“, „Attraktivangebote“)

4. Die Palette der rhetorischen Mittel nutzen
Anzeigenstrategie „Feinkost im City-Warenhaus Bauer“:
Rhetorische Mittel sollen nicht überbetont werden, sprachliche Mittel stehen im Vordergrund, z. B.

- vereinzelt gebundene Adjektive: („ sach- und fachgerechte Beratung“)
- bildhafte Sprache („...was die Herzen aller Genießer höher schlagen lässt“) und ein
- Appell am Schluss („Überzeugen Sie sich selbst, ...“) oder Behauptungen: („ein Geschäft, in dem Einkaufen Freude macht“).
- Neben dem behauptenden und bestimmenden Stil soll die Glaubwürdigkeit durch behutsame Ausdrucksweise gesichert werden.
  1. Beispiel:
  „Feinkost im City-Warenhaus Bauer, das ist schon etwas Besonderes“ (Abschwächung durch „schon“);
  2. Beispiel:
  „Ein Geschäft, in dem man sich rundum wohl, fachkundig betreut und gut beraten fühlen darf“ (Abschwächung durch „darf“ statt „muss“).

Arbeitsauftrag
Erarbeiten Sie anhand des Notizzettels von Herrn Berns eine Anzeigenserie zur Neueröffnung der Feinkostabteilung.

Aufgabe 1

Auf welche Branchen weisen die nachfolgenden Gestaltungselemente hin? Beurteilen Sie ihre Wirkung.

Aufgabe 2

Auf welchen besonderen Service will ein Bekleidungsunternehmen mit diesem Gestaltungselement hinweisen?

Aufgabe 3

1 Nennen Sie die Hausfarben einiger Ihnen bekannter Unternehmen.
2 Welche Hausfarbe würden Sie „Feinkost im City-Warenhaus Bauer“ vorschlagen? (Bitte mit Begründung!)

Aufgabe 4

In der Textilabteilung des City-Warenhauses Bauer hat der Bereichsleiter einen ganz ungewöhnlichen Einfall. Er möchte, nachdem der „Zylindermann“ einen hohen Bekanntheitsgrad erreicht hat, in zukünftigen Anzeigen auf den Firmenschriftzug verzichten und nur noch Männchen und Slogan in die Werbung einbringen.

Welche möglichen Begründungen halten Sie für sinnvoll?

1 Durch das Weglassen seines Schriftzuges verringert sich die Anzeigengröße und das City-Warenhaus spart Werbekosten.
2 Der Bereichsleiter hält einen Schriftzug für sinnlos, weil er glaubt, dass dem Leser zu wenig Zeit bleibt, diesen wahrzunehmen.
3 Der Bereichsleiter glaubt, dass das Zeichen so bekannt ist, dass er es sich leisten kann, durch eine solche Maßnahme im allgemeinen „Anzeigendschungel“ noch mehr Aufmerksamkeit zu erregen.

Aufgabe 5

Folgender Anzeigenentwurf aus einer Werbeagentur ist für die Neueröffnung eines Musikland-Geschäftes entstanden.

1 Welche Gestaltungselemente machen deutlich, dass der werbende Betrieb ein Plattenladen ist?
2 Welcher zusätzliche Service des Geschäftes soll in dieser Anzeige herausgestellt werden?

Aufgabe 6

Schreiben Sie den Text für eine private Verkaufsanzeige! Sie wollen z. B. einen Teil Ihrer CD-Sammlung verkaufen. Dabei müssen Sie mit drei Sätzen mögliche Interessenten wirkungsvoll ansprechen.

Aufgabe 7

Als Werbeträger für seine Anzeigen kommen eine Lokalzeitung und drei Anzeigenblätter in Frage. Nachdem jedoch der redaktionelle Teil in einigen Anzeigenblättern stark nachgelassen hat, überlegte Herr Bauer, ob er seine Werbeaktivitäten nicht auf die Lokalzeitung beschränken soll. Denn er hört immer öfter, dass viele Exemplare der Anzeigenblätter nicht ankommen oder in den Haushalten gleich in den Papierkorb landen. Dann handelt er jedoch mit den Anzeigenvertretern der Anzeigenblätter aus, dass seine Anzeigenwerbung wie eine Art Stempel in den Zeitungsnamen auf der Titelseite platziert wird. Damit ist das Problem für ihn gelöst.

1 Worin sehen Sie die Unterschiede zwischen den Werbeträgern „Lokalzeitung" und „Anzeigenblatt"?
2 Begründen Sie, inwiefern Herrn Bauers Idee eine Problemlösung darstellt!
3 Wie wichtig ist die Platzierung der Anzeige?
4 Betrachten Sie aufmerksam die Lokalzeitung in Ihrem Ort und entscheiden Sie, an welcher Stelle Sie eine Anzeige platzieren würden.

Werbeträger - Werbemittel

Aufgabe 8

Welche Werbeträger stehen dem Werbemittel „Anzeige" zur Verfügung?

3 Eine Direktwerbung durchführen

3.1 Eine Datei über einen Kunden anlegen

In der Lebensmittelabteilung des City-Warenhauses Bauer:

Berns: *„Ach guten Tag Herr Dr. Jungk, freut mich sehr, dass Sie uns mal wieder besuchen."*

Dr. Jungk: *„Ja, ich habe mich in letzter Zeit ein wenig rar machen müssen. Erst dieser Ärztekongress, da brauchte ich erst einmal drei Wochen Urlaub mit meiner Familie."*

Berns: *„Ich nehme an, Sie waren wieder in Frankreich."*

Dr. Jungk: *„Nein, diesmal mussten wir uns den beiden Töchtern fügen und nach Italien in die Toskana fahren."*

Berns: *„Oh, eine sehr reizvolle Landschaft."*

Dr. Jungk: *„Ja, da haben Sie Recht, aber trotzdem habe ich die französische Küche doch sehr vermisst, obwohl mich die Toskana als Weinanbaugebiet sehr überzeugt hat.*

Berns: *„Sehen Sie, da hat sich der Wechsel doch ein wenig gelohnt."*

Dr. Jungk: *„Man muss eben Kompromisse machen können, auch wenn meine Angelleidenschaft diesmal arg zurückgestellt werden musste. Mit 58 Jahren steckt man die vielen Spaziergänge, die in diesem Jahr auf dem Plan standen, nicht mehr so einfach weg."*

Berns: *„Apropos Angeln. Ich habe gerade frische Seezunge hereinbekommen."*

Dr. Jungk: *„Sehen Sie, genau deshalb habe ich Sie aufgesucht."*

Arbeitsauftrag

Ergänzen Sie die Kundendatei für den Kunden Dr. Jungk mit allen Ihnen bekannten Informationen, die für eine Feinkostabteilung wichtig sein können.

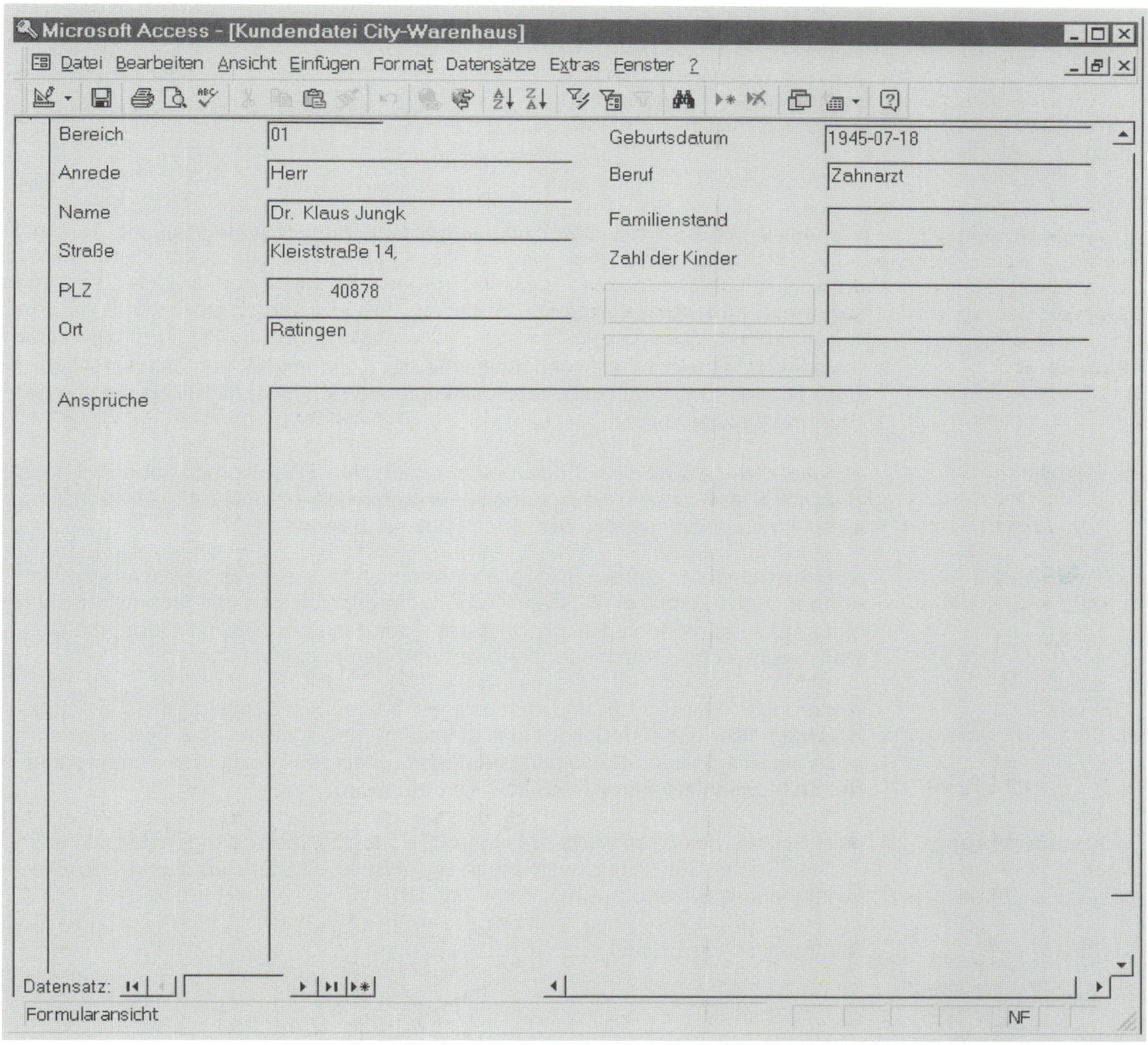

Aufgabe 1

Welche Kundendaten sind in Ihrem eigenen Ausbildungsbetrieb wichtig?

Aufgabe 2

Welche eigenen Daten würden Sie persönlich für eine Kundendatei angeben?
(Name, Vorname, Geburtsdatum, Familienstand, Einkommen, Hobbys, Versicherungen, Geldanlagen, Urlaubsziele, Essens- und Trinkgewohnheiten, Freizeitaktivitäten usw.)

3.2 Einen Werbebrief schreiben

Das City-Warenhaus Bauer ist in seinem Feinkostbereich in besonderer Weise abhängig von seinen Stammkunden, die den überwiegenden Teil des Umsatzes ausmachen. So will es sich zur Regel machen, bestimmte Kunden durch persönliche Werbebriefe über geschäftliche Neuigkeiten, Ausweitungen des Sortiments oder Sonderangebote regelmäßig zu informieren. Besonders zur Neueröffnung hat es sich nun vorgenommen, neben seiner Anzeigen- und Schaufensterwerbung, Werbebriefe an Stammkunden und mögliche andere Interessenten zu verschicken. Eigens dafür hat Herr Bauer sich eine Kundendatei zugelegt, die er ständig auf dem neuesten Stand hält. Dem engsten Kundenstamm will er nun einen Brief zukommen lassen, der ähnlich gestaltet sein soll wie ein Werbebrief aus der Textilabteilung. In diesem Brief will er ein besonderes Vorzugsangebot machen (Champagner Barancourt, 0,75-l-Flasche für 19,90 €).

Werbebrief-Muster aus der Textilabteilung

	Herrn Karl-Heinz Schmidt Raderberger Straße 81 50968 Köln
	März 20(0)
Überschrift/Betreff	Wir wollen, dass Sie bei jeder Gelegenheit die richtige Kleidung tragen!
Anrede	Sehr geehrter Herr Schmidt,
Einleitung	Heute wenden wir uns an einen ausgewählten Kundenkreis, von dem wir wissen, dass er preis- und qualitätsbewusst einkauft und sich nicht mit Billigware von der Stange begnügen will.
Angebot	Für jede Gelegenheit die richtige Kleidung! Auf diesen Wahlspruch haben wir auch diesmal wieder unsere neue Herren-Frühjahrsmode abgestimmt. Abwechslung bietet Ihnen beispielsweise der Modehit dieser Saison:
Kundenvorteil	Sportlich-elegante Seidenanzüge zum sportlich-fairen Preis. Selbstverständlich können Sie wie bisher in allen Kleidungsfragen mit unserer fachmännischen Unterstützung rechnen: Bei uns verlässt jeder das Geschäft mit Mode, die sitzt. Dafür steht nicht zuletzt unser preiswerter Änderungsservice gerade.
Beweis	Änderungen werden bei uns durch einen erfahrenen Schneidermeister vorgenommen. Hier hat sich unser Qualitätsstandpunkt durchgesetzt. Das zeigt sich auch im reichhaltigen Bekleidungssortiment unseres Hauses, das durch renommierte Modeunternehmen wie „ … “ vertreten wird.
Kaufaufforderung	Aber Schluss der vielen Worte. Besuchen Sie uns doch einfach mal in den nächsten Tagen. Sehen Sie selbst, was es Neues gibt in der Textilabteilung des City-Warenhauses Bauer!
Schluss	Mit freundlichen Grüßen
Persönliche Unterschrift	– Sven Bauer – City-Warenhaus Bauer
Postskriptum	PS: Und noch etwas Neues: Während Ihrer Anprobe steht frischer Kaffee für Sie und Ihre Begleitung in unserer gemütlichen Sitzecke bereit!

Arbeitsauftrag

Schreiben Sie einen Werbebrief nach DIN-Norm für den Feinkostbereich im City-Warenhaus Bauer.

Eine E-Mail empfiehlt sich für die Kunden, die in der Adressdatei mit E-Mail Adresse vermerkt sind.

Stammkunden, die in der Datei erfasst sind, haben die Zustimmung zum Empfang von Werbematerial gegeben.

Aufgabe 1

Bringen Sie folgende mit eins bis sieben nummerierten Abschnitte eines Werbebriefes in die richtige Reihenfolge (Einleitung, Angebot, Kundenvorteil, Beweis, Kaufaufforderung), indem Sie die Gliederungspunkte des oben angeführten Musterbriefes zu Hilfe nehmen!

Sehr geehrter Herr Müller,

1. Besuchen Sie uns in den nächsten Tagen doch einmal, und lassen Sie sich unverbindlich zum Thema „Autosicherheit" beraten.
2. Wir bieten Ihnen eine Diebstahl-, Sicherungs- und Warnanlage an, die Sie komplett mit Einbau nur ... € kostet.
3. Die hohe Qualität dieser Alarmanlagen entspricht den strengen TÜV-Bestimmungen und gibt Ihnen deshalb ein Höchstmaß an Sicherheit.
4. Alle 45 Sekunden wird laut Statistik ein Auto aufgebrochen.
5. Heute machen wir Ihnen ein Angebot, mit dem Sie Ihr wertvolles Auto zuverlässig schützen können.
6. Mit dieser Ausrüstung bewahren Sie Ihr Auto vor Einbrüchen.
7. Ob Autoradio oder andere Wertsachen – die ... -Alarmanlagen schrecken „Langfinger" zuverlässig ab.

Aufgabe 2

In der Stadt Ratingen, dem Sitz des City-Warenhauses Bauer, ist auch der erfolgreiche Gastronomiebetrieb „Zum Henkelmann" ansässig.
Schreiben Sie im Auftrag der Feinkostabteilung des City-Warenhauses Bauer einen Werbebrief an das Restaurant, indem Sie auf dessen spezielle Ansprüche eingehen, die in der nachfolgenden Anzeige herausgestellt werden.

4 Eine Werbeaktion zeitlich und finanziell planen

Mitte Januar in der Feinkostabteilung des City-Warenhauses Bauer. Nach dem Weihnachtsgeschäft im ersten Jahr der Eröffnung der Abteilung steht nun die Planung des Ostergeschäftes im Mittelpunkt.

Herr Berns: *„Es ist Zeit, sich bereits jetzt Gedanken über die Osterwerbung zu machen."*

Frau Jevic: *„Und wie stellen Sie sich diese vor?"*

Herr Berns: *„Wir haben doch zur Neueröffnung eine Anzeigenserie gestartet, die in den Überschriften jeweils den Zeitraum bis zur Eröffnung nannte. Diese Idee möchte ich für die Ostertage mit Headlines wie etwa „Noch vier Wochen bis ..." und dann kleiner „... zu Ostern" realisieren. Ich habe sechs Anzeigen geplant, die ab Ende Februar diesem Höhepunkt zustreben. Die Abstände zwischen den Anzeigen sollen stetig kürzer werden. Da wir das früh genug planen, können wir sicherlich Platzierungsreservierungen festmachen oder sogar Preisnachlässe erreichen. Außerdem werde ich die Prospekte, die ich von unserer Zuliefererfirma bekommen habe, als Beilage zum „Tagesblatt" im gesamten Erscheinungsgebiet ausliefern."*

Frau Jevic: *„Was würden Sie davon halten, wenn wir als persönlichen Service die Prospekte mit einem freundlichen Werbebrief an unsere Stammkunden verschickten?“*

Herr Berns: *„Das Problem ist, dass die Beilage 42 g wiegt, das wird recht teuer. Wir sollten die Stammkunden – unser Computer zählt dazu übrigens 327 Kunden – nur die Top-Angebote aus dem Prospekt beifügen, damit wir unter 20 g bleiben. Auf diese Weise hätten wir eine gute Mischung aus persönlicher und Massenwerbung geschaffen und bei einigen Verbrauchern könnte es zu Mehrfachkontakten kommen. So steht einmal das Produkt in Werbebrief und Beilage und zum anderen das Firmenimage in den Anzeigen im Mittelpunkt. Dazu kommt noch die für den 18.03. geplante Sammelwerbung mit acht weiteren Firmen über eine ganze Seite im „Wochenkurier“ unter dem Motto „Ostertage sind Genießertage“. Hier habe ich als einziger gleich zwei der insgesamt zehn gleich großen Anzeigenfelder gebucht, um in einem für unser Feinkost-, in dem anderen für unser Weinsortiment zu werben.“*

Mitarbeiter: *„Das wird aber insgesamt ganz schön teuer, wo doch auch die neue Schaufensterdekoration nicht gerade billig war.“*

Bereichsleiter: *„Wie gesagt, ich will meinen Werbeetat voll ausreizen. Zum Schaufenster: Um auch hier Mehrfachkontakte zu schaffen, werden wir eine der sechs 110 mm großen Anzeigen mit grüner Farbe unterlegen, damit ein Bezug zur grünen Schaufenstergestaltung hergestellt wird. Immerhin stehen mir, über die Kosten für Dekoration und Werbemittelerstellung hinaus, 6.500,00 € für die Nutzung der einzelnen Werbeträger zur Verfügung. Übrigens, rechnen Sie bitte aus, welche Zeitung bei der Anzeigenserie die relativ günstigere ist, das „Tagesblatt“ oder der „Wochenkurier“. Das preiswertere Blatt bekommt den Auftrag.*

Arbeitsauftrag

Erstellen Sie einen Werbeplan für die Feinkostabteilung.
Berechnen Sie anschließend die Kosten, die durch die geplante Werbeaktion entstehen.

Hinweise zum Formular (siehe unten):
- Wählen Sie den Monat mit den Ostertagen.
- Ergänzen Sie die erste Spalte mit den Wochentagen.

Preise befinden sich im Informationsbuch

Muster für die Kostenberechnung

  Porto Werbebriefe
\+ Beilagenwerbung „Tagesblatt“
\+ Sammelwerbung „Wochenkurier“
\+ 5 Schwarz-Weiß-Anzeigen
\+ 1 Farbanzeige
= Gesamtpreis der Osterwerbung

Hilfen für die Berechnungen:

Die Seite einer Zeitung wird in Spalten aufgeteilt. So beträgt z. B. die Spaltenanzahl des Tagesblattes im redaktionellen Teil sechs Spalten und im Anzeigenteil sieben Spalten. Die mm-Zahl einer Anzeige errechnet sich nach folgender Formel:
Höhe in mm x Spaltenanzahl

Beispiel:

Eine Anzeige mit einer Höhe von 150 mm, deren Breite drei Spalten beträgt, verrechnet man mit einer mm-Zahl von 450 mm.

Streuweg			
Tag		**Werbemittel**	**Werbeträger**
	1		
	2		
	3		
	4		
	5		
	6		
	7		
	8		
	9		
	10		
	11		
	12		
	13		
	14		
	15		
	16		
	17		
	18		
	19		
	20		
	21		
	22		
	23		
	24		
	25		
	26		
	27		
	28		
	29		
	30		
	31		

Aufgabe 1

Welche der folgenden Maßnahmen werden zur Verkaufsförderung gerechnet?

1 Mit Hilfe von Hinweisschildern, die der Hersteller zur Verfügung gestellt hat, wird am Regal auf ein neues Produkt hingewiesen.

2 In der Tageszeitung wird durch eine Anzeigenserie auf die „Italienische Woche“ eines Lebensmittelhändlers hingewiesen.
3 Anlässlich einer „Griechischen Woche“ wird der Verkaufsraum mit den griechischen Nationalfarben geschmückt.
4 Ein Möbeleinzelhändler lässt sein Verkaufspersonal von einem Hersteller für Elektro-Einbaugeräte schulen.
5 Ein Möbeleinzelhändler wirbt im Schaufenster mit hochwertigen Elektro-Einbaugeräten.

Aufgabe 2

Der Drogerist Peters hat sein Sortiment insbesondere im Heilpflanzenbereich stark ausgeweitet. Damit versucht er, die wachsenden Ansprüche seiner Kunden nach natürlicher Kosmetik und Gesundheitsförderung zu befriedigen und auch neue Kunden für eine gesunde Lebensweise zu gewinnen. Er hofft auch, mit dieser Neuerung seinen Kundenstamm noch enger an sich binden zu können. Sein Hauptziel ist jedoch die Gewinnung neuer Kunden. Um den Verbraucher über die Sortimentsausweiter zu informieren, denkt er an verschiedene werbliche Möglichkeiten.

Am liebsten, so gesteht er, würde er in einer Anzeige die Kunden darüber informieren wollen, dass er zwar nicht der Einzige ist, der Heilkräuter anbietet, aber dass kein anderes Geschäft, so wie er, über einen auf Heilkräuter spezialisierten Mitarbeiter verfügt. Aber er weiß, dass zumindest ein Mitbewerber über eine Fachkraft verfügt. Deshalb will er in der Anzeige die Qualifikation seines Kundenberaters der Wahrheit entsprechend – und wie es die Rechtsordnung verlangt – herausstellen.

Außerdem will er den Kunden beispielhaft und klar über das erweiterte Sortiment informieren und ihn nicht, wie eine andere Drogerie vor ihm, mit unnötig vielen Beispielen aus dem Heilkräuterbereich verwirren. Um dieses wirksam zu tun, nimmt er sich verschiedene Werbemittel und Werbeträger (Schaufenster, Verkaufsraum, Zeitungsanzeige, Briefe an die Kunden) vor, wobei ein unter wirtschaftlichen Gesichtspunkten veranschlagter Werbeetat (finanzieller Rahmen) nicht überschritten werden soll.

Entnehmen Sie dem oben stehendem Text die generellen Anforderungen und Aufgaben an die Werbung. Ergänzen Sie dazu das unten aufgeführte Schaubild mit folgenden Begriffen:

Kundenerhaltung, Umsatzsteigerung, Wirtschaftlichkeit, Rechtmäßigkeit, Aufgaben, Kundenzugewinn, Wahrheit, Klarheit, Anspruchsweckung, Anforderungen, Wirksamkeit, Anspruchssteigerung.

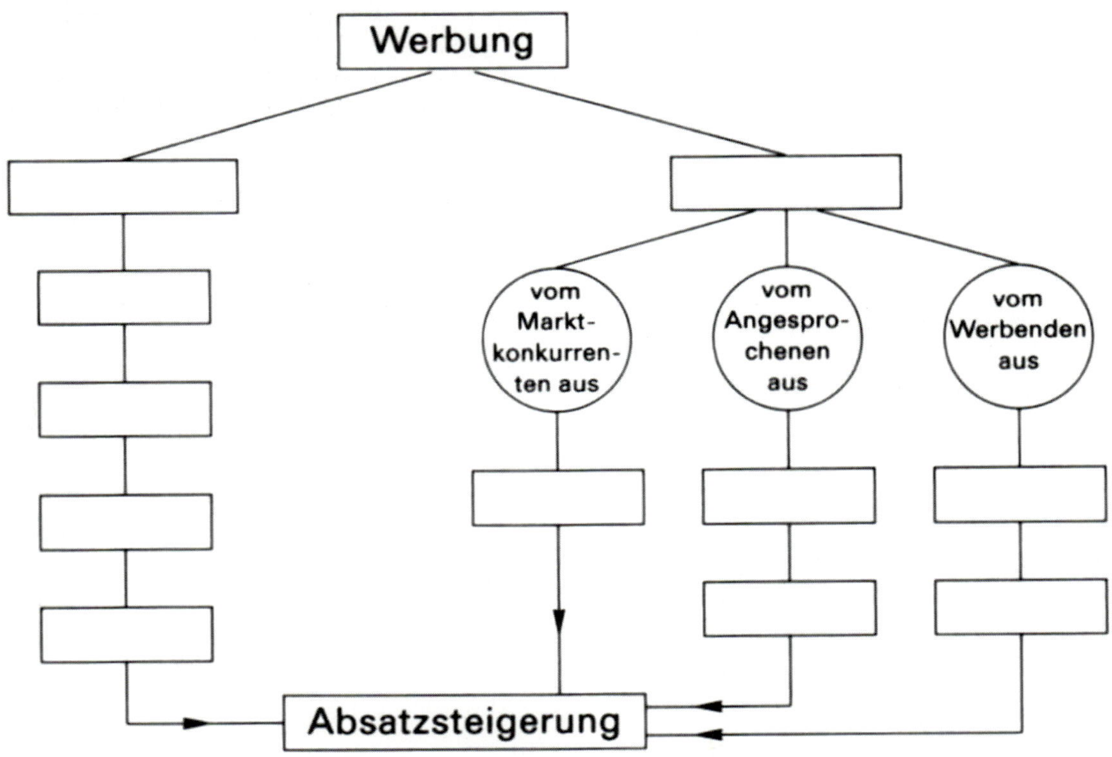

Aufgabe 3

Empfehlen Sie dem Drogerist Peters mögliche Werbearten, indem Sie konkrete Beispiele schriftlich aufführen. Erstellen Sie dazu eine Übersicht nach folgendem Muster.

Drogerie Peters	
Werbeobjekt:	
Werbesubjekt:	
Werbehäufigkeit:	
Werbewirkungsbereich:	

Aufgabe 4

Ordnen Sie die vier Stufen der AIDA-Formel den entsprechenden Abschnitten des folgenden Verkaufsgespräches zu!

In der Drogerie Peters:

Kunde: „Ich hätte gern ein mildes Shampoo, das die Haare nicht so stark angreift."

Herr Peters: „Ja, gerne. Darf ich Ihnen dazu einmal eine Neuerung unseres Hauses zeigen? Wir haben unser Sortiment im Heilkräuterbereich ausgeweitet. Unser Fachberater, Herr Bruns, kann Ihnen für Ihr strapaziertes Haar sicher gute Tipps geben."

Kunde: „Ja, gern. Man hört ja in letzter Zeit immer wieder von solchen Dingen. Noch gestern habe ich eine Sendung über alternative Heilmittel im Fernsehen gesehen." (Herr Bruns kommt hinzu und wird von Herrn Peters über die Problemlage des Kunden unterrichtet.

Herr Bruns: „Bei angegriffenem Haar kann ich Ihnen eine Brennesseltinktur empfehlen, die mit Brennesselwurzeln in 40%igem Alkohol 14 Tage angesetzt wird. Wenn Sie die drei Mal pro Woche auf die Kopfhaut einmassieren, erhält Ihr Haar neuen Glanz."

Kunde: „Toll, das werde ich ausprobieren. Wie teuer ist das?

Herr Bruns: „Das Paket Wurzeln und der Alkohol kosten zusammen 12,30 €. Damit haben Sie ein optimales Haarpflegemittel für Ihr strapaziertes Haar."

Kunde: „Gut, das nehme ich".

Aufgabe 5

Abends am Stammtisch. Zum regelmäßigen Erfahrungsaustausch treffen sich der Optiker Heller, der Bäcker Wirtz und der Tankstellenbesitzer Sprenger:

Sprenger: „Ihr habt gut reden. In eurer Branche kann man sich wenigstens noch durch Originalität in der Werbung oder durch besondere Serviceleitungen von der Konkurrenz absetzen. In meiner Branche gleicht doch eine Tankstelle der anderen, alle haben das gleiche Sortiment, die gleichen Serviceangebote. Außerdem tankt eh jeder dort, wo gerade sein Tank leer wird. Da zahlen sich teure Werbegelder einfach nicht aus."

Wirtz: „Ich glaube, dir fehlt es nur an Fantasie. Mein Schwager hat ebenfalls eine Tankstelle. Er annonciert regelmäßig in der Tageszeitung und nutzt die Rückseite des Linienbusses, der in seinem Einzugsgebiet ständig pendelt. In leuchtend roter Farbe auf gelbem Untergrund ließ er darauf den Schriftzug lackieren: „Und wie spät ist es auf Ihrer Tankuhr? – Shell-Tankstelle am Westend".

Sprenger: „Eine tolle Idee! Ich wette, dass jeder Autofahrer, der an einer Ampel hinter dem Bus wartet, automatisch auf seine Tankuhr schaut."

Wirtz: „Klar, und ist der Tank tatsächlich fast leer, so befindet sich der Fahrer gleichzeitig im Einzugsbereich dieser Tankstelle."

Heller: „Da fällt mir ein, du hast doch durch die günstige Lage an der Bundesstraße die einzige Tankstelle, die rund um die Uhr geöffnet ist."

Sprenger: „Sicher, aber seit es den neuen Autobahnzubringer gibt, lässt der Umsatz doch stark nach und viele wissen schon nicht mehr, dass ich auch nachts geöffnet habe."

Heller: *„Dann musst du dich halt ins Bewusstsein zurückrufen. Jetzt, wo das renovierte Kino wieder laufend gut besucht ist, sollte man das nutzen. Wenn die letzten Vorführungen beendet sind, dann hat nur noch deine Tankstelle auf."*

Suchen Sie alle genannten Werbemittel und Werbeträger aus dem Einstiegsgespräch heraus und ordnen Sie diese in der folgenden Tabelle ein und lassen Sie Platz für weitere Ergänzungen:

Werbemittel	Werbeträger
Plakat	Hauswand, Litfaßsäule

Aufgabe 6

Übertragen Sie die Aufgabenstellung aus der Aufgabe 5 auf folgendes Beispiel:
Ralf Sommer ist ein erfolgreicher Fußballspieler, der nach einer Zwischenstation in einem Bundesligaclub vor einem Jahr zu seinem äußerst populären Heimatverein zurückgekehrt ist und ein Sportfachgeschäft eröffnet hat. Als Fußballidol ist er quasi sein eigener Werbeträger. Auch sonst verfolgt seine Werbestrategie in erster Linie den Bezug seines Unternehmens zum aktiven Sport und zum erfolgreichen Verein. So hat er sich für die Anzeigenwerbung beispielsweise in der Lokalzeitung während des ganzen Jahres den Platz unter der aktuellen Tabellengrafik der Regionalliga, in der er mit seiner Mannschaft vertreten ist, reservieren lassen .

Aufgabe 7

Unterscheiden Sie, ob in den folgenden Fällen „Absatzwerbung" oder „Public Relations" vorliegt.

1 Der Herrenausstatter Hebing wird Karnevalsprinz in seiner Heimatstadt.
2 Sportgeschäftsinhaber Sommer betreibt Bandenwerbung im Stadion seines Fußballclubs.
3 Der Inhaber einer Gärtnerei nimmt an einer öffentlichen Diskussion zum Thema Landschaftsschutz teil.
4 In einer Hauszeitschrift stellt das Kaufhaus A&B neue Modetrends vor.
5 In derselben Zeitschrift steht an einer anderen Stelle ein Bericht über die eigene Kollektion.
6 Eine Brauerei veranstaltet regelmäßig Betriebsbesichtigungen.
7 Nach der Einrichtung einer neuen Abfüllanlage lädt die Brauerei den städtischen Ausschuss für Umweltschutz ein.
8 In einem TV-Spot dieser Brauerei wird das gesunde Quellwasser besonders hervorgehoben.
9 Sportgeschäftsinhaber Sommer spendet zehn Fußbälle für die Jugendabteilung seines Fußballclubs.
10 In einer Lokalzeitung steht ein Bericht über das Firmenjubiläum eines Fotofachgeschäftes.

Aufgabe 8

Welche Werbeart ist kaum von „Publicrelations" zu unterscheiden?

1 Produktwerbung
2 Sortimentswerbung
3 Sammelwerbung
4 Firmenwerbung

Aufgabe 9

Beschreiben Sie die Werbearten bezüglich

1 der Werbeobjekte und
2 der Werbesubjekte, die in Ihrem Ausbildungsbetrieb genutzt werden!

Hilfsfragen

zu 1
- Stehen bei der Werbetätigkeit Einzelprodukte, Teilsortimente oder gar das gesamte Sortiment im Vordergrund? Wechseln die Werbeobjekte?
- Inwieweit spielt die Firmenwerbung eine Rolle?
- Wie bewerten Sie die Werbemaßnahmen? Kennen Sie sinnvolle Alternativen? Begründen Sie Ihre Entscheidung und nennen Sie Beispiele!

zu 2
- Betreibt das Unternehmen (nur) Einzelwerbung, oder ist es darüber hinaus noch mit anderen Firmen der gleichen oder anderer Branchen werbemäßig tätig?
- Werden Produkte geführt, deren Absatz zusätzlich über Industriewerbung gefördert wird?
- Welche Gemeinschafts- oder Sammelwerbung würden Sie Ihrem Ausbildungsbetrieb eventuell empfehlen?

Aufgabe 10

Welche Werbearten liegen jeweils vor?

1 „Persil, da weiß man, was man hat."
2 „Kluge Kunden kaufen am Marienplatz."
3 „Man trägt wieder Hut."
4 „Hallo Fußballfans! Die neuen WM-Sammelbilder sind da! Wo? Natürlich bei Ihrem Zeitschriftenhändler."
5 „Kommen Sie zum Einkauf in die Altstadt."
6 „Durst wird durch Bier erst schön."
7 „Von Arnika bis Zinnkraut – Heilkräuter in Ihrer Drogerie"
8 „Mars macht mobil, bei Arbeit, Sport und Spiel."
9 „Innenstadt ist Kneipenstadt."
10 „Von Auto bis Zubehör – Autohaus Behnke"

Aufgabe 11

Welche Werbeart liegt hier vor: Im Schaufenster eines Möbelgeschäftes wird auf einem Esstisch mit dem Porzellan eines anderen Einzelhändlers geworben?

Aufgabe 12

In vielen Städten ist der überwiegende Teil der Einzelhandelsunternehmen in einer lokalen „Werbe-Gemeinschaft" vertreten. Warum ist hier der Begriff „Werbegemeinschaft" problematisch? Denken Sie dabei an die Begriffe Sammel- und Gemeinschaftswerbung!

Aufgabe 13

Nennen Sie lokale Persönlichkeiten, die Sie als Werbeträger einsetzen könnten.

Aufgabe 14

Nennen Sie die Werbemittel und entsprechenden Werbeträger, die in Ihrem Ausbildungsbetrieb genutzt werden. Tragen Sie diese in eine Übersicht wie in der Aufgabe 5 ein!

5 Verkaufsfördermaßnahmen entwickeln

Das zehnjährige Firmenjubiläum im City-Warenhaus Bauer steht an. Am 15. Juni vor zehn Jahren eröffnete das Warenhaus seinen Geschäftsbetrieb mit einer großen Einweihungsfeier. An dieses gelungene Ereignis mit seinem bunten Rahmenprogramm soll in diesem Jahr angeknüpft werden.
Ein Kreativ-Team, das bereits im Januar ins Leben gerufen worden war, soll viele gute Ideen entwickeln und jede Abteilung des Hauses einbeziehen. Heute tagt das Team und berichtet Herrn Bauer über den Stand der Dinge. Der Tagesordnungspunkt sechs wird aufgerufen.

Herr Bauer: *„Das klingt ja schon alles sehr vielversprechend. Wir kommen dann zum Punkt sechs Verkaufsförderungsmaßnahmen. Frau Esser bitte."*

Frau Esser: *„Wir meinen, dass das bisherige Angebot an Produktdemonstrationen bei technischen Artikeln weiterhin bestehen bleiben soll. Wir könnten uns aber vorstellen, weitere Lieferanten einzubeziehen, die nicht nur Reinigungsmittel und Fugenmesser darbieten, sondern interessantere Produkte demonstrieren wie z. B. Digitalkameras, Sportgeräte oder Werkzeuge."*

Im Lebensmittelbereich sollten wir uns um viele Verkostungen bemühen: Süßigkeiten, Gebäck, aber auch Wein und Sekt. Zum Jubiläum werden sich die Hersteller bestimmt großzügig zeigen. Mit Frau Jevic haben wir außerdem abgesprochen, dass an der Fleisch- und Käsetheke mehrere Probierteller mit Proben, die wir selber zusammenstellen, zur Verfügung stehen."

„Dann haben wir einmal eine Liste mit Ereignissen aus unserer Werbeplanung zusammengestellt, die neben unserem Jubiläum im Monat Juni auch noch beachtet werden müssen. Die anstehende Fußball-Europameisterschaft werden wir ja kaum ignorieren können. Daraus lassen sich bestimmt wunderschöne Verkaufsförderaktionen entwickeln. Wir dachten z. B. an einen Fan-Shop für unsere Fußballer. Als Gedächtnisstütze geben wir noch eine Liste mit Produkten heraus, die für die Verkaufsförderung besonders in Frage kommen."

Planung Juni
- Sommerfest/Kinderfest
- Urlaubsvorbereitung
- Ferien
- Reisezeit
- Filmaktion (Urlaubsfilme/Speicheraufrüstung Digitalkameras)
- Fußball-EM
- **10-jähriges Jubiläum**

Produkte
- Berliner Weiße/Sirup/Weizenbier
- leichte Sommerweine
- Fertiggerichte
- Mikrowellen-Produkte
- Kaltschalen
- SB-Wurst-Snack
- Grill-Artikel
- Salat und Fruchtzubereitungen
- Sonnenkosmetik
- Video-Kassetten/DVD-Rohlinge
- Fan-Artikel
- Fernsehgeräte/auch Zweitgeräte
- DVD-Recorder

Wir meinen auch, dass in vielen Abteilungen kundeninteressante Produkte gebündelt werden können, die sich dann unter dem Motto „Fünf kaufen, vier bezahlen" oder ähnlich anbieten lassen. Das ist ja im Augenblick sehr aktuell.

Als Besonderheit haben wir noch daran gedacht, einen Marktschreier zu engagieren. Im Internet gibt es Angebote von Aale-Ole bis Käse-Rudi. Leider ist Herr Berns strikt dagegen, dass ein Marktschreier in seine Lebensmittelabteilung kommt. Er sagt, wir seien ein seriöses Haus."

Marktschreieradressen
http://www.gdm-borgschulze.de_.html
http://www.vereinigung-der-marktschreier.de/

Herr Bauer: *„Das muss doch nicht im Haus passieren. Dafür eignet sich doch z. B. der Parkplatz vor dem Eingang bestens."*

Frau Esser: *„Ja, das hatten wir ihm auch vorgeschlagen. Aber er zeigt sich wenig einsichtig."*

Herr Bauer: *„Am besten, Sie nehmen Herrn Berns mit in Ihr Kreativ-Team auf und beteiligen ihn an der Entwicklung interessanter Ideen. Mir scheint, wenn Sie Ihre bisherigen Überlegungen weiter konkretisieren, werden wir den Kunden zum Jubiläum und auch im gesamten Monat Juni eine ansprechende Warenlandschaft bieten."*

Frau Esser: *„Ein wenig hat er sich schon beteiligt. Er hat vorgeschlagen irgend einen Prominenten zu verpflichten, einen Sportler, einen Künstler oder etwas Ähnliches – aber an Stelle eines Marktschreiers."*

Herr Bauer: *„Na immerhin – machen Sie so weiter!"*

Arbeitsauftrag

Entwickeln Sie konkrete Vorschläge für geeignete Maßnahmen zur Verkaufsförderung im Monat Juni.
So sollten Sie vorgehen:
- Wählen Sie eine Abteilung des City-Warenhauses, die Ihrem Ausbildungssortiment entspricht oder nahe kommt.
- Entwickeln Sie Verkaufsfördermaßnahmen, die ein 10-jähriges Firmenjubiläum angemessen unterstützen und in den Monat Juni passen.
- Betrachten Sie die Ideen des Kreativ-Teams als Anregungen, die Sie übernehmen, aber auch anpassen und ergänzen können.

Aufgabe 1

Machen Sie Vorschläge, zu welchem Zeitpunkt/Anlass die nachfolgenden Verkaufsfördermaßnahmen durchgeführt werden sollten:

1. Bilderrahmung (nur der Rahmen ist zu bezahlen, die eigentliche Rahmung macht eine Mitarbeiterin des Rahmenherstellers)
2. Aufstellung einer Spargelschälmaschine, mit der der gekaufte Spargel kostenlos geschält werden kann.
3. Kasperle-Theater für Kinder
4. Bemalen von Gartenzwerg-Rohlingen
5. An der Fassade eines Sportfachgeschäftes in der Fußgängerzone klettern zwei Bergsteiger.
6. Geschenke werden von Kunststudenten an der Kasse auf sehr originelle Weise verpackt.
7. Alles zum Kuchenbacken auf einer Sonderfläche.
8. In Verbindung mit einem Hersteller von Fertiggerichten werden deftige Eintopfgerichte angeboten.

Aufgabe 2

Die Geschäftsleitung eines Warenhauses hatte einen Ideenwettbewerb für die originellste Verkaufsfördermaßnahme ausgeschrieben. Folgende Vorschläge kamen in die engere Wahl für den ersten bis dritten Preis.

1. Kirschenkern-Weitspuck-Wettbewerb (für Kinder). Eingeladen wird auch der (erwachsene) Rekordhalter aus dem Guinness-Buch der Rekorde.
2. Windbeutel-Wettessen (für Kinder)
3. Gedichte reimen: Aus dem Namen des Geschäftes, dem Ort sowie den Begriffen „preiswert" und „freundlich" sollen Kunden ein Gedicht reimen. Das originellste wird prämiert.
4. Vorführung durch einen Schuhmachermeister, wie Mokassins genäht werden.
5. Der Doppelgänger (Imitator) eines Prominenten bewegt sich durch das Warenhaus.
6. Mitglieder der Geschäftsführung und die Abteilungsleiter(innen) sitzen an kleinen Tischen, und stehen für Gespräche mit Kunden (bei Kaffee und Gebäck) zur Verfügung.
7. „Was ist in der Kiste?": Im Schaufenster wird eine Kiste aufgestellt mit verschlüsselten Hinweisen zum Inhalt. Jeden Tag wird ein weiterer, deutlicherer Hinweis hinzugegeben. Die Kunden sollen den Inhalt der Kiste erraten. Der Gewinner bekommt das Produkt aus dem Sortiment, das sich in der Kiste befindet. Die Produkte werden aus der begleitenden Prospektwerbung ausgewählt.
8. Sonderstand zur Urlaubszeit: „Wie viele Oliven sind in diesem Glas?" Der Stand ist mit Produkten der Mittelmeerländer bestückt. Die Mitarbeiterin eines Reisebüros legt Kataloge aus und nimmt Buchungen (mit Sonderrabatt) entgegen. Gewinne: ein Wochenendtrip nach Mallorca (gestiftet vom Reisebüro), 14 Gutscheine für Sonnenstudio und Bademoden (in Kooperation mit einem Sportgeschäft).

a) Treffen Sie die Entscheidung für die drei besten Vorschläge.
b) Entwickeln Sie selber zwei ähnlich originelle Maßnahmen.

Aufgabe 3

Entscheiden Sie, in welchen Branchen des Einzelhandels (z. B. Schmuck-, Textil-, Möbelgeschäft) oder in welchem Verbund mehrerer Geschäfte die folgenden Verkaufsfördermaßnahmen am besten einsetzbar sind:

1. Autogrammstunde eines lokalen Fußballstars
2. Themenaufbau „Rund um die Hochzeit"
3. Sonderplatzierung „Reiseland Spanien"
4. Themenaufbau Karneval/Fasching
5. Themenaufbau Wimbledon-Tennisturnier

Aufgabe 4

Im Jahr der Olympischen Sommerspiele will ein Einzelhändler geeignete Verkaufsfördermaßnahmen planen. Entwickeln Sie Vorschläge für eine Aktionsfläche/einen Sonderstand unter dem Motto „Olympische Sommerspiele 20(0)" aus der Sicht Ihres Ausbildungssortiments.
Prüfen Sie auch, ob sich der Themenaufbau im Branchenverbund noch wirksamer gestalten lässt.

Aufgabe 5

Ermitteln Sie das Rohergebnis der nachfolgend beschriebenen Verkaufsfördermaßnahme:

Fitness-Cocktails für Radsportler laufen schlecht und sollen aus dem Sortiment genommen werden. Eine Sonderplatzierung brachte wenig Erfolg. Im nächsten Schritt wurde die Sonderplatzierung mit einer deutlichen Preissenkung kombiniert.

Produkt:	Fitness-Cocktail
Anzahl:	85
Einkaufspreis:	4,80 € (netto)
Ursprünglicher Verkaufspreis:	9,95 € (Bruttoverkaufspreis, 19 % USt.)
Aktionspreis:	4,95 € (Bruttoverkaufspreis, 19 % USt.)
Abverkauf:	75
Restbestand:	10 (wird an den örtlichen Radsportclub zu einem Turnier verschenkt)

Aufgabe 6

In einem Verbrauchermarkt waren zu Ostern zahlreiche Verkaufsfördermaßnahmen entwickelt worden. Die Leiterin des Marktes hat aus dem Warenwirtschaftssystem die Zahlen der letzten vier Wochen vor Ostern abgerufen, um den Erfolg der Maßnahmen zu überprüfen:

Überlegen Sie, welcher Wert mit 100 % gleichgesetzt werden muss.

	Vorjahreszeitraum	Aktionszeitraum	Abweichung in %
Umsatz (netto) in €	1.123.452,00	1.336.845,00	
Kundenfrequenz	32.564	34.688	
Durchschnittsbon (netto) in €			

Im Vorjahr waren zu Ostern erheblich weniger Verkaufsförderungen durchgeführt worden.

Berechnen Sie die Abweichungen der Zahlen zwischen Aktions- und Vorjahreszeitraum in Prozent und beurteilen Sie den Erfolg der Verkaufsförderaktionen.

6 Werbemaßnahmen beurteilen

Neue Ideen für die Werbung wurden gesucht. Herr Bauer hatte alle Bereichsleiter(innen) gebeten, Beispiele geeigneter Werbung für ihre Abteilungen zu sammeln und der Geschäftsführung zu übermitteln. Eine erste Auswahl lag nun auf seinem Schreibtisch. Herr Bauer und Frau Dehn betrachteten aufmerksam die Muster:

Frau Dehn: *„Herr Berns aus der Lebensmittelabteilung hat uns gleich drei Vorschläge gegeben. Die Nr. 3 findet er am besten. Nach seinen Worten sehr individuell. Danach käme die Nr. 1."*

Herr Bauer: *„Allzweckreiniger im Vier-Farben-Druck – sind wir mittlerweile eine Apotheke?"*

Nr. 1

Nr. 2

Nr. 3

Frau Dehn: *„Herr Adam aus dem Biker-Shop möchte gerne, dass so für seine Fahrräder geworben wird. Wenn ich mir die Bemerkung erlauben darf: Ich finde diese Art der Werbung unpassend."*

Herr Bauer: *„Was haben Sie bloß, das sieht doch gut aus!"*

Frau Dehn: *„Frau Jevic, die das Bio-Sortiment in der Feinkostabteilung betreut, hat noch vorgeschlagen, für die gesundheitsorientierten Produkte weniger reißerisch zu werben."*

Nr. 4

Herr Bauer: *„Und Frau Jevic meint, die Leute lesen das?"*

Frau Dehn: *„Ja, sie meint sogar, die Anzeige sei besonders zielgruppengerecht."*

Frau Dehn: *„Die nächsten drei Beispiele stammen aus den Abteilungen Textil, Elektro und Sport."*

Herr Bauer: *„Bieder!"*

Frau Dehn: *„Welche?"*

Herr Bauer: *„Na, die Anzeige für die Wäsche. Da bekommen wir doch von den Herstellern das tollste Fotomaterial."*

„Und wenn ich mir die Anzeige zu den Handys anschaue, weiß ich, dass ich eine neue Brille benötige."

Frau Dehn: *„Der Hinweis unten ist aus wettbewerbsrechtlichen Gründen notwendig."*

Herr Bauer: *„Die Anzeige zu den Walking-Produkten finde ich besonders gelungen. Kennen Sie die Internet-Seite von INTERSPORT?"*

Frau Dehn: *„Ja, sie hat ein bisschen Ähnlichkeit mit der Anzeige."*

Herr Bauer: *„Nicht schlecht!"*

Nr. 5

Nr. 6

Nr. 7

Nr. 8

Herr Bauer: *„Diese Anzeige hat sicherlich Frau Melcher persönlich ausgesucht."*

Frau Dehn: *„Genau. Sie mag chic gekleidete Männer, was ich auch gut verstehen kann. Wenn man sich hier im Hause umschaut, sieht das oft sehr betrüblich aus."*

Herr Bauer: *„Wir wollten doch über Anregungen für gut gestaltete Anzeigen reden, nicht über die Kleiderordnung des City-Warenhauses. Im Übrigen weiß ich nicht so recht, ob man einen hochwertigen Herrenanzug mit einem Bierfass kombinieren sollte.*

Also – was machen wir nun mit den Anzeigen?"

Frau Dehn: *„Ich denke, wir sollten die Abteilungen in der Werbung stärker herausstellen, neben der Gesamtwerbung für unser Haus. Für die abteilungsbezogene Werbung können wir die Anregungen gut gebrauchen. Wir sollten die Anzeigen allerdings nicht einfach übernehmen, sondern sorgfältig beurteilen."*

Herr Bauer: *„Gut, gehen wir an die Arbeit."*

Nr. 9

Arbeitsauftrag

Beurteilen Sie die Zeitungsanzeigen von Einzelhandelsgeschäften.

1. Betrachten Sie die Anzeigen Nr. 1 bis 9 und stellen Sie begründet deren Vor- und Nachteile dar. Entscheiden Sie, welche Anzeigen oder Teile davon für das City-Warenhaus geeignet sind. Machen Sie eventuell geeignete Änderungsvorschläge.
2. Beurteilen Sie die Werbemaßnahmen (Anzeigen, Prospekte, Handzettel usw.) Ihres eigenen Ausbildungsbetriebes.

Nutzen Sie die unten stehenden Fragen für die Beurteilung.

Fragen an eine Werbeanzeige

1. Weckt die Anzeige meine Aufmerksamkeit?
2. Fällt die Anzeige auf?
3. Wirkt sie freundlich und sympathisch?
4. Ist sie informativ?
5. Vermittelt sie etwas Neues?
6. Weckt die Anzeige Vertrauen?
7. Passt sie zum Image des Werbenden?
8. Passt die Werbung zum dargestellten Produkt?
9. Hebt sich die Werbung von anderen Anzeigen ab?
10. Ist sie originell und einzigartig?

Aufgabe 1

Ermitteln Sie die Kosten für die beiden nachfolgenden Anzeigen und begründen Sie, ob sich die zusätzlichen Kosten für die Farbanzeige nach Ihrer Meinung lohnen werden.
Maße: jeweils dreispaltig
Höhe: Farbanzeige 70 mm, Schwarz-Weiß-Anzeige 75 mm
Farbzuschlag: Schwarz + eine Zusatzfarbe 168,00 €, zwei Zusatzfarben 264,00 €, drei Zusatzfarben 330,00 €
Millimeterpreis: 1,10 €

Aufgabe 2

Betrachten Sie die unten stehenden Werbeanzeigen kritisch im Hinblick auf ihre erhoffte Werbewirkung.

a) Beschreiben Sie die Zielgruppen, die durch Werbeanzeigen angesprochen werden sollen.
b) Untersuchen Sie, anhand welcher werblichen Merkmale die Zielgruppen angesprochen werden.
c) Stellen sie fest, warum die beiden Werbeanzeigen mit öffentlicher Kritik rechnen müssen.

Die EG-Gesundheitsminister: Rauchen kann tödlich sein. Der Rauch einer Zigarette dieser Marke enthält 10 mg Teer, 0,9 mg Nikotin und 10 mg Kohlenmonoxid. (Durchschnittswerte nach ISO)

Aufgabe 3

Diskutieren Sie die Werbewirkung der folgenden Werbeanzeige.

a) Welche Zielgruppe wird durch die Werbeanzeige angesprochen?
b) Ist die abgebildete Person prominent genug, um auf diese Weise abgebildet zu werden?
c) Passen die vorhandenen farblichen Kontraste des obigen Teils zum restlichen Teil der Anzeige?
d) Beurteilen Sie die Eignung des Werbeslogans für die Zielgruppenansprache.
e) Entwickeln Sie Vorschläge zur wirkungsvolleren Gestaltung der Werbeanzeige.

Aufgabe 4

Setzen Sie sich kritisch mit der folgenden Werbeanzeige auseinander.

a) Zählen Sie, wie viele unterschiedliche Schrifttypen und Schriftgrößen in der Werbeanzeige verwendet werden.
b) Beschreiben Sie die Wirkung, die von der Vielzahl unterschiedlicher Schrifttypen und -größen ausgeht.
c) Untersuchen Sie, aus welchen Gründen der Einzelhändler diese Form der Werbung vermutlich gewählt hat.
d) Entwickeln Sie Verbesserungsvorschläge für die Gestaltung der Anzeige.

Aufgabe 5

In der nebenstehenden Werbeanzeige sieht man einen AIDS-Kranken im Sterbebett.

a) Schildern Sie, welche Ziele der Hersteller mit schockierender Werbung verfolgen könnte.

b) Diskutieren Sie Pro- und Contra-Standpunkte für Werbung, die den Betrachter schockieren soll.
- Welche Grenzen werden dabei überschritten?
- Welchen positiven Sinn macht es eventuell für den Verbraucher, sich mit schockierender Werbung auseinander zu setzen?

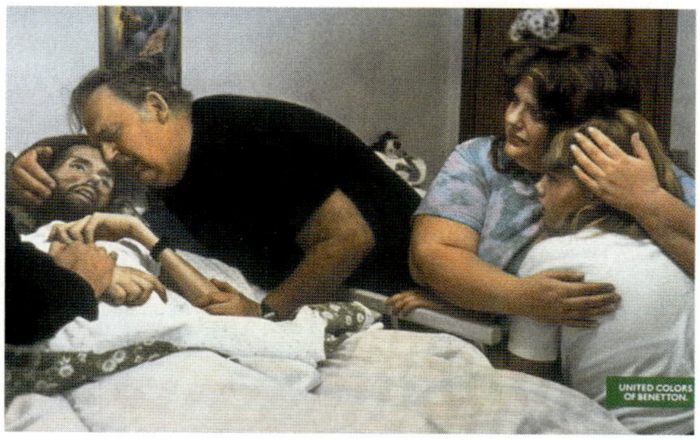

Aufgabe 6

Die nachfolgenden Werbeanzeigen wurden vom Deutschen Werberat öffentlich gerügt.

a) Untersuchen Sie, welche Werbebotschaften in den Anzeigen Anlass zur Kritik geben können.

b) Diskutieren Sie, ob die Rüge des Deutschen Werberates gerechtfertig ist oder nicht.

7 Den Werbeerfolg prüfen

Zu Beginn der letzten Osterwoche in der Feinkostabteilung:

Sabrina: *„Mein Gott, war das heute ein Andrang. Das hatten wir schon lange nicht mehr. Die Zeitungsanzeigen scheinen mehr bewirkt zu haben als die Werbebriefe in der vergangenen Woche."*

Bereichsleiter: *„Dafür hatten wir aber während der gesamten letzten Woche einen gleichmäßigen Zulauf. Hoffentlich haben wir nicht diesmal schon heute unser Pulver verschossen."*

Sabrina: *„Außerdem habe ich das Gefühl, dass nach der Zeitungsanzeige im Verhältnis zum Gesamtsortiment mehr die Schnäppchen aus der Werbung gekauft werden als Produkte aus dem übrigen Sortiment."*

Bereichsleiter: *„Eine interessante Beobachtung. Bitte versuchen Sie, diese Vermutung doch einmal etwas systematischer anzugehen, beispielsweise durch Strichlisten für bestimmte Waren."*

Sabrina: *„Ja, gut. Vielleicht ist es mir ja sogar möglich, im Gespräch mit den Kunden herauszufinden, woher sie kommen, oder ob und in welcher Form sie von unserer Werbung Notiz genommen haben."*

Bereichsleiter: *„Sehr schön. Von Zeit zu Zeit sollte man die Mühe schon auf sich nehmen, den Zusatzumsatz einer Werbemaßnahme einigermaßen genau zu prüfen."*

Arbeitsauftrag:
Erstellen Sie einen Fragebogen, den man zur Kundenbefragung an der Kasse nutzen kann, um den Erfolg der einzelnen Werbeeinsätze bestimmen zu können.

Kundenbefragung City-Warenhaus Bauer Bereich Lebensmittel	
1. Aus welcher Stadt bzw. aus welchem Stadtteil kommen Sie?	
2. Wodurch sind Sie auf unsere Abteilung aufmerksam geworden?	

Aufgabe 1

a) Die Abteilung eines Warenhauses hat für eine Anzeige, die eine bestimmte Ware besonders herausstellt, Werbekosten von 2.000,00 €. Prüfen Sie anhand des vorliegenden Datenmaterials, welcher Rohertrag (ökonomischer Werbeerfolg) mit der Anzeige erzielt werden konnte.

	€
1. Bezugspreis der Werbeware (ohne Umsatzsteuer)	7.000,00
2. Nettoverkaufspreis der Werbeware	18.500,00
3. Umsatz der Werbeware (zu Nettoverkaufspreisen) – 6 Verkaufstage ab Erscheinungstermin der Anzeige	17.400,00
4. Abteilungsumsatz der letzten vollen Kalenderwoche vor Erscheinungstermin der Anzeige (Nettoverkaufspreise)	7.200,00
5. Abteilungsumsatz (zu Nettoverkaufspreisen) – 6 Verkaufstage ab Erscheinungstermin der Anzeige	34.000,00
6. Auf die Abteilung entfallende Kosten des Werbemittels	2.000,00

b) Stellen Sie dar, welchen Zusatzeffekt die Anzeige für den Umsatz der Abteilung hatte!

Aufgabe 2

Welche Hilfestellungen können moderne Kassensysteme für eine genauere Werbeerfolgskontrolle leisten?

Aufgabe 3

Nehmen Sie schriftlich Stellung zu der Aussage: „Werbung verteuert die Ware.“

8 Auf eine Abmahnung angemessen reagieren

„O je!", war die erste Reaktion von Frau Dehn, als sie den Brief öffnete und folgendes Schreiben zum Vorschein kam:

ZENTRALE ZUR BEKÄMPFUNG UNLAUTEREN WETTBEWERBS E.V.
Zweigstelle Nordrhein

Kronprinzenstraße 9
45128 Essen

City-Warenhaus Bauer
Oberstraße 17
40878 Ratingen

Postbank Frankfurt
BLZ 500 100 60 9 Konto-Nr. 45516-402
Telefon: 0201 323306
Telefax: 0201 323355
www.wettbewerbszentrale.de
E-Mail: essen@wettbewerbszentrale.de

Aktenzeichen: 043377ri
28.05.20(0)

Sehr geehrte Damen und Herren,

uns ist Ihr Werbeprospekt vorgelegt worden, der Angebote für den Zeitraum vom 21.05. bis zum 25.05.20(0) enthält. Auf der ersten Seite werben Sie für den Verkauf von Inlineskatern zum Preis von 79,95 €. Der empfohlene Verkaufspreis des Herstellers soll 149,00 € betragen haben. Gleichzeitig wird uns an Eides statt versichert, dass die beworbenen Inlineskater bereits am Vormittag des 21.05.20(0) nicht mehr erworben werden konnten. Mit Ihrer Werbung, worin Sie ausdrücklich die Gültigkeit Ihrer Angebote festlegen, erwecken Sie allerdings den Eindruck, als könnten die beworbenen Inlineskater vom 21.05. bis zum 25.05.20(0) zum beworbenen Preis gekauft werden.
Nach § 5 Absatz 5 UWG ist es irreführend, für eine Ware zu werben und sie nicht in ausreichender Menge vorrätig zu halten. Der Gesetzgeber hat festgelegt, dass ein Vorrat angemessen ist, der die Nachfrage von zwei Tagen sicherstellt.
Dieser Verpflichtung sind Sie nicht nachgekommen. Sie haben sich damit wettbewerbswidrig verhalten und den Wettbewerb auf dem Markt wesentlich beeinträchtigt.
In diesem Zusammenhang weisen wir darauf hin, dass der Verkauf von Ersatzgeräten zum beworbenen Preis nicht ausreicht, um sich dem Vorwurf der Irreführung zu entziehen. Vielmehr hat der Verbraucher ein berechtigtes Interesse daran, genau die beworbene Ware kaufen zu können. Da Sie die Verbrauchererwartungen nicht erfüllen, mahnen wir Sie hiermit ab. Zur Vermeidung gerichtlicher Schritte fordern wir Sie auf, eine Unterlassungserklärung abzugeben.
Die Wettbewerbszentrale ist als Verband zur Förderung gewerblicher Interessen gemäß § 8 Absatz 3 UWG klagebefugt.
Der uns aus dem oben dargestellten Gesetzesverstoß zustehende Unterlassungsanspruch kann nur durch Abgabe einer strafbewehrten Unterlassungserklärung ausgeräumt werden. Diese Erklärung muss geeignet sein, die Wiederholungsgefahr für die Zukunft zu beseitigen. Eine entsprechende Unterlassungserklärung haben wir als Anlage beigefügt. Für den Fall, dass die unterschriebene Erklärung nicht bis zum

07.06.20(0)

bei uns eingegangen ist, werden wir unseren Unterlassungsanspruch gerichtlich geltend machen.
Sie sind verpflichtet, der Wettbewerbszentrale einen angemessenen Anteil der Aufwendungen für diese Rechtsverfolgung in Höhe von 163,61 € zuzüglich 7 % Umsatzsteuer = 11,45 € (zusammen 175,06 €) zu ersetzen und auf unser Konto zu überweisen.
Sollten Sie bereits wegen des oben geschilderten Sachverhaltes abgemahnt worden sein, so erwarten wir innerhalb der gesetzten Frist die Übersendung einer Kopie der Abmahnung sowie der abgegebenen Unterlassungserklärung.
Mit freundlichen Grüßen

Ritter
– Ritter –
Rechtsanwältin

Zunächst schaute Frau Dehn auf die Internetseite der Wettbewerbszentrale, um sich ein Bild von dieser Organisation zu machen. Dann ging Frau Dehn zu Herrn Bauer, um ihm den Brief zu zeigen:

Frau Dehn: *„Da ist ja wohl etwas schrecklich schief gelaufen."*

Herr Bauer: *„Moment mal, was ist denn das für ein Verein, der uns in frechem Ton beschuldigt?"*

Frau Dehn: *„Ich glaube, das ist alles in Ordnung. Ich habe mich im Internet erkundigt.*

Herr Bauer: *„Hm. – Dann fragen Sie mal Herrn Blank und Frau Abel, was denn dort bei der Beschaffung der Inlineskater passiert ist. Wenn es stimmt, was hier beschrieben wird, dann haben wir zweifellos einen Fehler gemacht.*

Aber deshalb 175,06 € an diesen Verein bezahlen und eine Unterlassungserklärung unterschreiben – nein, das machen wir nicht."

Frau Dehn: *„Vielleicht sollten wir besser bezahlen, damit das Problem nicht noch größer wird."*

Herr Bauer: *„Prüfen Sie erst einmal den Sachverhalt, und dann müssen wir entscheiden."*

Frau Dehn: *„Gut, ich bereite alles vor."*

WBZ Zentrale zur Bekämpfung unlauteren Wettbewerbs e.V.

Wettbewerbszentrale · Portrait · Aufgaben & Ziele

Im Rahmen ihrer Selbstverantwortung für die Sicherung des lauteren Wettbewerbs hat die Wirtschaft bereits kurz nach Verabschiedung des UWG die Wettbewerbszentrale im Jahre 1912 gegründet. Sie ist als branchenübergreifender Zusammenschluss von Unternehmen und Wirtschaftsorganisationen zum Zwecke der Förderung gewerblicher Interessen im Sinne des § 13 UWG im gesamten Bundesgebiet vertreten. Insgesamt zählen zu den Mitgliedern der Wettbewerbszentrale sämtliche Industrie- und Handelskammern, die meisten Handwerkskammern, weitere 400 Verbände und Organisationen der Wirtschaft sowie ca. 1.200 Unternehmen. Mit der Hauptgeschäftsstelle in Bad Homburg und sieben Zweigstellen im Bundesgebiet bearbeitet die Wettbewerbszentrale mehr als 20.000 Beschwerden über Wettbewerbsverstöße im Jahr. Sie berät darüber hinaus ihre Mitglieder in allen wettbewerbsrechtlichen Fragen.

Ein Gespräch mit Herrn Blank und Frau Abel bestätigte den beschriebenen Sachverhalt. Die wirklich günstigen Inlineskater waren nicht in ausreichender Menge bestellt worden. Bereits am Mittag des ersten Tages mussten viele verärgerte Kunden feststellen, dass der Artikel nicht mehr vorrätig war. Eine Nachbestellung traf erst drei Tage später ein.

Offensichtlich hatte sich mindestens ein Kunde an eine Verbraucherzentrale oder vielleicht an die Industrie- und Handelskammer gewandt und beschwert. Das Ergebnis war die Abmahnung.

Arbeitsauftrag

Entscheiden Sie, wie das City-Warenhaus Bauer auf die Abmahnung reagieren soll und stellen Sie fest, welche Folgen sich aus der Entscheidung ergeben.

Az.: : 043377ri

UNTERLASSUNGSERKLÄRUNG

Hiermit verpflichtet sich das

City-Warenhaus Bauer, Oberstraße 17, 40878 Ratingen

gegenüber der ZENTRALE ZUR BEKÄMPFUNG UNLAUTEREN WETTBEWERBS E. V. KRONPRINZENSTRASSE 9, 45128 ESSEN (Wettbewerbszentrale)

1. es zu unterlassen, in Prospekten oder sonstigen Werbeträgern für Inlineskater zum Preis von 79,95 € zu werben, ohne eine Bevorratung der Ware von zwei Verkaufstagen sicherzustellen;

2. für jeden Fall der Zuwiderhandlung gegen die unter Ziffer 1 aufgeführte Verpflichtung an die Wettbewerbszentrale eine Vertragsstrafe von **5.500,00 €** zu zahlen;

3. der Wettbewerbszentrale als angemessenen Anteil an den Aufwendungen für die Rechtsverfolgung einen Betrag von **175,06 €** (Pauschale 163,61 € + 7% USt = 11,45 €) zu ersetzen und auf das angegebene Konto zu überweisen.

Aufgabe 1

Prüfen Sie, ob in den nachfolgend beschriebenen Situationen gegen Bestimmungen des UWG verstoßen wird.

1. Ausschnitt aus einer Werbeanzeige:
   Unsere Preise sind unschlagbar. Hier ein Beispiel:

	Textilkaufhaus Friedrichs	**Feldhaus Textil**
Kurzjacken-Kombis	398,00 €	498,00 €
Hosenanzüge	359,00 €	429,00 €

2. Ein Einzelhändler spricht Kunden an, die vor seinem Schaufenster stehen und bittet sie, in das Geschäft zu kommen.
3. Bei einem Preisausschreiben gilt der Kassenbon als Teilnahmelos.
4. Die Sonderangebotsware der Lebensmittelabteilung eines SB-Warenhauses war schon wenige Stunden nach Erscheinen der Zeitungsanzeige ausverkauft. Der Geschäftsführer hatte nur eine kleine Menge dieser Ware eingekauft, weil an Sonderangeboten ohnehin nichts zu verdienen ist.
5. Zusatz in einer Werbeanzeige über Sonderangebote: „Abgabe nur in haushaltsüblichen Mengen."
6. Eine CD, die im Schaufenster ausgestellt ist, enthält die unverbindliche Preisempfehlung des Herstellers über 29,50 € und ein Preisetikett über 19,90 €.
7. Werbung eines Einzelhandelsgeschäftes: „Für jeden Kauf ab 50,00 € nehmen Sie an der Verlosung einer Wochenendreise nach Rom teil."
8. Ein Einzelhändler gibt seiner Abteilungsleiterin folgende Anweisung:
   „Frau Seebach, zeichnen Sie bitte alle Produkte, die wir ab nächster Woche in der Werbung haben, um 30 % hoch; und am Samstag bitte herabzeichnen auf den Angebotspreis."
9. Auszubildende Martina: „Jetzt steht aber die ganz normale Leberwurst auch unter dem Schild ‚Aus ökologischer Tierhaltung'.
   Abteilungsleiterin: „Das ist in Ordnung. Heute ist doch alles Öko."

Aufgabe 2

Ein Einzelhändler, der auch mit einer eigenen Homepage im Internet wirbt, informiert regelmäßig eine ausgewählte Zahl von Kunden per E-Mail über die neuesten Angebote. Unten auf der Homepage steht nebenstehender Hinweis:

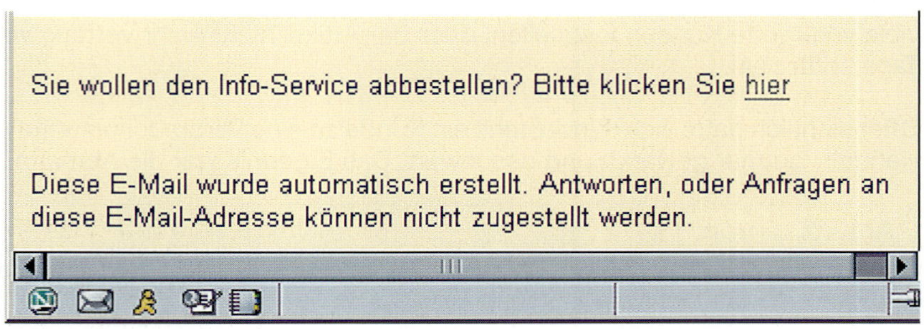

Erläutern Sie den Zusammenhang zwischen dem Gesetz gegen den unlauteren Wettbewerb (UWG) und diesem Hinweis.

Aufgabe 3

Klaus Stelzer, frisch gebackener Leiter der Abteilung Computer & Zubehör mit immer neuen Ideen zur Umsatzsteigerung:
„Also, wir haben doch eine ganze Reihe von Computer-Freaks, die immer das Neuste haben wollen. Ich meine, wir sollten sie persönlich anrufen, wenn wir neue Modelle von den Herstellern bekommen. Die Kunden werden sich freuen, dass wir sie individuell informieren, und die Produkte auch bei uns kaufen."
Stellen Sie fest, ob diese Art der Werbung nach dem Wettbewerbsrecht zulässig ist.

9 Dienstleistungen für Kunden ausweiten

Bereichsleiterbesprechung im City-Warenhaus:

Herr Bauer: *„Schauen Sie sich bitte einmal an, was ein Textilfachgeschäft hier in der Stadt an Serviceleistungen zu bieten hat.“*

Frau Yildirim: *„So viel Neues sehe ich gar nicht. Wir reservieren für Kunden, wir machen Änderungen, tauschen um, bestellen extra. Ich weiß nicht, wo das Besondere daran sein soll.“*

Herr Bauer: *„Gut, auch wir haben einiges an Dienstleistungen zu bieten. Aber an die Kinder unserer Kundinnen haben wir bisher z. B. nicht gedacht. Und was sagen Sie – Herr Blank – einem Kunden, der gerne telefonieren möchte?“*

Herr Blank: *„Na ja – die meisten haben doch ein Handy.“*

Herr Bauer: *„Die Idee mit dem Regenschirm ist doch genial – Service für den Kunden und kostenlose Werbung für das Haus.“*

Herr Berns: *„Und wer rennt hinter dem ausgeliehenen Stück her, damit es zurückkommt? Also für den Lebensmittelbereich ist das alles etwas übertrieben.“*

Herr Bauer: *„Übertrieben? – Ich glaube, wir können und wir müssen noch viel mehr machen als in diesem Prospekt aufgeführt ist. Ich nenne Ihnen einmal ein paar Beispiele, die ich in einer Fachzeitschrift gefunden habe.*

- *Abhol- und Rücktransport-Service für ältere oder behinderte Kunden*
- *Baby-Wickelraum*
- *kostenloses Blutdruckmessen*
- *Einpackservice an der Kasse*
- *Und – Frau Bense, das wird Sie besonders freuen – eine Hundebox für den vierbeinigen Begleiter der Kundin.“*

Frau Bense: *„Ich passe auf die Viecher auf jeden Fall nicht auf.“*

Herr Bauer: *“Wir müssen ja auch nicht alles machen, was möglich ist. Zunächst aber sollten wir einfach mal Ideen produzieren, dann auswählen und ein Service-Konzept für unser Haus entwickeln.“*

Herr Berns: *„Ich schlage vor, die Kunden am Eingang mit einem fahrbaren Sessel zu empfangen, sie durch den Verkaufsraum zu schieben und ihnen dabei Kaffee und Kuchen zu servieren. Und unser Auszubildender unterhält die Kunden noch mit ein paar Zauberkunststückchen – prima, was?“*

Herr Bauer: *„Also Herr Berns, im ersten Schritt ist jeder Vorschlag willkommen, danach unterhalten wir uns darüber, ob wir die Idee auch realisieren können.“*

Prospekt: Das Service Paket vom Modehaus Cohausz

Reservierung
Wenn Sie sich nicht gleich entscheiden wollen, reservieren wir gerne für einige Tage

Änderungen
Von qualifizierten Fachkräften perfekt durchgeführt, wenn erforderlich innerhalb weniger Stunden

Umtausch
Kauf ohne Risiko: Umtausch oder Geld zurück

Extrabestellung
Wenn wir einen besonderen Wunsch nicht sofort erfüllen können, versuchen wir, das gewünschte Teil schnellstens zu besorgen

Getränke
Fühlen Sie sich bei uns als Gast, während Ihres Einkaufs verwöhnen wir Sie mit Erfrischungen

Schenken
Leicht gemacht – mit Mode-Gutscheinen von Cohausz

Telefon
Wenn Sie mal telefonieren möchten, können Sie das selbstverständlich kostenlos

Schirm

Wenn Sie vom Regen überrascht werden, leihen wir Ihnen gerne einen Schirm

Kinder

Sind in unserer Video-Ecke gut aufgehoben, damit Sie in aller Ruhe Ihren Mode-Bummel bei uns machen können

Vorschlag:
- Brainstorming
- Mindmap

Arbeitsauftrag

Entwickeln Sie ein Dienstleistungskonzept für das City-Warenhaus.
1 Möglichst viele Ideen entwickeln, auch wenn sie noch so abwegig erscheinen.
2 Die realisierbaren Ideen herausfiltern und ihre Umsetzung planen.
3 Die ausgewählten Dienstleistungen werbewirksam herausstellen.

Aufgabe 1

Gehen Sie von Ihrem Ausbildungsbetrieb aus und halten Sie schriftlich fest:

a) Welche Dienstleistungen werden zurzeit angeboten?

b) Stellen Sie zwei neue Dienstleistungen vor, die in Ihrem Ausbildungsbetrieb angeboten werden könnten, und beantworten Sie die folgenden Fragen:
- Welche Kunden-(Ziel-)Gruppe wollen Sie mit der Dienstleistung ansprechen (alle Kunden, Stammkunden, neue Kunden, Kinder, Jugendliche usw.)?
- Welche Vorteile hat der Kunde von der Maßnahme?
- Welche Vorteile sollen sich für den Betrieb ergeben?

Aufgabe 2

Ein Buchgeschäft hat als besondere Serviceleistung eine Kinderspielecke eingerichtet. Welchen Aussagen über die Vorteile einer Spielecke stimmen Sie zu?

1 Eltern können sich in Ruhe im Geschäft umsehen und die ausgestellten Waren prüfen.
2 Der Umsatz steigt durch die höhere Verweildauer der Kunden im Geschäft.
3 Das Beratungsgespräch wird von Störungen freigehalten.
4 Spielecken lassen eine sinnvolle Nutzung „toter Ecken“ im Verkaufsraum zu, ohne die Verkaufsfläche zu beschränken.
5 Weil die Kinder ausreichend beschäftigt sind, bleiben Warenträger und Dekoration vor dem Zugriff der Kinder geschützt.
6 Kinder – die Kunden von morgen – werden an das Geschäft gebunden.
7 Eltern kaufen besonders gerne dort ein, wo Kinder gut behandelt werden. Mit einer Spielecke können daher zusätzliche Kunden gewonnen werden.

Aufgabe 3

Betrachten Sie die unten stehenden Aussagen von Einzelhändlern zu den von ihnen angebotenen Serviceleistungen und stellen Sie fest, welche Ziele Sie mit Ihrer Dienstleistungspolitik erreichen wollen:

1 Geschäftsführer eines SB-Warenhauses: „Durch unser Restaurant gelingt es uns, die Kunden viel länger im Geschäft zu behalten, als wenn sie hier ausschließlich ihre geplanten Einkäufe tätigen könnten.“
2 Inhaber eines Fachgeschäftes: „Nur weil die Kunden in meinem Geschäft fachkundig und freundlich beraten werden, habe ich gegenüber den Billiganbietern und Großbetriebsformen eine Chance.“
3 Geschäftsführer eines Warenhauses: „Wir sind nicht nur preisgünstig, sondern bieten dem Kunden auch eine Fülle von Serviceleistungen, und zwar von der fachkundigen Beratung über zahlreiche Zahlungserleichterungen bis zur großzügigen Behandlung von Reklamationen.“
4 Inhaber eines Kaufhauses: „Ich nehme auch einwandfreie Ware innerhalb von 14 Tagen nach dem Kauf zurück, wenn sie dem Kunden nicht gefällt.“
5 Facheinzelhändler: „Es wird zwar viel Geld kosten, aber ich habe mich entschlossen, eine Werkstatt einzurichten.“

Aufgabe 4

a) Ordnen Sie die nachfolgenden Kundendienstleistungen in die unten stehende Übersicht ein.
b) Prüfen Sie, bei welchen dieser Leistungen eine Bezahlung vom Kunden verlangt werden kann.

1 Anbringen von Monogrammen auf Geschenken
2 Schwarzes Brett/Fundbüro
3 Informationsservice für Stammkunden
4 Heimwerker-Geräteverleih (Baumarkt)
5 Kauf gegen Rechnung und monatliche Bezahlung
6 Aufstellen von Möbeln
7 Entsorgung von Altbatterien
8 Kaffeebar
9 Transport von Waren zum Wagen des Kunden
10 Lebensmittel zustellen
11 Bestellen per Internet
12 Lieferwagen-Verleih
13 Organisation eines Fotokurses (Fotofachgeschäft)
14 Klimaanlage
15 Terminabsprache für Beratungsgespräche
16 Probierstand bei Lebensmitteln
17 Mehrsprachiges Personal
18 Installation einer Software auf den Kunden-PC

Kundendienstleistungen			
Warenabhängige Dienstleistungen		Warenunabhängige Dienstleistungen	
Technische Kundendienstleistungen	Kaufmännische Kundendienstleistungen	Einrichtungen, die der Bequemlichkeit des Kunden dienen	Selbstständige Dienstleistungen als Angebotsergänzung

10 Ein Umweltkonzept für ein Warenhaus entwerfen

Sitzung der Bereichsleiter im City Warenhaus:

Herr Bauer: *„Sie wissen, dass unser wichtigster Mitbewerber, das Warenhaus Kaufstadt, mit seinen Umweltaktivitäten seit Wochen die Zeitungen füllt. Wir müssen etwas unternehmen – daran besteht kein Zweifel. Frau Dehn hat Ihnen einige Vorschläge zu machen."*

Frau Dehn: *„Ich habe mich bei Kaufstadt näher umgesehen und versucht, die verschiedenen Aktivitäten von Kaufstadt beispielhaft vorzustellen, damit wir angemessen reagieren können. Zunächst läuft alles unter einem einheitlichen Motto und einem gemeinsamen Logo. Dies hat für die Kunden und auch für Außenstehende, z. B. die Zeitungsleser, einen hohen Wiedererkennungswert.*

Außerdem werden in allen Abteilungen des Hauses umweltfreundliche Produkte besonders herausgestellt. Wenn Sie bei den Verkaufsmitarbeitern nachfragen, stellen Sie fest: Das Personal kennt sich aus, kann die Umweltverträglichkeit der Produkte sehr genau darstellen und steht auch hinter dem Umweltkonzept des Hauses. Offensichtlich sind die Mitarbeiter gezielt geschult worden. An den Kassen werden die Kunden aufgefordert, Verpackungsmaterial einzusparen. Darüber hinaus findet man an vielen Stellen des Hauses Hinweise, dass Umverpackungen, Altgeräte oder leere Behälter zurückgenommen werden."

Herr Berns: *„Für mich ist klar: Viel Arbeit und wenig Umsatz."*

Frau Dehn: *„Zunächst sicherlich. Aber die Kunden haben ein hohes Umweltbewusstsein entwickelt. Langfristig zahlt sich auch für uns umweltgerechtes Verhalten aus. Für Ihre Lebensmittelabteilung, Herr Berns, bedeutet das natürlich, vermehrt Produkte aus kontrolliertem ökologischem Anbau ins Sortiment aufzunehmen. Wenn wir das werblich gut herausstellen, werden Sie sich sicherlich auch über einen höheren Umsatz freuen. Und – das sollten wir alle nicht vergessen – der Verbraucher ist bereit, für umweltfreundliche und gesundheitlich wertvolle Produkte einen höheren Preis zu zahlen."*

Herr Bauer: *„Die Aktivitäten von Kaufstadt lassen uns keine andere Wahl. Jede Abteilung muss einen Beitrag zum gemeinsamen Umweltkonzept leisten. Frau Dehn wird die Ideen zusammentragen und das Gesamtkonzept auf der nächsten Sitzung vorstellen."*

Arbeitsauftrag

Entwickeln Sie aus der Sicht der verschiedenen Abteilungen des City-Warenhauses Vorschläge, wie sich das Unternehmen beim Schutz der Umwelt gegenüber den Mitbewerbern und in den Augen der Kunden profilieren kann.
Vorschläge für die Gesichtspunkte, die erarbeitet werden können:

- umweltfreundliche Produkte
- umweltschützende Maßnahmen in den Abteilungen (z. B. Vermeiden von überflüssigen Verpackungen)
- Entsorgung (Verpackung, Altprodukte)
- Verkaufsförderung, Werbung, Publicrelations
- Motivation der Mitarbeiter
- Bündelung der Vorschläge zu einem Gesamtkonzept

Aufgabe 1

Verschiedene Zeichen auf Produkten signalisieren dem Verbraucher, dass Produkte umweltverträglich oder gesundheitsförderlich sind. Erläutern Sie die Bedeutung der nachfolgend abgebildeten Zeichen:

Aufgabe 2

Erläutern Sie das Entsorgungskonzept „Duales System" anhand der nachfolgenden Grafik:

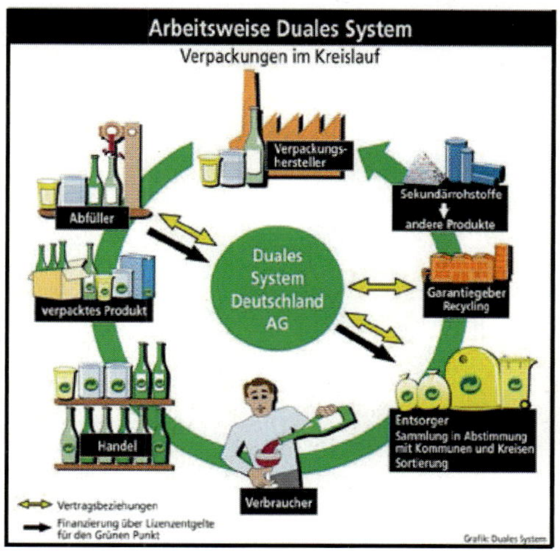

Aufgabe 3

Handelt es sich bei den aufgeführten Beispielen um eine Abfallvermeidung, Abfallverwertung oder Abfallentsorgung?

a) Eine Kfz-Werkstatt setzt nur noch CKW (= Chlor-Kohlenwasserstoff)-freie Lösemittel ein.

b) Um das umweltfreundliche Firmenimage zu fördern, kündigt ein Hersteller die Einführung der kostenlosen Rücknahme von Altautos an.

c) Einem Autoproduzenten gelingt es, einen 500 kg „leichten" Kleinwagen mit durchschnittlich drei Litern Kraftstoffverbrauch/100 km auf dem deutschen Automobilmarkt durchzusetzen.

d) Aufgrund überdurchschnittlich gestiegener Deponierungskosten für Sandschlämme wechselt der Inhaber eines Autohauses die Abfalldeponie.

e) Ölhaltige Betriebsstoffe werden in einem Autohaus in einen roten Sammelbehälter, Schrott in eine blaue Tonne und Verpackungsmaterial, Kartonagen sowie Papier in einen schwarzen Container entsorgt.

Aufgabe 4

Geben Sie Beispiele aus Ihrem Ausbildungsbetrieb, wie bereits beim Einkauf der Waren Umweltgesichtspunkte beachtet werden können.

Aufgabe 5

Geben Sie je ein Beispiel aus Ihrer Branche für die Funktionen der Verpackung.

Aufgabe 6

Eine bundesweit tätige Warenhauskette hat für die Versorgung der Filialen mit Produkten ein Warenverteilzentrum eingerichtet. Betrachten Sie die nachfolgende Abbildung der Transportwege und begründen Sie zwei Aussagen des Unternehmens:

- „Durch die Zentralisierung können pro Jahr 2,8 Millionen Fahrten eingespart werden."
- „Rund 70 Prozent der Anlieferungen konnten wir auf die Schiene bringen."

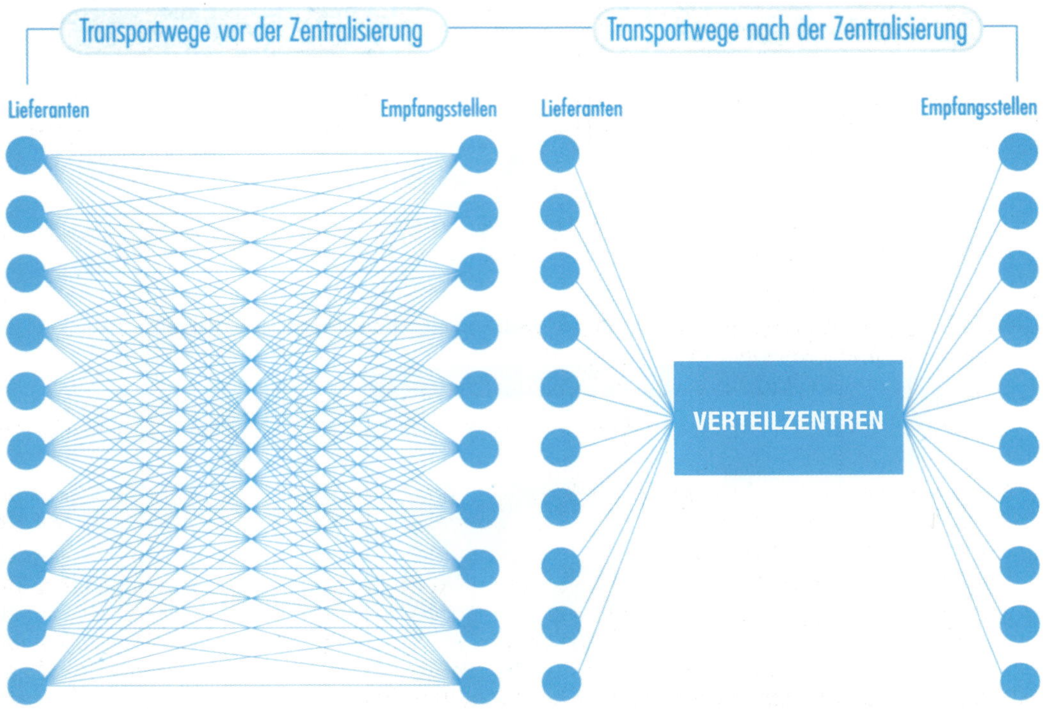

11 Kunden an den Kosten der Warenzustellung beteiligen

Herr Bauer und der Lagerleiter, Herr Schmitz, in einem Gespräch:

Herr Bauer: „*Herr Schmitz, nach den Buchführungszahlen des letzten Jahres betrugen die Kosten für unser Zustellfahrzeug rund 7.000,00 €. Darin sind die Personalkosten noch nicht enthalten.*“

Herr Schmitz: „*Wir können auf das Fahrzeug aber nicht verzichten. Manche Kunden wohnen 50 km von hier entfernt. Und eine Gefriertruhe kriegen Sie nun mal nicht in einen Kleinwagen.*“

Herr Bauer: „*Stellen Sie sich vor, ein Kunde kauft einen Schuhschrank für 95,00 €. Wenn er es wünscht, bringen Sie ihm den Schrank kostenlos ins Haus, stimmt's?*“

Herr Schmitz: „*Natürlich, das gehört zu unserem Service. Wir binden durch diese Dienstleistung Kunden an unser Haus. Der Facheinzelhandel macht das ebenfalls. Um konkurrenzfähig zu bleiben, müssen wir diese Dienstleistung anbieten.*

Herr Bauer: „*Wissen Sie, was uns die Zustellung eines solchen Schuhschrankes kostet?*“

Herr Schmitz: „*Da müsste ich raten, das hängt auch von der Entfernung ab.*“

Herr Bauer: „*Ich glaube, dass wir an dem Schrank Verlust machen.*“

Herr Schmitz: „*Kann ich mir nicht vorstellen.*“

Herr Bauer: „*Aber ich. Damit wir genauere Zahlen haben, möchte ich wissen, was eine Zustellung von Waren beim Kunden im Durchschnitt kostet.*“

Herr Schmitz: „*Woher soll ich das wissen?*“

Herr Bauer: „*Sie führen doch ein Fahrtenbuch. Damit können Sie die Kosten pro Fahrt berechnen. Es geht ja immer nur um den Durchschnitt.*“

Herr Schmitz: „*Mir scheint, Sie wollen das Fahrzeug abschaffen. Bedenken Sie aber, dass es ein Unterschied ist, ob Ware von einem fremden Spediteur oder von einem Mitarbeiter unseres Hauses übergeben wird. Das ist viel persönlicher.*“

Herr Bauer: „*Keine Sorge, daran denke ich nicht. Wir werden die Kunden bei den Miniaufträgen aber an den Zustellkosten beteiligen müssen. Zumindest sollten wir versuchen, die variablen Kosten wieder hereinzubekommen. Die fixen Kosten gingen dann zu unseren Lasten. Rechnen Sie doch beides einmal durch, die Gesamtkosten aufgeteilt nach fixen und variablen Kosten im Durchschnitt pro Fahrt. Ich warte dann auf Ihre Vorschläge zur Kostenbeteiligung.*“

fixe Kosten – variable Kosten

Arbeitsauftrag

Ermitteln Sie die durchschnittlichen Kosten einer Warenzustellung und machen Sie einen begründeten Vorschlag, wie die Kunden an den Kosten beteiligt werden sollten. Lösen Sie dazu die nachfolgenden Teilaufträge. Runden Sie die verwendeten Zahlen sinnvoll, da nur eine Durchschnittsbetrachtung erfolgt.

a) Durchschnittliche Kosten pro Zustellung berechnen
b) Variable Kosten pro Zustellung
c) Berechnen Sie den Gewinn bzw. Verlust, wenn ein Schuhschrank zum Bruttoverkaufspreis von 95,00 € verkauft wird und zusätzlich die unter a) ermittelten Zustellkosten entstehen.
d) Bestimmen Sie anhand der Musterkalkulation der Möbelabteilung des Warenhauses den Bruttoverkaufspreis, bis zu dem
   - die gesamten Zustellkosten bzw.
   - die variablen Zustellkosten den Gewinn aufzehren.
e) Entwickeln Sie einen Vorschlag, wie die Kunden an den Zustellkosten beteiligt werden könnten[1]. Machen Sie auch deutlich, wie die Kunden in angemessener Form über die Kostenbeteiligung informiert werden sollen.

Kalkulationszahlen der Möbelabteilung:
Handlungskostenzuschlag 62 %, Gewinnzuschlag 9 %, Umsatzsteuer 19 %

zu a) und b) Durchschnittskosten und variable Kosten pro Zustellung

Fahrtenbuch			Jahr 20(-1)
Fahrzeug:	**Me-AC-7992**	**Typ:**	**Ford-Transit**

[1] Die dem Kunden berechnete Zustellgebühr unterliegt der Umsatzsteuer. Das soll hier aber nicht weiter beachtet werden.

Anschaffungskosten:			19.225,00 €	**Nutzungsdauer:**		**5 Jahre**
Datum	**Fahrt Nr**	**Kunde**	**km-Stand**	**gefahrene km**	**Fahrtbeginn und -ende**	**Zeit/ Stunden**
		Übertrag	48.438	13.893		818
30.12	1.177	Manske, Nordstraße 14, Mettmann	48.452	14	11.30 – 12.30	1
	1.178	Friedel, Mülheimer Straße 244	48.460	8	12.30 – 13.00	1/2
	1.179	Mau, Rather Broich 4	48.471	11	14.30 – 15.15	3/4
	1.180	Ledermann, Friedrich-Ebert-Straße 12, Haan	48.495	24	15.15 – 16.45	1 1/2
31.12	1.181	Gerlach, Homburger Straße 66	48.499	4	9.15 – 9.45	1/2
	1.182	Sauer, Kaiserswerther Straße 45	48.517	18	9.45 – 10.30	3/4
	1.183	Hotel Hof, Reichswaldallee 12	48.525	8	10.30 – 11.30	1

Kfz-Kosten pro Jahr	**€**
1. Abschreibung	3.845,00
2. Kfz-Steuer	240,00
3. Haftpflichtversicherung	1.070,00
4. Kraftstoff	1.720,00
5. Reparaturen und Wartung	316,00

Personalkosten des Fahrers	
monatlich rund (einschließlich Lohnnebenkosten) Arbeitszeit pro Monat 163 Stunden	2.450,00 €

Beispiel zur Kalkulation

zu c) Kalkulation

Musterkalkulation für einen Artikel zum Bruttoverkaufspreis von 100,00 €	€		
Bezugspreis	48,18	100 %	
+ Handlungskosten (60 %)	28,91	+ 60 %	
Selbstkostenpreis	77,09	160 %	<– 100 %
+ Gewinn (9 %)	6,94		+ 9 %
Nettoverkaufspreis	84,03	100 %	–> 109 %
+ Umsatzsteuer (19 %)	15,97	19 %	
Bruttoverkaufspreis	100,00	119 %	

Kalkulation mit zusätzlichen Zustellkosten (Annahme: 10,00 €)	€
Bezugspreis	48,18
+ Handlungskosten (60 %)	28,91
Selbstkostenpreis I	77,09
+ Zustellkosten	10,00
Selbstkostenpreis II	87,09
– Verlust	– 3,06
Nettoverkaufspreis	84,03
+ Umsatzsteuer	15,97
Bruttoverkaufspreis	100,00

Hinweis:
Für die Umrechnung ist der Bruttoverkaufspreis für den Schuhschrank von 95,00 € rückwärts durchzukalkulieren. Anschließend ist der Selbstkostenpreis um die Zustellkosten zu erhöhen. Bei der Frage, wie die Zustellkosten einen konkreten Artikel belasten, dessen Käufer diese Dienstleistung in Anspruch nimmt, bleiben der Nettoverkaufspreis und der ursprüngliche Selbstkostenpreis (I) unverändert, weil sie der ursprünglichen Kalkulation des Warenhauses entsprechen. Dass die Zustellkosten für Waren bereits in den Handlungskosten kalkulatorisch berücksichtigt sind, kann hier vernachlässigt werden, weil die Umlegung auf alle Artikel des Warenhauses nur zu geringen Kosten pro Stück führt.

Aufgabe 1

Welche Vorteile lassen sich für Ihren Ausbildungsbetrieb/für Betriebe Ihrer Branche feststellen, wenn den Kunden Waren durch firmeneigene Fahrzeuge zugestellt werden könnten?

Aufgabe 2

a) Welcher Beförderungskosten-Regelung entspricht die Zustellung von Waren mit firmeneigenen Fahrzeugen?
1 ab Lager
2 unfrei
3 frei
4 frei Haus

Eigentums-übertragung

b) Wo liegt dann der Gefahrenübergang für die Lieferung?
1 An der Verkaufstheke.
2 Sobald die Ware das Geschäft verlässt.
3 Bei der Übergabe der Ware an den Fahrer.
4 Bei der Übergabe der Ware an den Kunden.

Aufgabe 3

a) Welche der nachfolgend genannten Kfz-Kosten kann der Fahrer des Fahrzeugs durch eine wirtschaftliche Verhaltensweise beeinflussen?

1. Kfz-Steuer	5. Kosten für die Fahrzeugpflege
2. Abschreibung	6. Kosten für Fahrzeugreparaturen
3. Kraftstoffverbrauch	7. Wartungskosten
4. Kfz-Versicherung	8. Personalkosten

b) Um welche Kostenart (fix oder variabel) handelt es sich bei den beeinflussbaren Kosten?

12 Güter versenden

Auf Wunsch von Kunden liefert das City-Warenhaus die eingekauften Waren in die Wohnung des Kunden. Sendungen von geringem Gewicht oder über größere Entfernungen werden aber Paketdiensten oder einem Spediteur übergeben, weil der Transport mit dem eigenen Fahrzeug zu teuer würde. Auch für Rücksendungen an Lieferanten werden fremde Dienstleister eingesetzt, da der Versand im Regelfall auf Kosten des Lieferers durchgeführt wird.

Folgende Sendungen befinden sich im Lager des City-Warenhauses und müssen in geeigneter Form versandfertig gemacht werden.

	Sendung 1	Sendung 2	Sendung 3	Sendung 4	Sendung 5
Sendungsart	Videokamera	Rücksendung an Lieferanten	Reparaturauftrag	Reparaturauftrag	Rücksendung an Lieferanten
Gewicht in kg	4 kg	1.000 kg	1 kg	5 kg	125 kg
Empfangsort	Braunschweig	Leipzig	Mainz	Ulm	Berlin
PLZ-Bereich	38	04	55	89	10
Entfernung	350 km	500 km	200 km	450 km	600 km
Beförderungsvorschrift	frei Haus	unfrei	frei Haus	frei Haus	unfrei
Terminvorschrift	keine Dringlichkeit	24–48 Std.	so schnell wie möglich; Kosten sind nebensächlich	bis zum nächsten Tag	keine Dringlichkeit

Herr Schmitz verfügt über Preislisten und Beförderungsbedingungen verschiedener Kurier-, Express- und Paketdienste sowie einer Sammelgutspedition, so dass er im Einzelfall entscheiden kann, welches Unternehmen er für die Beförderung einsetzt.

Arbeitsauftrag

Entscheiden Sie, welches Unternehmen für den Transport der Sendungen eins bis fünf jeweils eingesetzt werden soll und ermitteln Sie die Beförderungskosten für jede Sendung.

Preisliste Postpakete (Haus-Haus-Preis)	
bis 2 kg	4,81 €
über 2 bis 4 kg	5,32 €
über 4 bis 6 kg	5,83 €
über 6 bis 8 kg	6,34 €
über 8 bis 10 kg	6,60 €
über 10 bis 12 kg	6,85 €
über 12 bis 14 kg	7,36 €
über 14 bis 16 kg	7,87 €
über 16 bis 18 kg	9,20 €
über 18 bis 20 kg	9,46 €

Preisliste Express-Pakete
9,20 € Zuschlag auf die Paketpreise

Päckchen	
Höchstgewicht 2 kg	3,53 €

Preisliste für Post-Zusatzleistungen (Päckchen/Paket)	
zuzüglich zum Beförderungsentgelt	
Nachnahme	2,56 €
+ Überweisung des Nachnahmebetrages (höchstens 3.500,00 €)	1,53 €

Preisliste UPS Standard (Haus-Haus-Preis in € ohne Umsatzsteuer)		
Gewicht	Zone 1 €	Zone 2 €
1 kg	3,83	4,14
2 kg	3,89	4,19
3 kg	3,99	4,35
4 kg	4,09	4,50
5 kg	4,19	4,65
6 kg	4,55	5,11
7 kg	4,91	5,57
8 kg	5,27	6,08
9 kg	5,62	6,60
10 kg	5,98	7,11
12 kg	6,75	8,18
...		
20 kg	9,82	12,48
...	...	...
30 kg	13,65	18,36
...	...	...
40 kg	23,01	28,12
...	...	...
70 kg	32,21	37,32

UPS-Tarifzonentabelle (aus Sicht des PLZ-Bereichs 40)		
Postleitzahl-Bereich	Standard	Express
01 – 31	2	1
32 – 33	1	1
34	2	1
35	1	1
36 – 39	2	1
40 – 48	1	1
49	2	1
50 – 53	1	1
54	1	1
55	2	1
56 – 59	1	1
60 – 99	2	1

Preisliste UPS Express (Haus-Haus-Preis in € ohne Umsatzsteuer)		
Gewicht	Zone 1 €	Zone 2 €
0,5 kg	16,87	36,30
1,0 kg	17,13	37,84
1,5 kg	17,38	39,37
2,0 kg	17,64	40,90
2,5 kg	17,90	42,44
3,0 kg	18,15	43,72
3,5 kg	18,41	44,99
4,0 kg	18,66	46,27
4,5 kg	18,92	47,55
5,0 kg	19,17	48,83

Preisliste Spediteur: IDS-Preisliste (Auszug, ohne Umsatzsteuer)

IDS ONE DAY		Zone 1	Zone 2	Zone 3	Zone 4
Preisliste		bis 150 km	bis 350 km	bis 550 km	über 550 km
Gewicht	Basis-Preis	Kilogramm-Preis frei Haus	Kilogramm-Preis frei Haus	Kilogramm-Preis frei Haus	Kilogramm-Preis frei Haus
kg	€	€	€	€	€
30– 50	4,86	0,32	0,41	0,46	0,49
...	...	...	...	...	...
101– 200	13,55	0,19	0,27	0,29	0,34
201– 300	19,68	0,16	0,24	0,26	0,31
...	...	...	...	...	...
501– 750	30,88	0,14	0,18	0,21	0,22
751–1.000	34,51	0,13	0,17	0,20	0,21

Aufgabe 1

Einem Kunden des City-Warenhauses sollen Waren per Nachnahme zugeschickt werden.
Kundenadresse: Markus Fels, Espenweg 12, 40489 Düsseldorf
Gewicht: 1,8 kg
Entfernung: Inland
Frankatur: Frei Haus
Beförderungsart: Post-Päckchen
Warenwert: 350,00 €

Der Kunde trägt alle Kosten.

a) Schildern Sie den Ablauf einer Nachnahmesendung.

b) Welchen Betrag hat der Absender für den Versand des Päckchens und für die Nachnahmegebühr zu bezahlen?

c) Über welchen Betrag lautet die Nachnahme?

d) Über welchen Betrag wird der Sammel-Überweisungsauftrag der Post ausgestellt?

e) Füllen Sie das Nachnahmeformular aus.

Absender

Raum für Identcode-Label

Bitte nicht beschriften!

Postleitzahl Ort

EUR Betrag

Vorausverfügungen

Empfänger

Konto-Nr.

Bank

BLZ

(Straße und Hausnummer / KEIN Postfach)

Vermerke über Zusatzleistungen usw.

☐ Sperrgut ☐ Eigenhändig ☐ Rückschein

(Postleitzahl) (Bestimmungsort)

Aufschriftzettel

Anlage zum Sammel-Überweisungsauftrag

Empfänger: Name, Vorname / Firma (max. 27 Stellen)

Konto-Nr. des Empfängers

Bankleitzahl

bei (Kreditinstitut)

EUR

Betrag

Kunden-Referenznummer – noch Verwendungszweck, ggf. Name und Anschrift des Auftraggebers – (nur für Empfänger)

noch Verwendungszweck (insgesamt max. 2 Zeilen = 27 Stellen)

Kontoinhaber: Name, Vorname / Firma, Ort (max. 27 Stellen, keine Straßen- und Postfachangaben)

Deutsche Post AG

Konto-Nr. des Kontoinhabers

51

Bildquellenverzeichnis

Behrla/Nöhrbaß GbR, Foto Stephan
Benetton Group, München
Bilderbox, Thening, Österreich
CASIO Europe GmbH; Norderstedt
DOUGLAS HOLDING AG, Hagen
Ideal Standard GmbH, Bonn
imu-Infografik GmbH, Essen
Metabowerke GmbH, Nürtingen
MEV Verlag, Augsburg
Robert Bosch GmbH, Gerlingen-Schillerhöhe
Sony Deutschland GmbH, Köln
Spiegel-Verlag, Hamburg

Mit freundlicher Unterstützung der Karstadt-Filiale Köln-Porz.

Leider konnten wir nicht zu allen Abbildungen die Inhaber der Rechte ermitteln. Sollte jemand betroffen sein, so bitten wir ihn sich zu melden.